组织理论与设计

Organization Theory and Design

武立东　等编著

机械工业出版社
CHINA MACHINE PRESS

图书在版编目（CIP）数据

组织理论与设计 / 武立东等编著．—北京：机械工业出版社，2014.11（2023.12 重印）

ISBN 978-7-111-48263-5

I. 组…　II. 武…　III. 企业管理 – 组织理论　IV. F272.9

中国版本图书馆 CIP 数据核字（2014）第 237622 号

本书主要内容包括组织的内涵及组织要素，组织理论的主要流派，组织结构形成过程及其形式，战略对组织结构的影响，组织绩效的评价方法及选择原则，组织间关系的相关理论，组织管理环境的主要策略，技术对组织设计的影响机理，提高组织效率的方法，信息技术的演进过程，信息技术为组织带来的战略优势及其对组织结构、规模的影响，企业文化及相关伦理价值观的思想，组织影响及改变其文化和伦理价值观的策略，组织推进变革的动力、途径及手段，管理者如何进行组织诊断、设计，指导创新和变革过程的策略、方法。本书从管理的视角出发，注重理论与实务相结合，着重从企业实践层次探讨组织诊断、设计的原则及操作方法。

本书适用于管理及相关专业本科生和研究生。

出版发行：机械工业出版社（北京市西城区百万庄大街 22 号　邮政编码：100037）

责任编辑：程　琨	责任校对：殷　虹
印　　刷：固安县铭成印刷有限公司	版　　次：2023 年 12 月第 1 版第 9 次印刷
开　　本：185mm×260mm　1/16	印　　张：19
书　　号：ISBN 978-7-111-48263-5	定　　价：39.00 元

客服电话：（010）88361066　68326294

前言

组织作为人类特有的组合形式，是人类集群体力量，利用自然环境，争取生存及繁荣的利器。组织与人类的命运息息相关，其存在时间与人类历史同样悠远。正是与人们生活的这种密切的关系，以至于人们对组织的存在习焉不察。所以，尽管作为组织现象的存在其已有数千年的历史，但是科学化的组织理论的形成，则到了19世纪末以后。自泰勒的科学管理理论诞生以来，组织理论相继经历了古典组织理论时期到行为科学理论时期再到现代组织理论时期的演进，成为集管理学、经济学、心理学、社会学等多学科的系统科学，对现实中的诸多组织实践均起到指导作用。

党的二十大报告指出，"完善中国特色现代企业制度，弘扬企业家精神，加快建设世界一流企业"，为我国企业改革发展指明了方向和目标。近年来，在习近平新时代中国特色社会主义思想的科学指引下，中国企业立足新发展阶段，全面贯彻新发展理念，积极融入新发展格局，深入推进企业改革，中国特色现代企业制度内涵不断丰富和发展。当前，世界百年未有之大变局加速演进，新一轮科技革命和产业变革深入发展，新时代、新征程、新形势、新任务对深化组织变革提出新的要求，如何推进各类组织（尤其是企业组织）的改革、创新或再造，已经成为理论界、实务界面临的共同课题。组织实践的深入也给高校组织理论教学提出新的挑战，而组织理论的中文教科书多为翻译版，内容中的引例及案例多以西方企业为主，与中国经济实践尚存距离。

作者在南开大学商学院从事组织理论教学多年，教学涉及本科生、研究生及MBA。在与诸位同人交流教学心得时，编写一本更贴近中国情境的组织理论教科书的提议得到大家的响应，从编委会的成立、构思到付梓问世整整历时五年，期间有十几位研究生也相继参与内容撰写、案例的收集改编工作。

本书是在总结我们多年组织理论教学经验、科研心得的基础上编写而成的，除了确保内容的完备性与正确性外，在编写过程中坚持立足国情，反映中国实践，将相关理论和中国实践相结合，书中的案例尤其是综合案例，多数来源于中国本土企业的实践，以适应MBA、经济管理专业研究生以及高年级本科生的教学需要。在整体的章节安排上，主要包含理论与结构篇、组织环境篇以及领导与变革篇三篇共十章。正文中通过"引例""视野拓展""综合案例""延伸阅读"等模块设计，尽可能激发读者兴趣、共鸣与思考。

本书是集体智慧的结晶，正是编委会成员的无间合作，使《组织理论与设计》顺利面世。编委会的组成成员包括武立东、张义明、王健友、张耀伟、张苏、王振宇、黄海昕、杨军节、丁昊杰、王凯、冯立东、刘雅琦、徐林林、孙贵娟、袁卓君、王天甲等老师和同学。

本书是在教育部人文社会科学重点研究基地重大项目（13JJD630005）、教育部新世纪优秀人才支持计划项目（NCET-11-0257）、长江学者和创新团队发展计划项目（IRT0926）、国家自然科学基金项目（71472033）的资助下完成的。

本书在编写过程中得到了机械工业出版社编辑们的大力支持和帮助。我所指导的中国公司治理研究院的博士生和硕士生在本书的撰写、修改等工作中也付出了很多努力，在此一并表示感谢。

我们的目标是希望编写一本系统的、贴近中国实际的组织理论教材，然而组织理论博大精深，加之我们认识水平有限，可以预见书中会出现不妥疏漏之处，在此衷心希望各位读者和同行批评指教，帮助这本《组织理论与设计》不断完善。

教学建议

教学目的

本课程的教学目的在于让学生了解组织理论的基本内容和组织设计的基本原则，掌握组织中经常遇到的问题以及应对方法。具体来说，要使学生理解组织设计的基本内容与原则，培养学生的组织系统思维，强化创造性地分析和解决组织管理和治理问题的能力，并能够进行相应的组织设计。

前期需要掌握的知识

管理学原理、组织行为学。

课时分布建议

教学内容	学习要点	课时安排		案例使用建议
		本科	MBA	
第一章 组织与组织理论	（1）了解组织的意义与重要性 （2）了解组织理论的不同流派 （3）理解各组织理论流派的形成及相互区别 （4）掌握组织的系统思维方式	4	2	
第二章 组织结构与 组织设计原则	（1）了解组织结构的概念及其关键要素 （2）理解组织形式的不同分类视角 （3）掌握组织结构的基本形式以及各自的特点 （4）了解影响结构设计的组织内部与外部因素	4	2	本章综合案例
第三章 战略、结构与 业绩评价	（1）了解组织目标的概念、作用与特征 （2）了解组织战略的定义与分类以及战略的分析和实施 （3）理解组织战略对组织结构的影响 （4）了解组织业绩评价的两种主要方法	5	4	本章综合案例一、二
第四章 技术、结构与 大规模定制	（1）理解不同的技术模式与组织结构间的关系 （2）了解计算机技术对组织设计的影响 （3）掌握大规模定制目标下的组织设计 （4）了解服务技术对组织设计的影响	5	4	本章综合案例

（续）

教学内容	学习要点	课时安排		案例使用建议
		本科	MBA	
第五章 组织文化与组织设计	（1）了解组织文化的基本要素 （2）理解组织文化的层次组成与形成阶段 （3）了解组织文化的特点与功能 （4）了解不同的组织文化类型与战略和环境的关系 （5）理解组织文化的两种常用测评模型	5	4	本章综合案例一、二
第六章 环境与组织策略	（1）了解组织环境的定义、构成及特征 （2）掌握环境不确定性的内涵及分析框架 （3）理解资源依赖的内涵及资源分析模型 （4）掌握应对环境不确定性的管理策略 （5）掌握应对资源依赖的管理策略	4	4	本章综合案例一、二、三
第七章 企业间关系管理	（1）了解企业生态系统的构成与特征 （2）理解企业集群的特征与分类 （3）掌握战略联盟的含义、类型及管理策略 （4）理解企业集团的定义与内部机制、类型与结构	4	4	本章综合案例
第八章 董事会的组织设计	（1）了解董事会的类型与结构，理解董事会的职能 （2）理解董事会履职的独立性和独立董事的设置与作用 （3）掌握董事会专业委员会设立的原因、职责和设计	4	4	本章综合案例一、二、三
第九章 激励机制设计	（1）了解物质激励与精神激励的基本方式 （2）熟悉薪酬制度设计的基本原则 （3）理解企业高管的短期与长期薪酬激励制度 （4）了解股权激励制度的具体手段与特点	4	4	本章综合案例一、二
第十章 组织变革	（1）理解组织进行变革的原因 （2）清楚组织变革的类型 （3）了解组织的变革模型 （4）清楚组织变革可能会面临的阻力 （5）掌握进行组织变革的方法与技巧	5	4	本章综合案例一、二
课时总计		44	36	

说明：（1）在课时安排上，MBA 是 36 个学时；管理专业本科生课时安排为 36 个学时；非管理专业的本科生建议安排 44 个学时以上，以便补充相关的专业知识。

（2）讨论、案例分析等时间已经包括在前面各个章节的教学时间中。

目 录

前言

教学建议

第一篇 理论与结构篇

第一章 组织与组织理论 …… 2
学习目标 …… 2
核心概念 …… 2
第一节 组织的内涵 …… 3
一、什么是组织 …… 3
二、我们为什么需要组织 …… 3
三、组织的构成要素 …… 5
第二节 组织理论及其流派 …… 8
一、什么是组织理论 …… 8
二、古典组织理论 …… 8
三、人际关系组织理论 …… 13
四、决策组织理论 …… 20
五、系统组织理论 …… 21
六、权变组织理论 …… 22
第三节 组织的系统观 …… 24
一、开放系统 …… 25
二、环境的重要性 …… 26
三、相互关联的子系统 …… 26
四、一致性和联盟 …… 27
本章小结 …… 27
复习思考题 …… 27
延伸阅读 …… 30

第二章 组织结构与组织设计原则 …… 31
学习目标 …… 31
核心概念 …… 31
第一节 组织结构的关键要素 …… 32
一、报告关系 …… 32
二、部门化 …… 32
三、协调机制 …… 33
第二节 组织结构形式的分类视角 …… 37
一、管理层次与控制幅度 …… 37
二、韦伯的官僚结构原则 …… 37
三、伯恩斯与斯托克的环境影响视角 …… 39
四、信息联系视角 …… 41
第三节 组织结构的基本形式 …… 41
一、职能型组织结构 …… 41
二、事业部型组织结构 …… 42
三、矩阵型组织结构 …… 43
四、其他组织结构形式 …… 46
第四节 组织设计原则 …… 49
一、指挥系统 …… 49
二、命令统一 …… 49
三、控制幅度 …… 50
四、明确授权 …… 50
第五节 组织结构的影响因素 …… 55
一、战略 …… 55
二、技术 …… 56
三、规模 …… 56

四、环境 …… 56
五、文化 …… 57
本章小结 …… 57
复习思考题 …… 57
延伸阅读 …… 57

第二篇 组织环境篇

第三章 战略、结构与业绩评价 …… 62
学习目标 …… 62
核心概念 …… 62
第一节 目标与战略 …… 64
一、目标的内涵及作用 …… 64
二、战略类型 …… 67
第二节 组织战略与组织结构 …… 72
一、钱德勒的战略发展阶段与组织结构 …… 72
二、迈尔斯和斯诺的战略与组织结构 …… 73
第三节 组织的业绩评价 …… 76
一、效果的权变评价方法 …… 76
二、效果的平衡评价法 …… 79
本章小结 …… 80
复习思考题 …… 81
延伸阅读 …… 81

第四章 技术、结构与大规模定制 …… 88
学习目标 …… 88
核心概念 …… 88
第一节 技术模式与组织结构间的传统关系 …… 92
一、伍德沃德的技术模式：技术的复杂性 …… 92
二、汤普森的技术模式：部门间的相依性 …… 95
三、佩罗的技术模式：任务的特性 …… 97
第二节 计算机技术对组织设计的影响 …… 100
一、信息技术在组织中的应用 …… 101
二、柔性制造系统 …… 106
第三节 大规模定制目标下的组织设计 …… 107
一、传统技术条件下如何设计定制化产品 …… 107
二、大规模定制条件下的组织设计 …… 109
第四节 服务技术对组织设计的影响 …… 109
一、服务技术的特性 …… 109
二、服务业组织的设计 …… 111
本章小结 …… 112
复习思考题 …… 113
延伸阅读 …… 113

第五章 组织文化与组织设计 …… 119
学习目标 …… 119
核心概念 …… 119
第一节 组织文化的内涵 …… 120
一、组织文化内容的层次结构 …… 124
二、组织文化的产生 …… 125
三、组织文化的特征与作用 …… 128
第二节 组织文化的类型与组织结构 …… 129
一、适应型文化 …… 130
二、使命型文化 …… 130
三、团体型文化 …… 131
四、行政机构型文化 …… 132
第三节 组织文化测评 …… 133
一、卡梅隆与奎因组织文化模型 …… 133
二、丹尼森组织文化模型 …… 135
本章小结 …… 139

复习思考题 …………………………… 140

延伸阅读 ……………………………… 140

第六章 环境与组织策略……………… 144

学习目标 ……………………………… 144

核心概念 ……………………………… 144

第一节 组织的外部环境 ………… 146

一、组织外部环境的内涵与特征 … 147

二、环境的不确定性 ……………… 151

三、资源依赖 ……………………… 152

第二节 对环境不确定性的管理——适应策略 ………………… 153

一、职位和部门的设立 …………… 153

二、缓冲和边界联系 ……………… 153

三、分化和整合 …………………… 153

四、管理过程的改变 ……………… 154

五、计划和预测 …………………… 154

第三节 对资源依赖的管理——控制策略 ………………… 156

一、组织建立组织间联系的主要策略 ……………………………… 156

二、组织控制环境领域的主要策略… 157

本章小结 ……………………………… 159

复习思考题 …………………………… 159

延伸阅读 ……………………………… 159

第七章 企业间关系管理……………… 166

学习目标 ……………………………… 166

核心概念 ……………………………… 166

第一节 企业生态系统 …………… 167

一、企业生态系统的构成与特征 … 167

二、企业竞争优势的获取 ………… 170

三、企业集群 ……………………… 171

第二节 战略联盟 ………………… 174

一、战略联盟的组织类型 ………… 176

二、战略联盟的管理 ……………… 178

第三节 企业集团 ………………… 181

一、企业集团的定义与内部机制 … 183

二、企业集团的类型与结构 ……… 184

本章小结 ……………………………… 187

复习思考题 …………………………… 187

延伸阅读 ……………………………… 187

第三篇 领导与变革篇

第八章 董事会的组织设计…………… 192

学习目标 ……………………………… 192

核心概念 ……………………………… 192

第一节 董事会的基本属性 ……… 194

一、董事会的类型与结构 ………… 194

二、董事会职能 …………………… 197

第二节 董事会的独立性 ………… 201

一、董事会履职的独立性 ………… 201

二、独立董事的设置与作用 ……… 203

第三节 董事会的专业委员会 …… 209

一、专业委员会的设立原因 ……… 209

二、专业委员会的职责 …………… 210

三、专业委员会的设计 …………… 214

本章小结 ……………………………… 215

复习思考题 …………………………… 215

第九章 激励机制设计………………… 224

学习目标 ……………………………… 224

核心概念 ……………………………… 224

第一节 激励形式 ………………… 226

一、物质激励形式 ………………… 226

二、精神激励形式 ………………… 228

第二节 高管薪酬制度 …………… 230

一、薪酬制度的设计原则 ………… 230

二、短期高管薪酬激励制度 ……… 231

三、长期高管激励薪酬制度 ……… 232

第三节 股权激励 ………………… 234

一、股票期权 ………………………… 234
二、限制性股票 ……………………… 237
三、管理层收购 ……………………… 239
本章小结 ……………………………… 242
复习思考题 …………………………… 242

第十章　组织变革 ………………………… 247

学习目标 ……………………………… 247
核心概念 ……………………………… 247
第一节　为什么要进行组织变革 … 249
一、变革的环境压力 ………………… 249
二、关于组织面对环境压力时不发生变革情形的几种观点 …… 250
三、组织内部压力 …………………… 252
第二节　变革的类型与模型 ……… 252
一、变革类型 ………………………… 252
二、变革模型 ………………………… 254
第三节　组织变革的阻力 ………… 258
一、个体阻力 ………………………… 259
二、群体阻力 ………………………… 259
三、组织阻力 ………………………… 259
第四节　组织变革的实施 ………… 260
一、角色定位 ………………………… 260
二、战略变革——将愿景与变革联系起来 …………………………… 261
三、沟通策略与沟通技巧 …………… 262
四、实现持续变革 …………………… 264
本章小结 ……………………………… 265
复习思考题 …………………………… 266
延伸阅读 ……………………………… 266

参考文献 ………………………………… 274

第一篇

理论与结构篇

第一章　组织与组织理论

第二章　组织结构与组织设计原则

第一章

组织与组织理论

学习目标

- 了解组织的意义与重要性
- 了解组织理论的不同流派
- 理解各组织理论流派的形成及相互区别
- 掌握组织的系统思维方式

核心概念

组织、古典组织理论、人际关系组织理论、决策组织理论、系统组织理论、权变组织理论。

引例

美的集团的成长与发展

何享健，1942年出生于广东顺德。1968年5月，他和23位居民集资5 000元，创办了“北街办塑料生产组”，生产药用玻璃瓶和塑料盖，后来又转产发电机的小配件等。何享健背着这些小玩意走南闯北找市场，培养了异常灵敏的市场嗅觉。

1980年开始制造风扇，进入家电行业。

1992年毅然推动美的进行股份制改造。1993年在深交所上市，成为中国第一家由乡镇企业改组而成的上市公司。

1997年推动事业部制改造，为集团“二次创业”奠定了坚实的基础。

1999年在全集团范围内推行员工持股制，促使产权和分配机制改革，使员工和企业形成“命运共同体”。

2001年完成了公司高层经理人股权收购，进一步完善现代企业制度。

如今美的集团拥有总资产90亿元，累计纳税30亿元，美的商标品牌价值达378.29亿元。美的空调、压缩机、电风扇、微电机等九大主导产品产销量均居全国前三名。2001年美的在中国家电企业综合排名中名列第二。2002年实现销售收入150亿元，出口创汇3.3亿美元。2003年开始进军汽车制造业。2005年，美的集团整体实现销售收入达456亿元，同比增长40%，其中出口额超过17.6亿美元，同比增长65%。

2007年，美的集团整体实现销售收入达750亿元（其中海外营收31.2亿美元），在“2007年中国最有价值品牌”的评定中，美的品牌价值已从2004年的201.18亿元跃升到378.29亿元，位居全国最有价值品牌第七位。2009年，美的集团的收入达到了950亿元，其中出口额突破了34

亿美元。2010 年，美的集团销售收入超过 1 000 亿元，集团提出了“再造一个美的”的宏大目标，预计 2015 年收入将超过 2 000 亿元。

资料来源：美的集团官网，http://www.midea.com.cn/cn/。

第一节　组织的内涵

一、什么是组织

1. 组织

组织（organization）是一个社会实体，由两个以上成员组成，经过密切的协调和整合，以回应环境的需求，完成共同目标。

根据上述定义，组织具有四层含义：

（1）组织是社会实体，人的集合；

（2）组织通过协调与整合，确定每个人在组织运作过程中的分工，协调手段既包括面对面的沟通，也包括规则、制度、流程等；

（3）组织与环境存在互动；

（4）组织要能实现共同的目标。

2. 组织结构

任何有组织的人类活动都可以分为相互对立的两个方面，即分工与协调。我们把组织中有助于分工与协调的一切方法手段统称为“组织结构”(organizational structure)。

具体讲是可以用组织图来表示的组织内部正式规定的、比较稳定的相互关系形式，即由组织目标决定的组织职能和组织权力的分配，具体包括组织内部分工方式、工作职务在组织中的位置、各职务间的报告关系以及协调机制等。

3. 组织设计

组织设计（organizations designing）是一个动态的工作过程，指组织为了适应环境的需要，进行组织结构的建立与调整，以达成目标。

所以，组织设计必须先了解组织面对的外在环境因素及组织内部的状况，然后对组织结构及运作方式进行规划与设计，使其能有效回应外在与内在环境的需求，并达成成员的共同目标。组织设计有以下特点：

（1）组织设计应当看成是一个过程。

（2）组织设计是随机制宜和因地、因时、因人而异的。

（3）设计建立的组织结构不是一成不变的，组织设计也不是一次性就能完成的事，而是一种连续的或至少说是周期性的活动。

二、我们为什么需要组织

为什么需要组织？为了回答这个问题，请先看一下亨利·福特和他的汽车流水线故事。福特发明了流水线、建立了现代化组织（不同于传统意义的手工业作坊），进而改变了世界。

视野拓展1-1 亨利·福特和他的汽车流水线

亨利·福特是美国密歇根州一户农场主的儿子,从小就对机械和制造表现出了浓厚的兴趣和好奇心。他对机械和工具有一种天生的爱好,什么机械都要拆开来摆弄摆弄,成年后有人问他,童年时最喜欢什么玩具,他回答说,我的玩具全是工具,至今如此。作为生日礼物,他在13岁时得到了一只手表,他所做的第一件事就是把它完全拆开,然后再自行全部重新安装;此后他就迷上了钟表,谁的表坏了他都愿意修,成为一个很出色的钟表修理工。父亲比尔曾劝说他以此为业,亨利却拒绝为此收费,因为这是他最痴心的爱好,收费将是一种亵渎。他十几岁时曾给他父亲设计过一种简单的开门装置,使他父亲不必跳下马车就可以打开农场的大门。也是在13岁那年,他第一次看见了一台蒸汽机引擎,他急不可待地跳下他的马车去与操作引擎的工程师攀谈。工程师所介绍的一切是如此地令亨利向往,以致二十年之后,他还能一字不差地复述那位工程师告诉他的每个细节,包括那台蒸汽机每分钟200转的技术参数。

1879年亨利17岁时离开父亲的农庄来到了底特律,开始了他的汽车生涯。为了给自己的汽车梦积累资金,亨利同时做了两份工作,白天在密歇根汽车公司做机修工,晚上在一家珠宝店维修钟表。在修钟表的工作中,亨利发现大多数钟表的构造其实可以大大简化,只要精密分工,采用标准部件,钟表的制造成本可以大大降低而性能更加可靠。他自己重新设计了一种简化设计的手表,估算成本为每只30美分,可日产2000只。他认为这一计划是完全可行的,唯一使得他担心的是,他没有年销60万只手表的销售能力,而销售活动又远不如生产那样吸引亨利·福特,因此,亨利·福特最后抛弃了这一计划。但是,简化部件,大批量生产,低价销售的"更多,更好,更便宜"经营思路却在此时大体形成了。

在亨利·福特建立他的流水线之前,当时的汽车工业完全是手工作坊型的,三两个人合伙,买一台引擎,设计一个传动箱,配上轮子、刹车、座位,装配一辆,出卖一辆,每辆车都是一个不同的型号。由于启动资金要求少,生产也很简单,每天都有50多家新开张的汽车作坊进入汽车制造业,大多数的存活期不过一年。福特的流水线使得这一切都改变了。在手工生产时代,每装配一辆汽车要728个人工小时,而福特的简化设计,标准部件的T型车把工时缩短为12.5个小时。

福特流水线的影响远远超过了汽车制造本身。以连杆总成为例,"传统模式"下需要9小时进行装配,秒表测试发现,其中4个多小时花在工人到处走动上。1914年,福特在新落成的海兰公园厂房建成了第一条生产流水线。"让零件向人走来,而不是人向零件走去",工人只用站在传送皮带旁的固定位置上"守株待兔",不假思索地重复一个最简单的动作。所有多余环节和无效劳动被压缩了,生产效率以10位数提高,汽车价格翻跟头下降。由于流水线上千余种操作多半不需要特殊技术和体力,连残疾人和盲人也获得了就业机会。

进入汽车行业的第十二年,亨利·福特终于实现了他的梦想,他的流水线的生产速度已达到了每分钟一辆车的水平,五年后又进一步缩短到每十秒钟一辆车。在福特之前,轿车是富人的专利,是地位的象征,售价在4 700美元左右,伴随福特流水线的大批量生产而来的是价格的急剧下降,T型车在1910年售价为780美元,1911年降到690美元,然后降到600美元、500美元,1914年降到每辆360美元。低廉的价格为福特赢得了大批的平民用户,小轿车第一次成为人民大众的交通工具。福特说:"汽车的价格每下降一美元,就为我们多争取来一千名顾客。"1914年福特公司的1.3万名工人生产了26.7万辆汽车;美国其余的299家的66万工人仅生产了28.6万辆。福特公司的市场份额从1908年的9.4%上升到

1911 年的 20.3%，1913 年的 39.6 %，到 1914 年达到 48 %，月赢利 600 万美元，在美国汽车行业占据了绝对优势。

而真正让福特的名字家喻户晓是在 1914 年 1 月 5 日，福特公司爆出大新闻，将工人日工资提高为 5 美元，比其他工厂高出一倍。此后又增加到 6 美元和 7 美元。农民和海外移民闻讯后蜂拥而至。福特的决策是深谋远虑的，让造车的人能用 4 个月工资买到一辆车，高效率生产离不开高消费人群。

当时，在福特的工厂工作，就是在未来世界工作，采用的是最先进的设备，最先进的技术；为了提高生产效率，亨利·福特毫不吝啬。他的汽车生产线所改变的不单单是汽车的制造，而且是整个社会的经济组织和社会生活，自从流水线方式在 20 世纪 30 年代成为主导方式，汽车行业的进入壁垒大大提高，竞争成为福特、通用、克拉斯勒三巨头之间的垄断竞争，汽车业在美国再也没有出现过新进入企业。

资料来源：美日汽车巨头变迁之镜鉴，http://finance.qq.com/a/20111227/007977.htm，2011 年 12 月 27 日。

组织有效性在于其对社会稀缺资源替代的作用，如福特的流水线可以大量使用半熟练或不熟练的工人，而传统的手工业作坊只能用掌握熟练汽车制造技术的匠人，他们属于社会稀缺资源，没有办法满足大规模生产的需要，因此，组织可以完成个人无法完成的任务。表 1-1 说明了组织存在的重要性与理由。

表 1-1　组织的重要性

- 集中资源已达成特定的目的或结果
- 有效率的生产产品或提供服务
- 促进创新
- 应用现代的制造与信息科技
- 适应并影响快速变动的环境
- 为顾客、股东及员工创造价值
- 回应管理上的挑战，如多元化、伦理观及员工激励等

组织作为人类特有的组合形式，是人类以群体力量来达成某种共同目的的组合，也是人类弥补先天缺陷用以利用自然环境、争取生存及繁荣进步的利器。就生理的结构而言，人类是自然界的弱者，无皮毛以御寒、无利爪以降敌。但人类因能形成组织，靠群体力量来弥补先天不足，来满足更高的人生欲望，故人类终能征服自然、征服太空，主宰地球而成万物之强者。由此可见，组织与人类命运息息相关。

三、组织的构成要素

如果要给组织画一张像，很多人都会画出如图 1-1 所示的组织结构图。

尽管这样的组织结构图十分有用，但只展示了我们所说的“组织”的冰山一角。已经有人提出了一些模型，试图揭示各种类型和不同复杂程度的组织的共性。这些模型大多只关注几个主要的核心维度，因此处于组织结构图和现实组织之间的某处，有利于我们更加清晰的认识组织的构成要素，如 Nadler 和 Tushman（1977）提出的“协同框架”模型（见图 1-2）。

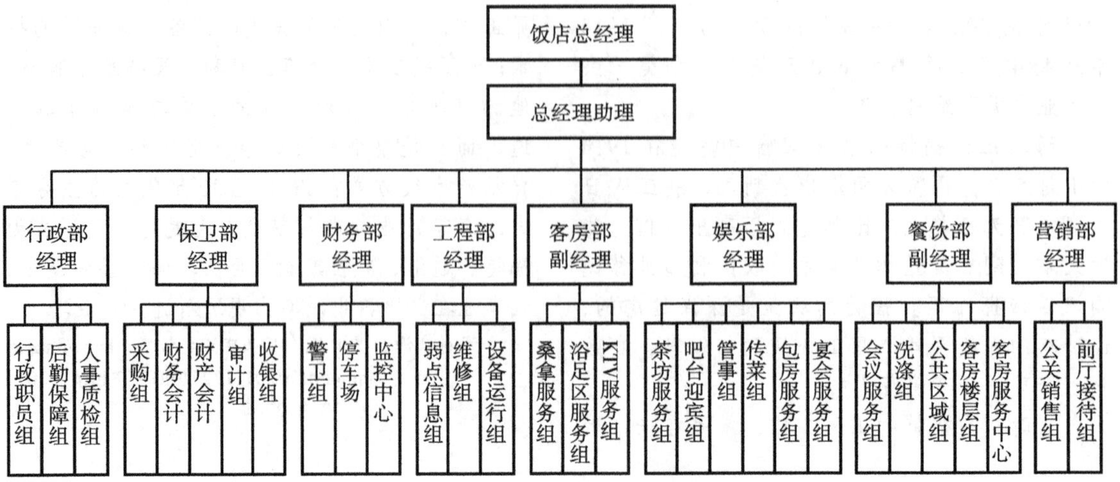

图 1-1 某饭店的组织结构

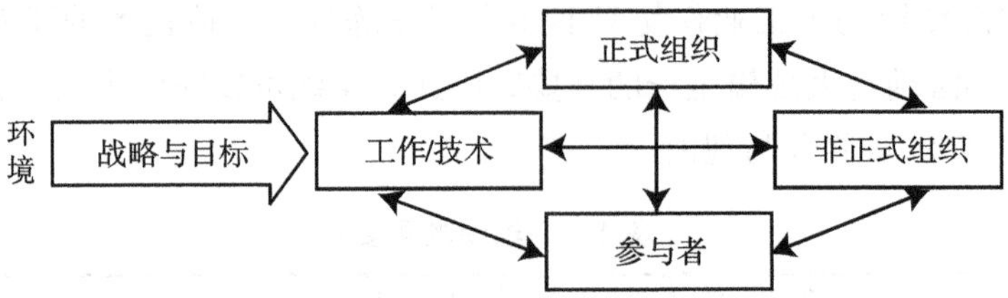

图 1-2 组织的协同模型

资料来源：Nadler D, Tushman M L. A congruence model for diagnosing organizational behavior[M]. Columbia University, Graduate School of Business, 1977.

1. 环境

每个组织都产生于特定的物理、技术、文化和社会环境中，环境是组织赖以生存和发展的物质条件的综合体。环境为组织活动提供了广泛的空间、丰富的资源和信息，比较概略的分析方式是把环境分为一般环境（general environment）和特定环境（specific environment）两种。

一般环境是指所有企业都会受到影响的环境要素，例如政治法律、社会文化、经济情势、科技发展、财务资源及人口结构等，这些环境要素对每个企业组织经营的影响或许不见得相同，但是多半是比较间接、长时间的，当然个别企业对一般环境所能产生的影响通常也有限。相对的，特定环境对组织的影响比较直接，而且企业也必须特别关注这些环境要素的变化，甚至冠以直接影响这些环境要素，以取得更好的经营条件。特定环境通常包括产业、原材料、市场、人力资源、投资者及国际化等。这些外在环境要素与组织息息相关，管理上应密切监控，审慎且迅速回应，使组织可以适应各种外在环境的变化。

2. 战略与目标

目标是指根据组织的使命而提出的、组织在一定时期内所要达到的预期成果，是使命的具体化，表明组织在一定的时间内奋力争取达到的、所希望的未来状况，为组织发展确立方向。战略是关于如何实现目标的一系列选择和方法，有效的战略能够有效地整合各项资源，并充分回应内外在环境的需求，以达成组织整体目标。

一种分类将战略分为三种类型：开拓型战略以开发创新性产品和服务为中心，以期获得所在经营领域的主导地位；防御型战略则更多关注提高内部流程的效率，而不是创新；分析型战略是前两种途径的折中，既注重保持现有产品或服务组合的优势，也定期推出和提供新的产品和服务（Miles and Snow，1994）。另一种分类则将战略分为以高质量和高效率为主导低成本战略、以提供独特产品或服务为主要目标的差异化战略（Poter，1980）。

3. 工作与技术

为了实现特定的战略，将目标转变为现实，组织必须有效地完成一系列关键转换任务。所谓技术（technology）是组织将投入转换成产出所采用的方式方法的总称，表现为机器、设备、流程等软硬件以及员工的知识、技能等。

所有组织，无论是制造业还是服务业、营利组织还是非营利组织，都存在技术管理的问题。只不过有些组织加工处理物质投入，制造新设备，提供硬件产出；另一些组织“加工处理”人，其产品可能是拥有更多知识的人（如学校系统）、也可能是更健康的人（医疗系统）；还有的组织加工处理的是符号（如信息、音乐等）。通常组织的技术部分依附于机器设备，部分体现在参与者的知识和技能上。所有组织都拥有技术，但是它们对技术的理解、规范和运用程度却差别很大。

4. 正式组织与非正式组织

当我们通过组织结构图去了解一个组织概况，通过查阅相关规章制度、流程正式去了解它的运作过程时，我们所接触到的信息主要来自所谓的“正式组织”（formal organization）层面。正式组织就是指组织中明文规定的具有正规化、显性化的规范结构，包括人力资源政策、工作岗位设计以及组织机构等。

但组织结构图并不能告诉我们组织的全部，非正式组织（informal organization）是“正式组织”的对称。最早由美国管理学家梅奥通过“霍桑实验”提出，人们在正式组织所安排的共同工作和在相互接触中，必然会以感情、性格、爱好相投为基础形成若干人群，这些群体不受正式组织的行政部门和管理层次等的限制，也没有明确规定的正式结构，但在其内部也会形成一些特定的关系结构，自然涌现出自己的“头头”，形成一些不成文的行为准则和规范。非正式组织代表着组织运行的自生属性，主要包括组织的文化、行为准则、价值取向，组织内外的社会网络，权力与政治以及领导者的行为等。

5. 参与者

组织参与者在各种诱因作用下为组织做出贡献，参与者个人有很多属性对组织是很重要的，包括他们对知识、技能和对所承担任务等方面的适应性，他们的需求和偏好，以及他们从自身背景带入组织的一些东西。而参与者的年龄、性别、民族等人口统计学特征对组织结构与运行也有重要的影响。

这些要素是组织的重要组成部分。组织作为一个系统存在，其中的每一个要素都影响着其他要素，并受其他要素的影响。由于研究者的学识背景、经历以及认知等不同，产生了对这些要素作用、机制的不同理解与解释，形成了不同的理论流派。

第二节 组织理论及其流派

一、什么是组织理论

“理论”(theory) 是指人们对自然、社会现象，按照已知的知识或者认知，经由一般化与演绎推理等方法，进行合乎逻辑的推论性总结。理论可以有系统地提供探索或讨论一些特定的主题，并做出有洞察力的解释和预测。

“组织理论”（organization theory）是探讨组织内部运作及其环境互动过程的研究领域，核心内容包括组织如何掌握内外部环境的需求及经营者意图，并进行组织结构的设计与管理，以达成组织的共同目标。

组织现象出现很早，可以说有人类社会生活以来就有组织现象的存在，但科学化的组织理论的形成则是 19 世纪末的事情，学者们本着各自的研究兴趣、所处的时代背景和特有生态环境而分别著书立说，形成不同的理论流派。

| 视 | 野 | 拓 | 展 |1-2

《从部落到帝国——原始社会和古代东方的社会组织》由一位社会学家与一位历史学家合著（莫瑞（法）、戴维（法）著）。本书探讨了近东社会组织从氏族到部落，进而到王国，最后发展到帝国的演变过程，给人一种新奇感，令读者感受到了学科交叉研究的学术意义，为我们审视古代近东文明的社会结构的发生、发展与演进提供了一个独特的视角。

二、古典组织理论

古典组织理论（classic organization theory）也被称为传统组织理论，产生并兴盛于 19 世纪末和 20 世纪初，对组织率先进行了系统性的研究。古典组织理论通常可以分为科学管理理论（scientific management theory）、行政管理理论（administrative management theory）和官僚制理论（bureaucracy theory）。该学派所侧重的主要观点是劳动分工、权力与责任、统一指挥、等级制度、命令和服从等。

（一）泰勒的科学管理理论

“科学管理之父”弗雷德里克·温斯洛·泰勒（Frederick Winslow Taylor）于 1911 年将其经典著作《科学管理原理》出版发行，标志着对后世影响深远的科学管理理论的形成。在该书中泰勒较为系统地将科学管理的基本思想、内容和方法进行了介绍，提出专业分工、标准化、最优化等管理思想，并对企业的作业管理和组织管理等内容进行细致描述。泰勒对科学管理进行过表述，“诸种要素——不是个别要素的集合，构成了科学管理，它可以概括如下：科学，不是单凭经验的方法。协调，不是不和别人合作，不是个人主义。最高的产量，取代有限的产量。发挥每个人最高的效率，实现最大的富余”。该定义指出了科学管理思想的内涵。

（1）工作定额原理。为了解决经验管理带来的工人“磨洋工”的问题，提高工作产出，泰勒提出，管理的中心问题是提高劳动生产率。首先要通过设定专门的组织机构对定额任务进行制定。然后以“第一流的工人在不损害其健康的情况下，维护较长年限的速度”为标准，根据科学实验对工人的“合理日工作量”进行计算，得出标准的劳动定额，在此基础上对工人的工作完成状况进行考核。

（2）挑选“第一流的工人”原则。这是提高劳动生产率的重要前提。泰勒认为，企业不仅要为工作找到最合适的工人，还要对挑选出的“第一流的工人”进行培训，通过作业与实践原理进行动作优化，使其能够发挥最大的潜能，以达到最高的劳动效率。同时，这也对企业的人事管理提出了要求，即做到工人的能力与工作的内容相匹配。

（3）标准化原理。泰勒认为科学管理要将生产中的各种影响因素综合起来，包括机器设备、工具、环境因素、知识、技能等，分析总结为规律与原则，实施工具标准化、操作标准化、劳动动作标准化、劳动环境标准化等标准化管理，把对工人的工作有影响的因素进行合理搭配组合，以尽量消除不利的因素，形成最优方案，提高劳动生产率。

（4）计件工资制。在认真分析之前施行的工资制度之后，泰勒认为工资制度需要改进以充分调动工人的积极性，最大地提高工作效率。于是提出“计件工资制”，首先要定额部门对合理的标准进行研究制定，然后根据标准工作量的完成情况采取“差别工资制”的激励制度，而且对工人支付工资是根据其工作技能和劳动量来进行的，以尽可能地提高制度的公平性，调动工人的工作热情。

（5）劳资双方的密切合作。泰勒认为劳资双方的密切合作是一切管理活动发挥作用的基础。而要使该目标能够达成，就需要对所有管理人员和工人的思想进行变革，将对立冲突的情绪转化为合作互助的感情，通过共同提高价值来达到所获得的报酬。

（6）成立计划部门。泰勒提出要对之前全凭经验工作的做法进行改变，以提高工作效率。要通过科学的方法对劳资双方的工作职责进行划分，在企业内部成立计划部门专职从事工作标准制定工作，并通过标准对工作进行管理控制。而工人则按照标准进行操作，积极配合执行。这样就将计划职能与执行职能分离开来。

（7）职能工长制。泰勒认为管理的职能应该进一步划分，并由不同的工长承担，取代由一人发挥多种复杂管理角色的情况。他将工长的职能分为 8 种，并将他们平均分配在车间与计划部门，各自可以根据职责向工人直接进行指示。该设想有助于管理专长的发挥，而且清晰的职责划分可以提高工作效率、降低生产成本。但这种管理职能设计也由于多头领导造成的混乱而未能得以施行推广。

（8）例外原则。即指企业的高级管理人员将处理一般事务的权力授予下级管理人员，仅保留对例外事物决策处理的权力。泰勒认为，规模巨大的企业需要通过例外原则保证组织管理的流畅进行，管理人员可以有更多的精力去思考诸如战略发展等更为重要的问题。该原则在当今管理实践中仍然是非常重要的，也是授权、分权化以及事业部制等管理体制的基础。

泰勒所提出的科学管理理论，开始让人们认识到组织理论是一门建立在明确的法规、条文和原则之上的科学，它适用于人类社会各种有组织的活动，从最简单的个体行为到复杂大公司的业务活动都可以看到科学管理理论的影子。科学管理理论对组织理论和实践的影响是深远的，直到今天，科学管理的许多思想和做法仍被世界各地的管理者接受和使用（见图 1-3）。

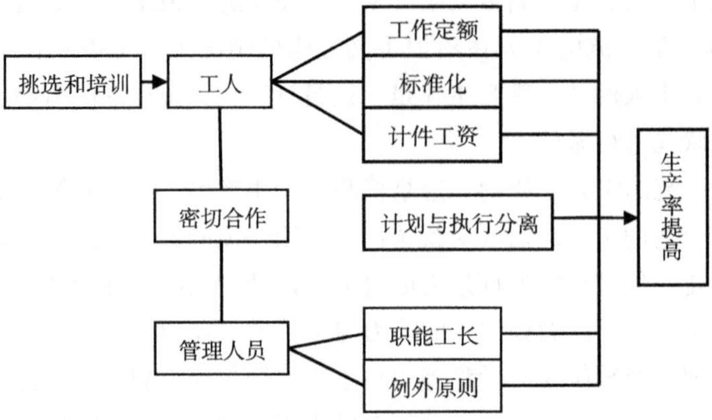

图 1-3 泰勒的科学管理理论

（二）法约尔的行政管理理论

行政管理理论（administrative management theory）也被称为部门分工理论（theory of departmentalization），以“现代经营管理之父”亨利·法约尔（Henry Fayol）在 1916 年所著《工业管理与一般管理》一书中所提出的管理理论为代表。其管理理论思想立足于企业整体，具有很强的系统性，并适用于除企业之外的政府机关、军事部门和公共事业单位等组织。法约尔将经营活动分为 6 种，并对管理活动进行了区分，还提出 5 种管理职能和 14 条一般管理原则。这对于组织理论构建发展和管理实践的指导帮助都具有重大的贡献。

1. 经营活动与管理的五种职能

法约尔通过分析认为任何企业的经营活动都可以分为 6 种，即技术、商业、财务、安全、会计和管理活动。这里的技术活动包括生产、制造和加工等生产相关活动；商业活动包括购买与销售等交易活动；财务活动主要是对资本的周转利用等；安全活动是指对财产和员工的保护活动；会计活动包括财产清点与成本统计等活动；管理活动包括计划、组织、指挥、协调和控制五种职能。法约尔将管理活动的这些职能视为相互联系与配合的有机系统，它们之间的相互作用才能帮助企业完成经营目标。而管理活动在这些经营活动中处于非常重要的地位。法约尔指出，计划，就是探索未来、制订行动计划；组织，就是建立企业的物质和社会的双重结构；指挥，就是使其人员发挥作用；协调，就是连接、联合、调和所有的活动及力量；控制，就是注意是否一切都按已制定的规章和下达的命令进行。

2. 管理的一般原则

这是法约尔为了保证管理职能的顺利实施而提出的 14 条管理原则。①分工原则（division of work），法约尔认为管理工作可以通过分工提高效率，而且分工应该在有限的范围内进行；②权力与责任原则（authority and responsibility），法约尔将激励与惩罚制度引入管理以保证权力的行使和责任的承担，他认为权力与责任应该相匹配；③纪律原则（discipline），法约尔认为纪律对于企业的发展兴盛较为关键，包括企业与员工的协议和员工对协议的态度与遵守情况；④统一指挥原则（unity of command），针对组织结构的设计，即下级人员只能接受一个上级的指令；⑤统一领导原则（unity of direction），针对组织结构的运行，即下级只能有一个直接上级，否则会造成多头领导的困境；⑥个人利益服从整体利益的原则（subordination of individual interest to general interest），法约尔认为要使该原则能被执行，要做到领导人树立榜样、协议的公平制定与认真监督等方面；⑦人员的报酬原则（remuneration），即首先做到维持职工的最低生活消费和企业的基本经营状况，然后再根据职工的劳动贡献来决定采用适当的报酬方式；⑧集中的原则（centralization），是组织的权力的集中与分散的问题，要根据企业的情况决定集中或分散的程度；⑨等级制度原则（scalar chain），就是通过组织中的权力等级链表明权责关系和信息传递路线，可以加强统一指挥的原则；⑩秩序原则（order），指所有人都能根据各自特点各司其职，所有物品资源能够用在合适的地方；⑪公平原则（equity），法约尔认为公平是由善意与公道产生的，这种处理组织事务的规范可以帮助员工对职责忠诚；⑫人员的稳定原则（stability tenure of personnel），就是要帮助员工熟悉自己的工作与环境，并维持人员流动与稳定之间的平衡；⑬首创精神（initiative），就是包括计划的设想与实施等能够实现自我满足并激发工作激情的因素；⑭团队精神（esprit de corps），是指维持加强组织中的团结互助、团队协作的精神，加强成员之间的关系纽带。

效率一直是组织研究的重要问题，随着理论与实践的逐步发展，对效率的研究逐渐分为两大领域：作业活动效率和组织效率。在作业活动效率方面，人们一直在使用科学管理的方法，而法约尔所做的开创性的工作，则突出地把管理活动分离出来，强调管理活动的独立性和重要性，对管理理论的深入研究和管理实践的繁荣起到了重要的促进作用，并使得对效率问题的研究逐渐转移到了组织效率上。从效率的角度来看，泰勒的科学管理理论侧重点是如何提高作业过程中的劳动生产率，而法约尔则侧重于组织管理人员的效率研究，但是两者并不是对立，而是相互补充的，因为泰勒和法约尔都是想通过不同的分析方法来改进组织效率。

（三）韦伯的官僚制理论

官僚制理论（bureaucracy theory）的探讨以“组织理论之父”马克斯·韦伯（Max Weber）最为著名，其主要思想收录于《社会和经济组织的理论》一书中。该理论所构建的行政组织体系，分析了组织的权力基础，以及组织中的权力来源，并提出官僚组织的理想型（bureaucratic ideal type），以使组织高度理性化并帮助组织达成目标。

1. 行政组织体系的权力基础

韦伯认为任何组织都必须以某种形式的权力作为基础，否则就不能达成组织的目标。而且社会中存在三种能被接受的权力来源，首先是传统权力（traditional authority），人们对这种权力的服从是因为领导者处于传统惯例或世袭所承认与支持的权力地位，是人们对传统拥护的结果，领导者的高高在上的地位也使其权力是不受限制的，领导者的意志与情感就是组织中事物处理的标准；其次是超凡权力（charismatic authority），领导者以超自然力量拥有者自居，并神化为天道的代言人，其意志凌驾于众人之上，因而其行为也是不受束缚的，人们追随其后是源于对领导人的崇拜与信仰，这是以带有神秘色彩的非理性行为为基础的；最后是合法－理性权力（legal-rational authority），领导者的权力源自法律制度所赋予的职权，而不是源自领导者自身的意志。法律是至高无上的权力来源，领导者需要遵循规定在一定的范围内，按照法定的程序行使自己的权力。

在上述三种权力中，传统权力效率较差，因为领导者并未经过挑选，其对组织的影响取决于个人能力的优劣。超凡权力则偏向于非理性，依据的是超自然或者某种神秘的力量，具有较强的不稳定性。而法定权力中，被领导者是服从于法律制度所授予某个职位的权力，而非这个职位的领导者本人，在这种情况下，组织的全体成员都要遵守法律制度的规定，领导者的权力有着确定的范围，并且遵循特定的程序。因而，韦伯基于管理的连续性需要秩序、理性的筛选和权力的约束三方面，认为只有这种具有公正性的法定权力才能够作为行政组织体系的基础。

2. 理想型官僚制的特点

韦伯所提出的理想型官僚制具有以下特征（见表 1-2）。

（1）组织中的人员应有固定和正式的职责并依法行使职权。组织是根据合法程序制定的，应有其明确目标，并靠着这一套完整的法规制度，组织与规范成员的行为，以期有效地追求与达成组织的目标。

（2）组织的结构是一层层控制的体系。在组织内，按照地位的高低规定成员间命令与服从的关系，组织中的每个成员都明确自己所服从的上级，以及向哪些人发送命令。一方面减少多头领导的混乱现象，另一方面也容易对下级进行领导。

（3）人与工作的关系。成员间的关系只有对事的关系而无对人的关系。每个成员应尽职尽责，排除个人感情，保证成员之间是一种非人格化的仅限于职务的关系。同时，成员的工作行为以及成员之间的工作关系，应遵守组织的法规制度，不应受到个人情感影响。组织内的行为、决策和法规，应以书面形式规定和记载，业务的处理和传递应以书面文件为准，从而保证组织行为的准确性和规范性。

（4）成员的选用与保障。每一职位都应按照一定的标准对成员进行筛选，根据其资格限制（资历或学历）以及技术能力，按自由契约原则，经公开考试合格予以使用，务求人尽其才。

（5）专业分工与技术训练。根据专业分工的原则，以及成员的技术专长，应该对成员进行合理分工并明确每人的工作范围及权责，同时为了保证各种职位上的成员在行动中的统一性和整体性，保证各项业务的一致性，应该对有关成员进行专门训练，通过技术培训来提高工作效率。

（6）成员的工资及升迁。成员的工资应有明文规定，并有详细的工资制度，特定的职位接受特定的待遇，并不受组织领导的个人影响。建立明确的奖惩与升迁制度，使成员安心工作，培养其事业心。

表 1-2 理想型官僚制的特征

正式规则	员工行为得以规范，从而提高工作效率
管理层级	指挥链和个人权限清晰明确，同时利于沟通和交流
非个人化	个人色彩和个人偏好得以避免，组织行为对事不对人
正式选拔	人尽其才，充分发挥成员所擅长的技能
专业分工	权力和责任明确，专业化提高生产效率
工资及升迁	恰当的激励机制，促使成员安心工作

韦伯避开了关于官僚制效率的争论，他认为，理想的行政组织体系应该符合理性原则，效率最高，强调组织的精确性、稳定性、纪律性和可靠性。关于三种权力的精辟分析，强调了法定权力相对于其他两种权力的持久性，也对组织设计中关于职权的设定起到了很大的启示作用。当然，还有必要强调一点，这里所说的“理想”并不是一般意义上最可取的类型，而是韦伯从众多反映组织的要素中抽象出来的最重要的和最具独特属性的简化模型，如果希望使用理想的行政组织体系就能获得高效的组织效率，那必然将陷入形而上学的桎梏（见表 1-3）。

表 1-3 科层制行政体系与传统型行政体系的比较

	科层制行政体系	传统型行政体系
管辖权范围	对个人常规活动的要求分配在固定的职位责任上	劳动分工既不确定也不常规化，取决于领导指派
等级制原则	下级受上级监管，上级对下级管制范围有严格限制，下级有上诉权	权威关系分散，主要基于个人忠诚，不存在清晰的等级秩序
规则体系	规则相对稳定和完整，有章可循；决策记录在案，永久保存	一般性行政规则没有或非常模糊，随意改变；活动记录不长期保存
职位和员工	权力属于职位，个人财产与公共财产严格分开，工作场地与居住和生活场所分开	不设区分
官员选拔	依据技术能力，职位是任命的而非选举，工资为补偿手段	没有通用的选拔准则，以恩赐的方式提供补偿
受雇	官员是全职雇员，并希望终身服务于一个机构	首要目的是取悦领导，缺乏对个人前程和终身职位的明确的目标和预期

三、人际关系组织理论

人际关系的组织理论始于 20 世纪 20 年代，是受到心理学与人类文化学的影响，用来对机械式的古典组织理论无法解释的人的行为过程进行补充，是对组织理论的重要推动。它以乔治·埃尔顿·梅奥（George Elton Mayo）、弗里茨·朱利斯·罗特利斯伯格（Fritz J. Roethlisberger）等人进行的霍桑实验为起点，逐步发展成为研究人与人之间关系、人的行为与动机以及激励等多方面问题的理论。它包括梅奥和罗特利斯伯格的组织理论、亚伯拉罕·马斯洛（Abraham Maslow）的需求层次理论、弗雷德里克·赫茨伯格（Frederick Herzberg）的双因素理论、道格拉斯·麦格雷戈（Douglas M. McGregor）的 X-Y 理论、库尔特·勒温（Kurt Lewin）的群体动力理论等。

（一）梅奥、罗特利斯伯格与霍桑实验

梅奥与罗特利斯伯格等人在 1924 ～ 1933 年间在美国的一家工厂进行了著名的霍桑实验，目的是探索外部环境因素与心理影响因素等工作条件对生产效率的作用程度。梅奥于 1933 年发表《工业文明中人的问题》一书将获得的发现公诸于世，证实了生产效率主要取决于员工的积极性，受员工的家庭和社会生活以及组织中人与人的关系的影响。这些研究发现否定了古典组织理论的部分观点，奠定了人际关系组织理论的基础。该理论学派的核心思想可以归结为以下三个基本点：

（1）员工的“社会人”假设。与古典组织理论所提出的“经济人”假设不同，这里将工人看作是拥有复杂社会关系的“社会人”，将物质奖励作为唯一的激励手段并不能发挥作用，要调动员工生产工作的积极性，还应该考虑到作为社会系统方面的需求，从心理层面与社会层面进行激励，使工人在诸如友情、安全感和归属感等各方面的需求得到满足。

（2）企业中存在“非正式组织”。在企业中除了存在规章制度、组织规划等正式规范所形成的正式组织体系以外，还存在通过共同的社会感情所维系的非正式团体，正如罗特利斯伯格在《走向统一的管理理论》一文中所言，非正式组织应该被看作“一些惯例、价值观、准则、信念和非官方的规则”。因此，企业应该注意到这种非正式组织的存在对生产效率所产生的影响，并将以效率逻辑存在的正式组织与以感情为基础的非正式组织区别对待，处理好它们之间的协调与冲突关系。

（3）领导者要具备人际协调的技能。由于生产效率的提高很大程度上受到员工的积极性与协作精神等所构成的士气的影响，因此，领导者掌握必需的人际关系协调技能，与员工积极交流情感，帮助他们解决实际问题，可以有效地提高员工的满意程度与士气。

人际关系学派强调组织中人的因素，突破了古典管理理论集中于工作和物质因素的局限。提出社会人的假设，认为工人并非单纯地追求金钱等物质享受，他们还需要社会和心理层面的满足，体现了组织中人的重要性，并引发大量的学者开始研究人的本性和需要、人的行为动机，以及组织中的人际关系问题。“非正式组织”的提出，引导组织的领导者开始重视非正式群体在组织中的地位，尝试发挥非正式组织的有利之处，克服其不利之处。梅奥等人的管理思想所产生的一系列管理活动，也对现代企业的管理实践产生深远影响，现在依然具有重要的实践指导作用。但是，人际关系学派过于侧重人的社会和心理因素，而忽略了理性和经济因素对人的激励作用，因此也存在一定的局限性（见图 1-4）。

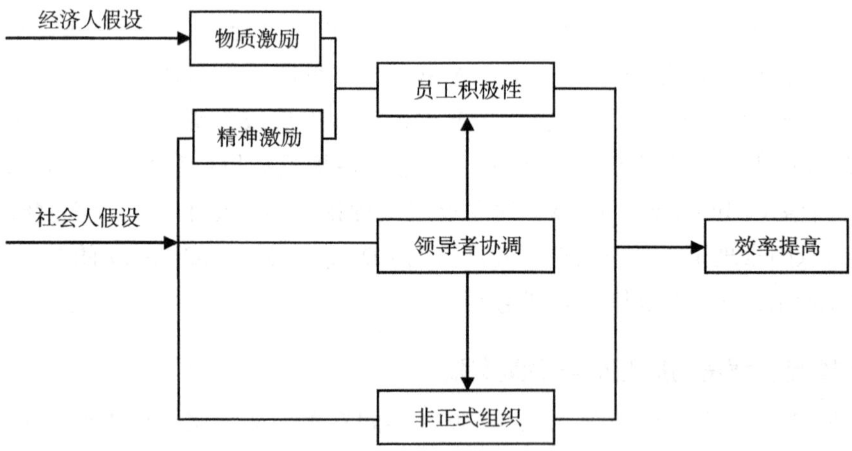

图 1-4 梅奥的人际关系学说

视野拓展 1-3 霍桑实验

霍桑实验是20世纪20年代末30年代初在芝加哥郊外的西部电器公司的霍桑工厂进行的一系列实验。霍桑工厂有着开明的人力资源政策和较高的福利待遇，工作环境和物质条件在当时处于先进水平。但是这些却没有对生产效率起到较大的提高作用。因此由美国国家科学院全国研究委员会赞助，其分支机构工业照明委员会与霍桑工厂合作，试图找出生产率停滞不前的原因。该实验的过程大致可以分为以下四个阶段。

1. 照明实验

由于当时的理论界和实务界普遍认为，生产效率与工作环境和工人的健康状况存在特定的关系。而且基于以前的研究，研究人员猜测随着工作场所照明度的提高，员工生产率会随之提高，因此这一阶段主要是试验照明度的变化对生产率的影响。研究人员挑选了两组工人进行实验：一组是“试验组”，对其照明度进行调节；另一组是“控制组”，照明度保持不变。两个组所从事的具体工作是相同的，一开始，两组照明度相同，然后逐渐降低“试验组”的照明度，“控制组”照明度不变。最终的结果：当“试验组”照明度降低直至近似到月光的程度，两组的工人产量基本相同且都呈上升趋势，这说明照明度的变化对生产率没有产生影响。

2. 福利实验（电话继电器装配实验）

显然照明度和工人生产率之间并不存在直接的因果关系，因此研究人员将实验转移到了其他有可能对生产率产生影响的因素。福利实验主要集中在对薪酬制度、工作时间、休息时间和每周工作天数等因素上，通过对这几个要素进行精心设计，观察这些要素变化时工人的生产率变化。但经过两年多的实验发现，发现无论实验条件如何变化（包括工资制度的改变、休息时间的增减，福利待遇的变化等），工人的生产率一直在提高，而工人自己对生产效率提高的原因也说不清楚。

3. 大规模访谈计划实验

由于前两次实验的失败，研究人员准备放弃实验，但是在一次报告会议上，哈佛大学教授乔治·埃尔顿·梅奥（1800—1949）知道了这个实验，并产生了强烈的兴趣。梅奥率领一些人进入霍桑工厂，首先对霍桑工厂进行了全面的参观研究，然后进行了大规模的访谈。在进行访谈时，梅奥认为应该使用一种对话式的或非指导性的方法，通过这种方法，可以使工人更愿意表达自己的感受。而研究人员的任务就是让工人不断交谈，并将每次访谈的时间大大延长。在之后的访谈中，工人们表示工作条件得到改善（虽然事实上没有变化），工资报酬也得到改善（事实上保持不变），简而言之，虽然实际条件未变，但是这种访谈让工人真实地表达了自己的感受，从而让他们认为自己的处境改善了。

4. 群体实验（电话线圈装配工实验）

在群体实验中，研究人员挑选了14名男工人，他们组成了一个小型工作群体，在隔离的房间里分别从事接线、焊接和检验工作。这个小群体实行特殊的计件工资制度，即成员的收入与小组的产量相关，并参考平时的个人产出水平。

在对小组进行观察的过程中，研究人员发现这些工人形成了一个复杂的社会群体。这个群体有着自己的规范和一套共同的信念，但不同于工厂所正式要求的。试验组不顾工厂关于产量的规定而自己设定了产量限额，并且往往低于工厂的规定；群体成员都避免过高或者过低的产量，以维持合理的工作量和工资率；群体内部有自己的一套措施来约束成员的行为。

这个实验促进了研究者对非正式群体现象的兴趣，由此提出“非正式组织”的概念，认为在正式的组织中存在着自发形成的非正式群体，这种群体有自己的特殊的行为规范，对人的行为起着调节和控制作用。同时，非正式群体还以自己的方式加强了内部的协作关系。

经过几个阶段的实验，梅奥等人对实验结果进行了总结，并出版了《工业文明中的人类问题》、《工业文明中的社会问题》、《管理与工人》、《管理与士气》等管理著作，突破了古典管理理论对人的情感的忽视，第一次将管理研究的重点从工作和物质因素转移到人的因素上来，最终形成了人际关系学派。

资料来源：改编自 http://baike.baidu.com/link?url= TDqjcDieoEG6aE13VHIufdmkP4dRaChinQ8PAaM0tUCZ5K90i0sAeqTAADCCxaZp。

（二）马斯洛的需求层次论

马斯洛在 1943 年发表的《人类动机的理论》一书中提出了需求层次理论。该理论基于3 个基本假设：第一，人要生存，其需求能够影响行为。只有未满足的需求才能够影响行为，已满足的需求并不能起到激励作用。第二，人的需求可以按照层级排列，生理上的需求、安全上的需求、情感和归属的需求、尊重的需求、自我实现的需求按重要性和层次性排成一定的次序，从基本的（如食物和住房）到复杂的（如自我实现）。第三，当人的某一级的需要得到最低限度满足后，才会追求高一级的需要，如此逐级上升，成为推动继续努力的内在动力。马斯洛理论把需求分成生理需求、安全需求、社会需求、尊重需求和自我实现需求五类，依次由较低层次到较高层次。

（1）生理需求。这是人类维持自身生存的最基本要求，包括衣、食、住、行等方面的要求。如果这些需要得不到满足，人类便难以生存。在这个意义上说，生理需求是人类最基本也是最强烈的需求。马斯洛认为，只有这些最基本的需求得到满足之后，其他的需求才能成为新的激励因素，而此时这些已得到满足的需求便不再具有激励作用。

（2）安全需求。这是人类对免除危险和威胁的各种需求，如保障自身安全、维持工作和生活环境稳定，避免失业和职业病的威胁等方面的需要。马斯洛认为，整个有机体是一个追求安全的机制，人的感受器官、效应器官、智能和其他能量主要是寻求安全的工具，甚至可以把科学和人生观都看成是满足安全需要的一部分。当然，当这种需求一旦得到满足后，也就不再成为激励因素了。

（3）社会需求。这一层次的需要可以分为两个方面。一是对良好关系的需要，即每个人都希望和家属、朋友、同事、上下级保持关系融洽或保持友谊和忠诚；每个人都希望得到爱情，希望爱别人，也渴望得到别人的爱。二是归属感的需要，即人都希望被某一个群体所接受，希望成为群体中的一分子，并在群体中相互关心和照顾。社会需求要比生理上的需求更加复杂，有时也不容易辨别，但它和一个人的成长历程、生活环境有着密切的关系。

（4）尊重需求。人人都有自尊心、自信心和成就感，对这些方面的追求构成了尊重需求。每个人都希望自己的能力和成就得到社会的承认，希望得到他人的尊重，在自己所处的群体中享有一定地位与影响力。马斯洛认为，尊重需求得到满足，能使人对自己充满信心，体验到自己活着的用处和价值。但是这类需求常常无法得到充分的满足，因此对尊重的需求也往往是无止境的。

（5）自我实现需求。“音乐家必须作曲，艺术家必须作画，诗人必须作诗，这样最终他才能感到欣慰。能做的就做，我们可以称此为自我实现”——马斯洛。自我实现是最高一级的需求，正如马斯洛所说，它是一个人完成自己最适宜的工作，发挥最大的潜力，实现奋斗目标，并能够不断超越自己的需求。马斯洛提出，为满足自我实现需要所采取的途径是因人而异的。满足自我实现的需要是努力实现自己的潜力，使自己越来越成为自己所期望的人物的过程。

马斯洛的需求层次理论，从人的需要出发探索人的激励和研究人的行为，抓住了问题的关键，形成了研究人类动机和人类潜能的认知框架。马斯洛需求层次理论简单明了，易于理解，因此需求层次理论对企业管理者如何有效地调动人的积极性有一定的启发作用。需求层次理论也存在一定的不足，例如对某一层次的需求怎样才算满足并没有明确的界定方法，在实践中也缺乏可测量的指标；高层次的需求是在低层次需求得到满足后立刻产生，还是会有一定的时间间隔，这些问题马斯洛也都没能给出相应的解释。但是到目前为止，在所有的需求层次理论中，马斯洛的需求层次理论依然是最受追捧的。

（三）赫茨伯格的双因素理论

双因素理论（two factor theory）是由美国的行为科学家弗雷德里克·赫茨伯格提出的，也称激励保健理论（motivator-hygiene theory）。赫茨伯格在 20 世纪 50 年代末期对一批工程师与会计师进行了调查访谈，探寻在工作当中影响他们满意与不满意的因素，以及积极与消极情绪所维持时间的长短。通过大量的材料收集，他们发现员工满意的都是属于工作本身或工作内容方面的，即激励因素，而不满意的都是属于工作环境或工作关系方面的，即保健因素。

激励因素包括工作本身、认可、成就和责任，这些因素涉及对工作的积极感情，又和工作本身的内容有关。这些积极感情和个人过去的成就，被人认可以及担负过的责任有关，它们的基础在于工作环境中持久的而不是短暂的成就，这些因素的存在能对组织成员产生更大的激励。保健因素，包括公司政策和管理、技术监督、薪水、工作条件以及人际关系等。当这些因素恶化以至于组织成员不满意时，就会导致工作效率的降低。但是组织成员认为这些因素较好时，它们也不能保证较高的工作效率。这些因素涉及工作的消极因素，也与工作的氛围和环境有关。也就是说，对工作本身而言，这些因素是外在的，而激励因素是内在的，或者说是与工作相联系的内在因素。

赫茨伯格的双因素理论和马斯洛的需求层次理论有相似之处，保健因素类似于需求层次理论中的生理需求、安全需求、感情需求等较低层次的需求，激励因素类似于受人尊敬、自我实现的需求，这两种理论的区别在于关于需求的具体分析和解释是不同的。双因素理论使组织领导者开始重视工作本身可以进行改进的地方，并表明保健因素的满足是必要的，缺乏它会导致成员的不满，但是仅有保健因素并不能有效地促进效率提高，因此领导者还要注意在组织中增加激励因素，充分调动人的积极性，从而能够形成持久的内在激励，促使组织效率的提高。

（四）麦格雷戈的 X-Y 理论

X-Y 理论（theory X and theory Y）由美国心理学家道格拉斯·麦格雷戈在 1960 年所著

的《企业中人的方面》一书中提出，它们所探寻的都是人们工作的源动力，所不同的是二者的假设是相反的，X 理论认为人们有消极的工作源动力，而 Y 理论则认为人们有积极的工作源动力。

X 理论是麦格雷戈对传统的关于人性假设的管理观点所做的总结归纳。其主要观点是：人的本性是懒惰的，他们厌恶工作，并尽可能逃避工作；大多数人缺乏雄心壮志，不愿主动承担责任，宁愿被人指挥；多数人的个人目标与组织目标是矛盾的，必须用外力来促使他们为实现组织目标而努力；大多数人工作只是为了满足生理需求和安全需求；大多数人缺乏理性，很容易受到环境和他人的影响做出不该做的事。根据 X 理论，传统的管理方式一般是通过外力，比如物质手段来促使成员积极性的提高，同时注重“严格而合理”的管理方法，使用奖赏与惩罚的手段对成员进行激励与约束，即采取“胡萝卜加大棒”的政策。

麦格雷戈认为，虽然当时在工业组织中的人出现了很多 X 理论中所列出的行为，但是这些行为并非是人类的固有天性，而是当时工业组织的性质、管理思想、政策和实践所造成的。因此，他针对 X 理论的错误假设，提出了相反的 Y 理论。Y 理论的主要观点是：人并非天生懒惰，如果给予合适的工作环境，人们会把工作当成一件快乐的事，自愿进行并渴望发挥其才能；多数人愿意对工作负责，在适当的条件下能够主动承担责任；物质报酬并非是成员的唯一追求，在组织中的自尊、自主和自我实现的需求也是普遍存在的，激励在需要的各个层次上都起作用；想象力和创造力是人类广泛具有的。根据 Y 理论的假设，要合理安排员工的工作，对员工充分授权，让员工通过自我实现的满足来提高工作的积极性。

麦格雷戈所创立的 X-Y 理论，已经成为当代管理科学的不可分割的部分。他对 X 理论和 Y 理论所作的比较，为组织处理成员之间的关系提供了认识工具。但 X-Y 理论也并非是一把万能钥匙，Y 理论对成员的工作态度是持积极乐观的观点，然而在现实中也的确存在相当一部分人就是懒惰和不愿负责任的情况，显然对这些人应用 Y 理论必然导致管理的失败。此外，如果要对组织成员使用 Y 理论，就需要合适的工作环境，然而创造这样的环境成本往往很高，所以 Y 理论也并不总是适用的（见表 1-4）。

表 1-4　X 理论与 Y 理论

X 理论	Y 理论
人性懒惰	喜欢工作
没有追求	渴望发挥才能
需求层次低	所有层次
缺乏创造力	广泛具有创造力与想象力

（五）勒温的团体动力理论

库尔特·勒温于 1944 年首先提出了“团体动力理论”的名称。该理论认为，一个人的行为是其性格特征和环境外力相互作用的结果，可以用函数式来表示：

$$B=f(P,\ E)$$

式中，B 是个人的行为；P 是人的性格特征；E 是人所处的环境。

所谓团体动力理论，就是试图发现与分析团体中人与人相互作用、相互影响所形成的各种力量是怎样影响个体行为的，勒温及其后继者通过实验研究，发现了以下几种团体动力的类型：

（1）团体领导方式动力。勒温将团体的领导方式分为三种，即专制型、民主型、自由放任型。专制型是指领导者单独做出决策并指挥下属进行工作，下属要绝对服从。民主型是指，领导者与下属共同参与决策，在工作中进行双向沟通，领导者与下属之间关系比较平等。自由放任型是指，领导者对下属进行高度的授权，下属可以独自完成任务，很少受到领导者的干预。不同的领导方式对其成员行为表现的影响也不同。对10名左右的男孩所做的试验表明：在专制型团体中，成员表现出较多的攻击性言行、引人注目的出风头行为，对自己的关注多于集体，更多地使用“我”而不是“我们”，同时还存在推卸责任、阳奉阴违、对团体活动缺乏兴趣等多种现象；在民主型团体中的表现则相反，而且同一个成员一旦从专制型团体调入民主型团体，其行为就立即发生变化。

（2）团体组织形式动力。勒温及其后继者发现，在欧洲战场上被德国俘虏的美国士兵，反抗情绪和逃跑率都很高；而在朝鲜战场被中国俘虏的美国士兵，反抗情绪和逃跑率都很低。心理学家埃德加·沙因（Edgar H. Schein）于1956年对此进行研究，认为这种行为反差是由团体组织形式造成的。在中国战俘营中，看守人员与战俘的伙食、医疗条件平等，战俘经常调动而组成新的战俘群，有意识地让被俘士兵管理被俘军官，战俘被提审后不再回原来的战俘群。在纳粹德国的战俘营中，组织管理方法与中国的恰好相反，因此导致了战俘行为的不同。

（3）团体结构性质动力。威尔逊等人将36名大学生分成两组进行试验，甲组成员都是以安全需要为优势需要，而自尊需要较低的学生。乙组则是注重自尊需要、而安全需要较低的人。结果表明，甲组在平等型团体中的生产率低，而在层级型团体中的生产率高；乙组的生产率的高低则正好相反。个人需要类型和团体结构性质的搭配，在很大程度上影响了组织成员的行为。

（4）团体公约动力。团体公约是指组织成员之间的一个共同遵守的约定，也是参与组织活动的成员所共同信守的行为规范，它对于组织成员在组织中的行为有着不可低估的作用。勒温曾就公约对人们行为态度的影响做过一系列的试验，如怎样改变美国家庭主妇不喜欢用动物内脏做菜的习惯。试验结果表明，团体的公约规则，比一般性的宣传说服，更能改变团体成员的行为。

（5）团体多数动力。社会心理学家所罗门·阿希（Solomon Eliot Asch）于20世纪50年代通过多次试验证明：对于用来做实验的问题，如团体中只有一个成员故意给出错误答案，就会产生团体压力，被试者接受错误答案的次数达13.6%；若由3个成员故意答错，被试者接受错误答案的比率就上升为31.8%。另一些行为科学家在此基础上还就团体凝聚力和生产率的关系进行了研究，他们指出，团体凝聚力与生产率受控于团体目标和组织目标是否一致。如果一致，团体凝聚力高固然会使生产率有极大的提高，但即使团体凝聚力低也能提高生产率；如果不一致，则团体凝聚力高反而会使生产率下降，团体凝聚力低则对生产率不会产生明显的影响。

团体动力理论强调组织中非正式团体的影响，并给出了分析非正式团体的方法，为我们研究组织行为提供了一个新的角度，同时在实践中可以帮助我们充分利用非正式团体在提高组织绩效上的作用。

四、决策组织理论

决策理论（decision theory）兴起于第二次世界大战之后，是以社会系统论为基础，兼收行为科学与系统论的思想，并通过运筹学、计算机科学技术等方法，形成的解决组织决策问题的理论系统。它以赫伯特·亚历山大·西蒙（Herbert Alexander Simon）、詹姆斯·马奇（James G. March）等人为代表，以人的有限理性为基本假设，将组织视为可以在一定程度上帮助人们做出选择和解决问题的人类有机体。

（一）有限理性假设

在西蒙之前，古典经济学理论是基于完全理性和最优化原则，然而这与现实中的情况有很多的冲突，在指导组织的决策活动时就显出其缺陷。因而西蒙在其所著的《管理行为》一书中对古典经济学理论的假设前提进行思考，考察这些理论在人类决策行为中的适用性，对完全理性假设和最优化原则提出挑战，用“管理人”取代“经济人”，并提出了有限理性假设。即人并不是“完全理性的经济人”，而是只有有限的决策能力和选择能力的人。

有限理性假设包括以下内容：

（1）人的理性是介乎完全理性和非理性之间的一种有限理性，这是由于组织处于不断变动的外界环境影响之下，搜集到所需的所有资料是很困难的，而且人的认知能力和时间精力是有限的，因此在制定决策时很难求得最佳方案。另外，考虑到经济性因素，人们也不会刻意追求它。

（2）决策者在识别和发现问题中容易受到知觉偏倚的影响。所谓知觉偏倚是在知觉的选择性支配下，决策者仅能对问题的部分内容进行分析，未能感知的信息被排除在决策者的认知范围之外。在现实中，决策者对未来作预测时，利用直觉往往多于利用逻辑分析方法，但是直觉的判断是比较容易出错的。

（3）由于决策时间和可利用资源是有限的，决策者即使充分掌握了有关决策问题的信息，也无法做到对各种备择方案的情况全部了解，因而选择决策方案的合理性只是相对的，而不是最优的。

（4）一般来说，决策者都是厌恶风险的，对风险的考虑要多过对方案收益的考虑，这使得经济收益可观但风险较大的方案不一定被选择。

（二）“管理就是决策”

西蒙对传统组织理论所推崇的一些组织原则进行了批评，并认为传统组织理论存在一个很大的不足，就是忽视了对组织决策问题的研究。西蒙认为，决策贯穿于组织工作的全过程，组织的基本功能就是决策，“管理就是决策”。决策是一个复杂的、循环的过程，组织的全部活动都是围绕决策展开的。制订计划是决策；在多个备选方案中进行选择也是决策。组织的设计，管理权限的设定，是组织上的决策问题；实际成绩同计划的比较，控制手段的选择，是控制上的决策，因此决策贯穿于组织的各个方面和全部过程。西蒙主张从广义的角度理解决策，并将一个完整的决策过程分解为四个主要阶段：

（1）搜集情报阶段。搜集组织外部环境中与组织有关的经济、技术、社会、政治等方面的情报和组织内部的有关信息，加以分析，为接下来的阶段提供依据。

（2）计划拟订阶段。根据组织所面临的问题，利用搜集情报阶段所获得的信息，创造、制订和分析可能采取的行动方案。

（3）计划抉择阶段。根据组织当前的实际情况和对未来发展的判断，在各个备选的行动方案中进行抉择。

（4）审查活动阶段。决策实施后应该进行事后的跟踪反馈，对已经实施的方案进行评价。这样，组织的管理人员按照一定的流程，在各个环节都做好充分而细致的调查分析工作，可以在很大程度上提高决策的科学性。

西蒙还对程序化决策和非程序化决策进行了划分，并进行了许多创造性的研究工作。他把一个组织的全部活动分为两类：一类是例行的活动，另一类是非例行活动。根据这两类活动的特点，可以把相应的决策分为两种性质相反的形式：一种是程序化决策，即在活动重复发生时，决策者通过限制或排除行动方案，按照书面的或不成文的政策、程序或规则所进行的决策。这类决策所要解决的问题是具体的、经常发生的，解决方法是重复的、例行的程序。非程序化决策是为了解决不常发生的或例外的非结构化问题。这种问题一般不经常发生，没有得到组织的注意，或者因为对组织非常重要而需要给予特别的注意，从而有必要进行非程序化决策。

西蒙对组织理论的重要贡献来自于他的理念，即研究和了解组织意味着需要研究决策过程所包含的复杂内容。他对有限理性的研究有助于我们理解即使在受限于获得信息的能力的情况下，管理者如何理性地行事并做出令人满意的决策。同时，西蒙以决策为核心的组织理论研究方法，使对组织的研究焦点从制度、法制、结构等静态层面转变到组织的决策过程这一动态层面。

五、系统组织理论

社会系统学派由现代管理理论之父——切斯特·巴纳德（Chester Barnard）创立。由于家庭经济困难，他靠勤工俭学读完了哈佛大学的经济学课程，但是因为缺少实验学科的成绩未能获得学士学位。然而，之后巴纳德在研究组织和管理理论方面的杰出成就，使他先后得到了 7 个名誉博士的称号。

巴纳德关于组织理论的重要思想并非来自于对理论的不断研究，而是来源于自己漫长的工作经历中积累的丰富的经营管理经验，他将这些经验深入分析并结合管理的特点，写出了许多重要著作。其中最有名的是 1938 年出版的《经理人员的职能》和 1948 年出版的《组织与管理》，前者被誉为美国现代管理科学的经典著作，两者都是其毕生从事企业管理工作的经验总结。在这两部著作中，巴纳德从社会学的视角对组织理论进行重新思考，认为组织应当被视为是协作的社会系统，这种创造性的观点成为了社会系统学派的开端，并为现代组织理论做出巨大贡献。

首先，巴纳德认为，一个合作系统由许多相互协作的人组成。社会中存在的各类组织包括军事组织、宗教组织、学术组织、企业组织等多种类型的组织都是一个合作系统，它们都是社会这个大的合作系统的某个部分。在这里所提到的合作系统都是正式组织，巴纳德认为它们都包含三个基本要素：协作的愿望、共同的目标和信息联系。同时，所有的正式组织中都存在非正式组织。正式组织是保持秩序和一贯性所不可缺少的，而非正式组织是提供活力所必需的。两者是协作中相互作用、相互依存的两个方面。所有的协作行为都是物的因素、生物的因素、人的心理因素和社会因素这些不同因素的综合体。

其次，巴纳德指出，一个组织的生存和发展有赖于组织内部平衡和外部适应，而管理的艺术就是把内部平衡和外部适应综合起来。他反对传统的将组织看成是由有限成员组成的孤立系统的观点，而是认为组织的概念应当包括所有的利益相关者，比如供应商、顾客和其他对组织做出贡献但并不属于组织的人。基于这个观点，组织就不能只将视野局限在组织内部，而应该同时对组织环境中的各种因素进行分析，识别外界环境对组织的各种限制与约束条件。

再次，由于在现实中常会存在个人目标与组织目标的不一致，巴纳德提出了“有效”和“有效率”两条概念。“有效”是指一个组织系统协作得很成功，能够实现其组织目标，而能够达到“有效”，也是系统存在的必要条件。系统的“有效率”是指组织能够满足其成员的个人目标，组织目标的满足是个人目标满足综合作用的结果。这样就把正式组织的要求同个人的需要结合起来，这在管理思想上是一个重大突破。

最后，巴纳德认为，经理人员的作用就是在一个正式组织中充当系统运转的核心，并对组织成员的不同活动进行协调，指挥组织的运转，促进组织目标的实现。经理人员的主要职能有三个方面：提供和维持一个信息交流系统；促使组织成员对组织做出贡献，包括采用适当的激励方式、成员的选聘和训练；制定组织的目标并进行解释，同时协调个人目标和组织目标之间的冲突。

除此之外，巴纳德还提出在组织中使组织成员非个性化的必要性，管理者应该意识到组织成员不仅有着理性、客观的一面，同时还存在非理性、主观的一面，因此管理者面临的一个问题就是对这两个方面进行区分，识别组织成员的行为动机；权威是存在于正式组织内部的一种“秩序”，一种信息交流的沟通体系，是个人服从于协作系统要求的意愿和能力；组织是否能够长久的存续下去，取决于组织成员是否能够持续的接受命令，为组织做出贡献；经理人员在企业组织中具有重要的领导作用，因此应该具有特定的“领导的性质”。

巴纳德对正式组织进行了详细的分析，同时又引入了非正式组织的作用。传统的组织偏重于正式组织和结构化的决策与沟通机制，但是在现代组织管理中要充分考虑利用非正式组织的力量。巴纳德在组织理论方面的开创性研究，使其成为现代组织理论的奠基人，后来的许多学者如德鲁克、孔茨、明茨伯格等都极大地受益于巴纳德，并在不同方向上有所发展。而巴纳德的组织管理理论成为连接科学管理理论和现代管理理论的重要桥梁。

六、权变组织理论

权变的组织理论形成于 20 世纪 70 年代，其主要思想是在高度不确定性的环境下应该采取权宜应变策略。由于不同组织的外部环境要素和内部环境要素均不相同，因此管理活动并没有统一固定的模式，应相机而动针对具体的情境找出最适宜的方法。该理论以弗雷德·卢桑斯（Fred Luthans），杰伊 W. 洛希（Jay W. Lorsch）和弗雷德·菲德勒（Fred E. Fiedler）、罗伯特·豪斯（Robert J. House）等人为代表。

（一）卢桑斯的权变理论

卢桑斯将之前的组织管理理论总结为过程学、计量学、行为学和系统学四种，而他认为当这四种理论融合统一时，所形成的综合体就是权变理论。卢桑斯将权变管理概括为由环境、管理理念与技术三者构成的观念架构，这里可以将权变关系用两个或两个以上的变量间的关系函数来表示，通过“If-then”的逻辑解释权变的匹配关系，即将“如果”的条件——组织所面临的内外部环境看成是自变量，“那么”的结果——组织管理活动所使用的理念与技术看成是因变量，用坐标表示的话就是在横轴上的每个独立环境变量，都会与纵轴上的一个管理变量对应，如此就构成一个问题解决方案的权变矩阵。

（二）莫尔斯、洛希的超Y理论

麦格雷戈的X-Y理论认为，Y理论能把组织目标和组织成员的个人目标最好地结合起来，提高生产效率，所以较X理论更优越。但是，其后的一些实验发现，应用X理论的组织也有效率较高的，应用Y理论的组织也有效率较低的。约翰·莫尔斯和杰伊 W. 洛希对这种现象进行了分析比较，提出所谓的超Y理论。

超Y理论认为：

（1）组织成员的需求类型是不同的。有的人需要正规化的组织结构和条例规章，而对参与组织决策兴趣较弱；有的人需要更自由的工作环境来保证个人的创造性。

（2）组织成员对管理方式的认可是不同的。有的人欢迎以X理论为指导的管理方式，有的人则更愿意接受以Y理论为依据的管理方式。

（3）组织目标、工作性质、员工能力对组织结构和管理方式也有很大的影响。例如制造业的工厂可能适宜采用X理论来设计集权的组织结构，而高校可能适合采用Y理论对成员实行宽松的管理政策。

（4）一个目标的实现可以激励成员为新的更高的目标而努力。

因此，超Y理论认为，在现实的组织中，成员的表现很少是处在X-Y理论的两个极端，而多是处于这两个极端之内。单纯地使用X理论或者Y理论去指导管理，将无法适应不同的具体情况，导致组织无法有效运行。因此，在对组织活动进行管理时，对不同时间，不同工作性质，不同性格的人，要采用不同的管理方法，总之，应该根据不同的具体情况来选择或综合运用X理论和Y理论。超Y理论体现了权变的组织管理思想，这也使得该理论成为权变组织理论的理论基础。

（三）领导权变理论

菲德勒是美国著名管理学家和心理学家，领导权变理论的代表人物之一。他通过对各类组织进行大量的调查研究之后，发现任何形式的领导方式都可能有效，其有效性取决于领导者的领导风格和组织面临的环境是否相适应。

首先，应该分清领导者的风格。菲德勒把领导风格分成两种：一种是人际关系型，即以人为导向，领导者关注于与成员建立良好的人际关系，并从中获得满足。另一种是任务导向型，即以工作为导向，追求组织目标的实现，并从工作中获得满足。

然后，要确定组织面临的环境。菲德勒认为决定领导方式有效性的环境因素有三个：一是领导者与被领导者的关系，即被领导者对领导者尊敬、信任以及愿意追随的程度；二是任务结构，即工作任务规定的明确程度、程序化程度；三是职位权力，即领导者正式职位所能提供给领导者的权力大小。

最后，使领导者与情境匹配。领导风格一般都是难以改变的，因此提高领导方式的有效性只有两条途径，一种是替换领导者以适应环境，另一种是改变环境以适应领导者。总之，菲德勒认为，人际关系型的领导方式在对领导者有利情况为中间状态的环境中效率较高，任务导向型的领导方式在对领导者非常有利或者非常不利的环境中效率较高。

领导权变理论强调了领导行为对领导有效性的影响，而不是传统组织理论中强调一名优秀的领导者应该具备哪些素质，这为领导理论的研究开辟了新方向。菲德勒模型表明，没有哪一种领导形态是正确或者错误的，组织领导者必须具有适应力，根据自身的领导风格自行适应情境的变化。同时也提示，管理层必须根据实际情况选用合适的领导者（见图 1-5）。

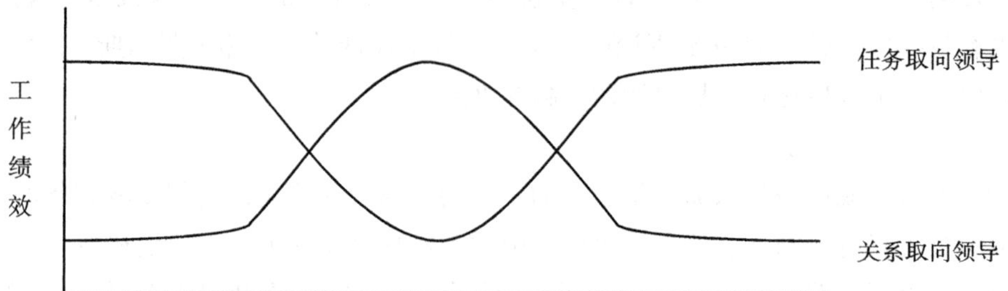

	非常有利于领导的环境		中等有利于领导的环境				非常不利于领导的环境	
领导者-成员关系	好	好	好	好	差	差	差	差
任务结构	明确		不明确		明确		不明确	
职位权力	强	弱	强	弱	强	弱	强	弱

图 1-5 菲德勒的权变领导理论

资料来源：Daft R L. Management[M]. Ninth Edition. South-Western, 2010: 420.

第三节 组织的系统观

宇宙，小至微观的原子，一粒种子、一群蜜蜂、一台机器、一个工厂、一个学会团体……都是系统，整个世界就是系统的集合。组织是社会系统中的子系统。

视野拓展 1-4 贝塔朗菲与系统论

宇宙、自然、人类社会，由于人类设定的参照系不同，而分属于不同的子系统。如果把世界上所有的存在划分为物质与精神世界的话，那么宇宙、自然、人类社会就通通属于物

贝塔朗菲（1901—1972），美籍奥地利生物学家，一般系统论和理论生物学创始人，20 世纪 50 年代提出抗体系统论以及生物学和物理学中的系统论，并倡导系统、整体和计算机数学建模方法和把生物看作开放系统研究的概念，奠基了生态系统、器官系统等层次的系统生物学研究。

质与精神世界这个复杂巨系统。如果这样来看全宇宙，系统论就是具有哲学价值的世界观，所以可以说，宇宙是由具有组织性和复杂性的不同子系统构成的，这就是宇宙系统观。同时系统论又有很多类似数学模型的具体方法，来面对具体的子系统，从科学工具的角度来看系统论，系统论又是具有哲学价值的方法论。总之系统论在具备系统科学之个性化属性的同时，又有别于具体的数学方法、物理方法或化学方法等具体科学门类的技术方法，从而具有普遍意义上的哲学属性，像宗教观、物质观、信息观一样，具有世界观和方法论意义。

系统思想源远流长，但作为一门科学的系统论，人们公认是由美籍奥地利人、理论生物学家 L. V. 贝塔朗菲（L. Von. Bertalanffy）创立的。他在 1932 年发表“抗体系统论”，提出了系统论的思想。1937 年提出了一般系统论原理，奠定了这门科学的理论基础。但是他的论文《关于一般系统论》，到 1945 年才公开发表，他的理论到 1948 年在美国再次讲授“一般系统论”时，才得到学术界的重视。确立这门科学学术地位的是 1968 年贝塔朗菲发表的专著：《一般系统理论基础、发展和应用》（*General System Theory; Foundations, Development, Applications*），该书被公认为是这门学科的代表作。系统一词，来源于古希腊语，是由部分构成整体的意思。今天人们从各种角度上研究系统，对系统下的定义不下几十种。如说“系统是诸元素及其顺常行为的给定集合”，“系统是有组织的和被组织化的全体”，“系统是有联系的物质和过程的集合”，“系统是许多要素保持有机的秩序，向同一目的行动的东西”，等等。一般系统论则试图给一个能描述各种系统共同特征的一般的系统定义，通常把系统定义为：由若干要素以一定结构形式联结构成的具有某种功能的有机整体。在这个定义中包括了系统、要素、结构、功能四个概念，表明了要素与要素、要素与系统、系统与环境三方面的关系。

资料来源：改编自 http://baike.baidu.com/subview/62521/12510609.htm?fr=aladdin。

一、开放系统

组织活动是一个转换过程，由环境中取得“投入”（input）经过处理转换后，形成产品和服务即“产出”（output）释放到环境中去。转换过程涉及人员、机器设备、处理流程的元素，这些有形或无形的元素的不同组合，构成具有特定功能的系统。任何一个系统都需要和环境互动，像一个有机体一样，组织也不例外。任何系统都与环境存在交换关系，尤其当这种交换关系是系统存活的关键时，该系统是开放的（Walter Buckley，1967）。

组织学意义的开放系统其核心内涵不是与环境隔离的自给自足（物理学意义的“封闭”），而在于“这交换关系是系统存活的关键”，可以用一个模型来解释：

Y=a+bX（其中，Y 代表组织的存在意义，如长期绩效等，X 代表关键影响因素）

当 X 存在组织内部时，我们定义该组织为封闭系统；

当 X 存在组织的外部环境中时，我们定义该组织为开放系统。

二、环境的重要性

开放系统理论强调组织所处环境的重要性。传统管理理论家对环境关注相对较少，他们将组织视为一个封闭的机械体系，头脑中满是内部设计的准则。开放系统的观点认为，我们在从事组织活动时应该时刻考虑到环境因素，将注意力放在理解眼前的任务或商业环境上，即组织与客户、竞争对手、供应商、工会、政府机构以及更广泛的关联环境的直接相互作用。所有这些对组织行为有着重要的意义，它强调了以下能力的重要：

（1）搜寻并发现任务和关联环境的变化；

（2）跨越并操控重要边界和相互依存的领域；

（3）做出恰当的运营和战略反应。

三、相互关联的子系统

系统就像中国盒子，每一个盒子里面总是套着另一个盒子。同样，组织包含属于不同团体或部门的个人（他们分别自成系统），这些团体和部门隶属于更大的组织区域，由此类推。如果我们将整个组织定义为一个系统，那么其他水平的系统可以被理解为子系统，正像分子、细胞和器官可以被视为一个有生命的有机体的子系统一样，而它们各自都是复杂的开放系统。

组织的社会技术观点常常被拓展，以考虑技术、社会、管理和战略与环境要求直接的关系（见图 1-6）。这种思维方式帮助我们认识到每一个事物都依存于另一事物，并帮助我们发现管理重要的子系统和环境关系的方法。

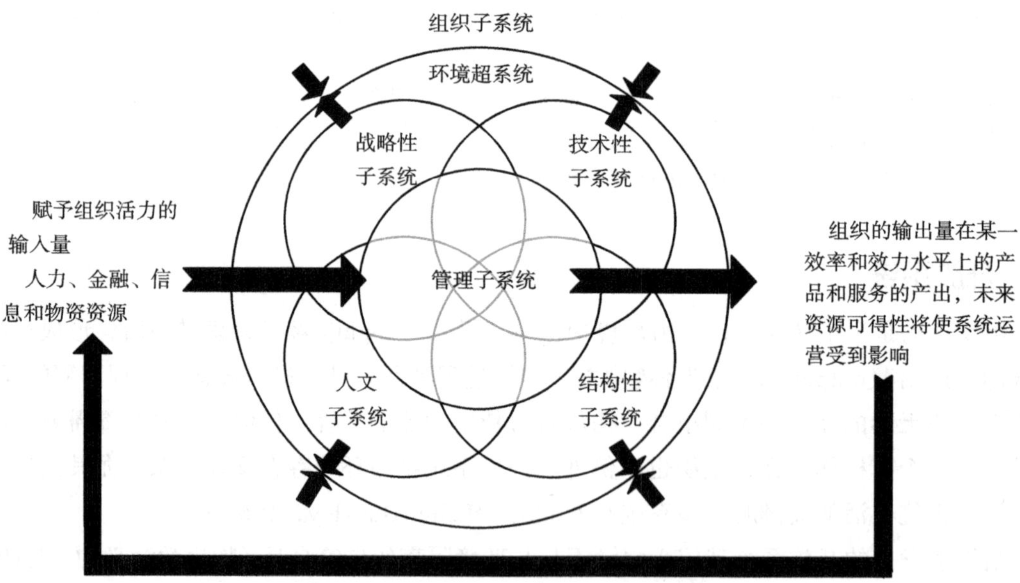

图 1-6 一个组织如何被视为子系统的集合

资料来源：Kast F E, Rosenzweig J E. Contingency Views of Organization and Management[M]. Sra, 1973: 36.

视野拓展1-5 现实中的组织

某传统制造公司认为员工只需要按照要求完成工作，不需要也没有能力去做工作要求以外的任何决定。一位新上任的生产部经理坚信员工承担更多责任可以提高生产率。他决定让某个生产班组对生产日程安排、质量等生产任务承担更多的责任，这个班组的积极性被调动起来，在产量和质量方面有相当大的改进。但物料供应和销售部门却提出抗议，因为这些改进给他们的工作带来了负担。于是，公司决定停止生产部经理的工作，使公司恢复了原来的状态。这个例子启示我们：第一，组织是由相互关联的子系统组成的；第二，只改变其中的某个“子系统”，会带来混乱；第三，组织有保持平衡的内在动力，但这种平衡对组织未必是有利的，甚至可能造成组织衰退。

资料来源：本书作者根据访谈等相关资料整理。

四、一致性和联盟

开放系统方法鼓励我们在不同系统之间建立一致性和“联盟”，并发现和消除潜在的机能障碍。正像工作设计的社会技术系统强调人的要求和技术的要求匹配的重要性一样，开放系统理论通常更鼓励子系统之间的匹配。考虑到有效控制和管理现象的复杂性，多样性对于设计控制系统或对于内部和外部范围的管理特别重要（见表1-5）。

表 1-5 组织理论的发展脉络

理论名称	代表人物	主要思想
古典组织理论	泰勒、法约尔、韦伯	主要研究如何提高组织的效率，包括作业效率和管理工作效率，主要观点是，劳动分工、权力与责任、统一指挥、等级制度、命令和服从等
人际关系组织理论	梅奥、马斯洛、赫茨伯格、麦格雷戈、勒温	运用社会学、人类和社会心理学的理论研究人与人之间的关系，人们的价值观念、激励、行为修正、领导和沟通是这一学派研究的重点
决策组织理论	西蒙、马奇	强调管理者的主要任务是决策和解决问题，着重研究如何制定决策的问题，以及对组织管理的影响
系统组织理论	巴纳德	认为任何事物都是一系列相关要素的组合，组织是由相关的职能部门或子系统组织的系统，应按照系统方法研究管理
权变组织理论	卢桑斯、菲德勒、豪斯	主要研究组织与环境条件之间的关系，认为管理理论和方法是环境的函数

本章小结

组织理论是对组织行为实践的总结与升华，作为一门新兴学科，组织理论在20世纪取得了快速发展，各种学术观点层出不穷。古典组织理论重视组织效率的提高，集中于对组织结构和管理合理化的研究，只关注组织内部因素，忽视人的因素和环境的作用。霍桑试验对古典组织理论的突破，代表了人际关系组织理论的产生，该流派把组织研究的重点从工作上和从物的因素上转到人的因素上来，对以后的组织理论产生了深远影响。决策组织理论认为“管理就是决策”，组织的基本功能就是决策，决策贯穿于组织工作的整个过程。系统组织理论的开创，奠定了现代组织理论的基础，后来的许多学者也都极大地受益于系统组织理论，该流派认为每个组织都是一个协作系统，这个系统就是正式组织，并包含三个要素：协作的意愿、共同的目标和信息联系，而非正式组织存在于正式组织之中，是整个协作系统的重要组成部分。随着组织目标多样化、组织规模不断扩张、环境更加复杂多变，不变的组织理论显然缺乏对组织实践的指导作用，权变组织理论的主要思想是在高度不确定性的环境下应该采取权宜应变策略。由于组织的环境要素均不相同，组织活动没有统一的模式，因此应相机而动针对具体的情境找出最适宜的方法。本章按照不同的理论流派梳理了组织理论的产生与发展过程，希望读者能够关注和把握组织理论发展的基本脉络，从历史发展的角度把握组织理论课程的研究对象，用动态的眼光审视组织理论的发展与创新。

复习思考题

1. 科学管理理论的核心思想是什么，通过哪些方法来提高效率？
2. 人际关系学派的主要思想是什么，其相对于古典学派的进步是什么？
3. 为什么说“管理就是决策”，你是怎么理解的？
4. 简述组织理论的几大流派以及每个流派的侧重点。

视野拓展1-6 实践、学科和范式：组织理论变迁综述

对组织的认识过程贯穿于所有人类的历史中，基于现代研究方法而产生的组织理论也有近百年的发展历史。由于缺乏界定明确的研究对象、主流的研究方法和强有力的假设，组织研究俨然是一个组织实践、学科与范式自由进出和竞争的载体。组织理论的定义，研究范围、方法也都没有得到普遍认同。

通过分析组织理论发展过程中的组织实践现象、多学科渗透现象以及组织理论总体范式结构之间的关系，对国外组织理论的发展做出综述。

1. 组织理论的范式形成期

19 世纪中期到 20 世纪 30 年代是组织理论范式形成的阶段，主要标志性成果是 20 世纪最初十年的企业管理理论和科层制理论，以及 20 世纪 30 年代的人类关系理论。

与早期的市场和经济运行状况相适应，企业的物质生产效率构成生存竞争的主要方面，导致具有工程师背景的人在企业管理和理论创新上崭露头角，其代表包括F. 泰勒、法约尔、慕尼等人。科学管理运动的发展存在若干的峰点，包括F. 泰勒 1911 年提出的基于时间动作研究的科学管理原则，法约尔 1916 年提出的一般行政组织的行政角色五论和古立克 1937 年提出的行政管理理论。

科学管理运动在有效管理企业上的局限性，促使经典社会学、心理学和行为理论进入微观组织研究。这种将社会学、道德哲学和心理行为实验相结合的发展趋势，一般被归纳为人类关系学派。显然，当个人的情感、抱负、人际关系、社会背景等非完全可控因素进入组织时，经典管理理论的假设将无法自持，而封闭的组织边界也难以为继。基于此，梅奥等人发展了对工业企业内非正式的组织、控制和承诺等非理性（工具）因素和社会过程的研究。

组织理论的该发展阶段由于在理性和非理性观点、工程和社会观点、机械和人的观点、人性恶和人性善的观点、结构和过程观点上的分歧而形成了两个重要的研究范式，即经典管

理学范式和人类关系范式，它们的根本目标都服务于构建行之有效的资本主义组织体系，最终实现资本的利益和权力的价值。这为以后组织理论的局部性整合提供了基础。

2. 组织理论的范式局部整合期

从20世纪40～70年代石油危机是组织理论局部整合的短暂时期，现代主义者的成就在该阶段达到顶峰。该时期的成就和问题为20世纪70年代以后组织理论走向分化预设了条件。

第二次世界大战前福特制企业和科层制政府的持续发展，由大危机进一步推动的组织兼并和市场垄断，以及由反危机措施和战争所推动的国家行政膨胀，深刻改变了组织的外部环境和生存法则。权力的直接重要性越发明显。将权力视为组织的一种主要稀缺资源，认为组织是个人、组织和人类群体间权力争夺的枢纽，因而围绕权力研究组织行为。

该时期组织实践和理论的发展是由现代主义者主导的，在认识角度上是理性的面向实际问题的。这个时期组织研究的一个明显特点是专业理论研究者的崛起。赫伯特·西蒙（Herbert Simon）首先在组织管理行为决策化的方面做出理论贡献，汤普森则在组织与环境的适应性上做出了理论发展和总结。

将环境在组织研究中独立出来的使命是由以塞尔兹尼克（Selznick）为代表的哥伦比亚大学旧制度社会学派完成的。

通常汤普森被认为是权变理论的创始人之一，即组织要针对一系列非完全可控的因素而“随机应变”，建立适应性的组织结构、设计和行为模式。

其他同期的权变理论家主要研究组织类型与环境类型之间的对应关系。他们注意到了不同类型组织对不同类型环境的特别适应性，但是这种对应性易于将组织单调化，在组织与理性模型和自然系统模型之间机械配对。

权变理论至今仍是最有影响的组织理论，此后出现的传统取向的组织理论很大程度没有挑战权变理论本身，而是对权变理论的细分、延伸、修正和拓展。

3. 组织理论的范式繁荣分化期

实践的剧变往往赋予主流理论范式的对立或竞争范式以崛起甚至颠覆性的力量。20世纪70年代石油危机以来组织理论已经不再有主流。组织理论范式繁荣的同时，也是组织理论无范式的开始。

该时期组织理论的主要特点可以认为是对于制度的分析、运用和批判，尽管出发点和终点非常不同。

（1）新制度经济学组织理论

经济学在组织理论中的勃兴反映了企业发展的现实需要，为新的组织设计提供了理论支持。经济学在组织理论的大发展始于新制度经济学在20世纪70年代的崛起。

交易成本理论的核心是研究组织边界的治理，即在“制造”和“购买”之间，在指令和谈判之间，在等级和市场之间的选择问题。

机构理论广泛应用信息经济学，探讨对于信息不对称和利益冲突的纠正机制。

（2）新制度社会学组织理论

制度社会学对组织的研究则将制度的作用放在了中心的地位。在新旧制度社会学之间，制度从基本的行为限制条件上升成为行为的内生变量。

（3）新制度政治学组织理论

政治科学中的新历史制度主义与社会学新制度主义的基本观点多有重合，研究层面主要是历史的和宏观的。

（4）非主流组织理论

该阶段批判解释学派组织理论和后现代组织理论的兴起，反映了组织理论在认识论上的决裂性发展。

1）批判学派与组织理论。以法兰克福学派为代表的批判解释学派强调现实是社会过程的产物。

2）后现代组织理论。批判学派在对现代性进行批判时，仍然保持了相当理性的态度和逻辑体系，认可真实和系统的存在，而后现代的批判逻辑则与其批判客体存在一种完美的对比性——某种程度的非理性。

20世纪世纪70年代以来组织和组织理论

的发展内容丰富，难以详尽概述。该时期组织理论发展的一个共同特点是强调人类心理和认知的价值系统和信息处理机制，以及它们在超越个人层次上的社会建构和影响。

资料来源：敬乂嘉．实践、学科和范式：组织理论变迁综述 [J]. 社会，2006(6).

延伸阅读

1. [美] W. 理查德·斯科特，杰拉尔德 F. 戴维斯著，高俊山译，《组织理论——理性、自然与开放系统的视角》，第 1 ~ 5 章，中国人民大学出版社，2011 年 6 月第一版。
2. 弗莱蒙特 E. 卡斯特，詹姆斯 E. 罗森茨韦克著，傅严、李柱流等译，陈旭明、李柱流校，《组织与管理——系统方法与权变方法》，第二篇组织与管理理论的发展。中国社会科学出版社，2000 年 9 月。
3. Martin Parker. 1992. Post-Modern Organizations or Post Modern Organization Theory? Organization Studies, 13:1, 001-017.

第二章

组织结构与组织设计原则

▶ 学习目标

- 了解组织结构的概念及其关键要素
- 理解组织形式的不同分类视角
- 掌握组织结构的基本形式以及各自的特点
- 了解影响结构设计的组织内部与外部因素

▶ 核心概念

报告关系、部门化、协调机制、有机式结构、职能型、事业部型。

引例

美国科技公司的组织结构图

2012年6月27日，Web设计师Manu Cornet在自己的博客上，画了一组美国科技公司的组织结构图（见图2-1）。在他笔下，亚马逊等级森严且有序；谷歌结构清晰，产品和部门之间却相互交错且混乱；Facebook架构分散，就像一张散开的网络；微软内部各自占山为王，军阀作风深入骨髓；苹果一个人说了算，而那个人路人皆知；庞大的甲骨文，臃肿的法务部显然要比工程部门更加重要。这是一组有趣的图，它很快风靡网络。2012年6月29日，它传入中国，在新浪微博上被转发了1万多次。

资料来源：http://www.ipc.me/it-company-architectures.html.

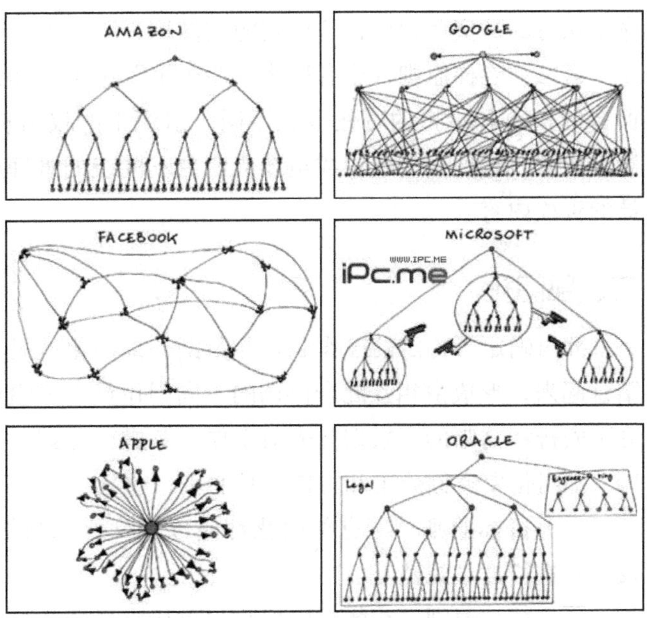

图2-1　美国科技公司组织结构图

第一节 组织结构的关键要素

组织结构是指组织为实现目标，使组织各部分能够在组织的活动中有序分工、有机协作，从而确定关于组织各部分的职能、部门划分、层次、权力、组合方式以及制度设计等的一系列结构体系。合适的组织结构对于一个组织而言非常重要，规范的组织结构降低了组织成员行动由于个体差异而引起的不确定性，通过规章制度和职能设计规范了成员的组织行为，保证了组织的正常运转。

组织结构三个关键要素为：

（1）组织中的正式报告关系（包括职权层级的数目和主管人员的管理幅度）；

（2）组织中个体组合成部门，部门再组合成整个组织的方式；

（3）用以确保跨部门沟通、协作与能力整合的制度设计。

其中，前两个要素在纵向层级上决定了组织的结构框架，第三个要素在横向层级上决定了组织成员之间的相互作用关系。

一、报告关系

报告关系即指挥链，在组织图中由垂直线来表示。指挥链是一条存在于上下级之间的连续权力线，将组织中所有的成员连接起来。因为指挥链可以分为不同的管理层次，所以指挥链又被称为层级链。员工在处理问题中遇到不确定的情况时，信息可以顺着层级链自下而上传递，同样的，反馈的结果与方案也会沿着层级链自上而下地传播，这样的垂直权力线在沟通中发挥重要作用。作为指明谁向谁报告工作的指挥链要遵循两方面的原则。

第一，统一指挥。从以法约尔为代表的古典组织理论学家就开始重视统一指挥的原则，提倡任何一级只能由一个人负责，下级只接受一个上级的命令和指挥，下级只向唯一上级直接负责，不能出现向多个上级汇报的情况。一个下级对应多个上级的一对多关系很容易产生命令执行的冲突和误解，造成资源的滥用，降低工作的效率。

第二，阶梯原则，或者称为“命令链”原则。即组织中的成员因工作内容的差异，其所拥有的权力和承担的责任也有不同。组织中的权力从顶端开始，不间断地授给组织的最下端。依照阶梯原则的组织成员要弄明白不同级的管理层次和报告关系，明确自己以及其他成员的责权内容。

二、部门化

部门确定了特定的工作职责与范围，部门化就是将部门所承担的工作与员工的报告关系结合起来，形成由相互配合协调的不同岗位员工所组成的工作集合。这样就可以通过合理的分工安排和清晰的责权划分来对工作任务进行分配，以高效完成组织的目标。

部门化要遵循分工和协作的总原则，包括：

（1）目标原则。所有部门化都应以实现组织目标为前提，工作所需要的职能都应该涉及，并进行详细规范。

（2）精简原则。在能够确保组织目标完成的基础上，部门化注重结构的简约，以尽量少的部门数量完成工作，降低组织的冗余程度。

（3）弹性原则。由于组织所面临的环境处于不断变化当中，其部门划分也应当适时调整改变，以更好地服务组织目标。

（4）均衡原则。需要考虑到不同部门因职能差异而导致的任务分配问题，在确保工作目标完成的前提下，应注意均衡分配部门间的工作任务，以充分调动员工的积极性。

（5）监督与业务分离原则。监督工作是为了保证组织目标更加有效地达成，为了保持其独立性以更好地发挥作用，需要将监督工作与业务工作进行分离，形成专门的监督部门。

通常部门组合的方式包括职能组合、事业部组合、多重组合和横向组合等，如表 2-1 所示。按职能划分部门，其实就是按照组织的各项主要业务工作和主要管理职能划分和设置组织的横向部门。例如，把与产品生产相关的活动划归生产部门，与员工的管理相关的活动归入人事部门等。这种组合方式能够突出业务活动的重点，实现专业化的分工要求，但也存在一定的问题：各部门各司其职，相互独立，容易形成隔阂，增加协调的困难，一方面使得组织缺乏灵活性和弹性，另一方面加重了高层领导者的负担。事业部组合方式是指按产品和服务的不同来划分和设置企业组织的横向部门。这一方式适合多样化经营的大型企业。例如，将部门分为 A 产品部、B 产品部、C 产品部等。

以上两种是较为传统的部门组合方式，但组织的部门组合方式多种多样。在现代企业中，仅采用一种方式的企业是较为少见的，大多数企业都采用多重部门组合方式，即同时采用两种结构组合方式，如矩阵结构或混合结构。另外，还有一些组织按照核心工作流程来组合部门，它们将所有参与统一核心流程的员工组合到一个部门内，而不是将其分散于各个不同的部门。组织以流程维度为主干，每一流程由若干个子流程和团队组成，例如产品研发、订单履行、销售跟进等，其中，组织价值体系、流程责任体系、流程权力体系和流程利益分配体系的配合是流程化组织有效运行的条件。

虚拟网络组合是一种最新的部门组合方式，采纳这一组合方式的组织的部门不需要在空间上聚集在一起，而是运用现代通信方式松散的联结在一起，部门之间通过计算机、网络等工具共享信息、完成任务。

表 2-1 部门组合方式

职能组合	将执行相似的职能或工作过程或提供相似的知识和技能的员工组合在一起
事业部组合	按所生产的产品将人们组合在一起
多重组合	一个组织同时采用两种结构组合方式，即矩阵结构或混合结构
横向组合	员工围绕直接为顾客提供价值的核心工作流程、首尾贯通的工作、信息和物质流来组织，所有参与核心流程工作的员工都组合在一起
虚拟网络组合	部门之间通过电子化方式联结在一起共享信息、完成任务的独立组织

资料来源：Daft R L. Organization Theory and Design[M]. 9th edition. South-Western,2007: 100-102.

三、协调机制

协调机制是为了消除部门间的隔阂而存在的，为员工之间的沟通协作提供保障。由于组织对部门职权进行了分配，在遇到需要多部门通力合作的问题时就可能会出现分歧，而且因不同部门的任务分工差异和利益追求，还可能会出现与总的组织目标偏离的问题。因此，组织需要对不同部门进行集中与协调，以推动各部门的合作与目标统一。

现实中的组织

分工与协调是组织设计中一对根本的矛盾，从某种意义上说，组织设计的本质就是如何处理好分工与协调的矛盾。实际上，分工越精细，协调难度越大。分工隐含的最大问题是大大削弱了横向联系。20世纪80年代，李·艾柯卡（Lee Iacocca）在接管克莱斯勒公司（Chrysler）时发现横向联系上存在着重大问题。"在克莱斯勒公司，我发现有35名副总裁，每人都有各自的地盘……真是让我难以置信。比如，主管工程的副总裁居然与主管制造的副总裁没有接触。但这正是事实所在。每个人都独自工作。看到这种情况，我几乎要辞职了。那一刻我才真正认识到我面临多大的难题。"事实上，不仅克莱斯勒公司如此，几乎所有的组织都面临这种横向协调的难题。因此，如何建立横向协调机制是组织设计的重点和难点所在。

资料来源：理查德·达夫特，等．组织理论与设计[M]. 王凤斌，等译．9版．北京：清华大学出版社，2008：111.

如图2-2所示，组织的协调机制包括了多种手段：

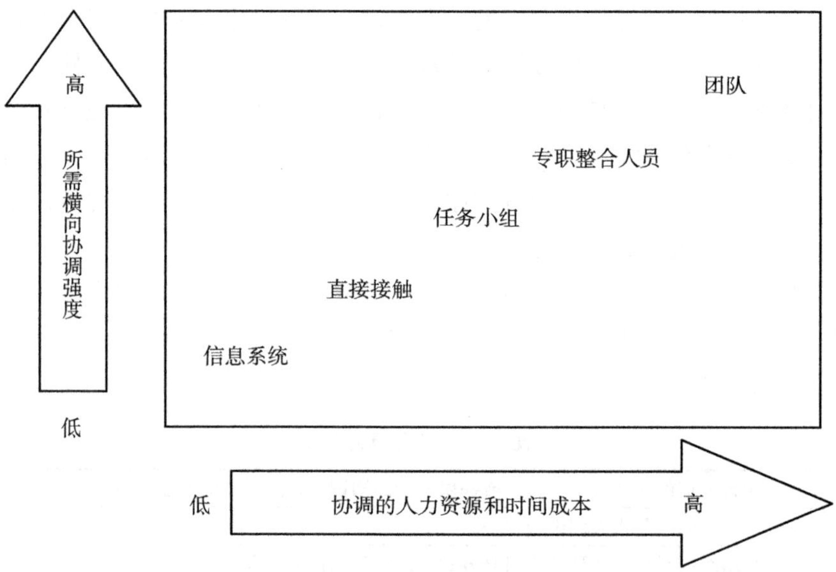

图2-2 横向联系与协调机制阶梯图

资料来源：Daft R L. Organization Theory and Design[M]. 9th edition. South-Western, 2007: 99.

（一）信息系统

信息系统通过计算机程序构造出精密的工具，能够很便捷地将整个组织联系起来。管理者和员工能够就各种问题、机会、活动和决策例行地交换信息，从而将跨越组织边界员工的思维与信息整合分享。比如随着信息技术的快速发展，现在很多政府部门及企事业单位都已经根据组织的需求配备了办公自动化系统（office automation system，OAS）。这为组织的信息收集与处理搭建了高效的平台，从而帮助组织成员进行科学的管理与决策。

（二）直接接触

通过直接接触可以在共同面临问题的管理者之间或者员工之间建立面对面的联系。一般可以在需要的部门间设计联络员或者直接使相关部门的办公位置尽量靠近。直接接触往往是两个部门之间的协调手段。为了加强研发部门与市场部门之间的联系，组织通常会采用委员会或设立专职联系人员的方式，增强两个部门之间的直接接触，提高他们的协调水平。还可以通过将两个部门的办公室设置在邻近的位置，增强他们直接接触的机会。

（三）任务小组

在任务比较复杂时会涉及多个部门，这样就可以将与解决问题相关的各部门的代表共同组成的一个临时性委员会，即任务小组，将多部门协调起来。在我国国有企业的改革工作中，各省市纷纷成立了国有企业改革小组，以省国有企业改革小组为例，通常由省国资委、省财政厅、省劳动和社会保障厅、省国土资源厅、省委政法委、省招商局的代表构成，以加强各部门之间的横向联系。

（四）专职整合人员

当组织面临的问题更需要协商解决时，就出现了诸如产品经理、项目经理、规划经理或品牌经理等职位，他们都是独立于各部门之外的专门以协调为任务的整合人员。例如，在海外并购完成后，由于不同国家之间以及不同组织之间文化的差异较大，整合过程中的双方容易产生摩擦和冲突，因此，可以引入专职的整合人员来负责并购后的整合业务，专职人员需要对被并购企业的员工进行培训，促进并购双方员工的交流，搭建整合机构，推动整合的进程。

如图 2-3 所示，项目经理在项目中充当了专业整合人员的角色，对整个项目负责，协调、整合所有项目组成员，以实现项目目标。在下图的项目中，技术工程师负责项目的设计和工程进度安排，采购员主要负责材料的来源，项目督导员主要负责现场的监督，工程部经理负责对施工人员进行管理。

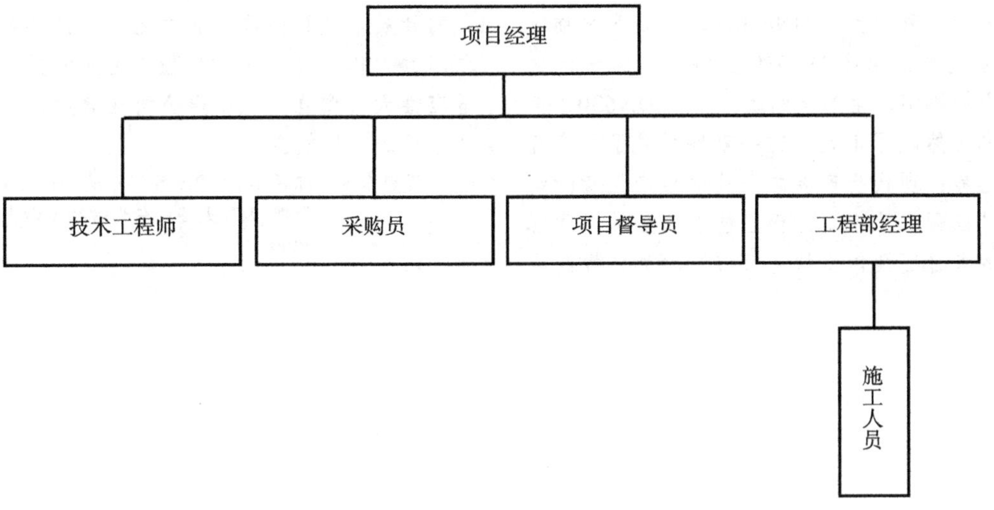

图 2-3 项目经理的专职整合角色

（五）团队

在组织要完成的任务需要长期的协调工作时，如开展大型项目、重大创新或开发新产品线等，就需要通过更为密切的协调机制。组织就可以成立诸如跨职能团队的长久性任务小组，以更好地实现组织目标。值得一提的是，团队也可以通过信息技术而突破组织或地理的限制，形成可以通过网络和软件进行合作的虚拟团队。

视野拓展2-1　KWH大连公司的项目协调组

KWH大连公司是芬兰KWH集团在华设立的一家合资企业，公司成立于1996年，总投资2200万元人民币，其中外方持90%股份，中方持10%股份，公司主要产品是聚乙烯塑料管。在发展初期，由于集团公司技术和资金的支持，以及当时优异的市场环境，公司产品在全国范围内销量很快增加，公司知名度也得到提高。但随着国家标准的颁布实施，塑料管道行业加入了许多新的竞争者，使公司的优势大打折扣。

另外，公司总经理苏先生也产生了一些担忧：销售经理总是抱怨生产部门生产不及时，不能按时向客户交货；生产经理也抱怨销售部门不懂生产过程，任意向客户许诺交货期，从而导致生产计划紊乱，不能按时供货。这时，一名客户要求的临时更改订单引发了两个部门经理的争执。2002年3月的一天，销售经理急忙找到生产经理，要求生产线停止生产DN800的塑料管，改为生产DN630，理由是客户临时通知管道施工需要DN630塑料管。尽管通过总经理的协调，生产车间改为生产DN630，但交货期仍然晚了1天。这一事件引发了生产经理的思考：现代生产要求企业的生产经营活动要一切以顾客为中心，而且能够有效地对顾客需求的各种变化做出快速反应，而如何提高生产计划的柔性，快速应对市场的变化是生产部门面临的一个重要问题。

经过认真仔细的分析和调查研究，总经理苏先生认为，出现这种情况的主要原因是：部门之间缺乏必要的协作和沟通，销售员因经常出差在外，不能及时、准确地将客户信息反馈给生产部门，从而使得生产作业计划的安排有时不能满足客户对交货期的需要。

为更好的协调销售、生产等部门之间的关系，公司成立了一个项目协调小组，主要由总经理助理、销售经理、生产部经理、质量保证部经理组成。项目协调组的工作主要集中在三个方面：第一，通过分析市场信息和客户信息，制订销售计划，并在此基础上制订出比较合理的生产计划、作业计划，给客户提供有关的反馈信息；第二，通过跨部门不同专业人员的协作，把有限的资源集中到最能为客户创造价值的市场机会中；第三，协调和促进公司核心业务的开展。项目协调组成立之后，公司各部门之间的协作和沟通得以加强，企业的灵活性和适应性大大增强，也使得公司在随后抓住了一些重要的市场机会。

资料来源：陈福军．MBA案例精选——生产运作管理[M]. 大连：东北财经大学出版社，2009.

第二节 组织结构形式的分类视角

一、管理层次与控制幅度

组织的管理层次是指职权层级的数量，即组织中自上而下管理权力层次的数量。它是组织的纵向结构，可以帮助组织确立管理的指挥链层级。而针对每一个层次的管理，限于管理者的能力、时间与精力等条件，还需要考虑到其控制幅度，也即管理人员能够有效地实施直接管理与控制的下属数量。当超过一定的限度时，组织运营的效率就会降低。根据管理层次与控制幅度这两者之间的互动关系，可以将组织的结构形式分为高耸式组织（tall organization）和扁平式组织（flat organization），如图 2-4 所示。

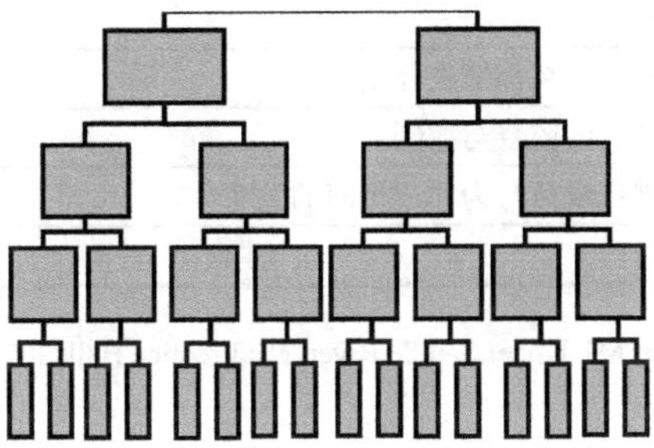

高耸式组织

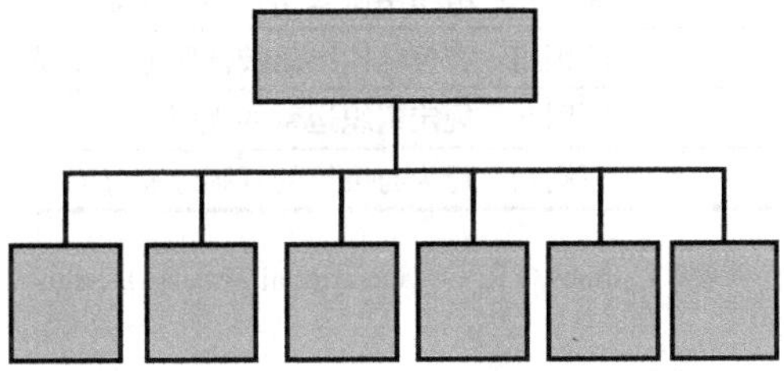

扁平式组织

图 2-4 高耸式组织和扁平式组织

高耸式组织的管理层级数量较多并且结构形状较高，而扁平式组织的管理层次数量较少且结构形状扁平。组织结构在二者之间的选择并不是确定的，而是需要从管理层次与控制幅度两方面综合去考虑。从控制幅度方面来说，首先需要考虑组织业务的特性，如果业务多属于常规例行类，那么就可以扩大控制幅度，倾向于采取扁平式结构，反之，如果业务复杂程度较高且具有较强的不确定性，那么就需要减少控制幅度，采用高耸式的结构。其次，就管理人员驾驭对组织成员的控制工作来讲，其能力素质越强，那么控制幅度就相应的越大，这样组织结构就会趋向于扁平式，反之，就更倾向于高耸式。然后，从组织成员的特性与授权的程度去考虑，当其工作能力比较突出而且组织又具备较高的授权程度时，组织的控制幅度自然会扩大，组织结构就会倾向于扁平式，反之，如果组织成员的工作能力一般或者组织的授权程度不高，都可能会使组织倾向于形成高耸式结构。从管理层次方面来说，首先要按照组织的纵向职能分工确定其管理层次，比如可以分为战略决策层、经营管理层和操作层，这样将每个层次的分工加以明确化。其次，要遵循控制幅度与管理层次的比例关系，根据控制幅度确定其管理层次。

高耸式组织和扁平式组织的特征如表 2-2 所示。

二、韦伯的官僚结构原则

为了使组织能够更加有效地运行，组织结构可以遵循韦伯的官僚结构原则进行设计。韦伯的官僚结构原则包括六方面，如表 2-3 所示。

表 2-2 高耸式组织与扁平式组织特征

组织结构形式	高耸式结构	扁平式结构
特征	管理层级多，控制幅度小，权力相对集中	管理层级少，控制幅度大，权力相对分散
典型结构	直线职能制	流程型、网络型
优点	有利于集中管理和控制；组织层级清晰、职责明确，稳定性高	管理层次少，信息传递快且损耗低；可以对外部环境变化迅速做出反应；管理费用较低
缺点	管理层次多，信息传递慢且损耗高；对外部环境反应迟钝；管理费用较高	控制幅度大，工作任务重；对员工的能力素质有较高要求；同层次间的协调更为困难

表 2-3 韦伯的官僚结构原则

原则
原则一：官僚结构建立在理性合法的职权上
原则二：由个人的技能来决定其在组织中扮演的角色
原则三：组织中所有角色的工作职责和与其他成员的关系都清晰界定
原则四：官僚结构中的较低职务者要受到更高职务者的监督与控制
原则五：规定组织运营的规则、标准和程序，以规范成员行为和成员间的关系
原则六：行为与决策的规则应通过明文阐述规定

资料来源：Jones G R. Organizational Theory, Design and Change[M]. Upper Saddle River, NJ: Prentice Hall, 2004: 145.

以上分别从组织与成员的多方面指出了官僚结构的原则，原则一指明了官僚结构需要经过理性的分析并具备合理性；原则二针对个人所承担的角色要根据其掌握的技能进行理性的分析；原则三就是要明确定义组织成员的工作职责和角色关系；原则四强调这种上下级结构的特点，下级要由上级控制与领导；原则五表明组织在实际运行过程中要以正式与标准的操作程序进行规范；原则六指出管理人员的决策等管理行为要正式化。

尽管官僚结构通过严格的规范对组织实施控制，提高组织运行的效率。但在外部环境不断变化和组织成员个体需要存在差异的情况下，官僚组织结构也遭受了巨大挑战。

（1）复杂多变的外部环境。当前组织所面临的外部环境不仅复杂程度在逐渐增加，而且还具有很高的不确定性。而官僚结构的优势就是通过严密的控制保证组织的有效运转，其前提恰恰就是要具备相对稳定的外部环境，因此动荡变化的环境容易使官僚结构陷入困境之中。

（2）不断扩张的组织规模。伴随着组织规模的逐步扩张，官僚结构也需要在其组织层次、管理人员以及工作程序等方面进行相应的变化。但是当组织的规模非常庞大时，官僚结构的严苛规定会不可避免地带来行政冗余和人员成本过高等问题，甚至导致组织衰退，这显然与官僚结构通过严格控制方式提高效率的初衷相违背。因此，在组织规模扩张的过程中，官僚结构的规定要做适当地调整。

（3）组织成员的多元化。由于组织所在的环境经常处于变动之中，常需要多元化的人员来完成工作。诸如专业技能、性别、年龄、受教育程度、国家与种族等的不同，会给官僚结构的严密设置带来很大困扰，成员之间巨大的个体差异需要有更多的自由空间与宽松的人际关系，以帮助组织提高工作效率。

（4）个体需求逐渐受重视。现代组织理论的发展极为重视对员工个体需求的响应与满足。从霍桑试验开始的人际关系理论发现，员工的情感和人际交流等因素可以对组织的运营起到重要作用。通过对员工的情绪安抚与工作激励，可以促使员工产生对工作的热爱。工作积极性调动的重要性甚至超越了组织结构本身。因此，官僚结构对个体需求关注的缺失可能会引发员工的负面情绪，进而阻碍组织效率的提升。

所以，在复杂变化的外部环境下，组织更需要能够适应这些不确定性的弹性结构，如学习型组织与网络组织等。尽管这些弹性结构会对官僚结构造成困扰与挑战，但是官僚结构通过严格控制以追求效率的初衷依然是组织结构需要参照的基本主题。尤其是官僚结构所强调的标准化、专业化与正式化的思想，对于组织的存在与发展都是非常有价值的。当然考虑到组织中人员的差异化需求，鼓励更多的员工参与到组织的决策中，在如今的环境中对组织追求效率的提高更为有益。

三、伯恩斯与斯托克的环境影响视角

伯恩斯（Tom Burns）与斯托克（G. M. Stalker）两位学者通过对英国 20 家生产电子设备、机械产品和人造丝等不同产品的企业进行研究，发现外部环境的不确定性对组织结构的形式具有重要影响。他们将企业的组织结构分为机械式结构（mechanistic structure）与有机式结构（organic structure），并在 1961 年出版的《革新的管理》一书中对这两种结构进行了详细分析。

机械式结构是以古典组织理论的思想为主导，强调统一指挥、高度的专业分工和集权控制的组织形式。组织中每一名成员只接受一位上级的指挥和监督，组织内产生了一条正式的职权层级链。组织需要保持较小的管理幅度，并随着组织层次的提高而缩小管理幅度，形成了一种高耸的、非人格化的结构。当组织的高层与低层距离日益扩大，进而无法对低层次的活动通过直接监督来控制时，就会增加规则条例的使用，确保标准的作业行为得以贯彻。采用机械式结构的组织对任务进行了高度的劳动分工和职能分工，以客观的不受个人情感影响的方式挑选符合职务规范要求的合格任职人员，并对分工后的专业化工作进行集权严密的层次控制，同时制定出许多程序、规则和标准。

有机式结构是一种松散的结构，其特点是没有复杂和高度专业的分工，并进行分权化决策，其设计是为了对环境进行适应。采用有机式结构的组织具有低复杂性、低正规化和分权化的特征。由于不具有标准化的工作和规则条例，所以是一种松散的结构，能够根据需要迅速地调整。有机式的组织也进行劳动分工，但是成员的工作并不是标准化的。员工大多是职业化的，具有熟练的技巧，并经过训练能够处理多种多样的问题。他们所接受的教育已经让他们把职业行为的标准作为习惯，因此并不需要过多正式的规则和直接监督。例如，给软件工程师分配一项任务，就无须告诉他具体如何做。他们对大多数的问题，都能够自行解决或在征询同事后得以解决，并且依靠职业标准来指导他们的行为。一方面，有机式组织保持低程度的集权化，使得职业人员能够对问题做出迅速的反应；另一方面也正因为低程度的集权化，人们并不能期望高层管理者拥有做出必要决策所需要的各种技能。

视野拓展2-2 华为的组织结构

受Manu Cornet的启发，《第一财经周刊》也尝试着炮制了一份中国主要的科技公司的结构图，其中华为的组织结构图（见图2-5）尤为有特色。与很多强调组织结构稳定的企业不同，华为建立的是一种可以有所变化的矩阵结构。换句话说，华为每次的产品创新都肯定伴随组织架构的变化，而在华为每3个月就会发生一次大的技术创新。这更类似于某种进退自如的创业管理机制。一旦出现机遇，相应的部门便迅速出击、抓住机遇。在这个部门的牵动下，公司的组织结构发生一定的变形。流程没有变化，只是部门与部门之间联系的次数和内容发生了变化。但这种变形是暂时的，当阶段性的任务完成后，整个组织结构又会恢复到常态。

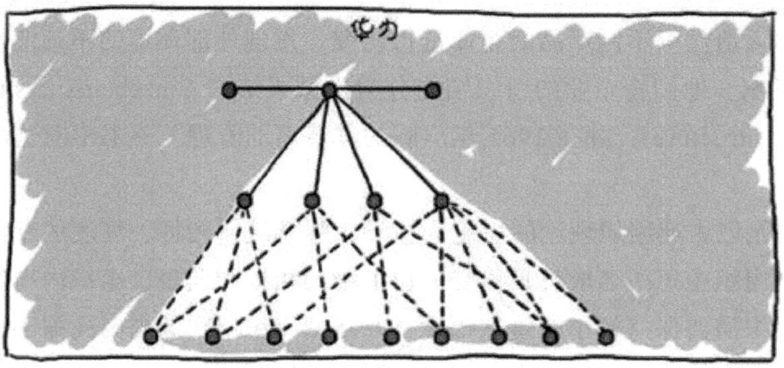

图2-5 华为的组织结构

资料来源：http://www.ipc.me/it-company-architectures.html.

机械式结构与有机式结构是一个连续统一体的两种极端形式，在它们之间可以有无数表现形式多样的中间过渡结构，这两种组织结构的特征与选择条件差异明显。机械式结构与有机式结构的特征如表2-4所示。

表2-4 机械式结构与有机式结构的特征

机械式结构	有机式结构
1. 任务被设计为高度专业化与分工化的工作	1. 员工共同为工作做出贡献
2. 任务被清晰地界定	2. 任务通过团队工作方式进行调整与定义
3. 具备严格的职权架构	3. 职权与控制层次少，规则约束少
4. 与任务相关的知识与控制集中在管理高层	4. 与任务相关的知识与控制分散在组织各处
5. 垂直沟通	5. 水平沟通

资料来源：Daft R L. Organization Theory and Design[M]. 8th edition. South Western, 2004: 149.

伯恩斯与斯托克发现，在相对稳定与封闭的环境中，具有较大规模，而且任务明确、决策过程程序化和技术稳定的组织更适合于采用机械式的结构。相反，在相对不确定和开放的环境中，具有相对较小规模，而且任务多样化、决策过程非程序化和技术多变的组织更适合采用有机式结构。

四、信息联系视角

信息对于现代组织而言，可以称之为最重要的资源。如果组织的设计不能满足组织对于所需信息的需要，则组织的效率和组织目标的实现都难以保证。基于组织中信息处理最优化的组织结构观点认为，组织结构的设计应该遵循这样一种原则：即组织结构应该能够使为实现总体目标而必需的所有纵向与横向的信息渠道得到最大的优化。所谓的纵向和横向的渠道则分别是指自上而下的权力控制线和同级之间相互协调和合作的协调机制。

通常情况下，组织可以有两种选择：一种是以效率为首要目标，侧重于纵向的权力控制，这种选择的执行重点在于职权层级、规章条例以及正式的权力线。另一种则是强调横向的沟通和协调，这种组织结构的重点在于任务共享、沟通、较少的规章条例和分权决策等。一个组织需要针对其目的和自身具体情况来确定纵向控制与横向合作的最佳组合。

（一）基于纵向信息传递的组织结构

介于组织高层和基层之间的命令、沟通和信息传递就是组织的纵向联系，这种联系主要强化的是组织的控制能力。一个设定了纵向信息传递系统的组织主要是通过以各种定期报告、书面信息以及计算机为媒介形式的层级链来实现各种正式信息的沟通，信息在这种自上而下的渠道中传递会更加有效率。组织实现这种纵向信息传递系统的方式主要有管理信息系统（MIS）、层级安排、规章与计划等。

（二）基于横向信息传递的组织结构

组织内各部门之间的信息交流和协调合作就是组织的横向联系，这种联系有助于组织集中力量实现目标。这种部门与部门之间的横向联系在组织图上并不能得以表现，但这种横向联系的确是组织结构的重要隐性组成部分。组织一般可以通过信息系统、成员直接接触、任务小组、小团队以及专业整合人员来实现组织内部的横向联系。信息系统和直接接触都能够实现组织成员两两之间的直接联系，当组织面对临时性任务时，任务小组就是一种非常有效的横向联系方式，而当组织面对一个在长期内都需要高度协调的任务时，团队是解决问题最强有力的横向联系方式。

第三节　组织结构的基本形式

组织的目标、战略不同，所处环境不同，自身条件不同，都使得组织结构的具体形式存在差异，但我们仍然可以通过对组织结构的本质特征进行划分，从而对组织结构进行分类来把握其本质。我们可以根据这些基本的组织结构类型来分析现实中的组织结构形式。如前所述，组织结构按组合方式划分，可以大致分为职能组合、事业部组合、矩阵组合、横向组合以及虚拟网络组合五类。其中最常见的组织结构是职能型组织、事业部型组织和矩阵组织。

一、职能型组织结构

所谓的职能型组织结构（functional structure）就是在组织中根据任务类型的不同，设立不同的职能部门，各职能部门具有自己的业务范围。在这种组织结构中，组织能够将与不同任务相关的知识和技术结合起来，使得各部门更加的专业化，提高了组织的效率。这种组织结构强化的是纵向的控制，当组织实现目标最关键的要素是效率的时候，职能型组织结构是组织设计的最佳选择。

职能型组织结构产生于 19 世纪末 20 世纪初，适用于所处环境稳定、采用初级技术、常规技术的组织，它在中小企业中的应用尤为普遍。这类组织的管理以部门效率和技术质量为出发点，各部门分工较为明确，但是可能产生各自为政的现象，因此，各部门之间的协调成为组织管理的难点。组织通常采用高度集权，纵向管理链较长，横向管理链较短（见图 2-6）。

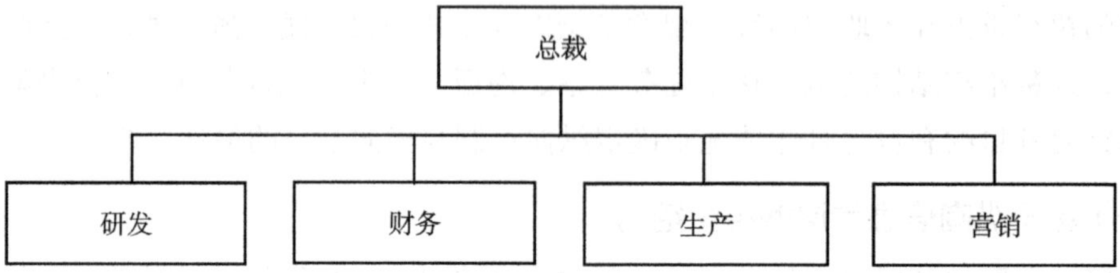

图 2-6 职能型组织结构

资料来源：Daft R L. Organization Theory and Design[M]. 9th edition. South-Western, 2007: 105.

职能型组织结构具有如下特点。

优点：职能型组织结构能够适应现代化大规模制造业生产技术复杂、工艺精细的特点，充分发挥专业化的作用，有利于实现规模经济。专业化的分工有利于促进知识和技术的纵向发展。职能型组织结构有利于促使组织实现职能目标，它最适用于只生产一种或少数几种产品的组织。

缺点：职能型组织结构强化的是纵向联系而弱化横向联系，当组织需要对外界变化做出快速反应时，组织的纵向层级链会超负荷，使得它无法针对变化的环境做出迅速的反应。同时，由于组织横向的沟通协调很弱，从而导致组织成员对组织目标的认知并不完整，缺乏创新。

随着经济的发展，环境的变化，当今组织面临的挑战越来越多。当前的大型组织已经较少地采用这种职能型组织结构，组织结构也朝着更加扁平化，更加重视横向联系的方向发生转变。

二、事业部型组织结构

事业部型组织结构（divisional structure），也称为产品部组织结构或者战略经营单位，是一种高度集权下的分权管理体制。事业部型组织结构适用于规模大、产品线多、技术复杂的大型组织。事业部型组织结构基于组织的产出过程来对部门进行整合，按照某一种或某一类产品或服务、项目规划、事业、业务或者利润中心来建立不同的事业部。事业部型组织结构一般是采用分级管理，从产品的设计一直到产品的销售都由事业部及其下属工厂负责，组织总部仅保留人事决策、预算控制和监督的权力，并通过利润等指标对事业部进行监控。

事业部型的组织结构产生于 20 世纪四五十年代，它适用于采用复杂技术的、处于不断变化环境中的大型的、复杂的企业。这类组织的管理以产品线和市场为出发点，采用分权的、战略型的管理，纵向管理链变短，横向管理链也较短。由于各事业部自主经营，因此，对各事业部的监控成为这一组织结构面临的主要问题。

事业部型组织结构的特点如下。

优点：具有较强的灵活性，能够适应快速变化的环境；由于产品的责任和接触点明晰，使得顾客更加满意；能够实现部门内同一类产品或业务的不同职能单元的高度协调；产品和业务更多样化，能够适应不同的产品、地区或顾客；适合用于产品多样的大型组织实现决策的分权化。

缺点：无法实现同一职能下的规模经济，各事业部重叠的职能部门可能是一种浪费；各个产品线自主经营，相互之间的沟通协调较差；跨产品线的整合和标准变得困难；不利于技术的进一步专业化与能力的发展。

事业部型组织结构中的产品事业部结构可以由职能型结构重组而来，从而实现跨职能的部门协调。事业部型组织结构的单元规模较小，更加灵活以适应环境的变化。相对于职能型组织结构，事业部型组织结构的横向联系加强了，组织内的权力实现了进一步的分化，这对于组织内跨部门的协调沟通非常有益，当传统的职能型组织结构无法适应发展的需要，或者组织的目标是进一步的发展的时候，组织就可以采用事业部型组织结构进行组织设计（见图 2-7）。

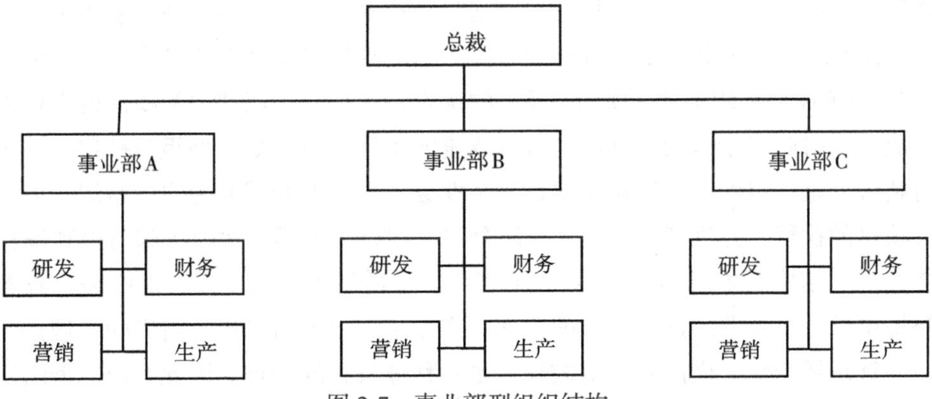

图 2-7 事业部型组织结构

资料来源：Daft R L. Organization Theory and Design[M]. 9th edition. South-Western, 2007: 105.

随着企业的不断发展，美的集团于 1997 年对原有组织结构进行了事业部改制，其事业部型结构如图 2-8 所示。㊀

三、矩阵型组织结构

现实中，仅仅单一的职能型组织结构或事业部型组织结构无法满足组织提高效率、实现目标和发展的需要，就需要采用多重的组织结构组合。矩阵型组织结构（matrix structure）是组合的一种方式。矩阵式结构又称为复合组织结构或行列组织结构。这种组织结构改进了职能型组织结构横向联系弱，缺乏创新的缺点，并结合了事业部型组织结构特点而形成的一种组织结构形式。

㊀ 图中未表示出美的制冷家电集团、美的机电集团、美的地产发展集团的下属事业部。

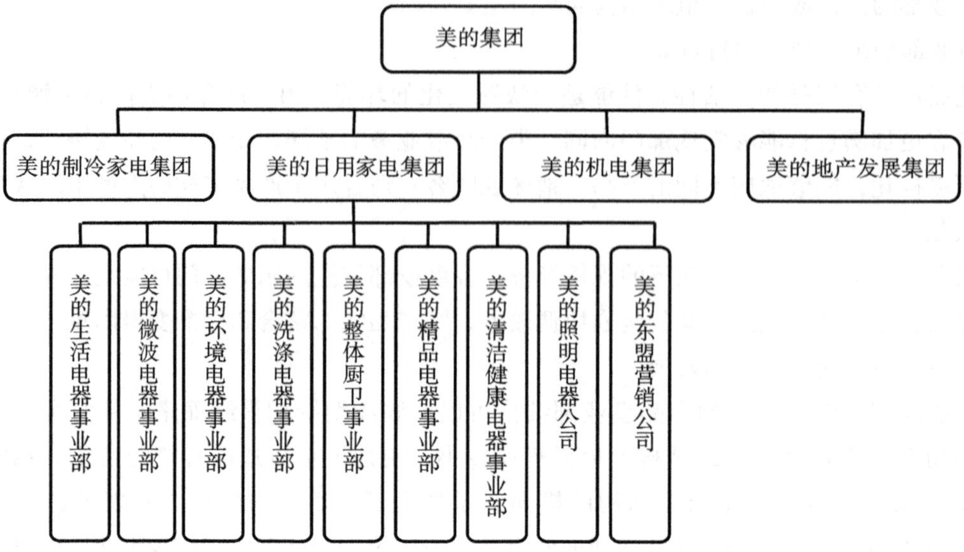

图 2-8 美的的事业部结构

资料来源：美的公司主页 www.midea.com.cn。

矩阵型组织结构适用于其组织目标的实现对于技术和创新都有较高要求的组织。矩阵型组织结构是组织内部横向联系的一种有效方式，它的独特之处就在于结合了职能型组织结构（纵向联系）和事业部组织结构（横向联系）的优点，是纵向职能部门和横向的事业部门的结合，组织成员同时归属于这两个部门，服从双重的指挥。由于矩阵型组织结构能够对不同的观点进行整合，这种组织结构适用于实行复杂业务，以开发和试验为主的组织，以及一些重大的攻关项目的执行，并逐渐在医院、保险公司、银行、大学、政府等部门得到普及。

矩阵型组织结构产生于 20 世纪六七十年代，它适用于技术复杂、面临需求较多、处于较复杂环境中的中型企业。这类组织的管理以产品和技术为出发点，组织的管理是一种二维管理，纵向管理链变短，横向管理链较长，是一种分权式的管理。因此，矩阵型组织结构容易出现多头领导，对协调制度要求较高。

矩阵型组织结构适用于组织环境变化大且组织具有多重目标的情况，这种双重的职权系统促进了组织内部的沟通和协调，是应对迅速变化的外部环境所必需的。但是，一般当组织产品线极少时没有必要采用矩阵型组织结构，而组织规模过大，产品线过多，又难以在纵横两方面取得平衡。通常组织会在以下情况下采用矩阵型组织结构。首先，当组织存在资源稀缺的压力时，例如当组织的规模并没有大到为每条产品线配备某种必需资源（尤其是人力资源）时，这种资源必须以临时调配的方式被轮流分配到各产品线中去。或者是环境的压力迫使组织要在技术知识和产品两个方面都要有产出的时候，组织必须为了维持这种平衡而采取双重职权结构。最后，当组织所处的环境复杂且充满不确定性时，组织为了最大程度地获取信息和知识，就必须在纵向联系和横向联系两个方面都要使沟通渠道最优化，在纵横两维都具有较高的协调和信息处理能力。

组织结构设计若采用矩阵型组织结构，就意味着组织对于纵向和横向的权力线给予同等的重视，在组织内建立了一个双重职权关系的机构。但事实上，真正平衡的两条线是很难实现的，这样就出现了职能矩阵组织结构（functional matrix）和产品矩阵组织结构（product matrix）两种变形的矩阵结构，前者的职能线更加占有优势，而后者的产品线更加占有优势。在现实中，这两种变形之后的组织结构更加有效、实用。

矩阵型组织结构的特点如下。

优点：矩阵型组织结构灵活机动，可以根据项目和业务的进展随时将资源（如人力、设备等）在不同产品线之间调配和解散，能够很好地满足不断变化的环境的需求。此外，这种临时性调配的任务清晰，目的明确，各组织成员有备而来，能够很好地沟通协调，为组织成员提供学习机会。

缺点：在组织实行矩阵型组织结构时就意味着采取了两条权力线同时进行的策略，参加项目的组织成员来自不同部门，面临双重的职权关系，组织内的管理容易产生混乱。由于项目的临时性较强，对成员缺乏激励，对项目管理者的人际管理技能和协调能力要求较高（见图 2-9）。

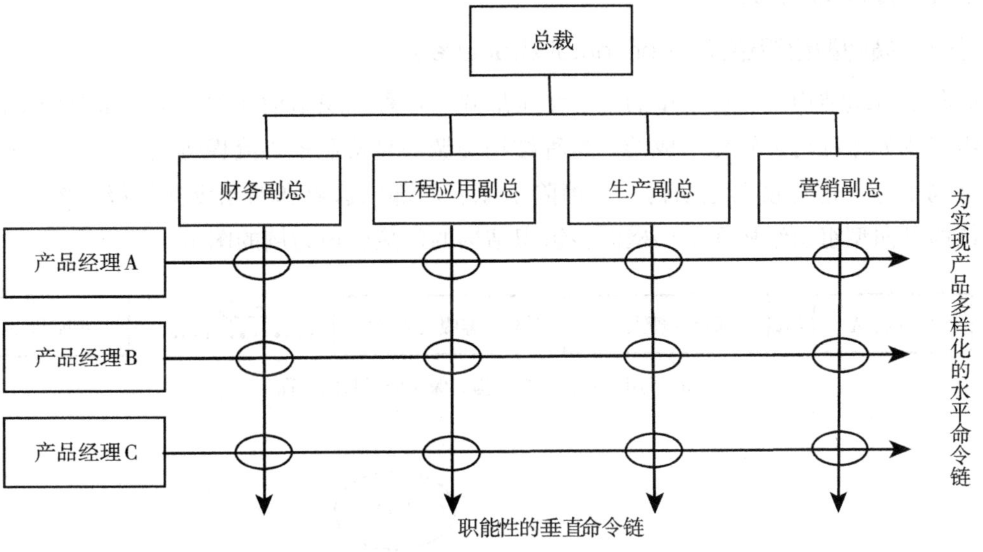

图 2-9　矩阵型组织结构

资料来源：Daft R L. Organization Theory and Design[M]. 9th edition. South-Western, 2007: 105.

视野拓展 2-3　腾讯的组织结构

在《第一财经周刊》所绘制的中国主要的科技公司的结构图中，腾讯的组织结构有着典型的矩阵特色（见图 2-10）。腾讯是个令人费解的内外两重世界，就像一堵围墙，墙内的人觉得公司简单欢快如大学校园，墙外的人却觉得企鹅彪悍且来势汹汹。反映在腾讯的业务和组织架构，这种矛盾性也处处存在。经过几次大大小小的架构调整，腾讯将不断增设的新部门重新归类后细分为八大单元。其中，根据业务体系划分出四个业务系统——无线业务、互联网业务、互娱业务、网络媒体业务；另外，根据公司日常运转划分出四个支持系统——运营支持、平台研发、行政等职能系统及企业发展系统。看起来很清爽吧？可是当找出腾讯的产品与服务结构图来比较就会发现，腾讯产品与部门之间有着千丝万缕的关系。而此中的原因便是，作为腾讯盈利的法宝，QQ 不仅是即时通信平台的核心，也搭载或捆绑着腾讯诸多产品与服务。想了解这一点？打开任何一个 QQ 互联网端界面就知道了。

资料来源：http://www.ipc.me/it-company-architectures.html.

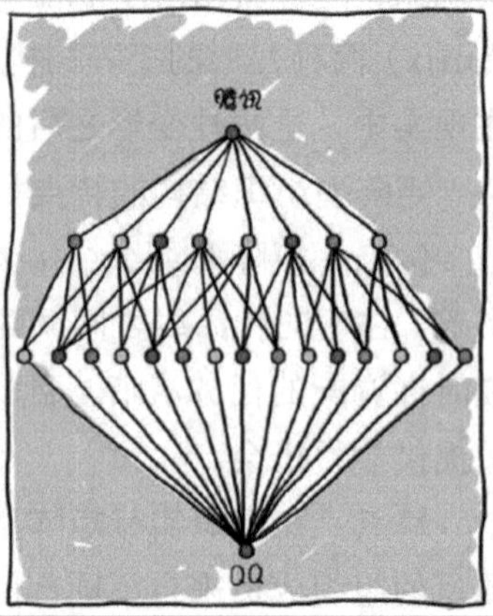

图 2-10 腾讯的组织结构

四、其他组织结构形式

（一）横向型组织结构（horizontal structure）

横向型组织结构是一种新型的组织结构形式。这种组织结构通常是由原来纵向型的结构通过组织业务流程再造转化形成的。这种结构强调的是按照核心流程将成员组合成一个个团队，共同工作。这种横向型结构几乎消除了原有的部门边界和初始纵向层级。图 2-11 是一个传统的纵向型组织结构和采用横向型组织结构的保险公司为例的图示。

a) 采用纵向型组织结构的保险公司赔偿流程

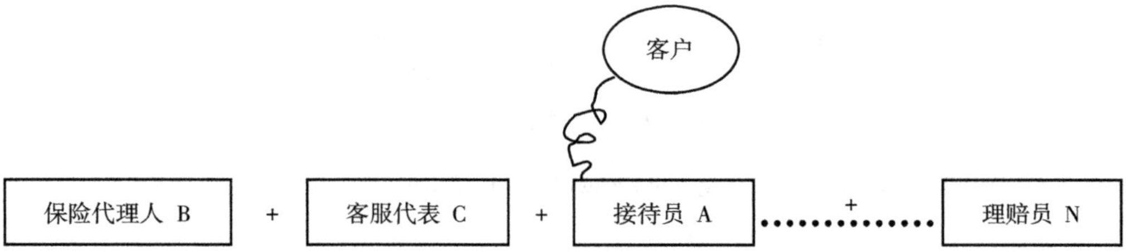

b) 采用横向型组织结构的保险公司赔偿流程

图 2-11 两种不同组织结构的保险公司

横向型组织结构产生于 20 世纪 90 年代，随着信息技术的发展而出现，适用于采用信息技术、网络技术，处于动态环境中的中型或大型组织。这类组织的管理以顾客为出发点，使用全程式管理的方式，纵向管理链较短，横向管理链较长。

横向型组织结构具有如下优点：可以使组织对顾客的变化做出灵活而快速的反应，因而在改进生产率的同时也带来顾客满意度的提高。在横向型结构中，由于打破了职能部门之间的边界，员工更注重团队合作，不仅限于认识单个部门的目标，更容易实现共同的目标。

横向型组织结构的缺点在于：如果管理者不能精确地分析出对顾客来说关键的核心流程，它可能会带来损害。但是，这些流程的确定是困难的，也是费时费力的。而且，实施横向型组织结构，需要组织做出重大的变革，传统的管理者和员工可能会有所抵触。

（二）虚拟网络型组织结构（virtual network structure）

虚拟网络型结构可以称之为模块化结构（modular structure），采用这种组织结构的组织通过签订合同外包流程或业务，把业务流程中的部分甚至大部分分包出去，仅通过一个总部来统筹协调。这种虚拟网络型组织结构基于先进的信息网络技术与总部保持联系，一个组织可以跨越全球而仅通过网络交换信息与数据，这种松散的组织模式模糊了传统的组织的边界。在这种网络结构中，总部控制着优势的核心的技术，而将其余的大部分业务流程都交给其他组织，这种组织方式有利于通过结合各组织的最大优势从而实现最优化结合，以最低成本获取利益的最大化。

虚拟网络型组织伴随着信息技术和网络技术的发展，在20世纪90年代开始出现。通常这类组织规模较小，面临的环境是高度复杂和不确定的市场环境。虚拟网络型组织的管理以顾客为出发点，纵向管理链较短，横向管理链较长，是一种网络化的管理方式。但是，这类组织由于工作地点的离散化和高度的分权化，控制成为管理中的一大难题。

虚拟网络型组织的优点在于对加入其中的组织没有规模上的限制，只要组织具有某方面的相对优势，就有资格借此获得更大的利益。此外，这种组织结构对外界环境的反应非常灵活迅速，能够根据形势迅速投入生产或撤出行业。虚拟性网络组织结构的全球性网络使它可以在最大范围内获取资源和人才。

虚拟网络型组织的最大缺点就是组织关系薄弱，由于彼此之间分包的是业务链的上下游，中间断裂任意一环都对整体产生很大影响。另外，虚拟型网络组织对其组织成员也缺乏控制，有时仅仅依靠一纸合同并不能完全解决协调和沟通的问题，虚拟型网络组织在沟通协调以及解决冲突方面要花费大量成本。

（三）混合型结构（hybrid structure）

现实中，组织不可能完全按照理论划分的组织结构类型来进行组织设计。在实践中，经常可以发现许多组织的结构中，既有职能型结构、事业部型结构，也有矩阵结构以及横向型结构。为了适应复杂的环境，组织通常是采纳各种适合自己优点的组织结构，综合建立一种混合型的组织结构，这种混合型的组织结构为组织提供了更大的灵活性和活动空间。

比较常用的混合方式有两种，一种是职能－事业部型，这种比较适合于拥有多个产品线和市场，把部分对职能要求高的产品和市场囊括进入事业部单位中，把部分对专业化和规模经济要求高的产品和市场集中在总部。例如，将人力资源、法律、技术和财务等活动集中在总部的职能部门，以获得规模经济，而将营销、计划、制造、供应、配送等划分到各事业部。

另外一种则是职能－横向型结构，组织针对服务性要求较高的职能部门采用这种混合型结构。如在组织内部划分职能部门的同时，建立数个横向联结的小组，它们由具有多样技能的团队组成，集中完成组织的核心流程，每个流程组任命一名主管人员负责团队目标的实现。

视野拓展 2-4 美特斯·邦威：来自温州的虚拟企业

在肯尼思·普瑞斯、罗杰·内格尔等美国学者于1991年最早提出"虚拟企业"概念仅仅7年后，美特斯·邦威就运用"虚拟经营"之道，成功地打破了温州家族式民营企业通常发展至5亿元左右年营业规模就徘徊不前的"温州宿命"。

2002年8月23日，来自国家科技部和清华大学、西南大学、浙江大学的教授组成的专家组来到美特斯邦威集团，考察其电子商务的应用情况。令实地考察的专家组大感惊讶的是，在这里已经看不到一台缝纫机，初步具备了虚拟品牌运营商概念的美特斯邦威集团，竟然自行研究开发了包括ERP在内的全部信息系统！经过考察，专家组得出结论：在目前的国内企业中，美特斯邦威在信息技术运用上已处于领先地位，真正把信息技术成功运用到了生产、管理、流通、销售等各个环节。

时尚变化和组织变革迅速，生产和贸易结合紧密，这是全球纺织服装产业的两大主要特征。季节性服装的销售旺季很短，因此需要提高预测、备货、生产等各个环节的效率，特别是减少库存量，降低库存成本。从这个意义上说，这个行业对市场快速反应的需求一点也不比IT行业低。

在今天的美特斯邦威IT系统里面，每个特许加盟的专卖店都投射在这一包括电子商务系统、门店管理系统、销售时点系统在内的系统内，加上打通各OEM厂商的ERP，仅有300余人的美特斯邦威总部在40余人的计算机中心的支持下，从容地控制着1000余家专卖店和100余家远在江苏和广东的OEM生产工厂。对于整个供应链来讲，专卖店可以从网上查看新货品的实物照片来快速订货，美特斯·邦威总部可实时考核每个专卖店的销售业绩（甚至可以细到每一件服装卖出时的天气情况及消费者情况），对于整条供应链的进、销、存数据进行经营分析，以便及时做出促销、配货、调货的经营决策。这不仅提高了市场反应能力，也为货品、资金的快速周转提供了保证，提高了资金使用的效率。

对年生产能力高达70亿件、产能严重过剩的世界第一服装大国的中国来说，今天美特斯·邦威运用IT系统实现的这种虚拟运营的业务模式完全是颠覆式的。国内服装行业传统的运作方式仍然占据着主流，通常工厂生产出来的服装发送到公司物流中心，然后再向全国各个配送中心或分公司配发，周转库存很大，往往存在巨大的库存积压风险。但现在的美特斯邦威不仅利用"虚拟库存"帮助供应链的上下游化解库存风险，而且开始通过提高整条供应链的资金利用效率来放大自有资金的杠杆效应。一个极有说服力的现象是，美特斯·邦威2001年8.7亿元的销售额较2000年5亿元的销售额上升了74%，但自有资金的占用比例反而有所下降。

自己不生产一双鞋却成为全世界最大的运动鞋厂商的耐克公司，正是依靠"虚拟经营"而走上成功之路的。而美特斯邦威则是通过信息化重塑了自身的组织形态。周成建在总结美特斯·邦威销售额快速增长的经验时曾表示："我们作为一个个体工商户，在积累的资本非常有限的情况下，如果不采用虚拟运营这种方式，有可能就发展不到今天这样的规模。这么多工厂都要自己去建的话，起码需要5、6年的时间，更何况还有近千家专卖店呢？而且即便不算时间，每家生产企业至少要几千万元的投资，我们旗下有100多家生产企业，这算下来也是一个天文数字。"

通过这种形式的发展，美特斯·邦威的规模不断扩张。随着中国的服装行业从20世纪90年代末到2010年左右的飞速发展，而在有些年份中美特斯邦威的净利润增长甚至达到了600%。之后，随着ZARA、GAP、优衣库等国际服装快时尚品牌在中国的成功及扩张步伐加速，美特斯·邦威为抵御他们的进攻，走上了激进的扩张道路。2008年公司在深圳交易所A股上市，周成建也在2008年的《福布斯》中国富豪榜上排名第五位。截至2012年年底，美特斯·邦威服饰在全国拥有直营店和加盟店共计5 220家，其中加盟店3 914家，直营店1 306家。

资料来源：http://www.chinasspp.com/News/detail/2003-12-18/783.htm.

第四节 组织设计原则

一、指挥系统

指挥系统原则是指组织中各阶层的每一个人均有上司，且每一个人均须向上司报告、负责。在目前社会中，如军队、政府、企业组织，从最基层到最高层，都存在着牢不可破的指挥系统。

如某一大型销售企业便是采用金字塔式指挥系统（见图2-12）。该公司成员R是大安县的销售点的负责人，循其指挥系统，我们可以找到R的直接上司L——白城市的区域经理，再往上可以找到位于长春市负责北方区域的大区经理H，最后则为居于北京的副总经理C和总经理A。在指挥系统中，每个人均向他人报告、都有一位上司，每个人均须对其上司负责。这种明确的权责关系使组织的效果得以发挥。组织中的任何人，若其意见沟通违反了指挥系统，将会带来组织中的冲突。如R越过L直接和H沟通，会引起L的极大不满。事实上，组织中的每一个成员都应该很清晰地知道自己在组织中的位置。

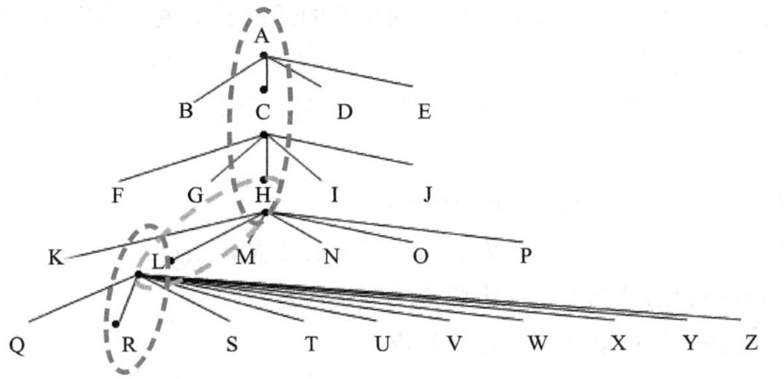

图2-12 金字塔型指挥系统

二、命令统一

这是组织中的一个古老的原则，指组织指挥系统中的每一个人只须对唯一的一个上司负责，如R不能同时受命于L和K，否则当L和K意见相左时，R将无所适从而导致命令无效。现实组织中由于种种原因，命令统一原则经常无法实现，如在小型的家族企业中，职业经理人常常接到家族中不同成员的指令，而无法确立明确的权责关系。大型组织同样存在类似的问题，如承担生产任务的部门负责人也常常要接受不同职能副总经理的质询和指导。作为企业的领导者要确保组织中各个专业部门的功能彼此互补而非相互抵触。

三、控制幅度

控制幅度是指有多少人共同向同一个上司报告，如图 2-13a 的控制幅度是 2，图 2-13b 的控制幅度是 6，而图 2-13c 则是 12。较小的控制幅度意味着较好的控制效果，但要付出较高的管理成本；较大的控制幅度带来较小的管理成本，但存在着失控的风险。控制幅度并没有一定之规，要和组织及工作性质相适应，像美洲银行有 100 多名经理直接对总裁负责。

当工作是简单的、反复的、固定的且较易衡量的，则控制幅度便较大。

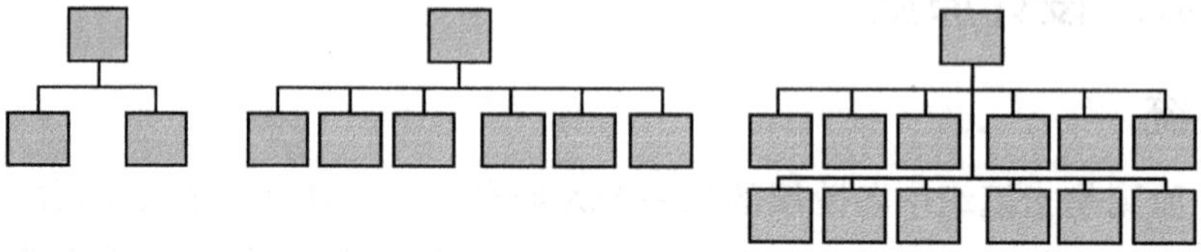

图 2-13 控制幅度

控制幅度的大小和协调方式相关，当协调方式以面对面的直接沟通交流为主时，控制幅度不能过大。而协调方式以正规化、标准化等规范形式为主时，如标准、流程、计划、产出等，控制幅度就会很宽泛，如美洲银行的情况。

四、明确授权

明确授权将使部属知道他应该做什么和对他的要求是什么，以发挥他的专长，同时使得主管有更多的时间考虑更为长远的问题。但在现实的组织中常发生的问题是：忙碌的上司没有时间去订立他的要求标准，而没有经验或内向型的部属又不主动去澄清这个问题。

其实双方都应知道授权存在多种形式、双方间存在多种关系，明确授权是保证组织效率的关键。如当主管 A 授权给部属 B 时，他应该明白地告诉 B 授权的程度和希望他从事的工作。

授权的多种形式（Harvey Sherman, 1966）：

（1）去了解这个问题，把事实告诉我，由我来决定做什么；

（2）提出所有问题的可能方案，由我来决定选何者；

（3）提出一套完整的行动计划，送给我审定；

（4）让我知道你打算做什么，如果我不反对，你便可以放手去做；

（5）采取行动，让我知道你在做什么，同时也让我知道事情的结果；

（6）采取行动，如果行动不成功时，请和我联系；

（7）采取行动，没有必要和我做进一步的联系。

视野拓展 2-5 A 银行大连分行的扁平化进程

A 银行是国有独资商业银行。大连分行是 A 银行的一级分行，直接隶属于总行。2002 年年末，A 银行大连分行的资产总额为 283 亿元，各项存款 198 亿元，各项贷款 162 亿元，贷款利息收入是大连分行的主要收入来源，实现利润 1.73 亿元。在大连市银行同业中总资产排名第二，但利润率、人均利润等相对指标却逐年下降。

如图 2-14 所示，大连分行共有 24 家支行、38 家分理处和 107 个储蓄所，同时分行内部设有 25 个部门，公司业务部、个人银行部、住房金融部、中间业务部、会计部、资产保全部、国际业务部、计划财务部、信贷审批办等 9 个部门为业务部门，办公室、科技部、信息中心、人力资源部、行政部、风险管理部、保卫部、现金调运中心、机构管理部等 16 个部门为支撑保障部门。分行支撑保障部门为业务部门和下辖机构服务，业务部门负责对所辖 24 个支行、市内 23 个分理处和 48 个储蓄所的业务进行归口管理，24 个支行中除 9 个县区支行仍旧下辖分理处和储蓄所，并对下行使管理权外，市内原有 5 个区支行和 10 个新升格支行不再下辖机构。

大连分行的人才队伍在大连金融同业中具有一定优势，人员比较年轻，学历层次较高，中层干部基本实现高学历化、年轻化和业务化，全行 168 名处级领导干部平均年龄 40 岁，大学本科以上学历者占 2/3。从 1997 年起，该行平均每年减少 100 人左右，部分员工提前内退，还有一部分员工调离或辞职，在自愿流失的人员中，约有一半以上是业务骨干。2002 年年末，该行拥有员工 3 254 人，学历水平较高，人员的学历结构及分布情况如表 2-5 所示。

1. 扁平化变革背景

2003 年 3 月 16 日，年仅 44 岁的吴铭从 A 银行总行来到大连，就任 A 银行大连分行行长。吴铭对于公司业务和风险管理业务的工作特点和流程非常熟悉，但是如何管好人力资源部和机构管理部对他来说是两大难题，他对于大连分行的组织结构改革情况还不太了解。

A 银行是实行总分行制的全国性、综合性国有商业银行，实行统一法人的管理体制，在日常经营管理活动中，某项具体行为从总行做

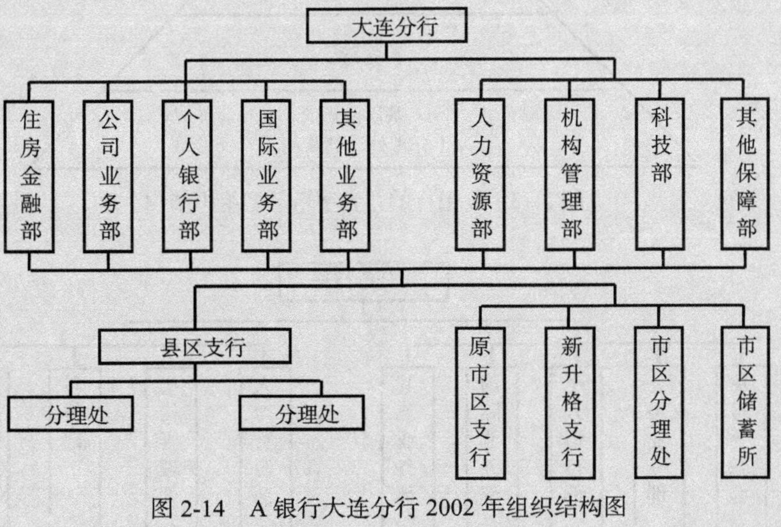

图 2-14　A 银行大连分行 2002 年组织结构图

表 2-5　员工学历结构及员工分布

员工学历	所占比例	员工分布	所占比例
研究生及以上学历	3%	分行管理人员	12%
本科学历	20%	支行管理人员	30%
大专学历	38%	分理处和储蓄所人员	58%
大专以下学历	39%		

出决策到最基层单位落实执行，往往要经历五个层级，是一种典型的“金字塔”型组织结构。如图2-15所示，管理责任关系和信息的汇报渠道均从基层网点开始，一级对一级上报，一级向一级反馈，形成了“多级管理、多级经营”的运营体制。每级机构中还有部、处、科、股等部门，因此，可以把其组织结构图形象地表示成一个金字塔结构。

随着计算机、网络与通讯技术的飞速发展，银行业的电子化程度越来越高，推动着银行业组织形态的改变。A银行也已经告别了手工操作业务的时代，在储蓄、存款、贷款、国际国内结算等业务完全实现了计算机操作，办公和内部管理也实现了自动化，建立了局域网和中央数据库，也出现了网上银行、电话银行、自助银行等多种业务平台。A银行总部已经认识到了现行组织机构需要改变的问题，2001年，A银行总行对城市分支机构下达了“扁平化管理改革指导意见”，第一次明确将“扁平化”作为组织结构改革的总体目标，并将改革主体首先定位在城市分行。吴铭在总行时就已经对组织结构扁平化改革的有关情况有所了解，而且听说在部分试点城市分行也取得了较好效果，A银行大连分行就是在这样的背景下逐渐开始推行扁平化改革的。

2. 变革进程

大连分行1999年的组织结构如图2-16所示。2000年，大连分行将人民路分理处和天津

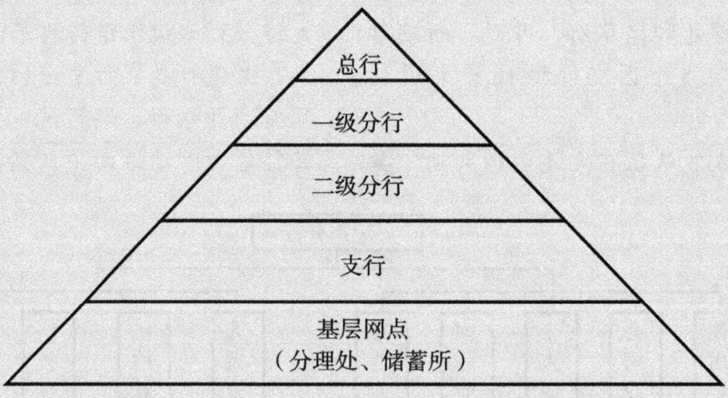

图2-15 A银行的“金字塔”型组织结构

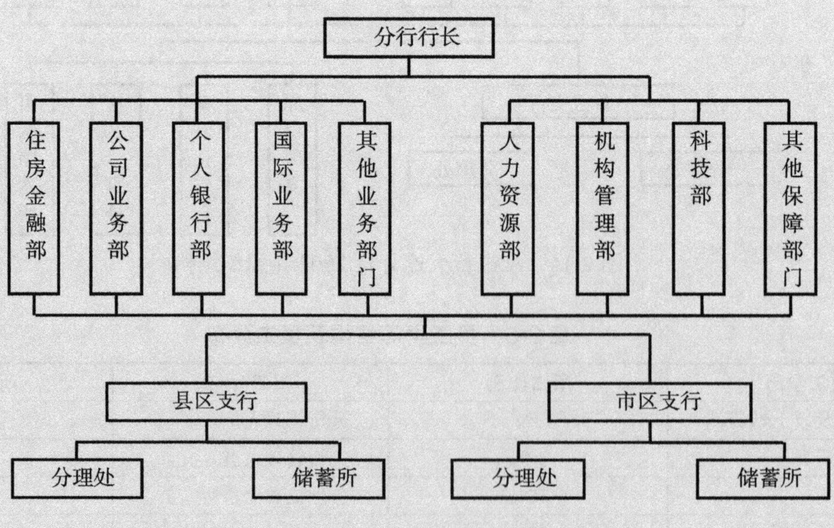

图2-16 A银行大连分行1999年组织结构图

街分理处收归分行直管，由于当时存在政策障碍，人民银行对A银行大连分行将这两个分理处改变隶属关系的请示未予批准，因此，这两个分理处在名义上仍隶属于原中山支行，实际上是与中山支行平级，直接对应分行，而其业务开展还要并入中山支行的报表，才能满足当时人民银行的监管要求。

2001年，大连分行进一步明确了扁平化改革的目标模式：通过市分行对营业机构的直接管理，变现有的“分行－支行－基层网点(分理处、储蓄所)”三级管理模式，为“分行－营业机构”两级管理模式。“要以客户为中心，以市场为导向，以网络为依托，集约化经营，通过组织结构的调整缩短管理半径，减少管理层次，降低管理成本，提高管理效率，充分发挥各级营业机构贴近市场的优势，调动营业机构积极性，形成职责明确、保障有力、市场反应迅速、运行高效的经营管理机制”。2001年9月，又将原先隶属于市区5个支行的86个营业网点上收分行直管，其中，分理处25个，储蓄所61个，并将这些网点分级管理。一级营业网点是存款规模在2亿元以上，业务功能较全，效益较好的10个分理处，由市分行直接管理，考虑到市分行的管理幅度不宜骤然增大，成立了过渡性机构——机构管理部暂代市分行为76个二、三级营业网点提供非业务方面的支撑保障。大连分行各阶段的机构模式如图2-17所示。其中，图2-17a是改革之前的模式，图2-17b是过渡时期的扁平化模式，图2-17c是改革的目标模式。图2-18是大连分行的组织结构扁平化管理关系模式图。

2002年，A银行大连分行着手理顺初步进行扁平化调整后的业务管理关系，并认识到，主要难点在于如何通过改革真正建立起层层支撑的服务系统，实现贴近客户、贴近市场、高效灵活、反应迅速的组织结构改革目标，使结构真正地“扁”下去。于是，大连分行首先对柜面业务、账务体系、出纳业务、信贷业务等所有能涉及的领域都进行了相应的调整，对各类业务管理系统进行了改造，以满足扁平化业务处理和信息方面的需求，将企业网终端设置至各级营业机构，从主要业务部门抽调业务骨干成立流程梳理项目小组，对全行业务经营管理流程和支撑保障流程进行重新梳理，进一步明确各自的业务职责范围。

然而，扁平化的变革也在大连银行内部造成了一定的波动。原先市内5个支行的规模立刻变小，原来一个支行行长不仅管理着支行本部，还管理着10多个分理处、储蓄所，至少有一二百人。而在扁平化变革中，不仅网点上

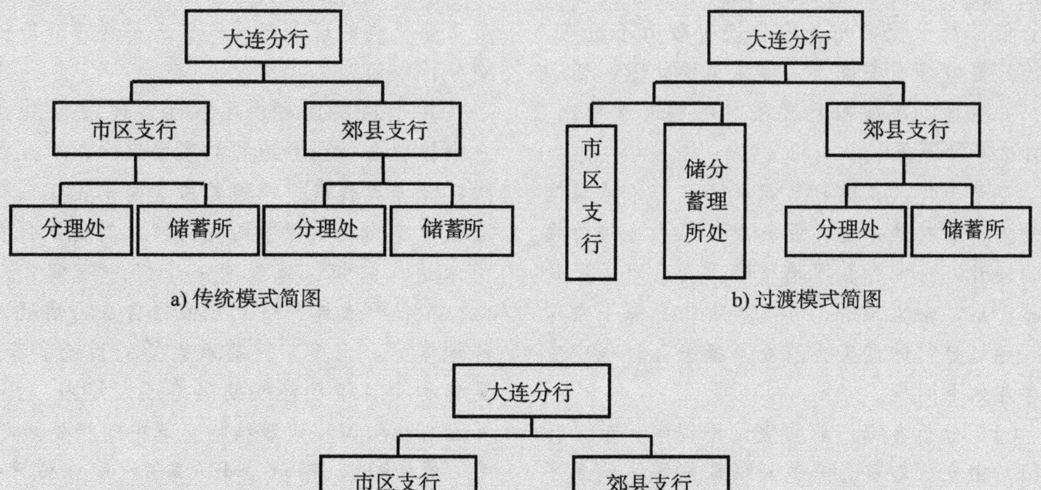

图2-17 A银行大连分行各阶段机构模式简图

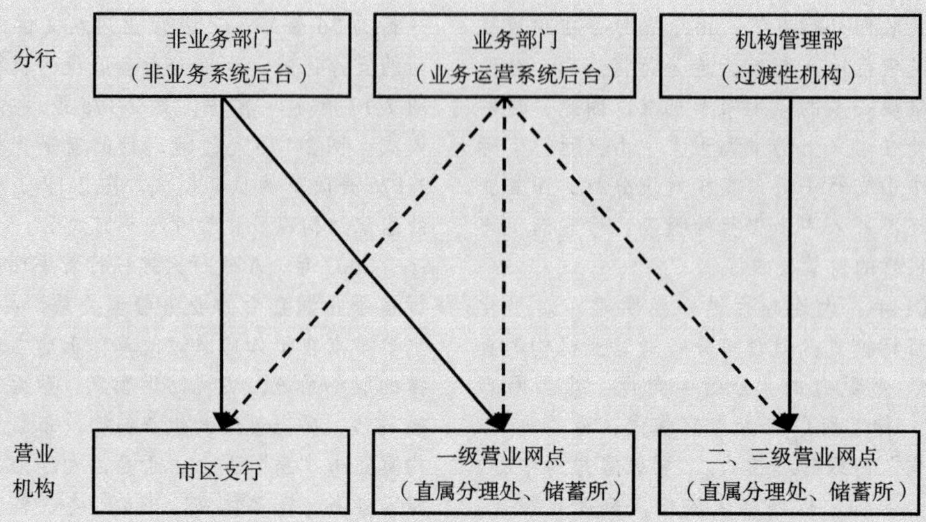

图 2-18 A 银行大连分行组织结构扁平化管理关系模式图

注：虚线代表业务管理，实线代表非业务后勤支撑保障。

收，而且由于支行不再需要管理那些网点，内设部门也随之精简，只需留下客户部、会计部等几个主要业务部门，支行的内部管理人员也面临新的选择。支行内部人心浮动，基层支行和网点的员工都想方设法往分行调，而之前的支行“老”行长们，则由于权限的缩小，干活一点也提不起劲来。此外，由于直接处理众多网点的具体业务，而且业务处理的内容和数量骤增，使分行各部室也无法适应，与信贷业务有关的几个部门感觉更为强烈。新升格支行的行长们，对于他们角色的转换也较为不适应，之前只要做好业务就行，现在需要处理一切杂事，并且他们感觉自己无法与那些老支行比，办什么事都不灵光。

与扁平化改革的初衷相反，这一年艰辛的扁平化变革成果并没有带来 A 银行大连分行绩效的提升，企业存款不增反降，贷款市场更是一泻千里，全盘瓦解，各项经营指标都不太理想。经过分行的调查、研究，扁平化过程中主要存在如下问题：

（1）分行各部门职责定位不清楚，市分行部门对由支行转移过来的新增职能不明确或不适应；

（2）组织结构中的机构隶属关系发生了变化，但分行部门具体的业务管理流程没有做出相应的调整；

（3）分行对新升格支行和支管网点的管理需要重新定位，不能像以前对支行那样，要真正把它们当作分行的一个分销渠道，而不是下级管理机构；

（4）扁平化后，需要分行本部跨部门协调的事项过多，存在职责不清的问题；

（5）网络应用系统支撑不够充分；

（6）分行应该调整决策层次，要么扩大基层营业机构的职责范围，要么将经营职能提升到分行本部。

基于这些问题，A 银行大连分行成立了一个梳理全行业务流程的项目组，以对业务流程、管理流程进行调整。由于扁平化在国有商业银行中均处于探索研究阶段，对扁平化管理尚未达成共识，也没有一个统一的模式，因此，A 银行大连分行只能依据自身的情况，不停地摸索。但是，伴随着大量的讨论和努力，吴铭和项目组已经感到思路逐渐清晰、开阔，并且有信心解决组织结构变革中的相关问题。

资料来源：陈福军 . MBA 案例精选——生产运作管理 [M]. 大连：东北财经大学出版社，2009: 31-47.

第五节　组织结构的影响因素

任何一个组织的生存都离不开某种具体的环境，组织赖以生存的环境越复杂，影响组织结构的因素就越多，无论何时也无法穷举可以对组织结构产生影响的因素。此外，各种因素对组织结构产生影响的程度也随时间空间的不同而发生变化。对组织结构能够产生重要影响的因素有很多，如战略、技术、文化、环境等。这里，我们先简略介绍这些因素，更为详尽的阐述将会在后面具体章节中展开。

一、战略

组织战略是组织为了实现其使命和组织目标而制订的综合性长期的行动计划，决定了一个组织区别于其他组织的组织目标，战略和目标共同决定组织的行动。迈尔斯和斯诺（Miles & Snow）把组织战略分为四种类型：

1. 防御型战略——保持稳定

对于企业组织而言，当其市场定位狭窄且稳定，需要通过对当前市场进行深层次渗透来实现组织的成长。此时组织设计的目标是管理层能够集中控制组织的运行，组织的正规化程度很高，组织内部采用标准化的协调机制。

2. 探索型战略——创新、冒险

当企业组织的市场定位宽泛且流动性高时，组织通过对潜在机遇的发现和环境监督来实现组织的成长。此时组织的大部分核心技术应用于产品样品的生产，使用多重技术。组织的目标是如何促进组织的运作，组织的计划以问题为导向，非常广泛，组织结构的正规化程度低，采用以结果为导向的控制系统，组织内部的协调工作依靠项目协调员。

3. 分析型战略——中心稳定、周边创新

企业组织的定位领域是市场和产品的结合，一部分产品市场非常稳定，而另一些则不断变化。组织的成长即来自于对市场的渗透，也来自产品和市场的开发活动。此时组织目标是区分组织的结构和过程以便适应组织的稳定业务和动态业务，组织没有统一的计划过程，组织中的职能部门采用集中化控制，而产品小组采用分权化控制。组织内部采用复杂、昂贵的协调机制，稳定的业务协调通过组织的职能结构，产品的业务协调依靠项目协调人。

4. 反应型战略——被动、随机

组织以随机的方式对环境的威胁和机会做出被动的反应，缺乏统一的、可行的反应机制。此时组织管理层没有可行的组织战略，组织的技术、结构和过程也不能很好地配合战略。

不同的结构设计适用于不同的战略。钱德勒发现，简单的战略只要求简单的、松散的结构形式来执行这一战略。而随着组织的发展，组织战略会更宏大，更复杂，相对应的，组织结构也会变得更为复杂。组织战略对组织结构的影响将在第三章中详细介绍。

二、技术

所谓技术（technology）是指用以将组织的投入（原材料、信息、思想）转换为产出（产品和服务）的各种业务流程、技术、机器和方法。技术是组织的生产过程，是组织实现组织目标的重要手段。

一般的，可以对技术进行以下区分：

（1）核心技术，即能够直接影响到组织是否能够实现组织目标的关键工作方法和流程。

（2）非核心技术，即对组织而言比较重要的工作方法和过程，但并不能对组织是否能够实现其使命产生决定影响。

不同的技术对于组织结构的设计要求不同，程序化的、常规的技术一般要求高度机械化的组织，而非程序化的、非常规技术则要求组织采用有机式的结构。关于技术对组织结构的影响将在第四章中详细介绍。

三、规模

对于企业组织而言，企业的规模可以用三个方面来衡量。

1. 组织的成员数量

由于组织是一个社会系统，其规模通常以成员数目来衡量。组织的成员数量代表了组织的人力资源。组织拥有的成员数量越多，组织的人力规模越大。

2. 组织的资源涵盖力

组织的资源涵盖力既包括组织能够消化多少资源，也包括组织能够获得多少资源。组织的资源涵盖力越大，组织所占有的资源越多。

3. 组织的投入产出能力

组织的投入产出能力可以通过组织的业务量和运行状态进行衡量。此外，投入与产出的比值也可以用来衡量组织的效率。

组织的规模对于组织结构也具有重要影响。一般而言，大型组织往往比小型组织工作专门化程度更高、部门更多、集权程度更高、规则条例更多。然而，这一影响随着规模的增大有递减的趋势。就比如说，一个具有 5 000 名员工的组织，如果再增加 50 人，对组织的结构并不会产生多大的影响，然而，一个只具有 50 名员工的组织，如果增加 50 人，则组织可能会向更为机械化的方向发展。

四、环境

环境包括组织边界之外的所有因子。组织所赖以生存的环境可分为任务环境、一般环境和国际环境三类。

（1）任务环境（task environment）是指与组织直接相互作用，并对组织实现组织目标具有直接影响的环境要素，主要包括行业、原材料、市场、人力资源等。

（2）一般环境（general environment）是指与组织之间不发生直接作用，但会对组织产生间接影响的各种环境要素，主要包括政府、社会文化、经济形势、社会技术发展水平、金融资源等。

（3）国际环境（international environment）。随着全球一体化进程的推进，越来越多的组织开始受到国际环境的影响，这也意味着组织所生存的环境越来越复杂并具有挑战性。

一般来说，机械式组织在稳定的环境中运作最为有效，而有机式组织更适用于动态的、不确定的环境。随着环境的不断变化，企业的组织结构也需要做出相应的调整。关于环境对组织结构的影响将在本书第六章详细介绍。

五、文化

组织文化（culture）是指组织成员所共有的一套价值体系，它包括价值观、信念和思维方式等。组织文化既在组织中形成、发展和传承，又反过来对组织产生影响。

本章小结

组织结构是组织为实现目标，使组织各部分能够在组织的活动中有序分工、有机协作，从而确定的关于组织各部分的职能、部分划分、层级、权力、组织方式以及制度设计等的一系列结构体系。报告关系、部门化以及协调机制是组织结构的三要素。

管理的层次与控制幅度能够将组织划分为高耸式与扁平式，韦伯的官僚结构原则强调组织的标准化、专业化与正式化，伯恩斯与斯托克的环境角度将组织区分为机械式与有机式，而信息联系的角度则强调了组织的纵向与横向的信息传递。

组织结构按照组合方式可以识别为职能型、事业部型与矩阵组织。随着时代的发展，企业还出现了横向型、虚拟网络型以及混合型等多种新型的结构。

组织的生存与发展离不开其所处的环境，会受到战略、技术、文化与环境等多种因素的共同影响。

复习思考题

1. 组织结构的关键要素都有哪些？
2. 组织设计的韦伯官僚结构原则都有哪些？
3. 组织结构的基本形式都有哪些？各有什么优缺点？
4. 举例说明组织结构的最新形式都有哪些。
5. 简要说明组织结构的设计会受到哪些因素的影响。

延伸阅读

1. [加]亨利·明茨伯格著，魏清江译，《卓有成效的组织》，中国人民大学出版社，2007年7月。
2. Adler, P S. 1995. Interdepartmental interdependence and coordination: the case of the design/manufacturing interface. Organization Science. 6: 147-167.
3. Puranam,P, Raveendran, M and Knudsen, T. 2012. Organization Design: The Epistemic interdependence Perspective. Academy of Management Review, 37(3): 419-440.
4. Davis S M, Lawrence P R. 1978. Problems of matrix organizations. Harvard Business Review, 56(3): 131-142.

|综|合|案|例| RQ汽车股份有限公司的组织结构设计

RQ汽车股份有限公司（简称RQ）于1997年1月8日成立，产品以“安全、节能、环保”为诉求，以“零缺陷”为目标，其产品受到消费者的青睐。2007年，RQ先后与美国量子等企业建立合作合资关系，开启中国汽车工业跨国合作的新时代，同时也是我国首批“创新型企业”，曾3次被《财富》杂志评为“最受赞赏的中国公司”，在世界知名战略管理公司罗兰贝格发布的研究报告里，RQ曾两次入围“全球最具竞争力的中国公司TOP10”。

1. 网络型结构

总体上看，RQ的组织结构（见图2-19）与以往机械式的组织结构形式并无多大区别。但是，在研究过程中发现，RQ经过十多年的发展整合，再加上计算机生产辅助功能的不断完善，使得这几大系统模块形成了一个巨大的网络。在这个网络中并没有规定哪个系统或者哪个部门的级别高于其他，或是比别人更为重要，而是说在不同时期、不同环境条件下对不同系统或部门有所侧重。如今，RQ汽车股份有限公司在其发展过程中一直本着“自主创新，打造中国自己的品牌”的战略，这使得其企业内部的研发系统在整个网络中受到更多的重视，而其他系统则是从不同方面，不同角度对企业研发提供支持，比如商务系统为研发系统提供最为直接的客户需求信息，以保证研发系统以客户需求为导向进行研发；生产系统则是保证企业研发成果能够得以实现，同时在落实过程中给予研发系统及时的反馈，进而达到进一步优化研发成果的目的。而不同系统之间的及时沟通更是可以促进公司整体的融合，从而形成了一个巨大的网络，用以保证向顾客提供满意的产品，如图2-20所示。

2. 产、销、研矩阵式结构

值得注意的是，RQ无论是面临新技术挑战还是要开发新车型，公司内部都可以迅速组建以研发系统为X轴，以生产系统、项目组或销售系统为Y轴的矩阵式的组织生产模式，在必要时，多个系统甚至可以临时组合成类似于IBM的多维矩阵形式的组织形式，共同担任起组织从研发及生产再到销售的重要任务。在此过程中，RQ不但节约了大量的资源转换成本，同时还逐渐培养出各部门相互共享信息，共同合作的工作氛围，为今后更好、更快地发展打下坚实的基础。

3. 项目小组

在横向结构设计中，RQ十分重视部门之间的沟通与合作，充分利用信息系统、整合专员及团队等多种形式的横向联系手段。以2002年RQA11-3510010AC真空助力器带主缸总成项目为例，RQ集合各系统资源组建APQP（产品质量先期策划）小组（见图2-21），该小组充分结合了来自技术、销售、财务等不同部门的员工，以团队的形式确保该项目的顺利进行。

可以看出，RQ作为国内自主创新品牌的代表企业，其在充分认识自身发展状况的前提下，结合自身资源和优势，并不局限于对企业内部组织结构的硬性规划和整合，大胆尝试，以自身优点结合不同类型的组织结构形式，力求实现其自主开发，不断追求创新目标。

（1）总体上看，RQ组织内部各系统之间呈现网络型的组织结构形式，依据网络型组织结构的特点，在现阶段，RQ以“自主研发”为主要战略，因此在几大系统中更侧重于研发系统，从而形成了以研发系统为中心的矩形网络，不仅突出研发在日常生产中的重要地位，同时其他系统在促进企业发展的过程中充分发挥优势，将公司内部资源进一步整合，从而使公司的战略目标得到有效的落实。

（2）在研发、生产、销售三大系统彼此进行合作的过程中，充分体现出矩型组织结构的特点，使得企业自身可以同时满足来自环境与顾客的双重要求，企业内部资源可以在不同产品之间进行合理分配，同时也可以使RQ对于突发状况及时做出反应，增加公司整体的灵活性。

（3）项目小组的设定充分体现了RQ内部基于团队的组织设计理念。团队成员来自于不同部门，该团队具有明确的目标，以任务为中心，依据任务需要团队成员充分发挥各自的能力。同时，团队成员共同承担风险，也因此可以确保任务目标得以顺利的实现。

当然，RQ虽然在实践中不断追求创新，最大限度地促进企业内部各部门直接整体上的融合，但其中也不免会存在一些不足之处。创新型企业为应对激烈的企业间的竞争，保持自身的灵活性，开放性和创新性，如何根据环境、战略、规模、技术等要素设计、调整适合自身的组织结构成为其面临的重要课题。而RQ要如何不断优化和变革自身组织结构，才能适应竞争环境的需要是作为公司企划部负责人所要思考的问题。

资料来源：刘福成，杨志强. RQ汽车股份有限公司的组织结构设计[OL]. 中国管理案例共享中心案例库. 孙贵娟改编.

讨论题

1. 你认为RQ汽车股份有限公司的组织结构设计遵循一个什么样的原则？这个原则为什么能够让RQ获得成功？
2. 项目组在整个研发系统是否是不可或缺的？它起到什么样的作用？
3. 如果你是公司企划部负责人，你建议RQ公司采用什么样的方法来适应竞争环境的需要？

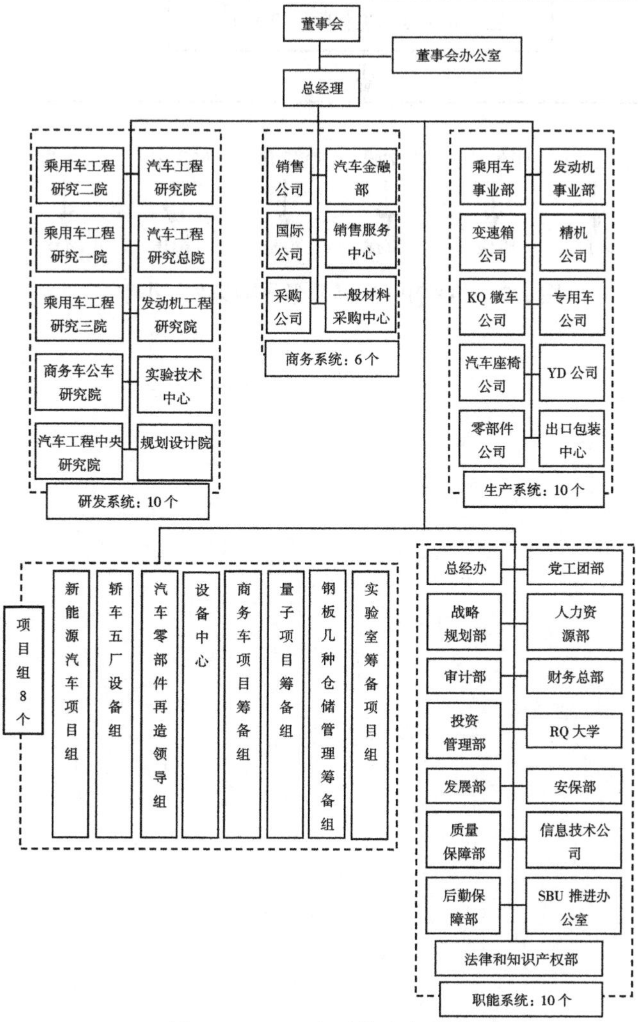

图2-19　RQ公司的组织结构

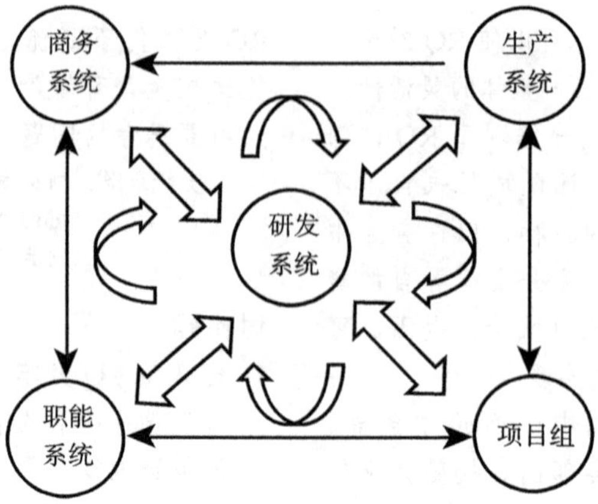

图 2-20 RQ 公司各系统之间的关系

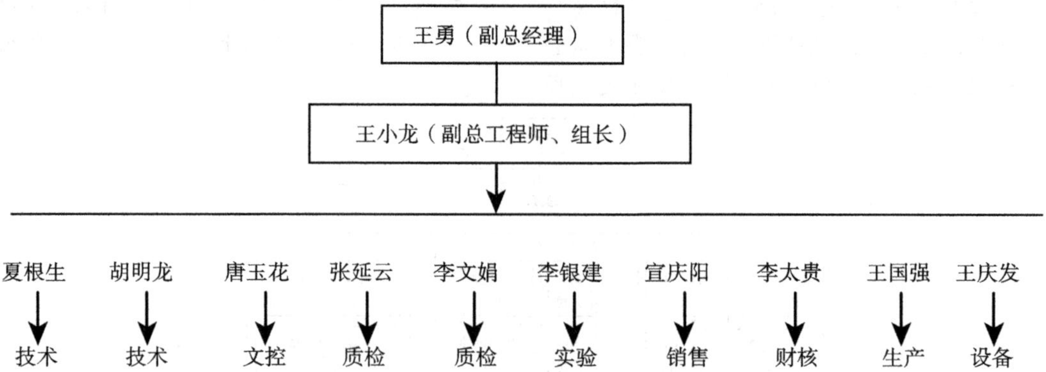

图 2-21 APQP（产品质量先期策划）小组

第二篇

组织环境篇

第三章　战略、结构与业绩评价

第四章　技术、结构与大规模定制

第五章　组织文化与组织设计

第六章　环境与组织策略

第七章　企业间关系管理

第三章

战略、结构与业绩评价

学习目标

- 了解组织目标的概念、作用与特征
- 了解组织战略的定义与分类以及战略的分析与实施
- 理解组织战略对组织结构的影响
- 了解组织业绩评价的两种主要方法

核心概念

操作性目标、波特竞争战略模型、PEST方法、权变评价方法。

引例

华为手机：战略逆袭，从代理商到全球巨头的华丽蜕变

近年来，华为手机呈现迅猛增长，成为我们周围不可忽视的存在。即便是不深耕数码领域的人，对华为手机的Mate系列、P系列以及子品牌荣耀也耳熟能详。随着中美贸易紧张局势的升级，华为在各类媒体中的曝光度不断攀升，从头条、百家号到新闻联播，华为的身影无处不在。美国作为超级大国，竟然不惜动用国家力量打压中国的一家民营企业，这使得中国民众对这家信息ICT巨头有了更深层次的认知。华为究竟通过何种决策和战略，在瞬息万变的智能手机市场中，从低端ODM贴牌厂商崛起至全球第一呢？

华为最初主要代理鸿年公司的用户交换机PBX，然而随着鸿年公司被收购，华为的代理资格也遭到取消。凭借先前积累的技术和客户基础，华为迅速转向自主研发道路。1991年12月，华为自主研发的交换机HJD48一举成名，为公司带来巨额销售额和利润，这同时让华为坚定了走自主研发、科技创新之路。成功打入交换机市场后，华为开始涉足程控机市场。当时，程控机市场被西门子、爱立信等巨头垄断，华为选择采取“农村包围城市”的战略，首先在竞争较弱的农村市场站稳脚跟，然后逐步扩大至城市市场。这被证明是一次极为成功的战略，自此以后，华为取得了迅速发展，并在1998年左右开始国际化和全球化，逐步成长为全球领

先的ICT公司。

回顾华为手机的发展历程，大致可以分为三个阶段：系统配套期、运营商定制期和战略转型期。

系统配套期（2003—2008年）是华为终端业务的初期阶段。任正非曾表示，当年华为没想过做终端，华为的3G系统卖不出去，因为没有配套的手机，想去买终端却又买不到，于是不得不去做终端。在这一时期，华为终端的定位是为网络设备提供配套支撑。手机产品线包括小灵通、CDMA手机和3G手机等，通过与运营商建立关系进行销售。终端业务不仅包括手机，还涉及数据卡、固定台、固网终端等，其中数据卡产品线市场份额曾达到70%。受公司战略影响，手机一直采用ODM模式，规模庞大但利润"比纸还薄"。尽管2007年华为手机出货量达2 000万台，成为全球第三大CDMA定制手机供应商，但华为未将终端业务视为核心，手机品牌建设一直没有进展。为了应对2008年金融危机和进军美国市场，华为曾试图将终端49%的股份出售给国外基金公司，但受金融危机影响，西方基金的出价一压再压，还附加了一大堆条件，最终任正非难以接受，因此放弃了出售。

运营商定制期（2009—2011年）是华为手机销售的关键时期。通过与沃达丰等电信巨头的合作，华为手机销量一路飙升。2009年，华为手机发货量超过3 000万台。然而，除了在中国等少数市场使用华为品牌外，其他市场均为运营商定制，使用运营商品牌。尽管华为已经能够自主开发手机的硬件、软件和结构，但作为运营商的ODM，其利润仍然"和纸一样薄"。微薄的手机利润、较低的自主性以及在集团中相对低的定位，使华为难以投入更多资源进行手机品牌建设。

战略转型期（2012年至今）是在华为终端CEO余承东领导下的华为消费者业务的关键时期。余承东接管华为消费者业务部门后，对终端部门进行了调整，全力推动华为手机从运营商代工定制模式向公开市场品牌运作的转型升级。尽管原有的运营商模式利润率较低，但通过多年发展已形成规模。这一转型对原有业务带来了巨大的冲击，内外部都面临巨大的阻力和异议，然而，余承东的决心和远见推动了转型的成功。2022年，华为坚持聚焦战略，致力于打造领先的行业数字化、智能化、低碳化解决方案及工业互联网平台，持续加大投入，坚持为客户创造价值，提升消费者体验，同伙伴一起发展，改善经营质量，营业总收入同比增长0.9%，整体经营情况符合预期。2022年，华为营业总收入6 423.38亿元，其中运营商业务收入为2 839.78亿元，企业业务收入为1 331.51亿元，终端业务收入为2 144.63亿元，其他收入为107.46亿元，确立了其全球领先的ICT基础设施和智能终端提供商地位。图3-1是2022年各市场的营业收入占比。

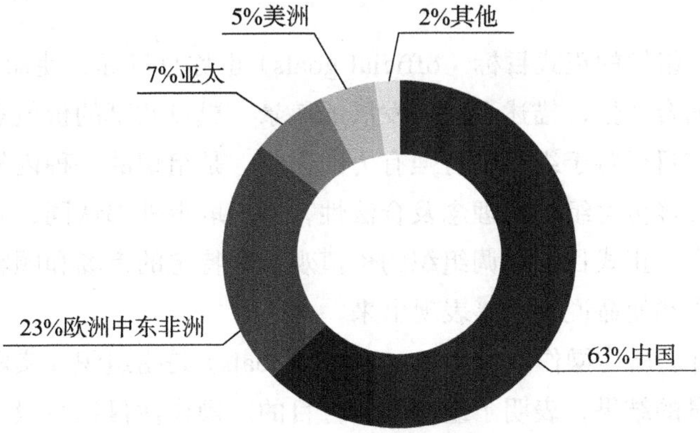

图3-1　2022年各市场的营业收入占比

资料来源：华为投资控股有限公司2022年年度报告。

华为通过灵活应对市场竞争，不断调整战略方向，成功实现了从最初的手机代理商到全球领军品牌的华丽转身。自主研发、科技创新、市场战略的巧妙结合，使华为手机在激烈的市场竞争中脱颖而出。

资料来源：马杰，邓远. 从中华酷联到三足鼎立：华为手机的战略转型之路 [DB/OL]. 大连：中国管理案例共享中心案例库，2020. 华为投资控股有限公司，华为投资控股有限公司 2022 年年度报告。

第一节 目标与战略

组织在社会中无所不在，组织成员为了实现他们所共同追求的目标组建了组织，而组织的管理者随着环境的变化，根据组织的目标制定组织的战略。目标与战略都是稳定的，但又都是可变的，目标是组织活动的最高宗旨，战略是为了实现目标而采取的策略。

一、目标的内涵及作用

（一）组织目标的定义

所有组织的创立和发展都是为了达到某种目的，这个目的可以称为使命或总目标。目标反映了组织的行动导向以及组织行动将会取得何种结果。组织在不同的阶段有着不同的目标，组织的部门也有各自的目标，这些目标都是为了使组织的总目标得以实现。不同的组织由于性质的不同，其组织目标也不相同。

通常目标的形成过程为：

（1）始于对外部环境的机遇与威胁的分析，这其中包括了环境不确定性以及资源的可获取性。

（2）对内部的优势与劣势的评估，确定组织的独特竞争优势。

（3）结合外部机遇与内部优势，确定组织的总体使命与正式目标。

（4）形成具体的操作目标，并设计与目标相匹配的战略，以确保组织达到总目标。

（二）组织目标的划分

组织目标有很多划分方式，一个主要的分类方法是将组织目标划分为正式目标与操作性目标两种类型。

（1）正式目标。组织的正式目标（official goals）也称总目标、使命（mission）。正式目标说明了组织存在的合法性，描述了组织发展的愿景、成员共享的价值观，是组织对组织行动的正式说明。正式目标对于组织具有强有力的影响，是组织的一种内外沟通的工具，可以向内部成员、外部环境传达组织的理念及合法性，可以取得外部认同，并且吸纳具有共同理想的成员到组织中来。正式目标强调组织的价值观及其特定的市场和顾客。正式目标通常以政策手册、年度报告和使命说明书等表现出来。

（2）操作性目标。所谓操作性目标（operative goals）是指组织在实际运行过程中所要达到的具体的、可衡量的结果，表明了组织的运行目的。操作性目标一般是较短时期内即可达到的，是组织总目标的实际内涵，它主要涉及组织所要完成的主要任务。

操作性目标通过对成员及部门行动的方向进行指导，用绩效标准进行考核，为组织各项活动设立具体目标。操作性目标一般包括以下几项内容，如表 3-1 所示。

表 3-1 组织的操作性目标

总绩效目标	1. 营利性组织通常用盈利能力来衡量总绩效，是一个典型的操作性目标。盈利能力通常可以用净收益或投资回报率等表示 2. 营利性组织用来衡量总绩效以及组织的产出量和成长。组织的成长，即在一个时间段内销售额或利润的增长幅度。组织的产出量则是组织提供的产品和服务的总量 3. 非营利性组织和政府没有盈利目标，但可以通过建立具体目标来确认在何种预算条件下为公众提供何种服务。一般可以使用成长目标和数量目标来对非营利性组织的总体绩效加以衡量
资源目标	组织欲从外部环境中获取的人力、物资与资金资源的质与量就是组织的资源目标
成员发展目标	包括组织内管理者与普通成员在内的培训、升迁、成长以及安全保障都属于成员发展目标
创新与变革目标	创新与变革目标就是指组织对环境不确定性做出反应的准备程度以及灵敏度，一般通过新技术、新产品和服务、新的战略和结构以及新的文化等角度来界定
生产率目标	组织利用资源进行生产，设定的产出与投入的比值就是生产率目标，一般可以用单位产品成本、劳动生产率、成员平均耗能等指标来衡量

正式目标和操作性目标对于组织而言都非常重要。正式目标描述了组织的价值观体系，赋予组织存在的合法性；操作性目标反映组织的主要任务，为组织提供行动的方向，以及绩效考核标准等，这两种目标服务于不同的目的。

视野拓展 3-1 “创无限通信世界，做信息社会栋梁”——中国移动通信集团公司的使命与发展目标

使命是企业最为核心的价值理念的体现，作为企业得以生存与发展的根本，它不仅指引企业“去何方”，而且还要回答“为什么去”的问题。中国移动通信集团公司正是秉承“创无限通信世界，做信息社会栋梁”的企业使命，踏上了进入世界500强公司的征途。中国移动通信集团公司成立于2000年4月20日，注册资本3千亿元人民币，资产规模超过万亿元人民币，其网络和客户的规模已位居世界首位。集团全资拥有中国移动（香港）集团有限公司，由其控股的中国移动有限公司在国内31个省（自治区、直辖市）和香港特别行政区设立全资子公司，并在香港和纽约上市。2011年列《财富》杂志世界500强第87位，品牌价值位列全球电信品牌前列，成为全球最具创新力企业50强。中国移动主要经营移动话音、数据、IP电话和多媒体业务，并具有计算机互联网国际联网单位经营权和国际出入口局业务经营权。除提供基本话音业务外，还提供传真、数据、IP电话等多种增值业务，拥有“全球通”、“神州行”、“动感地带”等著名客户品牌。

“创无限通信世界”体现了中国移动通过追求卓越，争做行业先锋的强烈使命感；“做信息社会栋梁”则体现了中国移动在未来的产业发展中将承担发挥行业优势、勇为社会发展中流砥柱的任务。及时、充分而有效的沟通是人类实现资源共享、社会实现集约快速发展的必要条件。通信业的发展，帮助人类逐渐打破沟通的时空障碍，使人与人之间的沟通更为快捷有效。当然，中国移动通信集团公司也定期制定发展规划，并通过员工的努力严格执行。以2007～2009年的战略措施规划为例，公司明确提出深入继续实施七大战略举措，即“打造卓越运营体系”、“开创移动多媒体事业”、“形成‘创新型’增长模式”、“实施‘走出去’战略”、“构建卓越组织”、“培育卓越人才”和“做优秀企业公民”。并确定了这三年的业务目标，收入上2007年实现集团年收入增长12.5%，而2008与2009年实现集团年收入增长高于GDP1.5个百分点；用户市场份额

上，2007年不低于56%，2008年不低于54%，2009年不低于50%；增值业务收入比例上，2007年达到26.2%，2008年达到28%，2009年达到30%；而客户满意度也确定了保持行业领先水平的标准。

截至2011年年底，中国移动的基站总数超过了90万个，客户总数接近6.5亿户。在国务院国资委对中央企业的考核中连续七年获得最高级别的A级，连续四年上榜《金融时报》全球最强势品牌排名。

资料来源：根据中国移动通信集团公司网站资料整理。

（三）组织目标的特征

企业组织由于其追求利益的独特属性，它的目标具有SMART特性，即明确（specific）、可度量（measurable）、可实现（achievable）、相关联（relevant）、时限（time bond）。企业组织的目标涉及社会、经济、环境等多个方面。

（1）明确性。目标的目的性必须明确。从目的性角度出发，组织目标可以分为控制型和突破型两种类型。控制型目标指维持现有水平的生产或经营能力。突破型目标即是超越现有能力，实现目标的飞跃。

（2）可度量性。目标是可以度量的，基于度量性，组织目标分为定量目标和定性目标。在组织的运行中，定性目标是必不可少的，而定量目标则不一定处处适用。定性目标某种程度上是比较模糊的，但也是可以加以考核的，虽然不能如同定量指标一样准确，但仍可以利用详细制订规划和细分目标特征的方法加以考核，提高可度量程度。

（3）可实现性。组织的目标，无论是长期还是短期目标，都必须是符合组织能力，必须是组织通过努力可以在一定时期内实现的，不超出环境限制范围的。否则目标就失去了导向意义，组织变得盲目。

（4）相关联性。组织中的各类、各级的目标之间是相互关联的，构成了一个网络。组织的目标是通过很多行动相互联系、相互促进来实现的。目标与目标之间构成了一个目标整体。为此，要实现组织的整体目标，就要协调好各层次的目标，互相配合，彼此协调，相互衔接。

（5）时限性。目标可以按照规划时间的长度分为短期目标和长期目标。一般长期目标是方向性的，主要规定组织的长远发展以及大致走向，是组织制定短期目标的标尺。短期目标是长期目标得以实现的基础。长期目标与短期目标需要兼顾整合，以长期目标作为指导，灵活有序制定短期目标，最终实现总目标。

此外，组织目标还具有层次性和多样性。组织目标是分层次、分等级的，一是社会层目标，即社会赋予组织的目标；二是组织层目标，即组织作为一个利益共同体的整体目标；三是组织内的成员个人层次的目标。当然，组织的目标也是具有多样性的，不仅可以分为主要目标和次要目标，每种目标也都可以细化成具体清晰的小目标。

（四）组织目标的作用

组织目标对于组织的运行具有非常重要的作用，具体可以归纳为以下几点：

（1）导向作用。组织目标是组织所追求的未来状态，目标对组织具有导向作用，为组织及其成员的行动提供行动方针，为组织提供行动方案的选择依据，减少组织行动的不确定性，进而引导组织按照既定的路线前进。一个组织能否有效地完成使命，关键的因素就是它确立的目标是否正确可行，能否引导组织，激励组织成员向组织所希望的方向发展。

（2）凝聚作用。组织是一个协作系统，必须把它的成员通过某种方式凝聚在一起。组织目标充分体现了组织成员的共同利益与追求，当组织目标能够与组织成员的个体目标取得最大一致性时，能够充分地激发组织成员的创造力与行动热情。组织通过确立科学有效的总目标，在组织中有效分配，协同合作，产生目标的凝聚作用。

（3）激励作用。组织目标的激励作用主要体现在对成员进行鼓舞和提供满足感上。组织目标确立后，目标可以成为成员进行自我激励的标准。个体通过确立目标调动积极性，达到目标后又会产生满足感。目标也可以是组织团队的激励基础。团队有了目标，会激发成员的合作意识，培养团队精神，产生激励效果。

（4）评价考核作用。如何评价组织行动的成功与否，一个重要依据就是组织目标的实现状况。组织目标为各部门、各个体的工作绩效的考核提供标准与准绳。当考核依据不够客观或不科学时，不利于调动组织成员的积极性。根据明确目标加以考核的方法客观公正，为组织成员的努力提供方向，并且具有说服力。

二、战略类型

（一）战略的定义

在组织与竞争性环境的相互作用中，组织为了实现组织的总体目标而对组织发展方向、行动方针以及资源配置等一系列通往目标的途径和方法所作的总体规划就是战略（strategy）。这是一种实现预定目标的计划。组织目标是最终目的，组织战略是实现目的的手段策略。

战略学家迈克尔·波特在《什么是战略》一文中指出，战略特指的是组织如何界定独特定位，如何做出明确取舍，如何加强各项活动之间的配称性，实施战略是为了使组织获得独特优势竞争力。波特认为组织有三种基本战略定位：

（1）基于种类的定位（variety-based positioning），即当组织通过独特的经营而提供特定的产品与服务时，组织的战略定位应该基于产品或服务种类的选择而不是基于客户细分市场。

（2）基于需求的定位（needs-based positioning），是指企业组织基于顾客的需求，而为顾客提供某些特定的运营活动以满足这些需求。

（3）基于接触途径的定位（access-based positioning），为了使组织能够以最有效的方式为顾客服务，企业组织需要相应地设计不同的运营服务以弥补地理或客户规模变化带来的不确定性。

（二）战略的分类与实施

从不同的角度出发，可以对战略进行不同的划分。如从组织活动的范围来看，可分为单一经营战略和多种经营战略；从层次角度划分，可分为公司层战略、业务层战略和职能层战略。当前比较通用的有两种模型，一是波特的竞争战略模型，另一个是迈尔斯和斯诺的战略分类模型。

1. 波特的竞争战略模型

波特在其20世纪80年代出版的“竞争三部曲”中对组织战略如何获得竞争优势进行了详细阐述，并加以划分，即成本领先战略、差异化战略和集中化战略，他们统称为通用战略或一般性战略。其中集中化战略又可以进一步细分为集中差异化战略和集中低成本战略。这一模型主要存在两个维度，即竞争优势和竞争范围，通过这两个维度的组合构成了四个象限，波特的竞争战略模型如图3-2所示。

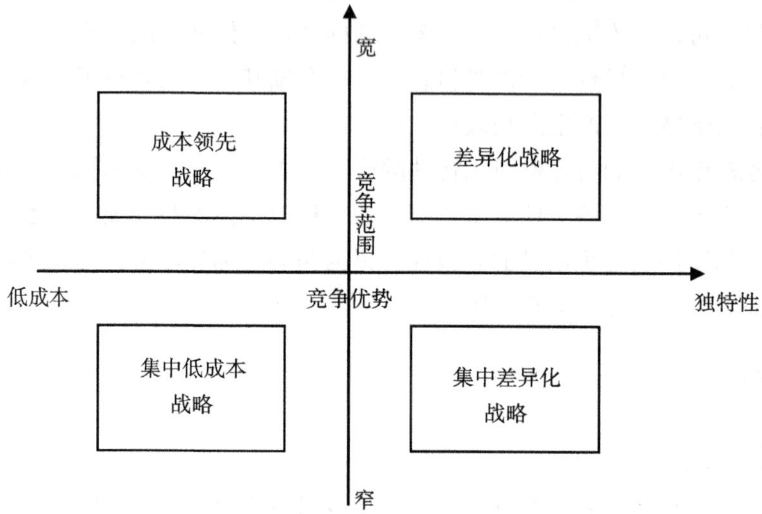

图3-2 波特的竞争战略模型

资料来源：Porter M E. Competitive strategy: Techniques for analyzing industries and competitors[M]. The Free Press, 1998: p34-41.

差异化战略（differentiation strategy）。处在宽泛的竞争环境中，为取得独特性的竞争优势，采用差异化战略的组织，试图提供与同行业其他组织不同的产品与服务。成功的差异化战略可以为组织带来更低的成本，更大的产品灵活性以及更多的特性。组织可以凭借其产品和服务的差异化特征而以较高的价格水平售出产品服务。实行这种战略，要求组织必须敢于创新，有较大的技术领先优势，对研发和营销的能力很强。海底捞餐饮公司在餐饮界享有盛誉，它在经营中确定了给消费者提供差异化服务的明晰发展定位。作为服务行业的企业，要想在众多竞争对手中脱颖而出获取竞争优势并非易事，海底捞公司视员工为家人，通过集中培训学习，以及老人带新人的关怀让员工融入到企业的发展中，通过对人的精心管理和打造高质量的服务，有效地提升了企业的顾客满意度和员工满意度，为提供差异化的服务产品奠定基石[⊖]。

集中化战略（focus strategy）。在狭窄的竞争环境中，组织将目标集中在某一点上，凭借高效率的服务在竞争中取得优势，或者取得差异化优势，或者取得低成本优势，或者二者兼得。格力空调已经致力于电器制造二十余年，坚持实施专业化的发展战略。格力空调的品牌和市场占有率来源于对空调产品研发与生产的专注，至今已开发出包括家用空调、商用空调

⊖ 黄铁鹰.“海底捞”的管理智慧[J].哈佛商业评论中文版，2009(4).

在内的20大类、400个系列、7 000多个品种规格的产品，能充分满足不同消费群体的各种需求。由于公司在技术上拥有很大优势，并且根据市场发展的需求及时调整产品的生产，严把质量关以赢得消费者的信赖，所以在市场中具有很强的竞争能力。如今格力的产品早已跨出国门进入到千家万户中，业务遍及全球100多个国家和地区。研发创新带来的专业技术优势，让中国制造领先世界[⊖]。

成本领先战略（low-cost leadership strategy）。组织采用比竞争者更低的成本来赢得市场。这种战略促使组织提高生产率，通过降低成本提高市场份额取得竞争优势，这种战略强调的是稳定性而不是创新性，相应地，采用这种战略的组织在进行组织设计时应该重视内部效率而非外部适应性。吉利公司在进入汽车行业时并没有优势，因此，在发展的初期阶段以成本领先战略实施扩张。在提供与竞争对手具有相当质量的同类产品时，努力降低企业的生产成本，进而获得高于行业平均水平的利润，为进一步扩大市场份额创造良好的条件。2006年吉利公司已跻身于中国汽车企业销量前十位。在2005 ~ 2007年吉利汽车的总资产和净利润同比增长平均50%以上，在此期间的销售毛利润、销售净利率及净资产收益率均高于行业平均水平[⊜]。

2. 迈尔斯和斯诺的战略分类

迈尔斯（Raymond Miles）和斯诺（Charles Snow）在基于组织的战略需要与外部环境相匹配的认识上，对战略也进行了分类。这种分类方法强调组织的特征、战略与外部环境的相适应。

防御型战略（defender strategy）。这种战略适用于面临较为稳定的环境的组织，组织的目标是保持现有顾客，为稳定的顾客提供可靠的产品，降低风险。采用这种战略的组织具有市场定位的狭窄性和稳定性；通过对当前市场进行深层次渗透来实现组织的成长，维护组织已有的竞争优势。此时组织一般采用职能制形式设计。

探索型战略（prospector strategy）。探索型战略适用于处于动态成长环境中的组织，此时环境复杂多变，组织的目标是创新与冒险，以及寻求新的增长机会。组织侧重于开发新产品、采用新技术、开拓新市场。采用这种战略的组织一般适用于柔性组织设计。

分析型战略（analyzer strategy）。分析型战略介于防御型战略和探索型战略之间，组织追求稳定，同时在周边领域进行创新。这种组织追求产品与市场的结合，组织的成长来自于对市场的渗透和新市场的开发。组织采用的技术在灵活性和稳定性之间达到平衡。一般采用职能制与柔性组织的双重组织设计。

反应型战略（reactor strategy）。反应型战略并不能算是一种严格意义上的战略，组织中的反应者此时只是被动地对来自环境的威胁和机会做出反应，没有统一可行的行动机制。采用这一战略时，组织管理层没能确立一个可行的组织战略，并且组织的技术、结构和过程也没能很好的配合战略。

这种战略通常要实现向分析型战略的转变，途径有：第一，组织将业务分为相对稳定、利润率较高的领域以及投机性较强的领域；第二，创造适当的结构、过程，同时促进稳定业务小组和动态业务小组的工作。

⊖ 根据格力电器股份有限公司网站资料改编，http://www.gree.com。

⊜ 鲁桂华，芦璐．成本领先战略与财务业绩 [J]. 财务与会计：理财版，2008(6).

（三）战略分析

战略分析是指组织管理层对组织的战略环境进行分析和预测，研究环境的发展趋势以及将会对组织造成的影响。战略分析一般可以分为组织内部环境分析和组织外部环境分析两部分。

（1）组织内部环境分析。组织内部环境是指组织本身具备的资源条件，包括组织的研发能力、生产能力、营销能力、筹资能力和组织文化等方面。进行组织内部环境分析是为了发现自身的优缺点，从而有效利用内部资源，发挥组织的竞争优势。

（2）组织外部环境分析。组织的外部环境分析包括一般环境分析和行业环境分析。目的是为了寻找和发现有利于组织发展的机会和阻碍组织的威胁，以便在制定和选择战略中利用外部环境中的机会结合自身优势，避免劣势与威胁的结合。

一般环境是指给组织带来机遇和威胁的主要环境因素，对环境中的每个组织都会产生影响。一般环境分析的方法主要采用 PEST 分析，即政治与法律分析（political and legal）、经济分析（economic）、社会文化分析（social and culture）、技术分析（technological），如图 3-3 所示。

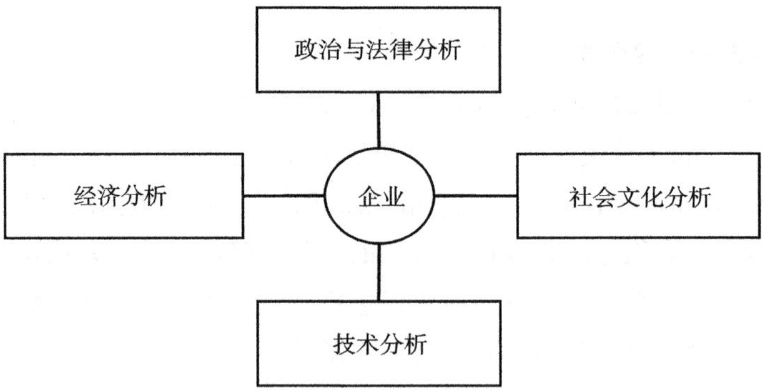

图 3-3 PEST 分析方法

行业环境分析则是对组织活动具有直接影响的外部环境分析，一般采用迈克尔・波特提出的五种基本竞争力量模型，即 5F 模型，基本要素包括现有竞争者、供应商、顾客、潜在进入者和替代产品（见图 3-4）。

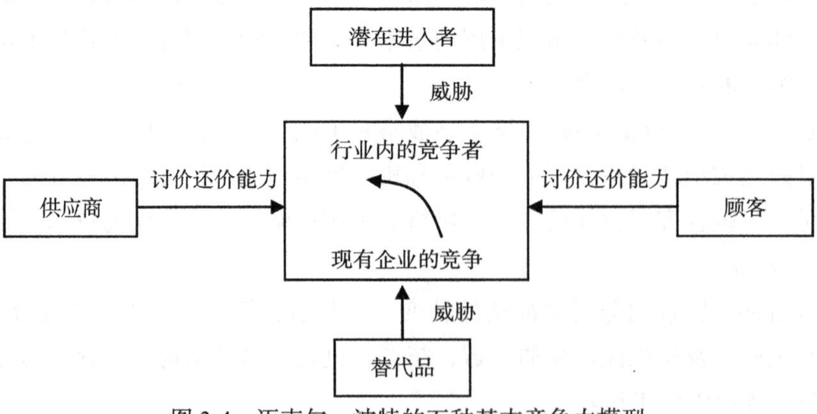

图 3-4 迈克尔・波特的五种基本竞争力量模型

资料来源：Daft R L. Organization Theory and Design[M]. 9th edition. South-Western, 2007: 197.

波特关于竞争环境的五力模型根据对竞争环境中五种基本力量的分析，综合确定行业的基本竞争态势。五力模型提出了环境竞争的五种基本力量，即供应商讨价还价的能力、顾客讨价还价的能力、潜在进入者的威胁、替代产品的威胁和现有竞争强度。

组织制定战略之前必须先对这五种力量进行分析和评价，以清晰认识组织所处的行业环境。

（1）供应商的讨价还价能力。供应商主要通过价格和质量两种基本因素来对组织产生影响。具体因素包括：

• 供应商所提供的产品在组织整体产品成本中的比例；
• 供应商提供的产品对组织产品质量的影响；
• 供应商提供的产品对组织生产流程的重要性；
• 组织原材料采购的转换成本；
• 供应商提供产品的成本与组织自己生产的成本之间的比较；
• 供应商产品标准化程度；
• 供应商所在行业集中化程度；
• 供应商“前向一体化”的战略意图。

（2）顾客的讨价还价能力。顾客与供应商类似，同样通过价格和质量两大基本要素对组织施加影响，使同行业之间强化竞争，对行业造成威胁。具体包括：

• 产品标准化程度；
• 顾客对产品的敏感性；
• 大批量购买；
• 集体采购；
• 顾客的“后向一体化”的战略意图。

（3）潜在进入者的威胁。行业中不断有组织退出，同时也不断有组织加入。加入行业的新组织可能会为行业带来新的资源和技术，并抢据市场份额，会对整个市场产生影响。行业的潜在进入者的威胁主要来自于：

• 潜在进入的可能性：取决于行业的前景，行业增长率高会刺激大量进入者的出现；
• 行业壁垒。

（4）替代品的威胁。市场上出现的与组织的产品功能相似或相同的产品就是该产品的替代品。替代竞争越激烈，对组织的威胁越大。能够影响替代品竞争的因素主要有：

• 替代品的利润；
• 生产替代品组织的策略；
• 顾客的更换成本。

（5）现有竞争。组织的战略目标一般都是使自己获得比竞争者更独特、更持久的竞争优势。一般影响现有竞争强度的因素主要有：

• 现有竞争者数量；
• 现有竞争者分布范围；
• 市场的成熟度；
• 市场饱和度；

• 用户的产品敏感度；

• 进入及退出壁垒。

以上是波特的五力分析模型的基本框架。任何行业中的任何组织都在一定程度上受到上述力量所构成的威胁。组织必须分析这些力量，以更好地确定自己的目标，制订战略规划，有效地形成并保持独特的竞争优势。

（四）战略选择与实施

（1）战略选择。组织的管理层通过战略分析，对组织的内、外部环境和行业结构，组织自身资源和能力都有了清晰认识，就可以选择适合组织情况、与组织相匹配的战略。

在对战略进行选择时，要明确所选择战略具有可行性、可接受性与适用性。一个合适的战略应该保持与组织目标、组织资源条件和组织外部环境的一致性。

（2）战略实施。组织的战略方案确定后，就需要通过具体的实际行动来实施战略，最终实现组织目标。一般可以从三个方面来推动战略实施：

第一，确定组织的资源配置与战略相配；

第二，对组织的结构进行构建，使“组织结构跟随战略”，为战略实施提供保障；

第三，提高组织管理者的能力与素质，培养积极的组织文化，使组织中的人能够承担起推进组织战略的责任。

第二节 组织战略与组织结构

组织的战略通常是在现有的组织结构中制定的，会受到当前组织设计的影响和制约。但最根本的是组织结构要根据战略的制定而调整。战略的制定会影响到组织的内部特征，组织设计必须跟随组织战略的变化。

一、钱德勒的战略发展阶段与组织结构

美国学者钱德勒在著作《战略与结构》一书中研究发现，美国的许多大公司的发展，都经历了战略发展的四个阶段，同时，每一个战略阶段都有与之相适应的组织结构。钱德勒通过研究做出对战略和结构关系的假设。首先，战略决定组织的结构，由于组织所依存的资源发生变化，组织的战略也会跟随发生改变以使组织更好地生存，同时，战略的变革会带来组织在结构上的更新，通过对管理模式的调整来克服组织面临的问题；其次，企业的战略与结构经历系列的变革发展，比如从储存资源战略到多元化扩张新市场，再到结构分化而进行多重经营的复合性结构，结构会紧跟战略的变化而不断发展；最后，组织通常都会保持现有结构的稳固，而在深陷危机的情况下才会需要变革，当然这还需要考虑到企业所处的环境以及企业管理者的变革能力。基于此，钱德勒提出了战略与结构关系的基本原则，即组织的结构要服从于组织的战略[㊀]（见图 3-5）。

㊀ 金东日．现代组织理论与管理 [M]. 天津：天津大学出版社，2003:30.

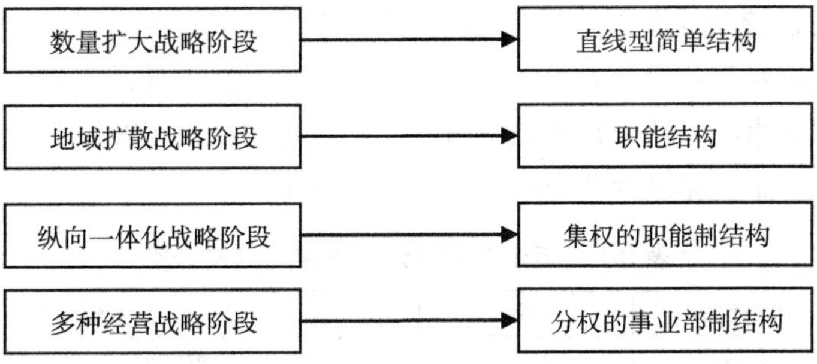

图 3-5　钱德勒的战略发展阶段与组织结构

资料来源：Based On Chandler A D. Strategy and structure: chapters in the history of the industrial enterprise[J]. 1962.

1. 数量扩大战略阶段

组织在组建初期，往往只是单纯的生产或销售，不仅产品模式比较单一，而且企业生产能力也有限，所生产的产品数量比较少。这个阶段主要采用数量扩大的战略，简单扩大产品的生产规模。因此，为实现这一组织目标，企业的组织结构会比较简单，一般采用直线型简单结构就可以满足需求。

2. 地域扩散战略阶段

随着组织规模的发展，企业对于市场有了更大的需求，需要将市场推广到更远的地域。相应的，因为对部门之间的协调和专业化的要求提高了，组织结构也要跟着调整，此时比较适用强化分工协调和技术管理功能的职能结构。

3. 纵向一体化战略阶段

随着竞争程度的增加，企业不仅仅维持在产品的生产阶段，还开始进行前向或后向的整合，将生产的原材料或销售的渠道纳入组织的内部。这样就会促使企业内的部门增多，技术联系增强，从而需要强有力的管理控制，企业可以采用集权的职能制结构。

4. 多种经营战略阶段

面临日益复杂的市场环境，企业为了降低运营风险，拓展利润增长点，会实施多元化经营战略，使得产品跨度很大。此时，企业需要分权的事业部制结构，以适应战略实行的需要。

二、迈尔斯和斯诺的战略与组织结构

组织战略对于组织结构是具有重要影响的，企业组织结构是实施战略的一项重要工具。在战略实施过程中，组织选择何种组织结构包括多方面原因，既包括决策者对组织结构的理解，也取决于组织所选择的战略类型。有效地实施组织战略的关键因素是建立合适的组织结构。下面着重阐述迈尔斯和斯诺的战略分类与相应的组织结构关系。

迈尔斯和斯诺的研究是当代最流行最有影响的理论。他们以改变产品和市场的程度为基础，把组织划分为三种战略类型和与之相适应的组织结构（见图 3-2）。

（一）防御型战略与组织结构

采取防御型战略的组织的战略目标是追求稳定和效率，目的是提高产品质量，降低成本，以保持组织的独特竞争优势。采用这种战略在于通过提高生产率，扩大生产和销售的能力来获取组织的规模经济和经验效益，使组织成本低于行业内最低成本或者低于竞争对手的成本，以占领更大的市场，获取市场竞争力。因此，防御型组织在组织结构上有着高度劳动分工、高度规范化、集权化以及严密的控制系统的特征。

表 3-2 迈尔斯和斯诺的战略与结构分类

战略类型	战略目标	环境	组织结构特征
防御型战略	稳定和效率	稳定的	高度劳动分工，高度规范化
分析型战略	稳定和灵活性	变化的	集权化，严密的控制系统
探索型战略	灵活性	动荡的	适度的集权控制，规范化程度高

注：反应型战略并没有明确的战略目标和结构特征，因此没有汇入表中。

资料来源：Miles R E, Snow C C, Meyer A D, et al. Organizational strategy, structure, and process[J]. Academy of management review, 1978, 3(3): 546-562.

防御型组织的组织设计有以下几个特点：

（1）组织设计的目标是管理层能够集中控制组织的运行；

（2）高管团队以会计、审计人员和生产人员为主，任期长，来自内部；

（3）职能结构正规化程度高；

（4）采用标准化的协调机制。

（二）探索型战略与组织结构

实行探索型战略的组织强调灵活性，适应动荡的环境。它的目标在于使组织生产出能够区别于其竞争对手的产品，形成自身产品的独特性。探索型战略往往要求组织具有很强的产品创新能力和市场营销能力。较强的市场营销能力可以对组织外部市场保持高度敏感性，从而及时发现市场中存在的机会。组织还必须实现行业内的独特性，为顾客提供更独特的产品和服务，提供更大的价值。为了实现产品和服务的差异化，组织必须强调创新，尤其是产品和服务的创新。探索型战略组织的组织结构特点是低劳动分工、低规范化、部门化松散结构、分权化。

探索型战略的组织设计有如下特点：

（1）组织设计的目标是如何能够促进组织的运作；

（2）高管团队以市场营销和研发专家为主；

（3）计划广泛、不深入，以问题为导向；

（4）组织结构的正规化程度低，特别工作组、项目团队发挥重要作用；

（5）以结果为导向的控制系统，工作小组采用自我控制机制；

（6）协调工作依靠项目协调员。

|视|野|拓|展|3-2 小米手机超级扁平化的组织结构

随着IT技术的不断发展，我们已经进入了产业互联网和云时代，我们有了海量数据和大规模的计算能力，知识变成了社会的一个重要组成部分，未来企业要拥有能够在整个社会层面不断地获得数据的能力，然后通过数据加工和提炼，使之成为企业的“第二智商”。探索、创新成为企业的必然选择，而且要以更快的速度创新，否则就跟不上知识更新的速度。相应的，组织的结构设计必须要变得更为灵活、扁平。

“专注”、“极致”、“口碑”、“快”是小米手机的互联网思维模式。为了确保这七字妙诀的落地，小米手机认为速度是最好的管理。少做事，管理扁平化，才能把事情做到极致，才能快速。

小米的组织架构没有层级，基本上是三级：七个核心创始人－部门－员工。而且不会让团队太大，稍微大一点就拆分成小团队。从小米的办公布局就能看出这种组织结构：一层产品、一层营销、一层硬件、一层电商，每层由一名创始人坐镇，能一竿子插到底的执行。大家互不干涉，都希望能够在各自分管的领域出力，一起把这个事情做好。除七个创始人有职位，其他人都没有职位，都是工程师，晋升的唯一奖励就是涨薪。不需要你考虑太多杂事和杂念，没有什么团队利益，一心在事情上。

这样的管理制度减少了层级之间互相汇报浪费的时间。小米现在2 500多人，除每周一的1小时公司级例会之外很少开会，也没什么季度总结会、半年总结会。成立3年多，七个合伙人只开过三次集体大会。2012年“8·15电商大战”，从策划、设计、开发、供应链仅用了不到24小时准备，上线后微博转发量近10万次，销售量近20万台。

资料来源：改编自“雷军自述管理：除七个创始人外其他人都没有职位”，http://www.iceo.com.cn/guanli2013/150/2013/0922/271117.shtml，2013-09-22。

（三）分析型战略与组织结构

分析型战略兼顾稳定性和灵活性，适应具有一定变化的环境。它的组织结构介于职能制与柔性组织之间，组织结构特点是适度的集权控制、规范化程度高、对一部分实行分权制和低规范化。

分析型战略组织的组织设计特点是：

（1）组织设计的目标是区分组织的结构和过程以便适应组织稳定业务和动态业务；

（2）高管团队主要由工程设计人员和营销人员组成，也包括生产人员，任期不是特别长；

（3）组织没有统一的计划过程；

（4）组织模块结构包括职能部门、产品小组；

（5）职能部门集中化控制（效率），产品小组分权化控制（效力）；

（6）复杂、昂贵的协调机制，稳定的组织业务通过标准化和计划手段，依靠组织的职能结构；产品和项目小组的业务领域依靠产品经理或项目负责人。

事实上，组织中的战略不仅仅是这三种，但就算是把所有的战略分类穷举，现实中的组织也不可能精确到仅仅对应其中的一种战略。这三种战略与组织结构的分析仅仅是一种概念性介绍。具体操作中要采取何种战略，辅以何种组织结构都要权衡具体情况来分析，择优整合，并不是一成不变，拘泥于固定的方式。

第三节 组织的业绩评价

组织设立目标后，经过一个阶段的运行，需要考察目标的实现程度，这就是组织效果评估。组织效果评估主要有两种方法，一是效果的权变评价方法，二是效果的平衡评价方法。

一、效果的权变评价方法

（一）目标评价

目标评价主要是识别出组织的产出目标以及测评组织在何种程度上实现了这些目标。由于组织的正式目标都比较抽象，而且难以通过量化的指标来观测，所以组织一般都是基于操作性指标进行衡量。

由于目标评价法可操作性强，比较容易实现，所以在企业中得到了广泛的使用。然而，在使用时也需要先克服一些问题。第一，目标的多重性问题。组织通常会有多重的甚至相互冲突的目标，因此很难通过单一的指标来测量，不同目标之间可能存在此消彼长的矛盾关系。而且还要考虑的是，组织的总体目标与部分的分目标之间的差异，所以很多组织都会采用能够综合评价的平衡计分法来对目标进行全面测量。第二，指标的客观性问题。为组织设定操作性目标是衡量组织对目标完成情况的重要前提，尽管很多诸如经营绩效的指标是可以被客观地观测的，然而企业中的很多指标都是难以量化的，比如企业就很难通过指标精确地确定其履行社会责任的情况，其中既有客观指标也有主观指标，对企业经营者的评价也很难做到面面俱到，对国有企业而言这种情况尤为突出。

|视|野|拓|展|3-3

中央企业负责人经营业绩考核——年度经营业绩考核计分细则

一、年度经营业绩考核综合计分

年度经营业绩考核综合得分＝（利润总额指标得分＋经济增加值指标得分＋分类指标得分）× 业绩考核系数＋奖励分－考核扣分

上述年度经营业绩考核指标中，若利润总额或经济增加值指标未达到基本分，则其他指标最高只得基本分，所有考核指标得分不再乘业绩考核系数。

二、年度经营业绩考核各指标计分

（一）利润总额指标计分

军工、储备、科研、电力、石油石化企业利润总额指标的基本分为30分，其他企业利润总额指标的基本分为20分。该指标计分以基准值为基础。利润总额基准值根据上年实际完成值和前三年实际完成值平均值的较低值确定（行业周期性下降或受突发事件重大影响的企业除外）。

1. 利润总额考核目标值不低于基准值时，完成值每超过目标值2%，加1分，最多加基本分的20%。完成值每低于目标值2%，扣1分，最多扣基本分的20%。

2. 利润总额考核目标值低于基准值时，加分受限。加分受限按照以下规则执行：

（1）目标值比基准值低20%（含）以内的，最多加基本分的15%。

（2）目标值比基准值低20% ~ 50%的，最多加基本分的12%。

（3）目标值比基准值低50%（含）以上的，

最多加基本分的10%。

3. 利润总额目标值达到或超过前三年最高值的，完成时加满分；未完成时，将基准值作为目标值正常计分。

4. 利润总额考核目标值为负数，完成值减亏部分折半计算，盈利部分正常计算；超额完成考核目标，最多加基本分的10%；减亏但仍处于亏损状态，考核得分不超过C级最高限；扭亏为盈，考核得分不超过B级最高限。

（二）经济增加值指标计分

军工、储备和科研企业经济增加值指标的基本分为30分；电力、石油石化企业经济增加值指标的基本分为40分；其他企业经济增加值指标的基本分为50分。该指标计分以基准值为基础。经济增加值基准值根据上年实际完成值和前三年实际完成值平均值的较低值确定（行业周期性下降和受突发事件重大影响的企业除外）。

1. 经济增加值考核目标值不低于基准值时，完成值每超过目标值（绝对值）1%，加1分，最多加基本分的20%。完成值每低于目标值（绝对值）1%，扣1分，最多扣基本分的20%。

2. 经济增加值考核目标值低于基准值时，加分受限。加分受限按照以下规则执行：

（1）目标值比基准值低20%（含）以内的，加分受限0.5分。

（2）目标值比基准值低20%～50%的，加分受限1分。

（3）目标值比基准值低50%（含）以上的，加分受限2分。

3. 经济增加值考核目标值达到优秀水平且完成目标值的，该项指标直接加满分。

4. 经济增加值考核目标值在零附近的，计分给予特别处理。

（三）分类指标计分

分类指标应当确定2个。分类指标计分以基准值为基础。年度分类指标基准值根据上年实际完成值或前三年实际完成值平均值确定。

1. 考核目标值不差于基准值时，完成后直接加满分；未完成考核目标的，在满分基础上按差额程度扣分，最多扣至基本分的80%。

2. 考核目标值差于基准值时，完成后按差额程度加分受限，最多加基本分的10%；未完成考核目标的，在基本分基础上按差额程度扣分，最多扣基本分的20%。

三、奖惩计分

（一）奖励计分

1. 承担国家结构性调整任务且取得突出成绩的企业，国资委根据有关规定视任务完成情况加0.5～2分。

2. 对考核期内获得重大科技成果或在国际标准制订中取得重大突破的企业，国资委根据有关规定加0.1～1分。

（二）考核扣分

1. 企业发生重大资产损失、发生生产安全责任事故、环境污染责任事故等，国资委按照有关规定给予降级、扣分处理。

2. 企业发生违规违纪或者存在财务管理混乱等问题，国资委按照有关规定视情节轻重扣0.5～2分。

3. 企业全员考核制度不健全，未对集团副职、职能部门负责人、下属企业负责人进行考核的，视情况扣减0.1～1分。

四、业绩考核系数

业绩考核系数由企业资产总额、利税总额、净资产收益率、经济增加值、营业收入、职工平均人数、技术投入比率等因素加权计算，分类确定。

资料来源：《中央企业负责人经营业绩考核暂行办法（国资委令第30号）》，国务院国有资产监督管理委员会，2012-12-29。

（二）资源评价

如果有效的组织必须是成功管理有价值的资源的，那么组织效果可以定义为组织获得稀缺而宝贵的资源并成功地加以整合和管理的绝对或相对的能力。这种方法适合对非营利组织进行评价，但对于组织与外界的联系划分并不清楚。

资源评价法的衡量指标：

1. 组织与环境讨价还价的能力；

2. 组织从环境中获取稀缺、宝贵资源的能力；

3. 组织决策者任职并准确理解外部环境真实特征的能力；

4. 组织对环境变化做出反应的能力。

在组织很难选取评价指标的情况下，可以发挥资源评价法的优势进行间接评估。不管是非营利组织还是企业组织，很多都已经在采用这种方法来衡量组织的目标或效率。比如，很多企业以其员工中具有博士学位的人数和占比作为评价指标，衡量企业的运营效率。当然，这种方法在市场稳定性的假设下得以使用，而真实的市场竞争环境需要考虑资源的价值的不确定性。

视野拓展 3-4　战略升级：提升国有企业核心竞争力与建设世界一流企业

党的二十大报告强调“加快建设世界一流企业”，要求国有企业在全球经济竞争中，必须迅速提升自身实力，适应市场需求的不断变化。

1. 提升企业核心竞争力

企业核心竞争力的提升已成为商界热议焦点，尤其对国有企业高质量发展提出明确要求。党的二十大报告指出“深化国资国企改革”“提升企业核心竞争力”。科技创新被认为是关键因素，强调自主科技创新将激发国有企业更积极地投入科研和创新，拓展发展平台，融入全球科技潮流。预计“科改示范企业”名单将扩展，以进一步加强自主科技创新，通过更灵活的机制解决技术瓶颈。这项战略性举措既体现了对科技创新的高度重视，也为国有企业在全球商业舞台上拓展更积极的角色创造了有力支持。强调科技创新和解决技术瓶颈使国有企业更灵活地应对商业环境，提升产品质量和核心竞争力，同时加强国际影响力，推动整个产业可持续进步。

2. 加速推进建设世界一流企业

推动中国经济发展的紧迫任务是“加快建设世界一流企业”，企业要着眼于企业制度创新、技术研发投入和提升国际竞争力。在此过程中，完善企业管理体系，激发创新思维，使企业更主动融入国际市场，成为全球竞争的积极参与者。同时，加强与国际企业合作，吸引全球杰出人才，推动企业在全球市场获得竞争优势。这些措施不仅能提高企业国际竞争力，还能促进国家的产业水平和国际地位的整体提升。

3. 建设现代化组织架构

国有企业要实现建设世界一流企业的目标，关键在于持续创新与管理提升。国有企业需要在战略规划、组织架构、人才引进与培养等方面进行全方位提升。引入国际化的管理理念和团队，借鉴全球最佳实践，更好地适应国际商业标准，注重可持续发展，实现经济效益与社会责任的平衡，以更全面、稳健的方式向世界一流企业迈进。

资料来源：国资智库，从二十大报告看国资国企改革风向，2022。

（三）内部过程评价

这种评价方法主要是假设组织效果主要反映在内部运行的健康状态和效率方面。但这种评价方法的主观性比较强，而且没有评估组织外部环境与总产出之间的关系。

内部过程评价法的衡量指标：

（1）浓厚的公司文化和积极的工作氛围；
（2）团队精神、群体忠诚度和团队工作；
（3）组织成员之间的信心、信任和沟通；
（4）在靠近信息源处决策；
（5）横向和纵向联络正常顺畅；
（6）激励机制具体、有效；
（7）组织整体利益一致，整合度高。

视野拓展 3-5 员工忠诚度的测量

就企业的管理而言，最根本的工作就是对人的管理。一个企业，如果没有卓越的员工管理和激励功能，那么其他一切管理活动都将变成无源之水，无本之木。然而员工的高流动率一直是困扰企业管理者的难题。传统的人力管理思路是通过提高员工的薪金待遇和增加晋升机会来增强员工对企业的忠诚意图，然而这种方法对于目前越来越知识化、自我化的服务员工来说已经显得力不从心。员工除了要求获得更高的经济回报以外，更为注重的是心理层面与企业的契合程度，而员工对企业保持忠诚度的意愿也更多的来自于对组织承诺的依赖，这已经成为现代员工忠诚管理的一个新趋势。对于忠诚的研究，目前大多数学者都认同行为与态度的复合观点。随着对忠诚研究的深入，忠诚这一概念从顾客忠诚扩展到了员工这一层面。内部营销概念提出把员工视为顾客，以及把组织销售给员工的思想。其目的是获得受到激励的有顾客意识的员工，将员工视为组织的内部顾客（Gronroos，1981）。此后，Gronroos（1982）认为应该将顾客忠诚拓展到企业的内部营销和外部营销中，即对内部顾客开展内部营销，对外部顾客则进行外部营销。企业员工是顾客概念的延伸，对于与顾客接触度较高的服务性企业而言，顾客忠诚计划能否奏效与内部顾客紧密相关。因为顾客往往从他们与服务人员的接触中，判断服务的品质进而建立对整个公司形象比较稳固的看法。所以，在借鉴了部分研究顾客忠诚的学者提出的量表基础上，并根据员工忠诚的特点设计测量态度忠诚和行为忠诚的量表（问卷可以采用 1 ～ 7 级的 Likert 量表）（部分内容见表 3-3）。

表 3-3 员工的态度忠诚与行为忠诚度量表

员工态度忠诚	1. 在这家企业工作是我的最佳选择
	2. 即使别人向我推荐到其他企业工作，我也不会离开这家企业
	3. 只要我目前工作的这家企业能够维持现有的总体待遇水平，我就不会换其他企业工作
	4. 即使这里的薪水略低于其他企业，我还是会选择留在这里工作
员工行为忠诚	1. 如果没有重大的原因，我不会离开我现在工作的这家企业
	2. 如果有可能，我愿意将亲朋好友介绍到这家企业来工作
	3. 如果我有业余时间来从事第二职业，我宁愿选择为这家企业加班来获得我认为满意的回报

资料来源：姚唐，黄文波，范秀成．基于组织承诺机制的服务业员工忠诚度研究 [J]. 管理世界，2009(5).

二、效果的平衡评价法

组织的活动多种多样，产生的成果也无法用统一的标准来衡量，应该将组织效果的各种评价指标综合到一个整体框架之内。在充分理解“什么构成了组织效果”的基础上，综合考虑不同的绩效考核标准，并对这些标准进行分类整合，建立冲突价值观模型，反映出组织中持有不同管理价值观的考核者对组织效果评价标准的不同侧重点。

价值观标准可以分为组织的关心点（focus）和结构（structure）2 个维度。关心点是指组织的主导价值观关注于内部还是外部因素，内部因素包括员工的利益和效率，而外部因素主要是外部的环境和组织的前景。结构是指组织的结构设计是侧重于稳定性还是灵活性，稳定性侧重于效率和纵向控制的价值观，灵活性的价值观偏向于学习和变革。根据组织关注的不同维度可以将组织效果评价划分为 4 种模式（见图 3-6）。

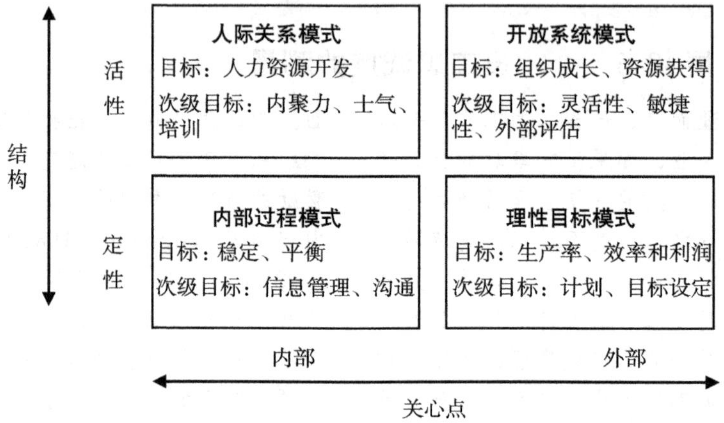

图 3-6 基于价值观的组织效果评价的 4 种模式

资料来源：Daft R L. Organization Theory and Design[M]. 9th edition. South-Western, 2007: 76.

开放系统模式（open system model），组织侧重于对外部因素和灵活性的关注。组织的价值观是要与环境构建良好的关系以获取更多的资源。目标强调的是组织的成长与资源的获取。

理性目标模式（rational goal model），组织主要关注外部因素和控制的结合。目标主要是追求产出效率和利润，组织主要以控制的方式达成目标。

内部过程模式（internal process model），组织关注的是内部因素和控制的结合。组织以维持特定情境并平稳地运行为主要目标。

人际关系模式（human relations model），关注组织的内部因素和灵活性，组织为员工的发展和提升创造条件。

本章小结

组织的目标反映了组织的行动导向和将要达到的结果，可以将其分为正式目标与操作性目标。前者是组织存在合法性的体现，包括愿景与成员共享的价值观，后者是组织实际运行所要达到的可以测量的具体结果。企业的组织目标具有明确、可度量、可实现、相关联与时限等属性，即 SMART 特性。

波特从竞争优势与竞争范围两个维度构建竞争战略模型，将战略分为成本领先战略、差异化战略、集中化战略。迈尔斯与斯诺根据战略需要与外部环境的匹配，将战略分为防御型、探索型、分析型与反应型。而战略分析可以通过 PEST 方法与波特的五力模型等工具进行操作。

组织结构的设计需要跟随组织战略，钱德勒提出与战略发展阶段相匹配的组织结构，迈尔斯与斯诺分别提出了对应防御型、分析型与探索型的组织结构，都对战略影响结构进行了归纳。

组织的业绩评估是为了考察组织目标的实现程度，通常可以采用权变评价与平衡评价方法。权变评价方法包括目标评价、资源评价与内部评价，平衡评价方法侧重于价值观标准的组合。

复习思考题

1. 举例说明什么是组织的操作性目标。它与组织的正式目标有什么区别？
2. 如何理解目标与战略之间的关系？
3. 如何进行战略分析？选择你所了解的企业进行分析。
4. 战略的变化如何影响组织结构？为什么？
5. 常见的组织业绩评价方法都有哪些，都有哪些指标？

延伸阅读

1. Miles, R E, Snow, C C, Meyer, A D and Coleman, Jr ,H J. Organizational Strategy, Structure and Process. Academy of Management Review, 1978, 3(3):546-562.
2. Cunningham J B. Approaches to the evaluation of organizational effectiveness[J]. Academy of Management Review, 1977, 2(3): 463-474.
3. Dalton, D R, Todor, W D, Spendolini, M J, Fielding, G J, Porter, L W. Organization structure and performance:A critical review[J]. Academy of Management Review, 1980, 5: 49-64.

|综|合|案|例|3-1 再造青啤——基于结构和战略匹配的企业重组

1."嫡系"企业从总部剥离

2002年8月21日，青岛正处在国际啤酒节的狂欢气氛中，此时，青啤集团召开了自1996年以来的第一次"组织整合暨竞争上岗动员大会"。会上，美国思腾思特管理咨询公司通报了青啤本次管理重组的总体方案。

据了解，组织架构体系是此次重组的重点，而且目前的方案主要集中在对青啤总部的架构重组，青啤董事长李桂荣在会上强调"构筑战略中心，增强总部执行力"是改革的重点。换言之，青啤此次管理体系重组首先希望为自己构建一个定位更准确、功能更完善、效率更高的"大脑"，方案将总部明确定位为"公司的战略规划中心、投资决策中心和资源调配中心"。青啤总裁金志国也表示："这次管理重组第一步就在于强化总部职能，增强执行力，让'大脑'做自己该做的事情。"

根据思腾思特的方案，青啤将撤销原直属青啤集团总部的生产部，成立青啤集团第九个事业部——"青啤事业部"。这意味着青岛本地几个"嫡系"企业的直接经营权将从青啤总部职能体系中完全剥离，使青啤"总部－事业部－子公司"三层管理架构显得更加清晰和条理化。

此外，青啤总部职能部室中将增设审计与人力资源管理两个总部。增设审计部门的意图十分明显，改变过去只进行离任审计的做法，加强对公司各级管理者的监督。而人力资源管理总部的成立被认为是青啤对原有人事管理模式的检讨。长期以来，青啤认识管理一直带有计划经济的浓厚色彩，忙于"调兵遣将"，而缺乏一种科学有效的用人机制和激励机制。金志国也深有感触地说："我们的很多员工实际上是靠自己对青啤的热爱和奉献精神在工作。"人力资源管理总部成立后，原来的"政治工作部"将被撤销，与此同时，一个叫"企业文化中心"的新部门将被赋予原有的公关宣传、企业文化建设以及党建等多项职能。

仅从方案内容来看，精简总部是此次改革的重点，青啤总部的161个岗位将减少到99个，职员将从207人缩减至163人。各部门原副主任以竞争上岗决定去留。因为根据思腾思特的方案，到2002年9月中旬，青啤总部11个部门22个负责人通过竞争上岗确定人选后，其他的职员岗位将进行双向选择。

2."四大外脑"与洗脑过程

事实上，自2001年年底开始，青啤集团管理层已经意识到管理体系方面的问题。金志国在当时就有过这样的说法："一个企业的规模若在短时间内扩大了2～3倍，以前的经营管理体系必然不能再适应企业的发展。"

鉴于青啤当时在全国已经拥有40多家啤酒厂，随着规模的急剧膨胀，金志国承认，已经造成了信息传输的阻隔、失真，有些决策的执行甚至出现了偏差，这样的结果就是成本高、结构重叠，控制权与利益重心下移，而分散经营的巨大风险则向总部集中。从那时起，青啤管理层开始探讨更加符合"建设国际化大公司"的组织架构形式，据金志国介绍，当时青啤管理层苦思良策的时候，"美国思腾思特管理咨询公司适时进入了我们的视野"。

从思腾思特的进入到方案最终在2002年8月21日宣布，这套管理重组的方案历时8个多月。而且，这期间青啤正处于对外地子公司的"消化"阶段，尤其是对亏损子公司"扭亏治理"的过程中。

对这套方案的出台，青啤内部非常谨慎，在正式公布之前，方案已经走过了"三个步骤"。首先是思腾思特的多名专家经过对全球啤酒行业的深入研究后，参照了一些跨国公司的杠杆管理体系，按照青啤现有的组织状况和公司新战略的要求，拿出了一套组织架构重组方案。此后，青啤高层领导就该方案又与专家们进行了反复研究，对于各实施的环节可能出现的问题都作了推敲，金志国说，这已经到了"吹毛求疵"的地步。

"三个步骤"中的最后一步被认为是方案的"筹备阶段"，一些青啤员工却喜欢称之为"洗脑过程"。从2003年3月份开始，历时近半年的时间里，一批国内外知名的战略、人力、投资、财务等方面的专家频繁在青啤大厦亮相，除思腾思特被聘为青啤的战略顾问之外，香港马世达、汇丰银行、普华永道分别成为青啤的海外法律顾问、金融顾问、会计与税收顾问，这就是青啤的"四大外脑"。

"借脑与洗脑"被视为青啤在一系列管理改革之前的慎重准备。即使自2002年8月21日架构重组方案最后公布时，青啤职工仍被告知，公司领导将广泛听取他们的意见，并根据意见作适当的修改。

对于这种慎之又慎的变革态度，金志国解释说："相比1996年那次处于危难时机的变革，青啤这次的变革是自觉的、主动的，通过精心准备，我们要让公司员工都能自觉接受未来还将继续深入的变革，在整个公司形成自我创新的企业文化，塑造一个具备自我创新能力的组织架构。"

但有关专家认为，青啤作为一家典型的国有股居大的企业，必须重点考虑由于变革引发的利益冲突、人员流动等不稳定因素。这才是青啤小心翼翼的重要原因。

3. 下一步重组重点

除了对总部的架构规划之外，青啤管理重组的最终目标是在全公司建立一个扁平化的组织体系。但此次重组方案中，有关"事业部"这一层面的具体内容并没有涉及，被认为还处于准备阶段。

据了解内情的人士介绍，加上管理几个原"嫡系"企业的青岛事业部，青岛九大事业部的改革将是下一步重组的重点。按照"总部－事业部－子公司"三层结构的构想，"青岛事业部"还很有可能不仅包括原生产部下辖的青啤一厂、二厂、四厂等企业，还将把原直属于总部的青啤第五公司（位于青岛崂山）也并入事业部，目前负责青岛地区销售工作的销售公司预计也将从总部剥离出来。

此外，根据目前的方案，青岛进出口公司仍是直属青啤总部的子公司。但是8月30日，在青啤与台湾三洋药品公司合作建厂的签字仪式上，金志国告诉记者说："随着我们国际化战略的进展，在进出口公司的基础上成立国际事业部将是必然趋势。"

由此不难看出，在青啤未来的组织架构中，除青啤总部职能部门外，将包括华南、华北、北方、淮海、东北、鲁中、胶东、东南、青岛九大事业部，外加正成长为"国际事业部"的进出口公司，还有西南联合公司，整体事业部体系将覆盖分布在17个省市的48家啤酒厂和3家麦芽厂。

据了解，除了组织体系重组之外，思腾思特还就三个方面为青啤管理层咨询，包括"流程再造"、"激励机制"和"财务管理"。青啤后期变革将从组织重组开始着手转向全面的流程再造。

4. 为全面流程再造铺路

事实上，组织架构重组本身就是企业业务流程再造的重要内容和前提条件，青啤这次架构重组也正是为进一步的全面业务流程再造"铺路"。借助于网络技术的应用改造产品价值链，实现企业生产链向供应链管理转变是青啤管理重组的必经之路。

2001年2月，青啤与ORACAL正式开始合作，通过引入ERP系统实现企业信息化战略。青啤规划"借助于ERP系统这个现代管理平台，将所有的啤酒厂、数以百计的销售公司、数以万计的销售点聚集在一起。对每一个点，每一笔业务的运行过程实施全方位监控，对每一个阶段的经营结果实施全过程的审计，加快资金周转速度，提高整个集团的通透性，实现资源的优化配置"。在金志国看来，"做ERP，青啤绝对不是赶时髦，我们需要用新科技改变青啤传统业态的管理体制和运作方式"。

2002年4月，在北京志杰科技的帮助下，青啤ERP项目一期工程试运行顺利上线。一期工程主要包括了青岛地区销售、物流、库存、财务四个职能，覆盖范围包括青啤总部和销售公司、一厂、二厂、四厂、麦芽厂、进出口公司、科研中心等下属单位。

目前正在实施的"两步走"的第二步显然更为重要。"管理信息依然是青啤的弱项，我们正在重新进行规划，这次重组强化了总部信息管理职能。"金志国说，"后面我们的任务更重，首先要建立顺畅的渠道，当然这需要进一步的改革，还要制定各种规章制度，建立综合信息库，采用先进的数理统计方法对收集的信息进行分析处理，并应用到经营决策、资源配置、纠正预防和持续改进过程中去。"

与此同时，青啤与招商局物流集团的合作也正迈入新的阶段，在近日双方面共同设计的青啤物流改革方案中，青啤物流改革基于"外包"的"构建一体化供应链中的伙伴关系战略"正式形成，双方准备在供应链的相关节点上寻求2～3家供应商作为长期战略合作伙伴，最终将青啤物流业务全部外包。

正在向全国各地扩展的青啤ERP二期和与物流管理改革的双重压力都迫切需要青啤组织架构的重组和所有业务流程的重新梳理，全面流程再造成为青啤当下及未来的核心内容。

"目前的啤酒市场上，满足顾客的需要已经远远不够，现在要的是如何更快地满足顾客需要，这要靠企业全面的业务流程再造来完成，需要组织整合、机制创新等一系列管理改革来完成。"在金志国看来，眼下的青啤仍然还是生产导向型的企业，贴近市场的程度还远远不够。

5. 今日青啤

随着企业不断的发展，青岛啤酒逐渐形成了"一个目标，两个基点，三个支撑"的发展战略。一个目标，青岛啤酒要成为拥有全球影响力品牌的国际化大公司。两个基点，一个是品牌驱动发展，一个是基地市场的巩固与开拓。三个支撑，第一个支撑是建设具有狼性精神的营销团队；第二个支撑，是建立国际一流的制造团队；第三个支撑，要打造行业一流的职能团队，在行业内做到数一数二。

在国内布局上，青岛啤酒在全国20个省

市地区拥有59家啤酒生产厂。2012年公司共完成啤酒销量790万千升，同比增长10.48%；公司全年实现营业收入257.82亿元，同比增长11.33%；实现归属于上市公司股东的净利润17.59亿元，同比增长1.20%。其中6、7月份，单月销量均突破百万千升，是中国啤酒行业品牌溢价能力、盈利能力最强的公司。2013年在北京发布的“2013年中国500最具价值品牌榜”，青岛啤酒以805.85亿元的品牌价值，再次蝉联中国啤酒第一品牌。

依据全球啤酒行业权威报告Barth Report产量排名，青岛啤酒为世界第六大啤酒厂商。在国际上，青岛啤酒远销美国、加拿大、英国、法国、德国、意大利、澳大利亚、韩国、日本、中国香港、中国澳门等80多个国家和地区，国际化的道路越行越远。

资料来源：李维安，周建．企业战略管理案例点评[M]. 杭州：浙江人民出版社，2005: 144-149页．根据青岛啤酒官方网站，http://www.tsingtao.com.cn/index.shtml，做进一步改编整理。

讨论题：

1. 青啤都进行了哪些组织结构的调整，并尝试画出调整之后的组织结构。
2. 文中说有专家认为青啤在变革中的谨慎态度是由于其国企的身份，你认为国企在改革中的所要注意的问题与非国有企业有何不同？

|综|合|案|例|3-2 成都中地科技发展有限公司组织结构的变革

1. 公司创立

ZD公司成立于1999年，是西南地区一家民营的高新技术股份制企业。创立之初，依靠四川大学机电学院的科研技术水平，租用学校内科技楼一间办公室开展业务。公司共8名员工，刘总自己任董事长兼总经理，刘总的夫人为总经理助理兼管财务，其余6人都是销售人员。公司主要从事IT产品的代理和销售业务，产品以硬件为主，同时为用户提供网络建设和应用服务、开发各种软件。所有人都要求完成一定的销售任务，年营业额曾达到300万元，公司的组织结构图如图3-7所示。

2. ZD公司的第一次组织变革

20世纪90年代以来，计算机迅速普及，软件业发展迅猛。由于IT类硬件产品已日趋饱和、价格日趋透明，ZD公司的主营业务也开始从硬件产品的代理及销售，转向开发和代理软件产品以及局域网的建设与应用服务。随着企业业务量的增加，2001年公司员工人数由原来的8人变成了25人，但是此时的销售人员每个人都是一条龙服务，身体心理都承受巨大负担。于是，公司人员开始出现接连辞

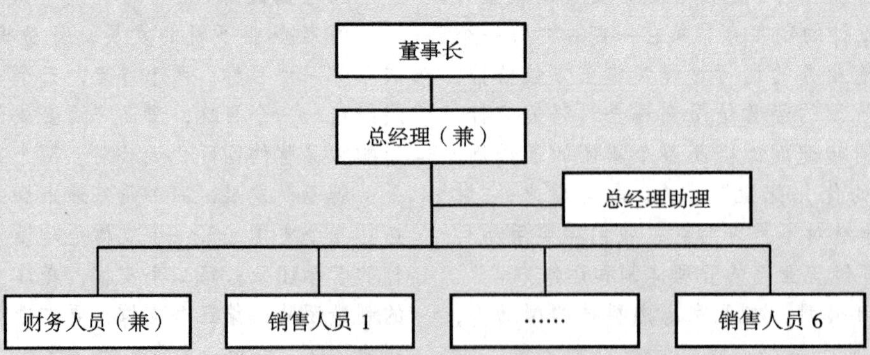

图3-7 ZD公司第一阶段（1999年）组织结构图

职，接着公司开始出现各种困难：产品质量，交货延期，客户抱怨……接着，ZD开始考虑变革。

2002年秋天，刘总经过仔细权衡，将公司按生产产品的流程分成了5个职能部门：财务部、办公室、IT部、质量管理部和销售部。变革后的组织架构图如图3-8所示。调整后，各部门人员实现专业分工，职权清晰，工作效率成倍增长。2002～2004年，ZD公司的年营业额从700万元增加到了1 600万元。

3. 公司的第二次组织变革

1999～2004年间IT类产品市场需求的疯狂增长，导致行业竞争相当严重，市场这块蛋糕越来越小，业务量却越来越少。刘总心里明白，死守IT类产品只有死路一条了。于是，经过大量的市场调研，刘总开始转向加工玄武岩矿石，并临时成立了生产部和市场部专门负责玄武岩的生产和销售。

但是新的问题随之而来：市场部人少业务多，销售部人多业务少，质量管理部面临从管理软件质量到管理石头质量的转变……于是刘总发觉，随着公司战略的调整，当公司长胖的时候就需要重新"量体裁衣"了。于是，ZD开始寻求第二次变革。2005年7月，ZD公司正式成立两个独立核算、自负盈亏的ZD1和ZD2分公司。ZD1分公司主要负责IT产品的研发和销售，ZD2分公司负责玄武岩的生产和销售。总公司设立财务部、人力资源部和信息中心，主要负责研究制定重大方针、决策，掌握投资、重要人员任免、价格幅度、经营监督等方面的大权，通过利润指标对各分公司实施控制。ZD公司第二次变革后的组织结构图、层级关系图和部门职责如图3-9所示。

此时，公司的决策人员可以不必精通IT或矿石生产，质量管理部门的技术专家可以监督那些职能部门，但决策人员必须非常了解财务管理，通过公司的销售利润、亏损、市场份额等了解公司的经营业绩的好坏。

重新调整后公司部门职责如下。

总公司的主要部门：①副总经理，主要职责是分别全面负责管理ZD1分公司和ZD2分公司的日常事务，包括分公司与总公司之间的沟通和协作、分公司经营目标的实现、分公司内部的协调和重大事件的处理、有效控制经营预算和费用预算等工作。②财务部，两个分公司的财务部只设立会计、出纳各一人，但会计由总公司统一管理。③信息中心，主要负责公司的内部网络管理和信息系统。如对经营数据进行分析、使各子公司各部门之间和各矿区之间实现网络沟通和互动、对电子报账系统提供技术支持和维护、对公司与外界业务相关单位之间的网络通信的运行管理。

ZD1分公司的主要部门：原来的销售部和质量管理部的职责基本不变，IT部职责稍有调整和完善。

ZD2分公司的主要部门：①生产安全部，负责两个矿区日常的生产管理、技术工程和安全工作。②采购保障部，负责公司的日常采购工作，对供应商的营业执照、税务登记、营业场所、法人代表、联系方式等登记，建立供应

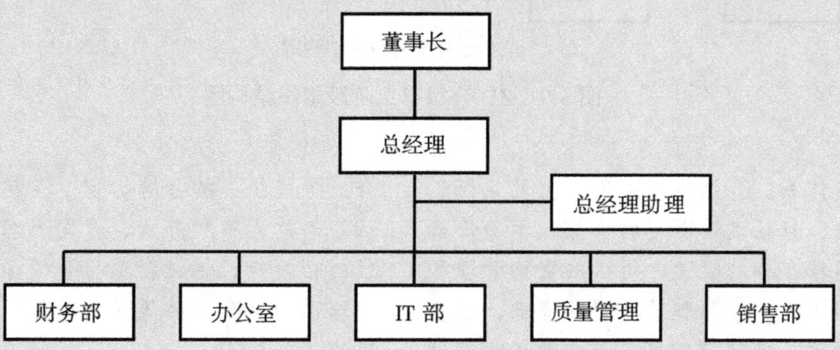

图3-8　ZD公司第二阶段组织结构图

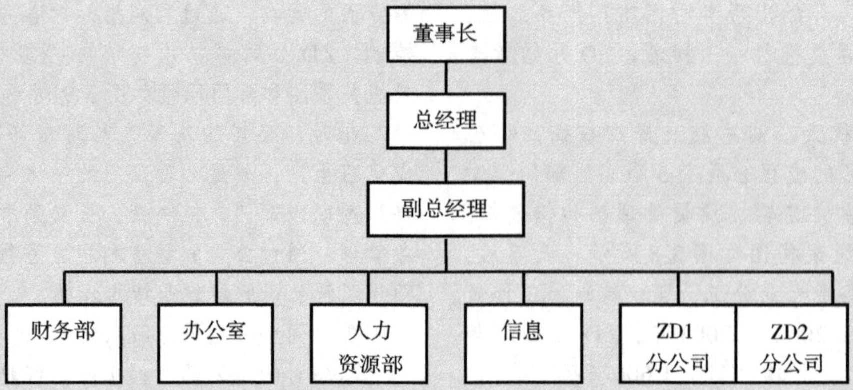

a) ZD 公司第二阶段（2005 年）组织结构图

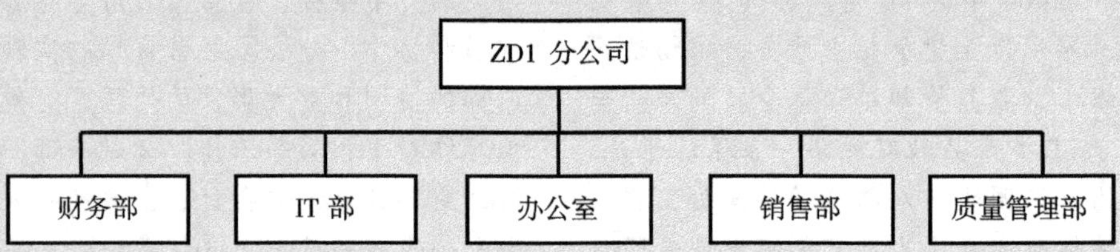

b) ZD1 分公司组织结构图

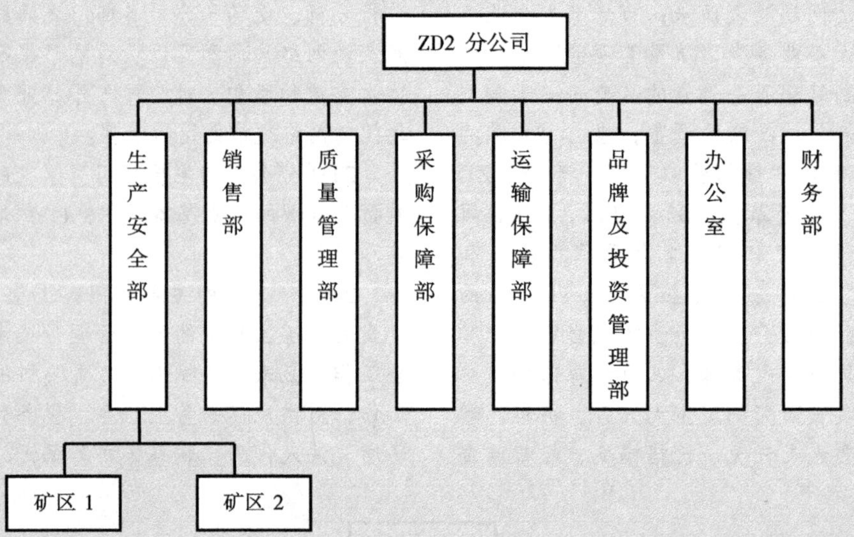

c) ZD2 分公司组织结构图

图 3-9 ZD 公司第二阶段组织结构图

商服务保障体系。③运输保障部，负责组织矿产品的运输，包括运输费用的审核、运输价格的制定、运输车辆的管理、司机的资格管理和资料管理等工作。④品牌及投资管理部，负责加强品牌管理，确定市场推广策略和近远期发展策略，将品牌核心竞争力与行业特点相结合，形成统一的品牌标识。⑤销售部，负责市场资料的调查和分析、开发新客户、完成新项目的招投标、签订新项目合同等工作。⑥质量管理部，负责产品质量的管理、检测和改善等工作。

重组之后，两个分公司都有完全不同的产

品和市场，能够自主规划自己的未来发展，作为不同的利润中心，非常方便建立起不同的绩效考核标准。各个分公司之间还可以有比较、有竞争，增强了企业活力。员工的工作积极性和工作效率提高了不少。ZD公司的年营业额由2004年的1 600万元增加到了2006年的3 100万元。

自ZD2分公司成立以来，适逢国家在四川省、重庆市铁路公路建设领域巨大投入的历史良机，公司在“铺路石子”供应的道路上，连年大踏步进步，业绩遍布了四川省的每一条高速公路，每一条铁路。

现在刘总俨然已经成为了一名成功的企业家，问刘总现在他最大的困惑是什么，刘总说：“公司的每一次变化我都是被迫去反应，我希望下一次我可以有充分的准备。”

资料来源：何波，张宏亮，张霜．成都中地科技发展有限公司组织结构的变革[OL]，中国管理案例共享中心案例库，徐林林改编．

讨论题：

1. 成都中地科技发展有限公司第一次变革时的组织目标是什么？
2. 公司第二次组织变革时与第一次变革时面临的局面有何不同？
3. 第二次组织变革在了什么地方？
4. 成都中地科技发展公司在面临两次改革时，如何将组织结构与组织战略相匹配？

第四章

技术、结构与大规模定制

学习目标

- 理解不同的技术模式与组织结构间的关系
- 了解计算机技术对组织设计的影响
- 掌握大规模定制目标下的组织设计
- 了解服务技术对组织设计的影响

核心概念

技术、计算机技术、组织结构、大规模定制、服务技术。

引例

佳能：细胞式生产方式

细胞式生产方式，就是一张工作台，一个到四个左右的工人，以人力车取代长长的传送带和无人搬运车，每个工人熟练掌握尽可能多的工序，从而减少交接时间以提高效率。佳能在采取细胞式生产方式后，生产率大幅提高。

我们比较下两种生产方式，一个是富士康的流水线，一个是佳能的细胞式生产方式。一个是机械化的管理，一个更富人性化。富士康的自杀率那么高，因为大家太有挫折感，这辈子每天安螺丝，工作太枯燥。如果采用细胞式生产方式呢？所有的动作，上镜片、装皮带，工人什么都会。

你以为这样费时间吗？你以为效率低吗？错了！他们可以边聊天边做，孩子念书怎样，菜价如何，结果效率高得不得了。佳能废除16 000米长的流水线后，生产率平均每年提高50%；佳能在大连的工厂，在采用细胞式生产方式后的一年内，生产率就提高了370%，不可想象吧？

在流水线生产方式下，大家站在一条流水线上，一个都不能少，谁请假了，流水线就得断，就玩不下去，所以他们就得工作12小时，哪怕就一个产品，也必须走完整个流程。细胞式就不一样，如果销量下跌了怎么办？100个细胞，那就安排50个细胞做就好了，很有弹性。这就是生产方式的创新。

我们的企业不要老是拘泥于流水线的半军事化模式，你看，细胞式多么人性化。和流水线相比，它的利润率、生产力都大幅提高了，而且不是提高百分之几，是百分之几十。

十多年的大萧条使日本企业一片狼藉。而佳能却一枝独秀，持续取得骄人成绩。佳能构筑利益体系的基础就是细胞式生产系统。和以往的传送带生产方式相比，细胞式生产方式在减少产品

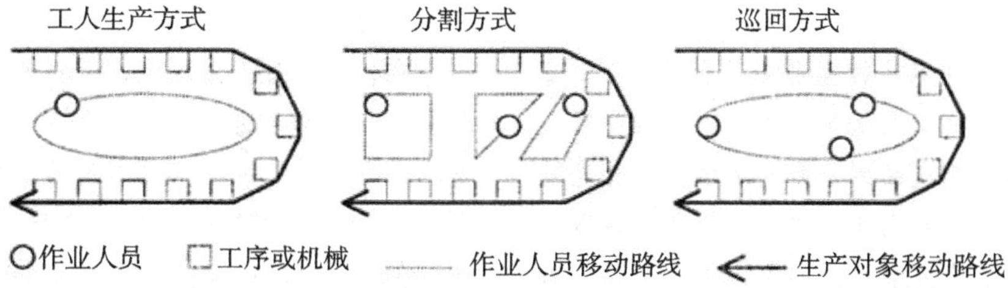

图 4-1 三种细胞式生产方式

库存和设备投资、提高劳动者的积极性，从而提高生产率和产品质量方面更具优势。

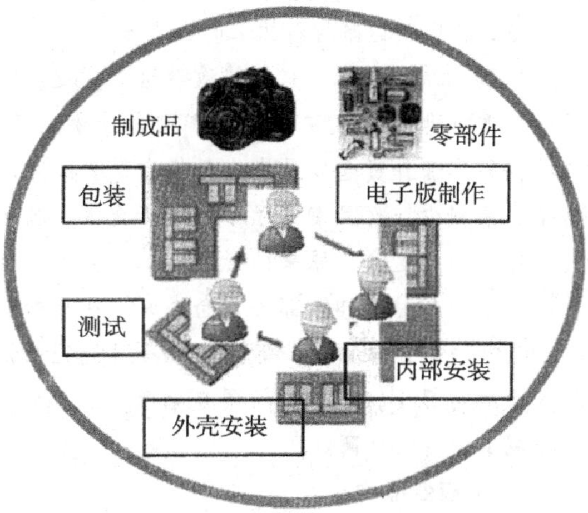

图 4-2 细胞式生产方式

图 4-3 采用细胞式生产方式的工厂

一、两种生产方式的起源

传送带生产方式，起源于1910年的美国汽车厂商福特。当时正值第二次工业革命时期，电力机械装置刚刚兴起，社会上商品还很匮乏。所以，福特流水线的目标就是批量生产以降低成本和满足社会需求。

基于这个目的，传送带生产方式强调机械化、无人化。它使用自动传送带、无人搬运车等设备。而工序方面，传送带生产方式将工序尽量细分，使每个工人专注于一道工序以提高效率。

当时光飞转到20世纪下半叶的时候，全球经济只能以翻天覆地来形容。此时由于技术创新日益加速，商品和生产工艺的革新都以前所未有的速度展开。社会上的商品已经极其丰富，人们转而追求个性化、多样化的享受。对于生产商而言，产品的生命周期日益缩短及伴随而来的激烈价格战，使得那些规模大、投资高、回收期长的大型生产设备愈加显得不合时宜，细胞式生产方式于是应运而生，其品种多、更新快的特点成为厂商生存的要素之一。

细胞式生产方式起源于20世纪60年代经济腾飞的日本，日本厂商将其起源归于日本头号汽车厂商丰田。后来，此法被日本电子厂商广泛采用和发展，20世纪90年代盛行于日本（见图 4-1）。

针对大型生产设备这些“死”物不能适应品种多、变化快的灵活要求，细胞式生产方式采用人力化的策略，即大量使用人力而避免使用大型机械以提高反应能力，日本专家称其为“依存于人的生产方式”。

二、两种生产方式的比较

细胞式生产方式简单地说，就是一张工作台，一个到四个左右的工人，以人力车取代长长的传送带和无人搬运车，每个工人熟练掌握尽可能多的工序，从而减少交接时间以提高效率。细胞式生产方式与传送带生产方式相比，有很大的不同（见图 4-2 至图 4-4）。

（一）等待时间

原有传送带生产方式中的工人经常有等待的时候。等待就是闲着没事，等着下一个动作的来临，这种浪费是毋庸置疑的。造成等待的原因通常有：作业不平衡、安排作业不当、停工待料、质量不良等。

以外壳安装区等待镜头安装区为例，由于安排在镜头安装区的工人数量不足，不能按要求及时输出指定的半制成品到外壳安装区，而外壳安装区中的工人又太专门化，并不懂镜头安装区中的工作，导致外壳安装区中的工人经常等待。最后有可能无法按期交货，而当半制成品送到其他安装区后，又需要抢进度，可能会出现加班、质量问题等。整条生产线的速度差不多等于最慢工人的速度。

在新的细胞式生产方式中，这种浪费得到大大的改善。由于每位工人不是固定在一个位置上简单地重复安装或插装某些零部件，而是在同一位置上组装一件完整的产品。这样，工人可以根据组装需要及自己在组装中得到的体会和经验，选择、调整和改进组装操作过程，代替了在一个移动传送带上只是机械被动地安装不同的零部件的方法。

一件完成的产品不是通过所有工人的配合来完成，而是由几个工人（小团队或小单元）工作甚至可以从一个工人手中产生，专门化或专业化被综合化或整体化代替。即使当一个小单元中的工人因身体不适，状态欠佳，工作做得很慢，整体生产速度也不会被大大拖累。由于身体不适的工人懂的工序，单元中其他的工人也懂得去做，减少了因作业不平衡、安排作业不当、停工待料引致的等待，整体生产效率从而得到保证。

（二）搬运

在传送带生产方式中，原材料和零部件需要由货仓经运输车送到传送带生产线安装工厂，完成的产品又需要运输车送到包装工厂，包装后再要经运输车送到货仓，之后才送到消费者的手里。在过程中，运输占了很多的时间和成本。

有研究人员指出传送带生产方式中，工人在实际作业时间减少的同时，总工时却在增加，经仔细分析后发现，是两个工厂间的运输工时居高不下，特别是由原材料和零部件货仓向传送带生产线安装工厂搬运原材料的工时占大多数。

新的细胞式生产方式怎样改善这个问题？在新的细胞式生产方式中，由于着重小批量生产，原材料和零部件货仓以及完成品货仓需要贮存的物品大幅减少。而且淘汰了大型的传送带，腾出大量的空间。这样，原来的货仓、工厂便可以合并成一个，原材料和零部件货仓由原来在别处变成在生产线旁，从而减少搬运。在不可能完全消除搬运的情况下，通过重新调整生产布局，可以尽量减少搬运的距离。

（三）应变能力

传送带生产方式另外一个大问题就是应变能力差。一条生产线由生产一个型号转到另一个新的型号时，往往需要很多时间去重新分配工作及将只懂专门工序的工人训练做另外一个工序。纵然市场部的员工有着敏锐的市场触觉，预先了解消费者的需求，但因生产方式不能配合快速的切

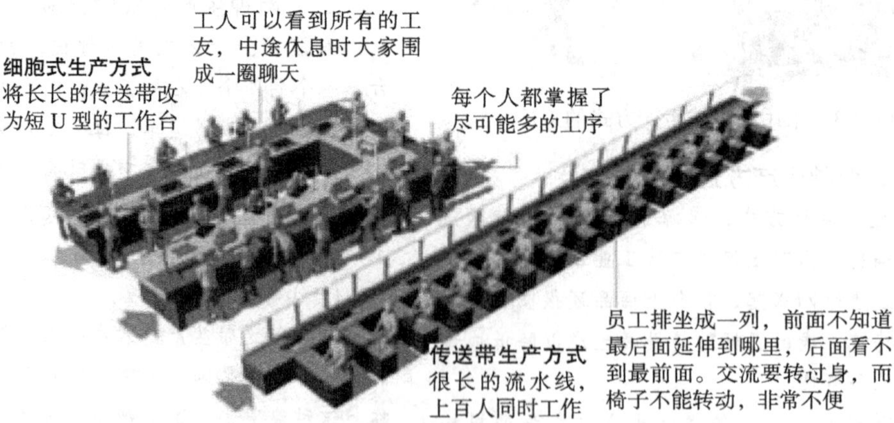

图 4-4 两种生产方式的比较

换，而减少了市场领先的优势。

细胞式生产方式正是为了配合市场不断的变化。由于每位工人都懂得组装一件完整产品的5～10成工序，一个单元在从生产一个型号转到另一个新型号时，不需涉及大量训练，使生产线能快速切换生产新的产品。

（四）不良品

产品制造过程中，任何的不良品产生，都会造成材料、机器、人工等的浪费。任何修补都是额外的成本支出。原有传送带生产方式由于工作分工太细，大批量生产，往往需要大量时间发现不良品。

细胞式生产方式，由于以单元生产，很容易生产一个试版，另外每个人都对完成品有整体的理解，能及早发掘不良品，容易确定不良的来源，从而减少不良品的产生。而当发现有不良品时，能及早提醒其他单元，快速切换生产其他产品。

细胞式生产方式的思想之一就是要用一切办法来消除、减少一切非增值活动，例如检验、搬运和等待等造成的浪费，具体方法就是推行“零返修率”，必须做到在生产一个零件的源头就杜绝不合格零部件、原材料流入生产后道工序，追求零废品率。

（五）生产率大幅提高

自从佳能1998年引入细胞式生产方式以后，生产效率大大提高。劳动生产率提高了约50%。佳能在中国大连的工厂在引入细胞式生产方式以后，一年内生产效率提升37倍。

零件运送方面，佳能放弃了那些装有发动机的大型设备，而采用手推车。大型自动仓库也废除了，现在只在细胞式生产线旁边放置少量零部件。拆除了超过16千米的传送带，每年节省的空间约10 000平方米，连带少排放二氧化碳41 650吨。

原来安排在生产线上的工作人员，由于改革，所需作业者不断减少。佳能长滨工厂每年都有大批人员被调到别的部门。这个数目1998年为212人，1999年为280人，到2000年上升到720人。

这些变化的影响是，虽然长滨佳能的销售额从1998年的1 300亿日元减少到1999年的1 020亿日元（因为第一年改革遇到工人的阻力），但是税后利润却上升了两倍。

引入细胞式生产方式之后，佳能组装零件的存货也大幅下降。1999年库存比1998年下降约20%。我们以引入前（1983年）和引入后（1999年）的数据比较，一年可生产单位由32.8万上升到200万，而产品完成时间由30天降为8天，产品流通由24天降为9天。

三、为革新与进取永不停步

佳能公司自1937年创业以来，始终以创造世界一流产品为奋斗目标，积极推动事业向多元化和全球化发展。目前，佳能在全球以光学为核心的影像系统产品、办公产品以及工业产品等领域发挥着巨大的作用，通过在美洲、欧洲、大洋洲、亚洲地区建立区域性总部，展开全球化多种经营战略。基于“共生”理念，1996年，佳能启动旨在实现以技术服务社会，成为全球范围内被信赖、受尊敬的企业这一目标的“全球优良企业集团构想”，积极推行“整体最佳”和“重视利润”的意识改革和经营革新活动，构建了今日佳能的企业体制。

2012年佳能集团净营业额总计399.98亿美元。目前分布在世界各地的合并结算子公司已达275家公司，员工196 968人（此数据截至2013年1月30日）。佳能的远景目标是成为一两百年永久发展、持续繁荣的“真正的全球优良企业”。为了世界繁荣和人类幸福，在培育对未来社会有益技术的同时，始终承担起兼顾事业与环境保护，为社会发展贡献力量等社会责任！

资料来源：酒卷久. 佳能细胞式生产方式[M]. 杨洁，译. 北京：东方出版社，2006，以及根据佳能官网信息整理，http://www.canon.com.cn/corp/group/introduction.html.

第一节 技术模式与组织结构间的传统关系

组织技术就是指组织在将输入的资源转化为产出的过程中，组织所采用的机器设备、工艺和流程、沟通体系与决策系统的总和。组织技术的核心目的就是为了将投入转化为产出。

组织技术既受外部环境的影响，又影响着组织的结构设计，组织的结构设计必须与组织采用的技术相适应。而当组织要采用某种新技术时，必须考虑这项技术与组织战略、结构和决策沟通过程的匹配程度，进行适当调整。

技术可以分为生产技术和信息技术，生产技术就是组织用以生产产品的设备和工艺，信息技术就是组织在生产过程中采用的沟通与决策的方法。

组织技术也可以分为核心技术与非核心技术。组织的核心技术就是直接影响到组织目标实现的工作流程。非核心技术是指某一部门的生产流程，非核心技术对组织而言也很重要，但并不直接关系到组织总目标的实现。

组织的技术直接影响到组织的效率和目标的实现，技术对组织结构设计会产生很重要的影响，其中组织级的核心技术，部门级的非核心技术，以及新型的信息技术都是组织结构的直接影响因素。

一、伍德沃德的技术模式：技术的复杂性

（一）技术的类型

英国的工业学家琼·伍德沃德（Joan Woodward）是制造业技术研究的开创者。她通过对 100 家制造业组织的调研，搜集了关于制造业组织的组织结构、管理方法、经营绩效以及制造流程的数据。根据这些数据，伍德沃德依据组织制造技术的复杂程度对制造业组织进行了分类。其中技术复杂性是指制造过程中采用机械化生产的程度。技术复杂性越高，机械化程度越高，反之则机械化程度越低（见图 4-5）。伍德沃德提出了制造业组织的三种基本技术类型，按照技术复杂性的排列由低到高如下。

1. 单件小批量生产（small batch production）

采用单件小批量生产的制造组织生产的主体是工人，机械化程度低。这类组织主要是以顾客特定需求为标准，依照顾客订单进行的单件、小批量加工和生产。伍德沃德根据组织结构特征将组织分为有机式和机械式两类。采用单件、小批量生产技术的组织是一种有机组织，具有较强灵活性和适应性，标准化和程序化的过程很低。单件小批量生产的一个例子是船舶制造，尽管部分企业在切板阶段实现了自动化，但是成型加工仍需要拥有较高技术的技术人员花费大量时间完成，接下来还需要完成组装、船体合龙、下水、试验等一系列工序。由于船舶制造的技术特点，船舶企业的产量一般较小，如中国船舶工业股份有限公司在 2012 年完工船舶数量为 36 艘。

2. 大批量生产（large batch production）

大批量生产又被称为重复生产，技术的典型标志就是标准化的零部件。顾客对产品没有

特殊的要求，组织自主设计，以标准化零部件为基础进行长时间连续的生产，产成品被储备起来，根据顾客的订单提货。大批量生产的制造业组织是机械组织，工作流程与生产技术都是规范标准的。大批量生产能够提高产品质量、降低成本，因此能给企业带来可观的经济效益。采用这一生产方式的产品较多，如笔、轮胎、汽车等。装配、电器等行业的技术类型均为大批量生产。

3. 连续生产（continuous process production）

连续生产是以连续不断的机械化流水线进行生产。生产过程连续不断，周而复始，机械化和标准化程度最高。通常从物料储存、搬运、转换、检验、包装与产品仓储运送等，多由机械或电脑系统控制。基于机械化的生产具有很高稳定性，产品规格、生产流程等均是标准化的。这类生产技术在石油产业中较为常见，如炼油、石化原料生产等，印刷、酿酒、食品产业也采用此类技术。由于连续生产系统的配备和维修成本较高，所以所需的人员数量通常不多但素质较高，并且采用该技术的组织与单件小批量生产组织同样也是一种有机组织，灵活性和适应性较高。

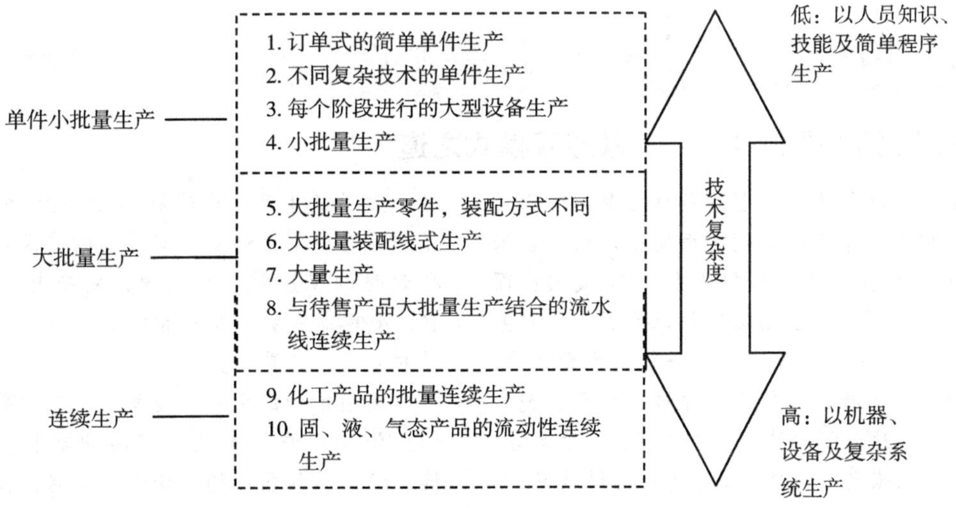

图 4-5 伍德沃德的技术分类

资料来源：Woodward J. Management and technology[M]. HM Stationery Off, 1958: 11.

（二）技术类型与组织结构

当组织面临变化着的竞争环境时，组织的技术、战略、结构必须相互匹配，不同的组织采用不同的生产技术，需要设计不同的组织结构，从而保证生产过程以及组织发展的要求。

表 4-1 显示了制造业组织技术类型同组织结构特征之间的相互关系。单件、小批量生产技术的组织适用于有机式结构，横向和纵向差异化程度都较低（即直接工人与间接工人比例与管理人员占全体员工比例），正式化程度也较低。大批量生产技术的组织适合采用机械式机构，纵向化差异程度中等，横向差异化程度高，正式化程度高。采用连续生产技术的组织与单件、小批量生产技术类似，也适合采用有机式的组织结构，但是与后者不同的是，这类

组织的纵向差异化程度更高。

表 4-1 制造业组织技术类型同组织结构特征之间的相互关系

组织结构特征	技术类型		
	单件、小批量生产	大批量生产	连续生产
管理层次	3	4	6
直接工人与间接工人的比例	9:1	4:1	1:1
管理人员占全体员工的比例	低	中等	高
工人的技术熟练程度	高	低	高
工作流程的规范程度	低	多	低
集权程度	低	高	低
口头沟通的数量	多	少	多
书面沟通的数量	少	多	少
总结构形式	有机式结构	机械式结构	有机式结构

资料来源：Woodward J, Dawson S, Wedderburn D. Industrial organization: Theory and practice[M]. London: Oxford University Press, 1965.

|视|野|拓|展|4-1 联想双模式之道

联想开展双模式运营的目标是要同时满足消费和商用两个市场。消费市场中，企业需采取以渠道为核心的交易型业务（T）模式；而对于商用市场，企业则需实行以大客户为对象的关系型业务（R）模式。一个普遍的看法是，同时打造两个模式不仅难以兼顾，反而会丧失既有优势，这就好比让人一手画圆，一手画方，要同时画出来已属不易，更遑论要画得漂亮。

为了满足消费用户的需求，PC 生产厂家必须以最低的成本来应对顾客在价格上的苛刻要求，有充足的现货保证顾客在需要的时候能及时买到产品，同时有专业的、覆盖广泛的渠道为顾客提供现场体验并促成销售。大批量生产方式可以利用规模效益，大力降低单件生产成本，渠道则可以满足消费者的现场体验需求并提高产品可获得率，同时降低厂商自身的运营风险。因此，联想采用大批量生产和渠道销售来服务交易型客户。

交易型客户要取得成功，必须立足于一个强有力的渠道分销系统，一个低成本的大规模分销系统，一个低成本的大规模生产体系，同时，为了把生产、渠道和消费高效衔接起来，提高运营效率，还必须有准确的需求量预测和高效率的供应链。可以说，对交易型业务而言，效率是关键，生产预测的准确以及渠道关系的协调意义重大。

商用市场的用户主要是满足工作需求，他们比消费用户更加注重产品的定制性、安全性、稳定性和服务的特殊性，同时，他们有着与消费用户不同的系统需求。为了更好地满足这些差异化需求，企业通常需要组建团队和客户进行直接沟通，并通过小规模的定制化生产，即所谓单元生产方式满足产品组装上的灵活性要求。因此，联想采用小批量生产和客户代表销售来服务关系型客户。

关系型业务要取得成功，则需要厂商对客户独特需求的深刻理解，并能够通过柔性的生产线快速满足客户的定制化需要。对关系型业务而言，成功关键在于灵活性，因此，对客户独特需求的满足程度和速度，以及如何以相对较低的成本实现定制化的生产尤为重要。

为开展双模式生产，联想关系型模式和交

易型模式的产品生产在很大程度上是分开的。比如，北京厂同时配有两个平行的生产流程：一个支持大批量、标准化的流水线生产，一个支持小批量、有特殊部件或流程要求的单元生产。流水线生产能充分发挥规模效应，降低单件成本；而单元生产则提供灵活、柔性的生产方式，满足定制化需求。虽然原则上两种业务模式是按照不同流程来组织生产，但有时R业务所需产品在备料、流程上与T业务存在一定相似性，只要规模足够大，也可以安排在流水线生产以利用流水线的成本优势。

两种模式在价值链的各个环节上进行区分，虽然能更好地满足不同市场需求，但同时也带来了效率的挑战。如果两种模式完全分开，势必造成职能的重叠、管理的困难和效率的牺牲。为了实现双模式的协同效应、提升效率，联想的两种业务模式还在诸多环节上进行了融合，充分发挥其互补作用和规模效应。通过在供应链管理、生产安排、绩效考核等方面的举措，联想在满足R业务特有市场需求的前提下，尽可能地追求了整个供应链的高效率，从而获得了单一模式不能比拟的优势。

资料来源：陈宏，童春阳，白立新．联想的双模式之道 [J]. 商业评论，2009(1).

二、汤普森的技术模式：部门间的相依性

（一）部门间的相依关系类型

技术的相依性与技术的常规性都能够对组织结构产生影响，所谓的技术相依性（interdependence）就是指部门完成任务需要依赖其他部门提供的资源的程度。技术相依性高的部门需要与其他部门持续交换大量资源，技术相依性程度低的部门可以独立开展工作。

詹姆斯·汤普森（James Thompson）提出组织中基于技术的依赖有三种形式，分别是并列式相依、序列式相依和互惠式相依[⊖]。

1. 并列式相依

并列式相依是部门间关系最弱的技术相依关系。部门之间的工作流程不具有互动性，不同的部门各自独立工作，为组织的共同利益发挥自己的作用。詹姆斯·汤普森认为并列式相依关系主要存在于组织与外界环境联结部门中，这些部门可以彼此独立开展工作。部门之间具有这类相依关系的组织通常采用的是协调性技术，这种技术提供的产品和服务能够调节和联系外部环境中的客户，并且各单位之间允许独立工作。

并列式相依关系的部门之间一般可以采用事业部式联系，部门之间共享组织财务资源，工作独立性高。并列式相依关系的部门管理主要通过规范化、标准化、程序化的方法来处理，一般统一使用财务绩效来评估，部门之间协调较少。如银行的各分支机构、各连锁餐厅等，它们分别与自己的客户进行联系，彼此之间并不需要相互接触。

并列式相依相对应的管理方法是标准化，标准化能够让组织的每一个部门都确信与其他部门的运行方式的一致性。如商业银行，无论该行的任何一个分支机构，交易都必须遵循标准的条款以及统一的程序。

⊖ 詹姆斯·汤普森．行动中的组织——行政理论的社会科学基础 [M]. 敬乂嘉，译．上海：上海人民出版社，2007.

2. 序列式相依

序列式相依关系的部门之间的联系强于并列式相依关系。当一个部门的产出可以作为另一个部门的投入时，这两个部门之间构成序列式相依关系。序列式相依是组织内部门间的资源单向流动。这种序列相依对部门间的横向协调机制要求很高。只有在前面工序的部门准确执行工作任务的前提下，后续部门才能顺利工作。因此，序列式相依，相较于并列式相依，对组织的横向协调要求更高。

序列相依关系一般发生在采用长线技术的组织中，每一个部门的产出作为下一个部门的投入，下一个部门利用上一个部门投入生产的产出又可以传递给第三个部门。利用装配线生产的大型组织的部门之间通常存在这种相依关系，如汽车行业，前面的部门必须将所有需要的零部件生产出来，接下来的部门才能依次将汽车组装起来。

由于需要较高的部门间协调能力，序列式相依对部门间管理的要求比并列式相依要高，需要有较为详细的计划和进度安排。例如，在汽车生产中，首先需要准确计算出各个部门生产零部件的类型、数量和进度，以保证生产任务的顺利进行。

3. 互惠式相依

互惠式相依是组织内部门间最紧密的依赖关系。组织内第一个部门的产出可以成为第二个部门的投入，而第二个部门的产出又反过来成为第一个部门的投入，这种依赖关系就是互惠式相依，此时一个部门会对组织内所有部门产生影响。为顾客提供一种集合的产品或服务的组织内存在这种互惠式相依，组织内的新产品开发也属于这种情况。

互惠式相依通常出现在采用密集型技术的组织中，这种技术是指以集结的方式为顾客提供产品或服务。综合性医院的各个部门之间最好地体现了这一相依关系，一个病例可能需要对病人饮食、住宿服务、化验室、X 光、各种医疗专利手段、药剂服务等进行组合，这些部门之间要密切配合，根据病人的健康状态选择合适的服务及施用时机。

互惠式相依要求部门之间密切配合，团结协作。这种模式下采用横向型结构，可以促进部门间的横向沟通与调整。组织内的成员可以普遍地参与到组织的协调，运行和决策工作中，互惠式相依是一种非常复杂的部门间关系。

（二）部门间的相依性与组织结构

组织部门间能够建立最短的沟通渠道并能够进行有效的协调是组织成功的关键因素之一。互惠式相依关系中的相互依赖性最强，需要经常性的相互调整，在必要时候还需采用团队合作的方式，在组织结构设计中的决策、沟通和协调问题上最为突出，所以存在这种相依关系的部门在结构设计中应该被优先考虑。组织中互惠式相依关系的部门的活动必须紧密地结合在一起，因此需要部门管理者与另一环节人员建立便利的协调渠道。互惠式相依的部门应向相同的管理者报告工作，并且空间距离要近，以减少协调成本。围绕核心过程组建互惠式部门或团队，形成横向的组织结构，可以适应与互惠式相依关系相匹配的紧密协调。如果互惠式相依关系的部门在地理上无法临近，组织则应该增设协调机制以促进沟通，如互联网会议或定期的例会。

组织结构设计中其次考虑序列式相依。序列式相依关系具有中度的相互依赖性，通常需要通过计划、进度安排与反馈来协调各个单位，对横向沟通的需要适中。随着变量的增多和沟通线的延长，计划的成本会迅速增长。当计划在小的部门内执行时，能降低成本，因而组织会将计划的难题放在尽可能小的群组里。所以，序列式相依的部门组合优先顺序仅次于互惠式。由此也可得知，部门组合中最后考虑的为并列式的相依关系类型。

组织应该针对不同的任务相依性结构设立对应的协调机制。表 4-2 解释了各种部门间相依类型所对应的组织结构特点及其适用的结构性协调机制。

表 4-2 相依性的分类以及对应的组织结构特点

相依关系类型	部门技术类型	横向沟通重要性	协调手段类型	组织结构类型	部门组合优先程度	举例
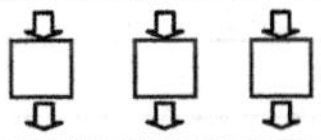 并列式	标准化、规则与程序	低度	协调型	事业部型	低度	银行
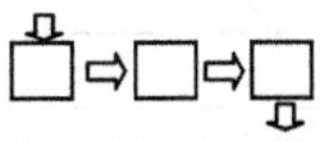 序列式	计划、进度安排与反馈	中度	长线型	任务小组	中度	装配线
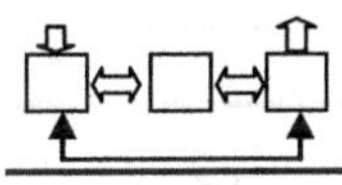 互惠式	相互调整与团队合作	高度	密集型	横向型	高度	医院

三、佩罗的技术模式：任务的特性

（一）非核心部门级技术分类

相对于组织层级的技术（如制造业技术与服务业技术），组织技术的另一个层次是部门级技术，部门级技术也称非核心技术。组织内的任何一个部门都有其区别于其他部门的独特技术。

查尔斯·佩罗（Charles Perrow）提出了解释各种技术的模型框架。

1. 分析部门活动

分析部门活动主要可以从两个维度出发：

（1）任务的多样性，即在工作流程中可能会出现的例外事件的数量。当部门运行过程中会出现大量无法预料的例外，面临很多新问题，此时任务的多样性是很高的，当部门日常任务重复性较高时，任务的多样性较低。不同部门的技术的多样性有很大区别。例如，在文秘、审计工作中，大多面临的是重复的任务，多样性较低，而在战略规划、法律等工作中，面临的多为尚未出现过的、未曾预料到的任务，因此，任务的多样性较高。多样性最高的任务为处理一系列互不相关的问题或者完成一系列互不相关的项目。

（2）任务的可分析性，一个工作任务可以通过分解而变成若干个规范的、程序化的机械任务模块，这种可以分解的程度就是任务的可分析性，并不是每一种技术都具有可分析性。如艺术表演，这种技术需要多年的经验和实践的积累，标准的程序无法告诉人们如何完成这项任务。而诸如文秘、审计，这类任务是高度程序化的，具有像指令和政策手册这样的标准，因此，任务的可分析性较高。

佩罗提出的框架从任务的多样性和可分析性两个维度对部门活动进行分类，两个维度的具体衡量如表 4-3 所示。此外，技术的任务多样性和可分析性也可以被合并成“常规性”的维度，这是由于多样性高的技术一般可分析性较低，而多样性低的技术的分析性较高，从而形成了单一的常规性维度。

表 4-3 任务多样性和可分析性的衡量

技术的维度	相应的问题
任务多样性	你的工作有多少是每天相同的？
	你的工作的例行性有多高？
	大部分时间，部门内的人都以相同的方式做相同的事？
	部门内的人在他们的工作上做重复的事情？
	你的工作任务是反复的、相似的？
任务可分析性	你对你的工作清楚知道怎样执行的程度有多高？
	是否有清楚的知识引导你完成工作？
	执行工作时是否有清楚的程序可依循？
	执行工作时，对既定程序的依赖程度有多高？
	依循清楚的程序，可完成工作的程度有多高？

资料来源：Withey M, Daft R L, and Cooper W H. Measures of Perrow's Work Unit Technology: An Empirical Assessment and a New Cale[J]. Academy of Management Journal, 1983.

2. 部门级技术的分析框架

根据部门级技术分析的两个维度建立象限，可以区分出四种主要的非核心技术，即：常规技术、手工技术、工程技术和非常规技术。

（1）常规技术。使用常规性技术的任务可分析性很高，但多样性较低，一般采用规范、程序化的方法完成。通常指一些经常发生、没有太多例外且其处理方法明确可循的事件，如一些行政事务的处理，重复性高的采购、销售及审核等程序。

（2）手工技术。手工技术的特点是不可分析，且任务稳定。通常是一些简单的任务，没有太多复杂问题需要处理，不过由于可分析性低，对于人的素质要求很高，需要经验与培训。尽管机械技术的发展似乎已使组织中手工技术的数量减少了，但是这类技术依然存在，其在设计、艺术创作中可以经常见到。

（3）工程技术。使用工程技术的任务一般比较复杂，且具有很高的多样性，但同时任务的可分析性也很强，这就可以实现任务的分解，使用标准规范的方法按照既定的范式和流程去操作完成。这样的技术包括一些工程、会计、财务、税务、法律等相关事务的处理，这类任务虽然会遇到许多未曾出现过的问题，但是能够依赖现有的规章、准则，加以分析、推理予以解决。

（4）非常规技术。非常规技术适用的任务可分析性低，任务多样化程度高，必须根据每个任务的特点进行分析讨论，发展适合于特定问题的解决方法。对于解决这类任务而言，经验和知识是必需的，需要投入大量的时间和精力。这类技术通常存在于组织战略规划、组织变革等中高层管理工作中。

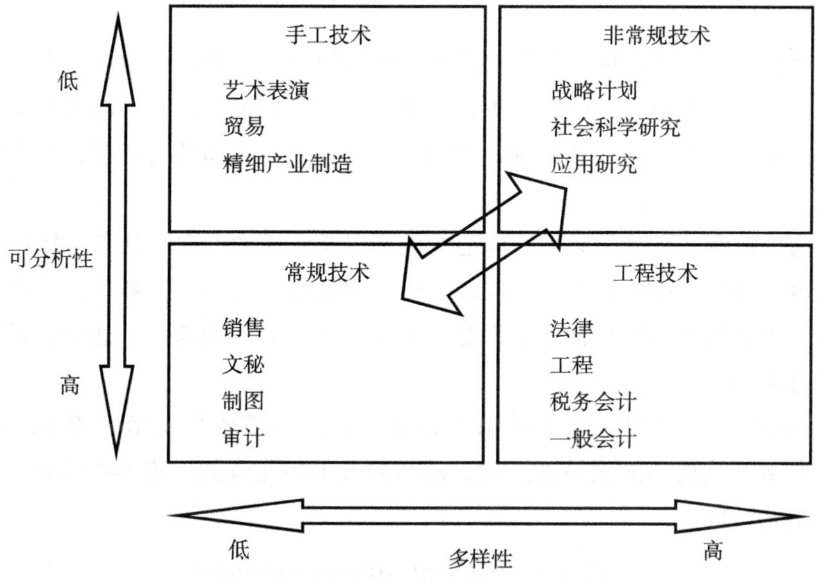

图 4-6 部门级技术分析框架图

资料来源：Daft R L. Organization Theory and Design[M]. 9th edition, South-Western, 2007: 265.

（二）非核心部门级技术与组织结构

部门级非核心技术是与组织中部门的结构特征相联系的，确定了部门技术的类别，就可以确立相应具有的组织结构。

基于技术类型的“常规性”一维框架分析，部门的结构可以分为有机式和机械式两种类型，有机式的组织结构的灵活性和流动性比较强，而机械式的组织结构的管理框架强调正式框架。组织部门的结构主要可以从正规化、集权化、技术熟练度、管理幅度和沟通协调方式几方面进行分析。

（1）正规化：工作流程的标准化程度，以及是否具有正式的程序和规则。一般来说，采用常规技术的部门正规化程度最高，组织可对重复出现的任务进行标准化的规定。与之相反，当部门的技术多样性很高时，部门通常是低正规化、低标准化的。因此，非常规技术对应的正规化程度最低。

（2）集权与分权：决策是否集中于管理部门。常规技术中面临的多是重复出现的、现有方案能解决的问题，因此绝大多数决策都由管理人员做出。在工程技术类条件下，由于技术的重要性，受过技术培训的员工通常享有中度的决策权。在手工技术中，生产工人的经验和知识至关重要，因此，他们具有中度的决策权。非常规技术的复杂程度最高，员工需要根据特定问题制订解决方案，这类技术对应的分权程度最高。

（3）技术熟练度：工作人员的受教育程度以及经验和技能的掌握程度。常规技术部门中的员工通常仅需一些必要的培训即可从事工作，对其技术熟练程度的要求较低。工程技术中，基于技术的重要性，员工通常要受到正规的专业训练，在必要时候，还需通过专业考试以取得相关的资格。与前者不同，手工技术可能不需要正规的培训，这类技术通常在工作经验的不断积累中获得。非常规技术作为最复杂的技术，既需要从事者具有一定的教育背景，也需要丰富的工作经验。

（4）管理幅度：一个管理者所能直接控制的组织成员的数量。常规技术是高度标准化的技术，管理者需要介入解决的问题较少，因此对应的管理幅度较宽。与之相反，复杂性高的任务，经常需要管理者的介入和协调，考虑到管理者的时间和精力有限，对应的管理幅度自然不会过宽。

（5）沟通与协调：沟通的频率，沟通的效率以及沟通的方向。任务多样化的部门成员之间沟通的频度以及信息的共享程度比较高，横向沟通较为重要。任务可分析性较高的部门可采用统计的、书面的方式进行沟通，但是对于任务不可分析的部门，通常需要口头的、面对面的方式进行沟通。

采用不同技术的部门组织结构存在本质差异，组织需要从技术的角度出发进行部门设计，若技术与部门结构不能很好地搭配，部门的效率则比较低。表 4-4 显示了适应不同技术类型的组织结构特征。

表 4-4 非核心部门级技术与组织结构

特征项	组织结构			
	常规技术	工程技术	非常规技术	手工技术
正规化程度	高	中等	低	中等
集权程度	高	中等	高	中等
技术熟练度	要求较低	正规培训	培训及经验	工作经验
管理幅度	宽	适中	窄或适中	适中
沟通与协调	书面，纵向	书面与口头	会议，横向	口头，横向
总结构形式	机械式结构	偏机械式结构	有机式结构	偏有机式结构

资料来源：Robbins S P. Organization Theory[M]. 3rd Ed. NJ: Prentice Hall, Inc, 1990.

第二节 计算机技术对组织设计的影响

现代计算机技术的迅猛发展使组织处理信息，进行决策与管理的手段方法都产生了革命性的变化，组织的结构也随之发生了巨大改变。组织的计算机技术包括硬件、软件、数据库，通讯等将信息加以储存并进行传递的技术。信息具有资源性的特点，其价值可由以下几个特性来评估：

（1）相关性，即信息与组织的重要决策及核心价值创造活动是否高度相关。

（2）精确性，即信息是否能够反映实际情况。只有凭借真实的信息，决策者才可能对环境产生正确的判断，从而做出正确的决策。

（3）丰富性，即信息的传播渠道是否能够承载多元的信息，传递复杂的意义。例如，在面对面的交流中，可以借由音量大小、音量高低及各种肢体语言来传递多元的信息，进而提升所传递信息的丰富性。

（4）信息量，即信息被收集的程度。信息量不能用计量单位加以统计，而是描述信息让决策者了解决策情境的程度，进而做出最佳判断。当信息量不足时，决策者可能不能得到某些重要信息，从而影响决策的科学性。然而，信息量过大也可能造成信息收集、处理成本的增加，过多的信息量还可能造成“信息的过度负荷”，同样无法做出有效的决策。

（5）时间性，即信息的价值体现在决策的时点上。如果在决策做出之后获得信息，那么信息的价值会大打折扣，甚至几乎没有价值。

（6）可获得性，即信息是否能够传递给需要它的人，并有效地作为决策的参考。如果信息经过适当的整理、储存，使得其能够被方便的检索、获得，那么，它的可获得性就很高。然而，部分信息，如组织的商业机密，则属于对外人不可获得的信息。通常来说，相关、高质量、丰富、及时、充足的信息是较难获得的，因此，需要利用信息技术增强信息的可获得性。

一、信息技术在组织中的应用

信息技术指的是用于管理和处理信息所采用的各种技术的总称，它主要是应用计算机科学和通信技术来设计、开发、安装和实施信息系统及应用软件。随着信息技术的不断演进，信息技术在组织中的应用范围越来越宽，信息技术的广泛使用使得各类组织中的信息处理、决策等一系列组织管理方法发生了革命性的变化。例如，信息技术使得组织的沟通和协调更为便利，增强了组织高层管理人员的控制能力，因此，负责传递信息和监督下属的中层管理人员的数量逐渐萎缩，从而使组织结构逐渐趋于扁平化；信息技术还能促进内部部门之间的整合，对外突破组织界限，构建合作网络。

信息技术的发展使得信息系统的复杂性变得越来越强，涵盖的范围越来越广，如图 4-7 所示。早在 20 世纪 50 年代，信息系统就开始被引入到组织中，但直到 20 世纪 80 年代才开始被大量使用，到 20 世纪 90 年代以后，信息系统已经成为组织不可或缺的系统。在最初引入时，信息系统只是作为自动化生产流程发展的基础，被应用于处理一线生产作业活动等运营过程，以提升组织的生产效率。在这一阶段，信息系统还被应用于管理控制，管理者能够利用财务、会计、采购、生产管理等信息收集与分析系统，处理相关业务。后来的系统逐步发展为涵盖高层战略、计划等非程序性问题的全面应用，这一阶段的信息系统开始与组织的核心活动相关，例如，企业的竞争战略、如何提升企业核心能力等。20 世纪 90 年代之后，信息系统的应用分为“组织内部适应”和“组织外部适应”两个方向，组织与外部的信息交换，内部的信息共享，导致了从组织设计到管理方式的创新。信息技术已经把大部分组织整合到互联网和电子商务系统中，互联网构成了组织与外界联系的重要渠道。网络与数据库技术的发展，使得信息系统能够发挥更加强大的整合与适应能力。

对于组织结构的设计与变革而言，信息技术的应用可以说是近 20 年来最重要的影响因素。信息技术对组织结构的影响主要有以下几个方面。

1. 组织结构的整合

信息是维持组织活动的重要因素，也是组织的重要资源，信息技术的发展为组织提供了新型的管理方法——管理信息系统，组织的运行可以在这个系统下得到整合集成。这种组织整合主要有三个阶段。

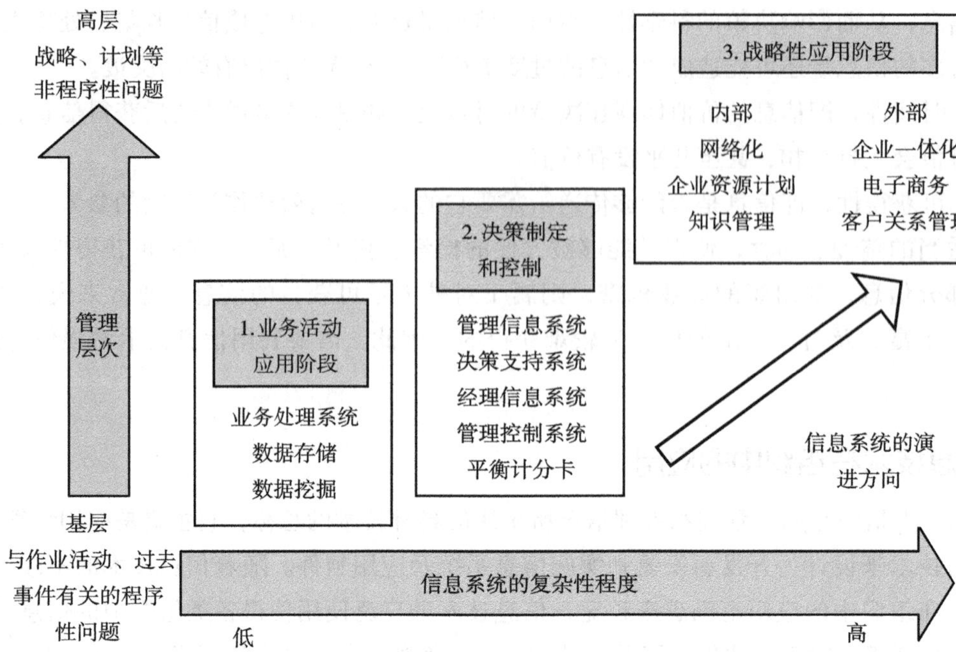

图 4-7 信息技术在组织中应用的演进过程

资料来源：Daft R L. Organization Theory and Design[M]. 9th edition, South-Western, 2007: 290.

（1）物理整合阶段：将子系统的信息集中，存在数据交换，但互相联系还不强，依赖性不高。

（2）管理整合阶段：随着管理信息系统的进一步发展，子系统之间的信息交流更加频繁，形成小规模的集成系统并较大幅度地提高管理效率。

（3）信息综合整合阶段：这一阶段管理信息系统发展的最高阶段，实现了组织内全部信息的总成，极大地提高劳动生产率和市场竞争力。

2. 组织结构扁平化、分权化

信息技术的发展使得组织可以减少管理层级并促使决策权下放。一定规模的组织，组织的管理幅度越小，组织的管理层次越多，管理层次严密的组织虽然分工细致，但随管理层次的增加，组织中信息的流动受到的阻碍就越大，信息沟通成本越高。随着外部环境不确定性的增加，组织的灵活性和适应性已经成为组织生存和发展的必要条件，过多的管理层次成为组织的通病。信息技术的发展可以扩大管理幅度，促进组织结构扁平化，消除组织中间的层级，使信息在组织中得到快速有效地传递，组织管理者与员工的合作与协调得到改善。原本只有总部高层才掌握的信息，现在可以迅速地传递到组织各部分，各事业部和部门的管理者可以依据这些信息迅速决策而无须等待总部的决策，信息技术带来的信息迅速传递与决策的分权化提高了组织对环境做出反应的速度。另外，信息技术还加强了组织中各部门和个人的沟通与协作，促进了组织的横向协调。

3. 组织规模小型化

信息技术意味着组织盈利并不一定需要依靠规模经济，组织同样可以通过灵活、机动性强的优势适应竞争的需要。通过组织内部高度分权，以及组织外部联盟的建立，都有助于摆脱组织规模对组织的束缚。在信息社会里，凭借便利的信息渠道，一个规模庞大的金字塔结构的企业可以分解为若干规模较小、可独立运营的部门，形成立体的网络结构，而不会影响组织的综合协调与规划能力。所以说，信息技术的应用使得组织得以小型化，提高了组织的效率和适应能力。

4. 影响组织成员与组织行为

人是组织的主体，是组织行为的实施者。大量先进信息技术涌入组织，对组织成员的传统观念、思维方式、行为以及素质等都有一定的影响。组织中复杂信息技术系统的应用使组织必须配备具有更高技能和素质的专业人才，让他们全面地参与组织的决策与发展。此外，信息技术系统的维护和使用也需要组织为其配备专门职务。

对于组织结构的各层成员来说，信息技术带来了工作方式的改变。信息技术的发展使得组织成员不需要在固定的地点工作，员工可以通过网络互相沟通。除此之外，组织成员的角色也开始改变。高层管理者的活动从简单地坐在办公室“发号施令”，变成了从事需要大量信息支持的战略规划和综合协调工作。中层管理人员的传递命令和监督下属的职责不再被组织所需要，一部分中层管理人员上升到高层管理中，另一部分则下移到了执行层次。对于一线的工人来说，他们也开始拥有一定的决策和自我管理的权力，这类员工的专业素质和参与意识都得到了极大的提升。

5. 强化组织间关系

信息技术还能改善组织与其他组织或个人的关系，如与供应商，顾客或合作伙伴。图 4-8 说明了基于信息技术的现代组织间关系与传统的组织间关系的区别。在组织间建立信息网络，能够即时传递准确、真实的信息，加强了组织的一体化，模糊了组织边界，并促进了组织间的战略共享。另外，信息技术也使得网络化的组织结构变得更加有效，网络中的组织间协作变得更加紧密。采用这种商业模式的组织被称为虚拟组织（也称虚拟网络组织）。这类组织通常将大多数业务活动外包出去，而信息技术带来的电子化沟通的便利也为外包活动提供了基础条件。

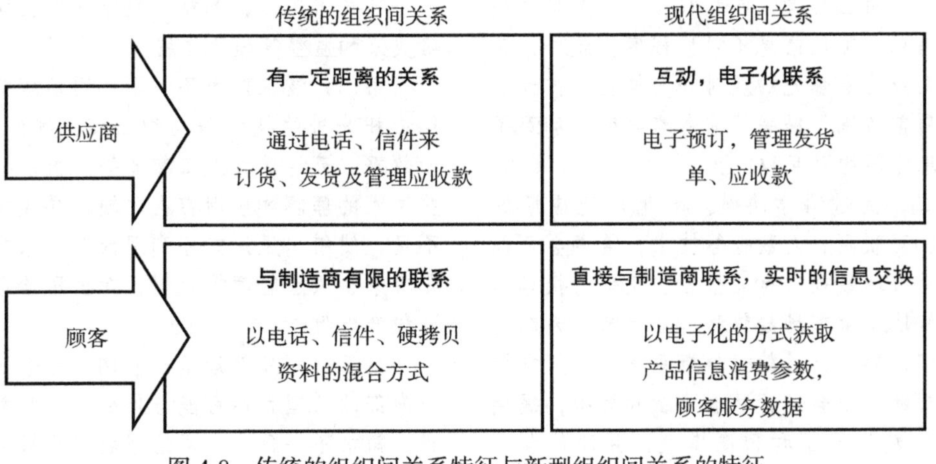

图 4-8 传统的组织间关系特征与新型组织间关系的特征

资料来源：Based on Callahan C V, Pasternack B A. Corporate strategy in the digital age[J]. Strategy and Business, 1999: 10-14.

|视|野|拓|展|4-2 数字化技术对公司治理结构的影响

党的二十大报告提出：加快发展数字经济，促进数字经济和实体经济深度融合，打造具有国际竞争力的数字产业集群。2023年7月，《中共中央 国务院关于促进民营经济发展壮大的意见》指出，加快推动数字化转型和技术改造。2022年，我国数字经济规模为50.2万亿元、居世界第二，占GDP的比重提升至41.5%。在数字经济引领构建新发展格局的时代背景下，数字化成为企业实现转型升级、高质量发展的重要战略选择。数字化转型是企业全要素同数字技术的深度融合，随着数字技术的广泛应用，作为一种基础设施深深根植于公司治理实践中，使公司治理走上数字化道路。公司治理数字化作为公司治理的新变革，符合时代发展趋势，能释放数字化治理的红利，同时面临许多挑战，亟须创新数字化治理思维及路径，以提升公司治理效率和质量。

1. 治理红利

数字化为公司治理带来红利。推进公司治理数字化的基础是认识其价值。

第一，提高信息透明度。通过数字技术，公司可以更好地跟踪、记录业务活动和决策过程，更加方便地收集、存储和分析大量的数据，并通过数字化平台及时发布关键信息、财务报告、公司公告等，使利益相关者更容易获取相关信息，降低信息不对称程度。此外，新媒体对企业信息曝光的及时和多样化，扩大了信息的覆盖范围，提高了信息透明度，加深了市场信息传播的深度和广度。

第二，促进科学决策。利用广泛应用的物联网、互联网、大数据等技术，董事会可以获取各种市场数据、行业报告、竞争情报等信息，更好地了解市场趋势和行业动态，为制定战略决策提供支持。数据分析系统、决策支持系统等帮助董事会进行数据分析和模拟，提供可视化的数据展示和预测模型，并评估各种决策方案的潜在影响，降低了决策时对经验和直觉的依赖性。数字技术在挖掘数据、传输数据、分析数据趋势、提供预测、量化不确定性和提供行动方案等方面发挥重要作用，正在改变董事会成员收集、分析和解释信息的方式，使董事会能够更快地进行理性决策，提高了决策效率和科学性。

第三，加强监督问责。人工智能技术使审计部门的一些重复性工作能够自动化完成，例如数据采集、账单核对等，减少人工错误；同时利用数字工具辅助审计部门进行风险评估、内部控制评价等工作，能够及时发现异常和风险并采取措施加以解决，从而提高审计效率和准确性，充分发挥审计监督作用；此外，监管机构利用在线监管平台与公司进行实时沟通和交流，并利用数据分析和挖掘技术对公司的经营和财务数据进行监测和分析，可以及时发现潜在的违规行为并采取相应的监管措施，加强对公司的问责。

2. 主要挑战

第一，数字化认知偏差。一方面，一些公司缺乏对数字技术的了解和信任，担心员工对数字工具的接受程度不高，对数字化治理持怀疑态度，不愿意投入足够的资源来推动公司治理数字化；另一方面，一些公司对数字化治理的目标和影响缺乏深入的认识，简单地将其视为一项技术工作，忽视了数字化对公司整体战略决策和监督管理的作用。

第二，技术能力不足。公司治理数字化需要依托先进的技术手段和工具，例如区块链、大数据、云计算和人工智能等。很多公司对这些技术的理解和应用存在欠缺，导致技术能力不足，使组织无法充分利用数字技术来支持优化决策、风险管理等过程，对公司治理数字化进程产生阻碍。

第三，内外部治理不协调。一般来说，公司内部的治理目标可能与外部利益相关者的期望、需求不一致。公司治理数字化旨在利用数字化工具提升信息透明度，实现各方利益最大化。然而，很多公司不能充分利用数字技术在公司内外建立有效的沟通和合作机制，内部治理体系与外部监督之间缺乏互动和协调。

3. 变革之道

第一，加强企业管理者的数字化认知，塑造数字化组织文化。在数字技术与各行各业深度融合、不断改变企业所处生态环境的背景下，管理者需要具备良好的数字化思维和数字化领导力，才能识别数字化背景下企业发展的新需求并将其与新技术充分结合，为企业创造新的竞争优势。管理者应该提升自己的数字化认知，充分了解数字化的概念、意义和潜力，以及数字化技术和工具的应用场景和优势。需要认识到数字化不仅是一种技术变革，更是一种文化变革，需要全员参与和支持。管理者应该积极塑造数字化组织文化，鼓励员工接受新技术和工具，推动数字化思维和方式在整个组织中的传播和应用。

第二，培养数字化人才，提高员工数字化素养。构建数字化人才培养和流动机制，确保拥有具备数字化知识和技能的人才团队，符合公司治理数字化的需求。包括：积极开设数据分析、人工智能、信息安全等相关的课程和培训项目，培养员工和管理者的数字化技能和知识，提升数字化素养和能力；设立专门的数字化岗位轮岗计划，让员工有机会在不同的数字化领域中获得实践经验和知识，同时搭建数字化人才交流平台，鼓励员工在不同部门之间进行交流与合作，促进知识共享和技能转移，提高整体组织的数字化能力。例如，中国移动集团采取多项举措，努力建强数智化人才队伍。如，全面推进“新动能能力提升”一揽子计划，加快培育数智化专业人才；发布“鸿鹄展翅”数智人才高质量发展计划，基于鸿鹄校企合作平台与国内多家知名高校开展合作，强化数字技术产学研合作，推出企业实训实习、能力认证考评等一系列活动，持续培育输出优秀青年人才，构建数字化人才培养新模式，助力数字化发展。通过坚持培养高素质的数字化人才，中国移动为自身数智化转型与高质量发展提供了人才保障。

第三，拓展数字技术应用场景，持续助力公司治理。随着数字技术的不断发展，其在公司治理中的应用场景日益丰富，利用多样化的数字技术和工具能够提高公司治理效率和质量。公司应根据自身需求，加强数字化工具的应用和发展，促进公司治理数字化进程。很多公司正在不同场景下积极推进数字赋能行动，以提升公司治理水平。例如，华林证券采用线下、线上相结合的方式召开股东大会，通过专业的线上股东大会平台为投资者线上参加股东大会提供便利，从股东线上预约报名、股东身份认证、线上签到、出席观看直播会议到投票议案线上表决、管理层与股东互动问答，全流程均在线上同步完成，降低了参会成本，提高了股东治理积极性。又如，2023 年 3 月，在同花顺 2022 年度股东大会上，除了现场交流环节，几乎全部流程都由 AI 虚拟人董事长完成，包括做董事会报告、宣读各项议案、宣布投票结果等工作。由 AI 代替真人完成这些程序性的工作，一方面，可以节省人力，让董事会、监事会和管理层把精力更多放在更为重要的互动环节；另一方面，无论是在数字还是文字等方面，AI 朗读得更为精准。再如，中煤集团大海则煤矿作为国家首批智能化示范建设新建煤矿，着力推动 5G、物联网、大数据、人工智能等现代信息技术与煤炭生产深度融合，实现了数字孪生全覆盖，自动运行、自主调节、智能决策。

第四，协调公司内外部治理，构建协同共治机制。公司治理不仅是管理层的事情，还需要与股东、员工、监管机构等利益相关者建立良好的沟通和合作关系。在数字化的信息共享机制和协作平台的支持下，公司内部能够及时向外界进行信息披露，外部利益相关者可以积极发表意见和诉求，实现公司内部与外部的快速沟通、信息交流、实时监督与互动反馈，使利益相关者能够更紧密地联动起来，建立良好的合作关系，增强彼此之间的信任度，实现内部治理与外部治理的协同，上海证券交易所的“上证 e 互动”就是一个很好的例子。除了提供上市公司与投资者的问答互动服务，“上证 e 互动”还邀请引入一些分析师和媒体记者作为“互动观察员”自主发表评论观点，分享研究心得；要求上市公司每月汇总发布机构调研、媒体采访等问答记录；设立“上证 e 访谈”活动栏目，定期组织特约嘉宾进行访谈；同时，鼓励上市公司通过平台，披露未达法定信息披露标准的公司事项。这些基于互联网的投资者互动平台，有利于投资者与上市公司保持高质量的互动，促进市场参与主体之间的信息交流。

因此，公司应借助数字化平台，构建互动沟通和监督问责机制，使董事会、股东、员工、消费者、监管机构等公司内外部利益相关者积极参与治理，平等表达各方观点和建议，确保各方利益得到平衡和满足，实现多方参与、共同决策和有效监督的公司治理模式。

资料来源：武立东，田晓煜．公司治理的数字化变革之道 [J]. 董事会，2023（9）.

二、柔性制造系统

所谓的柔性制造系统（FMS）是指通过运用包括无线技术、计算机技术、数控技术等各种新制造技术进行生产的自动化的生产系统，也叫灵活制造或者未来工厂。

柔性制造系统可以将原来独立的制造模块，如设计、生产等联合为一个统一整体，使制造组织可以在大量进行生产的同时，以较低的成本生产定制产品，并跨越了组织规模的界限。柔性制造系统一般由三部分组成：

1. 计算机辅助设计（CAD）

计算机辅助设计是指使用计算机进行产品以及工艺流程等的设计。设计者可以通过计算机直观地模拟运行，并进行细节修改。CAD 最早的应用是在汽车制造、航空航天以及电子工业的大公司中。随着信息技术的普及，应用范围也逐渐变广，例如上述案例中的中欧电器就使用了 CAD 进行产品设计。

2. 计算机辅助制造（CAM）

在生产过程中，自动完成离散产品的加工、装配、检测和包装等制造过程，即为计算机辅助制造。采用计算机辅助制造零件、部件，可提高加工速度和生产自动化水平，缩短加工准备时间，降低生产成本，提高产品质量和批量生产的劳动生产率。除此之外，CAM 还允许通过计算机的控制指令使一条生产线从某一产品的生产快速转换至另外一种产品的生产，因此改善了对产品设计和品种多变的适应能力。与 CAD 相似，CAM 最初出现在汽车以及航空工业领域的大公司中，现在也在其他企业中得到了广泛的应用。

3. 集成信息网络

凭借数据库技术的发展，越来越多的组织已经在日常运行中引入新的计算机化的信息与管理系统，其中包括产品设计、生产、采购、营销以及内部会计等各个方面。这一个整体的集成信息网络系统可以使组织管理者从统筹的角度以一体化整合的方式做出决策。

如果一家企业同时采用了 CAD、CAM 以及继承信息网络，那么它就是柔性制造系统应用的典型代表。柔性制造的优点是可以将多元化的产品融合在一条生产线上进行生产。计算机辅助技术的应用使现代组织脱离了大量繁冗的计算工作，提高了机器利用率和劳动生产率，产品的多样性和顾客满意度大大提高，降低了产品的缺陷率，深入地整合组织内各部门以及生产过程的各阶段，为组织适应现代社会，提高生产效率提供了重要的帮助。

第三节 大规模定制目标下的组织设计

随着消费者生活水平的提高，消费者对于商品的多元化需求也越来越高，传统的大规模生产方式已经开始不能满足消费者的多元化需求。计算机和信息技术的发展，为制造技术注入了活力，越来越多的企业开始采用大规模定制的方式进行生产。大规模定制是两种生产模式的综合：个性化定制产品和大规模生产。大规模定制指的是以客户的需求为中心，主要以大规模生产的组织形式满足单个客户定制产品的需求开展的相关的企业活动。其核心思想在于以类似于标准化和大规模生产的成本和时间，提供客户特定需求的产品和服务。

柔性制造系统和精益制造方法为大规模定制（mass customization）提供了技术基础。柔性制造系统已在上一节中介绍。精益制造的核心不是机器或软件，而是人，它在产品生产的整个过程中都使用训练有素的员工，这些员工关注细节、善于发现和解决问题，从而减少浪费和改进质量。柔性制造系统和精益制造方法的发展和成熟，为大规模定制铺平了道路，大规模定制已经广泛应用在产品的生产中。例如，戴尔的崛起就主要依靠的是大规模定制，提供许多模块化的电脑次系统或零部件，然后由顾客进行选择与设计组合，在确认组合系统的稳定性后，顾客可以在网络上下单，再由戴尔的工厂迅速启动订单的订料、组装及运送程序，使顾客可以快速收到定制的电脑。

一、传统技术条件下如何设计定制化产品

传统制造系统只能提供十分有限的选择，小批量生产具有手工艺性的特点，因此能够满足较高程度的定制要求，其产品具有很高的灵活性，但也正是受这种手工艺性的限制，每次生产的批量必须很小，生产效率很难大规模提高。相反的，大批量生产可以满足对生产规模的要求，但产品缺乏灵活性，种类有限。比如流水线技术，能够生产出大量的，但是种类单一的标准化产品。

与小批量生产相比，大规模定制一般在它的生产过程中使用通用的工具、机器以及工人的技能；它按订单生产而不是按计划生产；它的生产过程具有高度的灵活性；它导致了产品的高度多样化和定制化。并且，像大规模生产一样，大规模定制常常有较高的生产批量，较低的单位成本。但是，如表 4-5 所示，大规模定制也不同于大规模生产。大规模生产中，低成本主要是通过规模经济实现的，即通过高产量和高效率降低生产成本。在大规模定制中，低成本通过规模经济和范围经济实现，它将顾客的需求直接融入产品设计及生产活动中，用标准化的零部件生产实现规模经济，零部件按多种方式进行组合，形成多种最终产品，从而实现范围经济。

大规模定制的实现主要依靠柔性制造系统和计算机集成制造技术。柔性制造能够任意制造零件组的所有成员。计算机辅助制造指的是计算机将每一件商品都根据顾客的要求加工。这一技术允许变型设计，甚至快速完成一个全新的设计，并可以从设计定义中自动产生制造要求。计算机集成技术将计算机控制的所有单个的环节联结起来，成为一个快速、敏捷、灵活，且产量高、成本低的集成系统。这些制造技术一方面提升了产品的多样性，一方面还能维持低成本。图 4-9 展示了大规模定制与传统技术的关系。

表 4-5 大规模定制模式与大规模生产模式的对比

	大规模生产	大规模定制
焦点	通过稳定性和控制力获得高效率	通过灵活性和快速响应实现多样化、定制化
目标	凭借低成本实施低价	提供多样化和定制化的产品，同时制定大多数消费者能承受的价格
关键特征	稳定的需求 统一的大市场 低成本、质量稳定、标准化的产品和服务 产品开发周期长 产品生命周期长	分化的需求 多元化的细分市场 低成本、高质量、定制化的产品和服务 产品开发周期短 产品生命周期短

资料来源：约瑟夫·派恩．大规模定制——企业竞争的新前沿 [M]. 操云甫，译．北京：中国人民大学出版社，2000: 44.

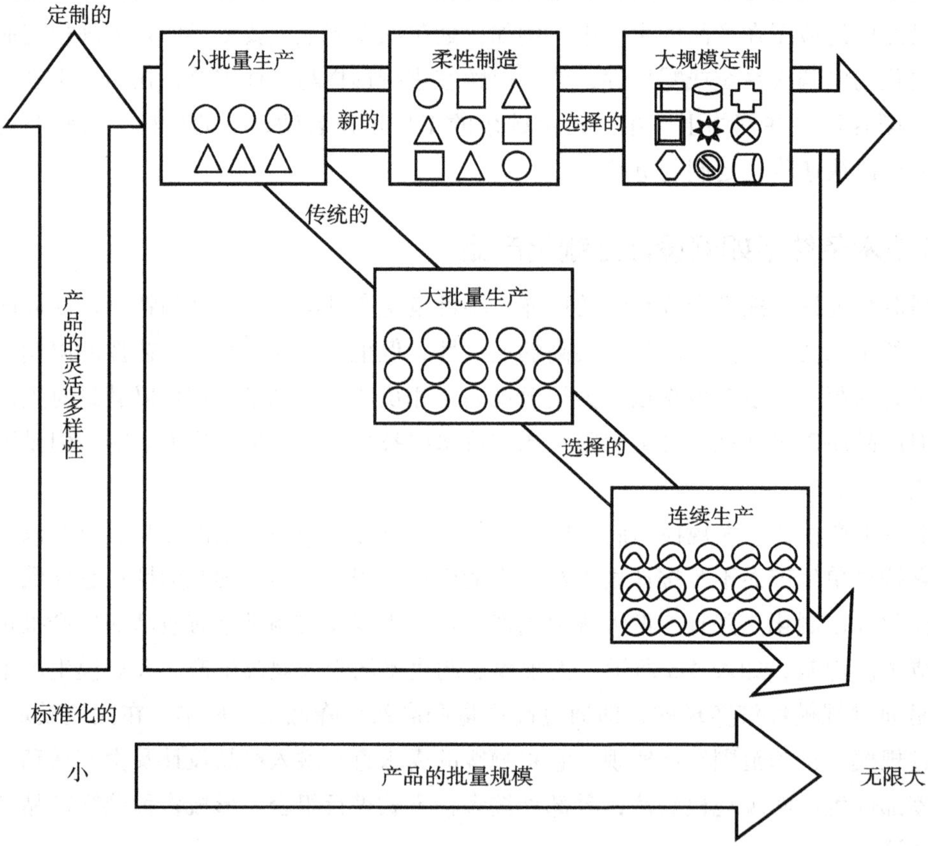

图 4-9 大规模定制与传统技术的关系

资料来源：Daft R L. Organization Theory and Design[M]. 9th edition, South-Western, 2007: 258.

组织的价值链包括设计、生产、销售和交付四个环节，企业可以通过这四个环节的具体实践，促使大规模和定制化的同时实现，完成传统技术下的大规模定制生产。

1. 围绕标准化产品和服务来定制产品和服务：在产品的设计、生产和销售的流程都采用标准化生产，在交付的过程中提供定制化服务或者标准化服务。

2. 创建可定制的产品和服务：在设计阶段就开发可定制的产品和服务，生产、销售和交付都可以提供定制的产品和服务，也可以提供标准的产品和服务。

3. 提供交货点定制：在产品的开发、生产和销售阶段都贯穿着标准化产品和服务，但是在产品的交付地点可以提供定制服务。

4. 构件模块化以定制最终产品和服务：在设计和生产阶段都围绕着模块化的定制产品或服务。模块化指的是将各种零部件加以规格化。在大规模定制中，模块化是非常重要的概念。

二、大规模定制条件下的组织设计

大规模定制强调的灵活性和适应性，使得这种技术条件下的组织不能采用高度集权的机械式结构。如表 4-6 所示，大规模定制技术与传统大批量生产技术对组织结构产生了不同的影响。传统的大批量生产技术下的组织，为高度集权的机械式结构，人员的工作内容与范围较受限制，同时也较着重技术性能力的养成，顾客的需求比较稳定，且与供应商间的关系是竞争取向的，保持一定的距离。

与传统的大批量生产技术相比，使用柔性制造系统进行大规模定制的企业中，管理幅度较宽，层级减少，任务具有适应性，专业化分工程度较低，决策分权化，人员的任务是处理复杂的非例行问题，组织的整体结构表现为有机式结构，有自我调控的特征。组织中的人员需要具备团队能力，需要有很好的认知和理解能力，以及良好的人际互动技能，因此要经常进行范围宽泛的培训，以掌握相关的社会性能力和问题应对能力。大规模定制要求组织与外部少量组织（如供应商）结成紧密联系，以适应顾客需求的多样性。

表 4-6 大规模定制对组织结构的影响

特征		传统大批量生产	大规模定制
组织结构	管理幅度	宽	窄
	层级数	多	少
	任务	常规、重复性的	适应、手艺性的
	专业化程度	高	低
	决策	集权化	分权化
	总体结构	行政机构式，机械的	自我调控的、有机的
人力资源	人际间关系	独自工作	团队工作
	培训	范围窄，一次性的	范围宽，经常性的
	专长	体力，技术	认知，社会能力
组织间关系	顾客需求	稳定	多变
	供应商	量多，简单关系	量少，紧密关系

资料来源：Daft R L. Organization Theory and Design[M]. 9th edition. South-Western, 2007: 259.

第四节 服务技术对组织设计的影响

一、服务技术的特性

服务业组织的目标不同于制造业组织的生产实现使命，服务业组织是通过提供服务来实现其总目标的，它的产品是无形的。如表 4-7 所示，服务业组织的技术特点与传统的制造业技术非常不同，深入理解服务业技术的特点有助于更好地调配组织战略、结构和工作流程，做好服务业组织的组织设计。具体而言，与制造业组织相比，服务业组织有如下几个特点：

（1）服务技术的产出是无形的，服务业提供的产品是包含知识、思想以及人的素质在内的抽象内容，而不是物质化的。而制造业的产出是有形的产品，比如说一台电脑，它能看得见摸得着，并且能够储存。

（2）服务技术的产出的生产与消费是同时进行的，产出过程必须要顾客的参与，不能储备，也不能以成品形式存在。例如，医生为病人诊病，诊断过程结束了，病人的消费过程也就结束了。而制造企业则通常是企业先生产，形成成品之后顾客再进行消费。

（3）服务业组织一般是劳动和知识密集型的，它需要配备很多的员工以满足顾客需要。而制造业组织则是资金密集型的，它更需要的是先进的设备和技术。

（4）服务业中消费者与组织员工有强的直接互动，工作人员的性格和行为直接影响到顾客的满意度，因此，通常需要具有很强的人际技能的员工。而在制造业组织中，技术核心人员与消费者基本不存在互动。

（5）由于消费者与员工的直接接触，组织员工的态度和行为直接影响到顾客的满意度和对服务的评价，因此，在服务业中，人的因素至关重要。在制造业中，人的作用可能可以用自动化的设备和技术进行取代，而在服务业中，人是不可替代的。

（6）服务业提供的产品质量感知是主观的，不能被客观测量，同时对产品提供的及时性要求非常高。它的产出不能像制造业那样，用产量来衡量，或是通过某一些客观的产品检验。服务业产品的质量完全依赖于顾客的感知。

（7）在服务业组织中，每一名员工都是边界联系人员，他们能够迅速感知消费者的需求，并及时做出响应。然而，在制造业中，组织设有专门的边界联系人员，他们的反馈和组织的决策时间可能使得组织的反应时间较长。

（8）服务业组织更加重视地点的选择，服务业的组织通常设置在容易接触顾客的地方。如果顾客的分布很广，那么通常这类组织也有较为广泛的网点分布。这也就是为什么我们能在同一个城市的许多地方看见同一品牌连锁的便利商店，却通常只能在城市的郊区看见一家大型的制造类企业。

表 4-7 服务业技术与制造业技术的差异

服务业技术	制造业技术
无形的产品	有形的产品
消费与生产同时发生	产品可以储存后再消费
劳动和知识密集型	资金密集型
与顾客有很强的互动	很少与顾客直接互动
人的因素至关重要	人的因素可以不太重要
质量能够被感知，但不宜度量	质量可用标准度量
快速响应	可以存在较长的反应时间
机构地点选择非常重要	机构地点选择的重要程度适中

资料来源：Daft R L. Organization Theory and Design[M]. 9th edition, South-Western, 2007: 260.

现实中，很少存在绝对的制造业组织和绝对的服务业组织，一般都是以制造业或服务业为主，绝大多数组织都是既生产实物产品，又提供无形服务的，都处于一种混合的状态。就比如说快餐类行业，它们常常被归类为服务业，但是它们经营活动中的主要部分包括提供实物产品，而制造业企业也开始增强对顾客服务的重视。

一直以来，服务业都偏向于按照顾客的想法和需求提供服务，是一种定制化的产出。但制造业技术的大规模定制变革，使得越来越强调个性化和多样化的社会需求飞速增长，也对服务业的定制服务以及服务质量改进产生了进一步的要求。服务业组织必须利用包括信息技术等在内的一切手段来满足客户需要。在信息技术等现代的推动下，现代服务业出现了新的趋势，也必然出现更适合的技术。不同于过去以生活消费服务为主的传统服务业，现代服务业开始转向生产消费服务。随着服务业的转型，知识密集型服务业组织占的比重加大，地位日益重要。服务业的技术也在发生改变，逐渐向密集型技术靠拢。

二、服务业组织的设计

现代社会中服务行业的发展迅猛，劳动力逐渐从制造业组织向服务业组织转移。服务业组织不同于制造业组织，服务业技术也不同与制造业技术，因而与之相配的组织结构也不相同。

在组织结构方面，服务业没有专门的边界联系人员，因为每个员工都必须直接接触顾客，他们本身就具有边界联系的功能；服务业组织通常比较分散，因为必须配合顾客的分布与互动需要，虽然现代很多服务能够通过网络与其他通信科技，从而改变地点的选择考量；服务业组织通常比较分权，正式化程度较低；工作者必须根据顾客的需求提供必要的服务，所以通常具有良好的专业技能、决策能力以及人际沟通能力（见表 4-8）。

表 4-8 服务业组织与制造业组织的形态和结构特征对比

特征		服务业组织	制造业组织
结构	专设的边界联系人员	少	多
	空间上分散化程度	大	小
	决策	分权	集权
	正规化程度	较低	较高
人力资源	员工技术水平	较高	较低
	技能重点	人际技能	技术技能

资料来源：Daft R L. Organization Theory and Design[M]. 9th edition. South-Western, 2007: 262.

|视|野|拓|展|4-3　宅急送的“门到门”服务

宅急送公司恪守“安全、准确、亲切、视服务为生命”的经营训诫，自 1994 年成立以来，公司以跨越式发展速度在全国建立了庞大的“快递网络”，以优质服务赢得了国内上千家著名企业以及广大民众的信赖；以“诚信，和谐，高效，追求卓越”的企业精神，矢志成为民族快运行业的一面旗帜，挑起中国快运追赶世界水平的重任。宅急送在全国拥有 32 家直营分公司，3 000多个经营网点，网络覆盖全国2 000多个城市和地区；分别在华北、华东、华南、华中、东北、西北、西南设有7个物流基地，40个运转中心，75 000平方米的配送中心，同时拥有42个航空口岸，360条航线，近1 500个航班，620条物流班车线，依托成熟的快运平台，宅急送每年进出港货物逾亿件，真正做到了物畅其流，货通天下。

1. 宅急送的运营模式

（1）全国“门到门”快递服务：宅急送选择的市场定位是快递物流服务，即门到门快递服务，宅急送的定位是在公司成立之时确定的，当时中国的国内快递业还是空白，中国邮政EMS业务只限于信；其次选择这一定位是日本“宅急便”的实验证明，这一运作模式为客户提供了与众不同的物流服务。速度是快运之魂，宅急送利用晚上装车运货，节省了送货时间，提高了货物的转移速度。

（2）服务由零散客户向大型企业转型，是宅急送抓住了业务发展的增长点；目前宅急送已经和诺基亚、佳能、LG、当当网等著名的企业或者商务网站建立合作关系，这样一来，宅急送迅速增长了业务量，同时不断提升自身的竞争力。

2. 全国“门到门”服务的成功因素

只有门到门服务，才能更贴近客户、更好地满足客户的个性化需求，这也是快运市场发展的必然趋势。

（1）全国物流网络布局。要做到门到门服务，就必须有星罗棋布的网络，这些网络覆盖的范围要涵盖客户业务要求的每一个区域。为此，陈平从与日方合资开始，就大力着手营建覆盖全国的网络建设。宅急送的网络结构分为四级，即子公司、分公司、营业所、营业厅。子公司是按照中国的地理位置并结合宅急送实际设立的，分公司是以子公司为中心向周边区域扩展或延伸，营业所和营业厅位于比较繁华的地段，主要是为了方便客户，并能提高派送及取货速度。

1997年宅急送初步完成北京局域网建设，紧接着1998年宅急送进军上海，到2000年8月，宅急送建立了北京、上海、广州、沈阳、成都、西安、武汉七个全资子公司，并组建起自己的传统运输网络，覆盖全国七大区，在深圳、厦门、东莞、宁波、大连、天津、南京、杭州、长沙、株州、郑州、济南、青岛、绵阳、贵阳、重庆等城市设立了全资分公司，网络从沿海到内陆呈扇形分布。

目前，宅急送公司在全国已设立280多家营业点，网络覆盖全国800多个城市和地区，使异地发货、到付结算成为现实，最大程度上满足了客户的需求。

（2）高效迅速的货物查询和管理系统。投入数百万元建立ERP操作平台，让客户可通过互联网登录宅急送网站，利用ERP查询货物运行和签收等相关信息，并在网上通过先进的GPS，查询车辆在全国的具体位置，掌握货物的第一手资料，对货物进行全程跟踪。

2002年11月，宅急送对其MIS系统进行改造后，达到了公司内部数据共享的效果，使网上信息查询成为了可能。目前宅急送已具有四大信息系统，因特网信息系统（internet）、业务管理系统（MIS）、电子邮件系统（email）、公司网站（web）。过去宅急送对客户的服务承诺是：“只要一个电话，一切不用牵挂。”现在有了进一步延伸，“如果您有牵挂，请到网上去查”。

资料来源：宅急送：从一元钱到一个亿[OL]. http://www.chinawuliu.com.cn/xsyj/200901/08/140483.shtml，2009-01-08.

本章小结

不同的学者对于组织技术的类型具有不同的分类，不同的技术模式对应的组织结构设计也不同。伍德沃德按照技术复杂性顺序，将技术分为单件小批量生产、大批量生产和连续生产，它们对应的组织结构特点各不相同。汤普森研究了部门之间的相依关系——并列式、序列式、互惠式，并提出了相应的组织结构。佩罗则从任务的多样性和可分析性出发，提出了部门及技术的分析框架和相应的组织结构特点。

随着信息技术的发展，信息技术在组织中的应用也日益广泛，主要体现在组织结构的整合、扁平化及分权化、规模小型化、组织间关系等方面。信息技术的发展也推动了柔性制造系统的实践，柔性制造系统是指通过运用包括无线技术、计算机技术、数控技术等各种新制造技术进行生产的自动化的生产系统，也叫灵活制造或者未来工厂。

依靠柔性制造系统和计算机集成制造技术能够实现大规模定制。大规模定制条件下的组织整体表现为有机式结构，具有管理幅度较宽，层级减少，任务具有适应性，专业化分工程度较低，决策分权化等特点。

服务业组织相较于制造业组织，具有不同的特性，对应的组织结构也不相同，通常来说，这类组织通常比较分散，正式化程度较低，对员工的人际技能要求更高。

复习思考题

1. 组织技术具有哪些模式？它们分别对应何种组织结构？
2. 计算机技术为组织结构带来了何种影响？
3. 什么叫柔性制造系统？它由哪些部分组成？并举例说明。
4. 传统技术下如何实现大规模定制？需要做出哪些结构上的改变？
5. 服务技术具有哪些特性？服务业组织的结构应如何设计？

延伸阅读

1. Anderson, P, & Tushman, M L. Technological discontinuitiesand dominant designs: A cyclical model oftechnological change. Administrative Science Quarterly, 1990, 35: 604–633.
2. Henderson, R. M, & Clark, K B. Architectural innovation:The reconfiguration of existing product technologiesand the failure of established firms. AdministrativeScience Quarterly, 1990, 35: 9–30.
3. Baldwin, C, & Clark, K. Managing in an age of modularity.Harvard Business Review, 1990, 75(5): 84–93.
4. Sanchez, R., & Mahoney, J. T. 1996. Modularity, flexibility,and knowledge management in product and organizationdesign. Strategic Management Journal, 17: 63–76.
5. Mohr, L B. Organizational technology and organizationalstructure. Administrative Science Quarterly, 1971, 16:444–459.

|综|合|案|例| 海尔集团的大规模定制策略

海尔集团是最早在整体橱柜及厨房设施领域实施大规模定制生产方式的国内企业。海尔集团的大规模定制历程，始于 1997 年海尔厨房设施有限公司的成立。海尔厨房向市场推出按客户要求定制的橱柜，并整合海尔家电提供高品质的整体厨房定制服务。1998 年，海尔在集团内部开展了以市场链为纽带的流程再造，形成了以订单信息流为中心的业务流程，在海尔流程再造下的制造从过去的大规模生产变为大规模定制生产。

2000年，海尔集团在全国率先推出“定制冰箱”概念，从传统的“我生产你购买”转型为“你设计我生产”。随后，海尔在洗衣机和空调等产品上也有所突破。到2001年，海尔已能满足来自68个国家和地区用户的特殊订单，所生产的产品已达12个系列近500个品种。海尔采用柔性制造系统，将其几十大类产品分解为数万个模块；同时在销售上引进B2C的方式，实现由商家（及最终顾客）设计、厂家制造。至此，海尔集团在全范围内的产品中实现了大规模定制的生产方式。

自实施大规模定制生产方式以来，海尔集团经过十多年的发展，已经完成了全范围的转型，并充分利用了产品族设计、产品开发与快速设计、模块化设计、延迟化的策略，保证了企业以较低的成本快速响应客户的需求，并在全球化竞争中赢得了竞争优势。其中，模块化设计、产品开发与快速设计是海尔集团运用最成功的两种策略，下面将对海尔集团在这两种策略上的实践进行详细说明。

一、模块化设计策略

1998年，海尔开始实行模块化，把一些可以做成标准化的部件整合起来，形成模块，并在研发中心建立模块库，然后由专门的模块经理负责，并且不断地更换旧的模块，海尔的产品设计者在产品开发前，首先从模块库里选择可用的模块，然后在此基础上对产品进行局部改进。2000年，海尔加快了模块化设计的推进速度，依据“顾客需求－基本功能－原理模块－结构模块”框架，采用基于功能分析的模块划分方法对产品进行模块化设计，构建了全球模块资源共享平台，使全球的海尔工程师都能构想模块库，并要求全球的产品设计者们对模块库中的模块不断地进行整合、更新和补充。

伴随着产品开发品种与生产规模的不断扩大，从2002年开始，海尔在继续加强模块化开发的基础上还开始了模块标准化建设工作。在模块整合方面，以海尔的洗衣机为例，没有实施“模块化”之前，海尔洗衣机本部的零部件种类在24 000～26 000种之间，实行之后，通过标准化零件的不断整合，海尔零部件种类数量不断减少，到2006年，零部件数量已经被控制在3 000～5 000种之间。海尔开发任何一款洗衣机新产品，70%～80%甚至90%左右，可以使用已经存在的模块。

海尔面向客户推出模块化定制的个性化销售方式，即将能实现不同功能的主要部件划分成相对独立的功能模块，在统一的平台上加上不同的模块组合就能形成不同的产品。用户在购买产品时，只需对产品所能实现的具体功能进行说明，生产销售人员就可以很方便地提供使用不同功能模块的、客户所需要的产品。海尔现主要从事家电产品的组装制造，其关键零部件的开发主要借助上游企业的研发力量，海尔模块化产品架构体系能与上游企业对接，具有开放性的模块化架构特征。

海尔通过创建模块化产品价格，降低了产品的成本，提高了产品的质量，整合了供应商研发的资源，增加了产品的差异化，并且能够快速响应客户的需求，充分发挥了规模经济和范围经济的作用。

二、产品开发与快速设计策略

海尔产品设计的理念就是满足需求（现有的和潜在的需求），结束抱怨。在这种理念下，海尔不断挖掘可能连客户都没想到的需求。围绕着这种需求，海尔始终发挥两个优势：反应速度快和产品创新。在海尔内部，收集信息的渠道多种多样，客户的反馈能够直接到达研发人员手里。为能快速、低成本地满足客户的需求，早在2002年，海尔集团就鼓励采用新产品系列化开发，即在已有母本新产品的基础上，进一步拓展其功能、兴能，开发更加完善的同系列新产品。

在产品开发与快速设计上，为了缩短产品开发与设计的周期，提高市场响应速度，海尔集团进一步完善了从市场信息采集－产品企划－外观设计－模型制造－模具开发－批量生产的信息同步开发平台，大大缩短了产品开发与设计的周期。海尔在产品开发与快速设计策略中主要采用模块化变形设计、并行开发、标准化和建立产品生命周期管理系统。

1. 模块化变型设计

为提高新产品开发效率，最大程度地利用现有资源，海尔积极利用信息化技术进行产品的模块化设计，并建立模块化库。海尔把产品配置分成基本模块配置和可变模块配置，基本模块由规划科或档案科提供，可变模块由研发本部和各开发部提供。通过模块化变型设计，实现了快速满足客户个性化需求的目标。如海尔现共有冰箱、空调、洗衣机等96个大门类、15 100多个基本产品类型及2万多个基本功能模块，分销商和客户可以在这个平台上，有针对性地、自由地将这些基本产品类型和基本功能模块进行组合，或者在此平台基础上进行变型设计，生产出让客户满意的独具个性的产品。

2. 并行开发

为提高新产品开发速度，以最快的速度把产品推向市场，在最短的时间满足客户需求，海尔集团实施并行开发流程。对于每项新产品的开发，项目负责人根据设计任务，对需开模的零部件、工艺性复杂的零部件，及其他需并行开发的零部件，编制并行开发计划书。项目负责人根据并行开发计划书与工装所、模具事业部、物流新产品开发小组等部门签订并行开发合同，以确保并行开发工作的顺利进展。并行开发方案的实施，大大提高了产品的开发速度，缩短了开发周期，使开发周期达到了客户和市场的要求。并行开发具体体现在以下三个方面：

（1）模具的并行开发。海尔在方案确定阶段就吸收了工装中心的参与，大大缩短了开发周期，采用已有样机加上开发要求，对外协厂进行招标，使开发设计与模具加工同步，也使得项目得以快速完成。

（2）试制过程的并行开发。在试制过程中，一改常规的模具加工完成后再试模的办法，而是在模具粗加工完成后，就进行一次试模，不但可以提前验证模具加工的准确性，而且试模内胆经过整修也可以提前用于研发泡模，从而使模具开发和试制周期大大缩短，这也得益于工装中心及外协厂家的参与。

（3）塑料件的并行开发。在供应商的参与下，确定了首批试制，用已有件进行手工改制进行试制与开模组织批量生产同步进行的方法，使这一难题得到解决。在保证了开发质量的前提下，使开发周期达到了客户和市场的要求。

3. 采用国际标准提高国际竞争力

为了使出口产品能满足当地标准和认证的要求，海尔对拥有的标准资源进行了详细的消化吸收，将不同国家标准文本的条款要求进行详细对比。先将ISO标准、美标、欧标、中东标准、俄罗斯标准与中国的国标及产品执行的企标的指标和要求进行分析对照，建立BOM作为出口全球各地产品开发、生产和检验的参考；进一步再搜集全球出口国的标准进行分析对照，建立产品全球标准BOM。对出口产品的设计、生产和检验起到了很好的指导作用，有效避免因技术标准不适用引起的贸易后患。在标准情报信息搜集上，海尔建立了统一的标准信息支持网络，并同30多个国内、国际标准研究机构、认证公司建立了合作关系，共同跟踪国际标准的最新动态，确保标准信息的及时性和有效性。海尔标准化工作的实施，不仅提高了产品的质量，而且为海尔产品打开、拓展国际市场打下了坚实的基础。

4. 建立产品生命周期管理（PLM）系统

海尔的产品96大类，15 100种规格，零部件种类和技术文件繁多。由于业务的快速增长，这类信息每年以40%的速度增长。PLM系统的实施极大地解决了产品从研发、设计、计划、采购、制造、销售、服务及回收全生命周期管理，缩短产品上市时间，增加产品设计中的创新内容。海尔集团采用Teamcenter Enterprise作为PLM的平台解决方案：①在集成的数据库中管理所有的零部件及其成组分类、设计文件、产品档案、EBOM、MBOM和产品经理资源，以及它们之间的关系；②使用工作流程和过程自动化来管理所有产品数据发放的过程；③使用与ERP系统的集成接口管理设计向制造的数据发布；④采用统一的物料自动编码；⑤所有产品数据基于PLM进行管理，提高不同BOM的准确、一致和版本有效性；⑥所有产品经理基于一个完整的、集中的、共享的、动态的型号经理资源平台（认证、专利等）；⑦所有产品设计数据、BOM等的发布、更改（版本变化）通过电子流程进行控制；⑧采用成组技术提高产品设计的零部件模块化水平；⑨物料、MBOM（多工厂）由PLM系统（作为唯一的数据源）向ERP系统的发布提高系统数据的一致性。

海尔PLM项目的实施已基本实现了四个目标。第一，建立了零部件的选件库，以推进整个零部件的重用。第二，建立了选检库，即通过质量、成本、交货期以及是否能够参与前端的设计开发，对供应商进行评价，然后对供应商进行A、B、C、D的分类和控制。第三，建立了完善的研发流程。第四，完善了产品的项目管理，减少了研发项目拖期的情况。

三、组织结构的变化

随着海尔大规模定制生产方式的实施，海尔对集团内部的组织结构也进行了相应的调整，逐渐建立趋于小型化、个性化、综合化和以客户为导向的扁平化组织结构，有利于大规模定制生产方式的推进：改善了信息传递与沟通，提高了企业的灵活性和适应性；充分调动了员工积极性，提高了管理系统的效率和柔性；能有效地整合企业外部资源，提高研发能力，发挥规模经济的作用。海尔组织结构的调整，是以业务流程再造为基础上的市场链与事业部两者优势结合、强化不同产品运营模式的结构变革。

1. 海尔的“市场链”流程再造

1998年年底，海尔在集团内部开展了以市场链为纽带的流程再造，形成了以订单信息流为中心的业务流程。具体的做法是把原来各事业部的财务、采购、销售业务全部分离出来，整合成商流推进本部、物流推进本部、资金流推进本部，实行全集团统一营销、采购、结算，这是海尔市场链的主流程；把集团原来的职能管理资源进行整合，形成创新订单支持流程3R（R&D、HR、CR），和保证订单实施完成的基础支持流程3T（TCM：全面预算、TPM：全面设备管理、TQM：全面质量管理）。整个集团形成了主流程和支持流程两大体系的组织架构。

整合后的海尔集团组织结构如图4-10所示。商流、海外推进本部从全球营销网络获得的订单形成订单信息流，传递到产品本部、事业部和物流本部，物流本部按照订单安排采购配送，产品本部和事业组织安排生产；生产出的产品通过物流的配送系统送到客户手中，而客户的贷款也通过资金流依次传递到商流、产品本部、物流和分供方手中。这样就形成横向网络化的同步的业务流程，有力地支持集团公司大规模定制的实施。在这种结构实现了企业内部和外部网络相连，使企业形成一个开放的系统。

2. 海尔集团建立二级集团制度

2007年7月，海尔将实施了九年的按照产品品类组成事业部制的组织架构，调整为根据各类产品线运营模式的不同，划分为六个子集团：白电运营集团（冰箱、洗衣机、空调）、黑电运营集团（彩电、AV产品）、数码及个人产品运营中心（电脑、MP3等）、全球运营中心（海外推进本部）、创新市场中心（国内市场）、金融运营中心。调整的原则是以产品运营模式为核心，重组现有集团下属各个事业部，以提高运营效率。新的子集团架构的组织形式，实际上是把从供应链到制造体系再到市场链的完整运营权下放到了子集团层面，使得各个具有相对独立性的业务单元在自身的体系内实现完整的经营活动。而集团层面则负责品牌、资本运营、公共关系等更高层面的运作。

四、互联网时代的模式创新

互联网时代的到来颠覆了传统经济的发展模式，而新模式的基础和运行则体现在网络化上，市场和企业更多地呈现出网络化特征。海尔也开始实行网络化的企业发展战略，并进行了一些模式创新，其中最重要的就是其“人单合一双赢”的发展思路。

“人”即员工，“单”不是狭义的订单，而是用户需求。“人单合一双赢”即让员工与用户融为一体。“人单合一双赢模式”适应了互联网时代的要求，它与传统管理模式最本质的区别是：传统管理模式是以企业为中心制定的，

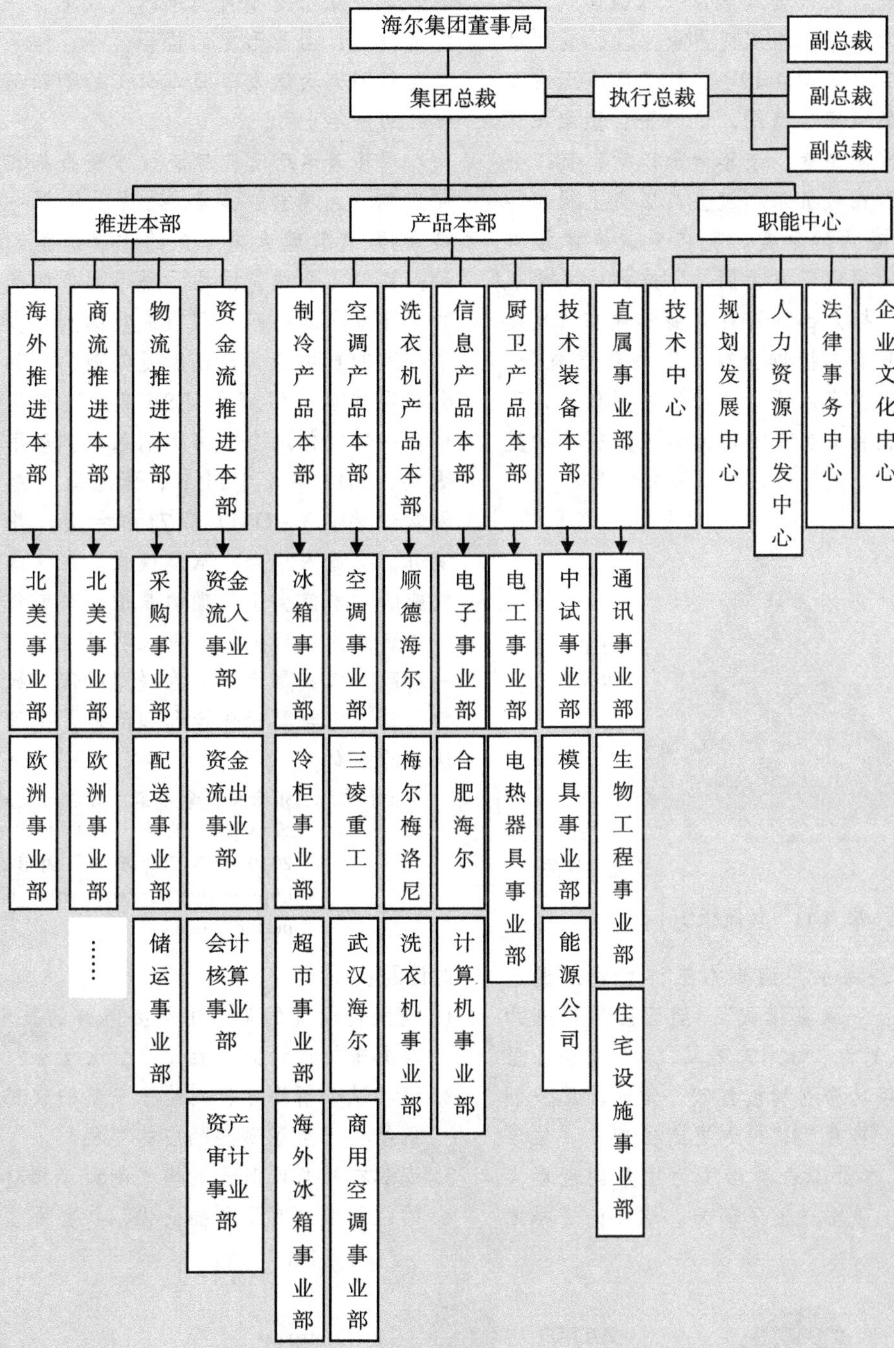

图 4-10　海尔集团 1998 年整合后的组织机构

“人单合一双赢模式”是以用户为中心制定的。互联网时代，信息不对称的主动权转移到用户手中，用户可以决定企业的生存。人单合一双赢模式就是让员工成为自主创新的主体，由此形成了企业与员工之间关系的一个新格局。即由原来员工听企业的，现在变成员工听用户的、企业听员工的为用户创新的方案。

而在组织结构的设计上，海尔认为传统组织（见图 4-11）是一个正三角的组织，最下面是员工，上面是领导。上级对下级下达命令，下级服从上级。在推进人单合一双赢模式过程中，海尔认为应当把组织变得扁平化，变成动态的网状组织（见图4-12）。海尔目前正在积极探索平台型组织生态圈，认为平台型组织体现为资源的按单聚散。按单聚散以后，员工分为在册员工和在线员工。过去员工听上级领导的指令，是接受指令者，现在变成资源接口人。以海尔的家电研发为例，原来的研发者现在是接口人，接外部的资源。海尔现有研发接口人1 150多名，接进全球5万多研发资源。也就是说，有很多人不是公司的在册员工，而是在线可以整合的员工资源接口人。将来的发展方向是创建小微公司，可以独立创业。

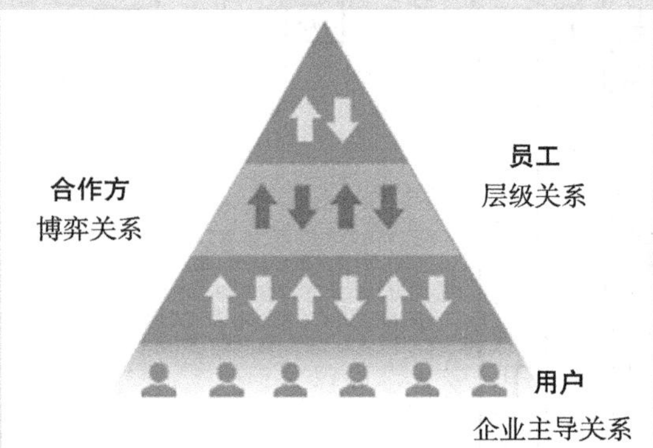

图4-11 传统组织

2011年，海尔并购日本三洋白电，通过引入“人单合一双赢模式”，使团队从原来的“惟尊是从”变为“惟用户是从”。日本企业里根深蒂固的年功序列制被打破，谁能为用户创造更大价值，自身就能得到更大价值。一位年仅35岁的日本员工表现出了为用户创造更大价值的能力，破格当上了部长。这在论资排辈的日本企业中是不可想象的。人单合一双赢模式的推进，由此形成的机会公平、结果公平的文化氛围大大激发了日本员工的创新活力，海尔并购当年止亏。

很多著名管理专家、商学院也都在跟踪研究海尔“人单合一双赢模式”。世界一流的战略大师、《管理大未来》的作者加里·哈默表示：目前在全球范围内，进行类似的管理革新的企业本来就不多，取得成功的则还没有。海尔推进的自主经营体创新是超前的，相信一定会取得成功。西班牙IESE商学院把海尔“人单合一跨文化融合”案例纳入案例库用于教学研究。2013年8月11日，张瑞敏应邀出席美国管理学会（AOM）第73届年会，并作主题演讲，交流人单合一双赢模式。在这场全球最权威的学术盛会上张瑞敏是唯一获邀作主题演讲的企业家。这一切，都证明了海尔“人单合一双赢”模式是为适应互联网时代挑战而进行的创新，它兼具时代性和国际性，是国际权威认可的方向。

资料来源：张余华．面向客户需求的大规模定制策略[M]. 北京：清华大学出版社，2010: 157-175. 海尔集团官方网站，http://www.haier.net/cn/about_haier/one_person_alone/.

讨论题：

1. 模块化设计的策略都需要怎样的技术支持，与原来的设计方式相比有什么优势？
2. 请尝试分析海尔针对生产策略的改变，其组织结构发生了哪些相应的变化？
3. 海尔在互联网时代的模式创新，相对于传统的组织模式有了哪些变化，具有哪些优势？

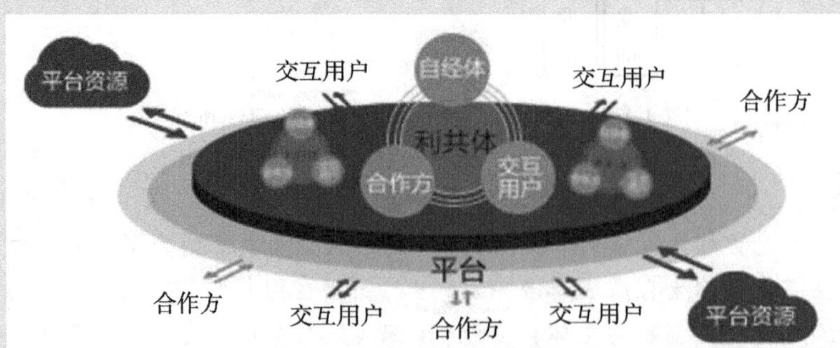

图4-12 动态的网状组织

第五章

组织文化与组织设计

学习目标

- 了解组织文化的基本要素
- 理解组织文化的层次组成与形成阶段
- 了解组织文化的特点与功能
- 了解不同的组织文化类型与战略和环境的关系
- 理解组织文化的两种常用测评模型

核心概念

组织精神、价值观、人本文化、软管理。

组织是一个开放系统，组织的成长与发展同时受到组织内、外部各种因素的影响。组织因此需要对其所处的环境充分了解，并尽力适应或改造环境。组织文化作为组织内部环境的重要组成部分，对组织取得竞争优势，进一步发展，变革以及壮大具有很重要的影响。组织文化必须与组织外部环境以及组织战略相匹配。

引例

聚焦阿里巴巴成长之路：企业文化厥功至伟

如今已经越来越难定义阿里巴巴了。14年前，它还只是由18个人初创的电子商务公司，而今已经成长为一家横跨电商、金融、无线通信等多种业态的“产业生态圈”，旗下坐拥10余家子公司，而其眼中最重要的资源——“阿里人”(员工)已经扩容到24 000人。

与此同时，阿里作为行业“搅局者”和“颠覆者”的形象却愈加鲜明，其“开放、创新”的文化标签也日益深入人心。可以说，正是这样的企业文化使阿里能够跨业态掀起一场革命。在阿里巴巴人力资源副总裁卢洋看来，互联网产业是“只有第一，没有第二”的产业，“不能吃老本”。在这种情况下，“自下而上的草根创新才能使企业保持持续的活力，背后需要的就是开放、透明、能让员工保持充足自主性的文化”。

文化建设一直是阿里巴巴发展的重中之重，2001年，强调“简单、激情、开放”等价值观的“独孤九剑”在阿里内部被奉为圭臬；2003年，阿里巴巴更是“争议性”地把价值观纳入到绩效考核体系中来，而且占到50%的权重，甚至有时候会更加畸重。在阿里的招聘历史上曾多次出现由于价值观，而把一些精英人才拒之门外的案例。

其实，阿里巴巴的文化很简单，与互联网的基因一致，就是开放、分享。这种企业文化不仅能够应对由于业务持续庞杂所可能引发的“大组织病”，而且能够保证一些有利于公司发展的先进制度得以真正实施。

不过“强大”的企业文化如何才能摆脱被束之高阁的尴尬，成为有效的管理工具？阿里巴巴的策略是虚事做实，也就是通过各种形式设置，各种程序动作使员工能够看得见、感受得到、理解得了。

为了激发员工工作的自主性，优化体系内的人力资源流转，阿里巴巴对转岗制度做了调整：以前都是部门主管点头之后员工才可以转换工作，如今只要接收方同意，原部门主管就要无条件放行。

“阿里味儿”就是阿里巴巴强化企业文化的一个阵地，事实上，许多公司都不乏这样的设置，但是阿里巴巴的这个内网却有不一样的味道。在这上面，员工可以直言部门主管的待遇不公，可以质疑公司的某项政策规定，甚至是集团高管走马上任也会被反对“围攻”。用阿里一位员工的话来说，可以讨论任何事情而无论层级，发表任何观点而不论对错；即便是高管的观点也经常被员工“减芝麻”。（“减芝麻”表示不同意。）

这样的例子随时随处可见，在阿里的历史上，一位被高管辞退的员工发帖历数前者的不公正，帖子发布后引发了大量同事“一面倒”的声援，但随后高管及时回应，说明原因和意见，也获得了跟帖支持，最终在两方意见“针锋相对”的情况下，由CEO陆兆禧出面，把HR的负责人、当事员工和主管都叫到一起公开讨论，而且现场情况同步直播给所有员工。

在阿里的另外一个安排中，项目推进以“共创会”的形式进行，“可能老板本身就有想法了，但还是要先把问题抛出来，让大家共同参与，经过几轮之后形成的结论，有可能跟老板最初设想相同，也有可能优于最初的想法”。这样带来的好处就是，由于是大家共同参与得出的结果，因此员工对项目的理解，包括项目未来的执行上都会更顺利。也正是这些做法使得阿里开放、透明的企业文化被员工真正地接纳和吸收，有效地激发了员工的创新能力。

上述做法在其他公司也可能存在，但是能不能够做实才是关键。在阿里巴巴，价值观的量化就是“做实”的有效的路径，阿里广为人知的“六脉神剑”很简单，即客户第一、拥抱变化、团队合作、诚信、激情、敬业，但每一项都有具体的解释和详细的内容，而且与绩效考核能够一一对应，比如“激情”一项就定义为“乐观向上，永不放弃”，这包括5个方面，喜欢自己的工作，认同阿里巴巴企业文化；热爱阿里巴巴，顾全大局，不计较个人得失；以积极乐观的心态面对日常工作，碰到困难和挫折的时候永不放弃，不断自我激励，努力提升业绩；始终以乐观主义的精神和必胜的信念，影响并带动同事和团队；不断设定更高的目标，今天的最好表现是明天的最低要求，“1分的激情是什么样的，6分的激情是什么样的这些都有具体细则，在做绩效考核的时候，员工就要依次举出自己的工作案例来跟考官说明。”

资料来源：凤凰财经，http://finance.ifeng.com/a/20140223/11724134_0.shtml。

第一节 组织文化的内涵

组织文化源自于组织的创始人或者是早期的领袖，当他们的理念或者价值观表达出来并且获得成功之后，在组织中逐渐制度化，形成了反应组织设立目标的组织文化。所谓组织文化（organization culture）是指组织成员共享的一套稳定的价值观、信念、惯例以及行为规范等的总和，是组织作为一种标准来传承的精神基础。组织文化并不是用明文加以规定的，但却实实在在地存在于组织当中，是组织的重要部分，深切地影响着组织中的每个成员，它对组织成员对事物的看法和对周围环境的反应起着重要决定作用。当组织行动时，组织文化约束了组织成员的行为，并为组织成员采用何种行动提供方向性指导。

基于组织文化的本质，可以将组织文化的基本要素划分如下。

1. 组织精神

组织精神是组织的灵魂，是组织全体成员对组织的合法性、形象、地位和风貌的理解和认同，是对组织前途的认可与希望，是一种集体的价值取向。组织精神对于组织非常重要，是凝聚组织成员的精神力量，它能反映出组织的成员素质与精神面貌。

2. 组织价值观

组织成员共同认可的用以评价事物和用来指导行为方式的准则与观点就是组织价值观。价值观是企业文化的核心，为组织成员提供向导作用。组织价值观具有三个特性：一是调节性，即组织价值观对组织成员具有强烈的凝聚力和强大的感召力，能够对组织的行动产生协调、规范和调整的作用；二是评价性，即组织成员在对外部事物做出衡量评判时，会采用组织认可的价值观；三是驱动性，即组织价值观会告诉组织成员什么才是值得追求的价值目标，这成为推动组织行动的内在驱动力，是一种隐形的动力机制和激励机制。不同的组织拥有不同的价值观，积极先进的组织总是会倡导更为崇高的目标，承担更大的社会责任，秉承更积极的信念。

3. 组织形象

社会、其他组织以及组织内部成员对组织与组织行为的印象与评价就是组织的形象。组织形象体现了组织的能力，反映了社会、其他组织以及组织资深成员对组织的认可程度。组织形象包括五个重要的因素：社会形象、环境形象、产品（服务）形象、组织领导者形象和成员形象。

上述三种组织文化的基本要素中，前两种是抽象的，是组织文化的深层次内涵。第三种是具体可被观察到的，是组织文化的表层反映。可被观察到的组织形象要素的表征物就折射出了组织文化的精神要素和价值观要素。

组织文化可以通过有形的载体，如仪式、典故、英雄、口号等表现出来。对这些有形载体的观察和分析可以帮助理解组织文化的内涵。典礼或仪式（rite/ceremony）是组织为了向组织成员表明某种重要性而在一定场合举行的有计划的活动。通过举行典礼或者仪式，组织可以向组织成员说明组织所看重的是什么，为他们树立并强化组织的价值观，增强组织的凝聚力。口号（slogan）是组织用来解释和进一步影响组织文化所采用的一种语言方式，凭借口号向组织成员传递某种思想，通常是一些比较简洁的词语或短句。口号的扩展是组织的使命说明书等书面的公开文件，这种宣传形式从口头变成文字。典故与英雄（story & hero）都是组织用来树立的榜样，代表了什么是组织中认为正确的事或人，是弘扬组织价值观与组织精神的模范与典型。符号（symbol）是用一些形象具体的物体、行为等来表达或传递某种意义，是一种含义丰富的表述。仪式、口号、典故等都可说是符号的一种，象征着组织的价值观与文化内涵。符号也可以是实体存在的某种标识性的事物，代表了组织想要表达的一种主题。

组织文化对于组织具有极强的影响力，这种影响力可能是积极的也可能是消极的。与组织及其战略相适应的组织文化对组织的发展具有正面导向作用，反之落后消极的组织文化对组织活动的开展具有阻滞作用，不利于组织的存续发展。

视野拓展5-1 IBM的组织文化

IBM（国际商用机器公司）是有明确原则和坚定信念的公司。这些原则和信念似乎很简单，很平常，但正是这些简单、平常的原则和信念构成了IBM特有的企业文化。

IBM拥有40多万员工，年营业额超过500亿美元，几乎在全球各国都有分公司，其分布之广，莫不让人惊叹不已，其成就莫不令人向往。若要了解此企业，你必须要了解它的经营观念。许多人不易理解，为何像IBM这么庞大的公司会具有人性化的性格，但正是这些人性化的性格，才造成IBM不可思议的成就。

老托马斯·沃森在1914年创办IBM公司时设立过“行为准则”。正如每一位有野心的企业家一样，他希望他的公司财源滚滚，同时也希望能借此反映出他个人的价值观。因此，他把这些价值观标准写出来，作为公司的基石，任何为他工作的人，都明白公司要求的是什么。

老汉森的信条在其儿子时代更加发扬光大，小托马斯·沃森在1956年任IBM公司的总裁，老沃森所规定的“行为准则”，由总裁至收发室，没有一个人不知晓，如：

1. 必须尊重个人。
2. 必须尽可能给予顾客最好的服务。
3. 必须追求优异的工作表现。

这些准则一直牢记在公司每位人员的心中，任何一个行动及政策都直接受到这三条准则的影响，“沃森哲学”对公司的成功所贡献的力量，比技术革新、市场销售技巧，或庞大财力所贡献的力量更大。

资料来源：代凯军. 管理案例博士评点[M]. 北京：中华工商联合出版社，2000.

视野拓展5-2 IBM价值观的变迁

不同的业务时代，IBM的核心价值观都在适时而变，而且总能对企业的业务产生巨大的推动作用。IBM曾经经历过三个企业核心价值观时代。

在IBM的创始家族沃森那里，他们用三句话把IBM的员工凝聚在了一起。在20世纪中期，“尊重个人、追求卓越、服务顾客”成为IBM的基本信仰。当时正处于大型机时代。IBM主要是依靠大型主机技术方面的领先技术、产品，以及服务人员的专业技能来赢得客户。那时还没有通用型计算机，每台计算机都是独一无二的，连操作系统和应用软件都是单独编写的。每个客户的系统都不一样，而他们的服务人员也是相对长期和固定的。在这样的市场状况下，具有专业技能和应用经验的员工无疑是公司最宝贵的资源。公司要在市场上具有竞争力就必须保持大量优秀人员的稳定。“尊重个人”得到了充分而且完美的演绎。用现在人的眼光来看，那时的IBM真是“大锅饭”的天堂，福利待遇好得出奇。其实在我看来，是否“大锅饭”并不重要，重要的是一种适合公司所处市场特点，能够帮助公司保持并促进核心竞争力的措施就是好措施。“尊重个人、追求卓越、服务顾客”是最适合当时状况的，而事实也证明了一个正确有效的企业核心价值观的作用是巨大的。IBM正是在这三句话的激励下高挂云帆，成为世界计算机技术发展的领航企业，达到了大型计算机时代的巅峰。

但是到了20世纪末，世界变了。通用计算机小型机和个人电脑的兴起使得计算机市场迅速地扩展，客户类型变得复杂多样了，客户也有了更多的选择。计算机行业逐渐从卖方市场进入了买方市场，仅仅依靠产品技术和人员的资深已经不能赢得客户的欢心了。这次，

IBM的动作慢了。由于对市场的错误决策等原因，IBM开始走向低谷，并且我们所信奉的基本信仰的负面影响也日益显露，比如精益求精反而成了对技术的固执迷恋和追求，造成决策缓慢甚至决策流产；过分相信自己的行业专家使IBM忽略了对客户需求变化的关注，失去了敏锐的市场适应力；尊重个人则使公司失去了优胜劣汰的选拔机制，或者无法贯彻公司的决定。而这时候，郭士纳临危受命。郭士纳对IBM进行了一系列业务和管理制度的改革与调整，成功地实现了从生产型企业向同时出售硬件、网络及软件整体解决方案的供应商的转型，重新塑造了IBM的竞争力。整体解决方案也就意味着IBM不依靠单一产品来赢得客户。在这样的业务模式下，需要的是合作而不是彰显个人。因此，根据当时公司的状况以及业务模式的转变，郭士纳提出了"胜利、执行和团队合作"三条新的企业核心价值。以这三条标准为出发点，经过10年的救亡图存，IBM浴血重生。

进入21世纪以后，IBM开始转变为一个时时刻刻都在思考创新的企业，不但在自己的企业内部创新，而且还联合全球不同行业的专家、学者和官员们协作创新；IBM提供给客户的不是单纯的软硬件产品或解决方案，而是应用了产品和服务之后，客户竞争力的增强；IBM也不仅仅关注自身企业的发展，而是如何与各国政府和企业一起协同合作、共谋发展。简单地说，今天的IBM所"出售"的并不是看得见摸得着的IT产品，而是着眼于用IBM的种种优势（这些优势包括产品、技术、服务以及IBM在商业和各行各业积累的敏锐洞察力和经验）能够帮助客户带来什么样的价值。这种价值多种多样，可能是政府在民众心中的形象提升；可能是企业业务模式的顺利转型；可能是科研单位更有效地利用资源；可能是帮助公司降低内耗提高管理；等等。这些无疑比以前IBM所出售的"产品"都复杂得多。

2003年，IBM在全球展开了72小时的即兴大讨论，32万名员工一起在网上探讨什么是IBM的核心价值，怎样才能让公司运作得更好。讨论的结果，员工们一致认为"创新为要"、"成就客户"和"诚信负责"是对IBM现在和未来最为重要的三个要素，于是顺理成章地，这三个要素上升成为IBM的核心价值观。IBM希望成为一个全员创新的公司，成为客户首选的创新伙伴；希望通过努力，不仅是IBM自己获得成功，更重要的是帮助客户取得成功；最后，"诚信负责"，则是IBM无论在哪个国家和地区，都能成为当地国家资产的一部分，成为政府和客户最值得信任伙伴的关键。

"创新为要"、"成就客户"、"诚信负责"这三条新的核心价值观确定之后，立刻得到了IBM全球员工的热烈响应。这是几十万名员工辛勤讨论的结果，是大家的共同创作，所以也代表了全球IBM人的共识，大家自然而然就把这些核心价值观装在心里，并且反映在行动上。另一方面，由于这些核心价值观是由全体员工共同认可的，也代表了员工对IBM公司现状和未来的判断及期望，沿着这些核心价值观的指导前进的IBM公司，对员工来说也就具有非同一般的凝聚力和向心力。

然而，信息技术的快速变化给这个领域带来了更多的不确定性。差不多一夜之间，一系列的科技和市场营销革新——比如无处不在的宽带网络和来自终端设备的数据完全颠覆了科技市场。变革正在发生，它的旗帜上写着"移动互联网"、"物联网"、"大数据"、"云计算"、"社交"。企业所面对的用户（而非企业本身），才是产品和服务的最终使用者。2012年，IBM云收入较去年同期增长了80%。2013前三个季度，IBM云业务获得了70%的增长，单季收入已超过10亿美金。这样的业务并不足以与硬件和软件销售所获得的丰厚回报相提并论，也有一些案例无疾而终，因为IBM的商务体系还在尝试转型的过程当中，多数的合作伙伴仍只能为原有的业务模式提供服务。

2013年，IBM全球40万员工通过在线大讨论，提出了把客户放在首位的九个实践，包括"客户的事儿就是自己的事"；"预见客户的未来"；"持续精进，分享专业"；"不断再造自我"；"勇于提出和实践新构思"；"君子和而不同”、“反复演练”；“一起做，现在做”、“建立长远关系”等。

过去几十年，IBM为企业用户奉上了诸多经典产品，证明了很多理念的前瞻性，这些贡献“概念先行”来形容，无论电子商务、随需应变、智慧地球……都由IBM率先提出而后应者无数。

如今，IBM人普遍接受这样一个观念，IBM有义务——去探索客户崭新的业务场景和已有的业务场景，以及它们之间完美地结合所需的技术形态，在尽可能的情况下，让IBM客户因采用IBM的技术而在其行业获得新的“里程碑式的胜利”。

IBM迎来了它百年历程中的第四次转型，成败未知，但如果企业通过政策来解决结构问题和领导层不利创新的方面，那么大公司的日常管理开支和官僚体系可能会让位于一种新的文化，这种文化不仅愿意改变自身，还将改变整个行业。

资料来源：IBM钱大群：以价值观成就客户[OL]. http://tech.sina.com.cn/it/2007-09-16/01351742179.shtml，2007-09-16. IBM：百年老店迎接新挑战[OL]. http://tech.sina.com.cn/it/2013-11-16/03458919186.shtml，2013-11-16.

一、组织文化内容的层次结构

埃德加·沙因（Edgar H. Schein）认为组织文化的内涵是由以下三个相互作用的层次组成[⊖]。

（1）外显的物质形态（observable artifacts）。指的是组织文化的外在表现，是可以被直接观察到的具有组织象征意义的事物以及行为，能够看得见、听得见、摸得着，例如组织成员的服饰、组织办公场所的设计和装修以及组织的特定仪式等。组织文化的这一层次对组织以外的人来说是容易被感知的，但如果不是组织中的一员，就很难理解它们的真正内涵。

（2）共同拥护的价值观（espoused values）。共同拥护的价值观往往体现了一个组织希望向外界展示的理想组织形象。共同拥护的价值观一般是通过组织的目标、口号和战略等来体现，这一层次的文化与外显的物质形态相比，要相对隐蔽些。但必须指出的是，那些表现组织目标、口号和战略的物质载体及表现形式，也是文化外显的物质形态之一。如藏于组织结构、规章制度和行为方式等外显的物质形态之下的便是组织的“信仰与价值”，它们是组织的战略、目标和哲学。

（3）基本的隐性假设（basic assumptions）。完全隐藏在组织成员的感知中，常常只能通过组织成员的行为方式、交流，甚至眼神、动作等表现出来，由于它们大部分出于一种无意识的层次，所以很难被观察到。但这却是组织文化中影响层次最深、范围最广的部分。

组织文化的三个层次对于组织的运作有不同的影响力，可以用冰山模型来进行说明。冰山模型是把组织文化比喻成一座漂浮的冰山，其中，浮在水面以上、显露在外的部分是外显的物质形态，这部分的文化是外在表现，容易了解与测量，相对而言也比较容易通过特定的方法来改变和发展。但冰山的绝大部分都是在水面以下，代表着共同拥护的价值观和基本的隐性假设。这部分文化对组织的影响力远远大于外显的物质形态，所以组织更应该注重组织文化的内隐部分。不过，由于文化的内隐部分难以捉摸，也不宜管理，因此组织可以考虑由

⊖ Schein E H. Organizational culture and leadership[M]. John Wiley & Sons, 2004: 25-37.

外而内，先从文化的外显部分着手，例如从管理者的言行、组织的规则、结构、绩效与报酬制度等先做起，首先改变组织成员的行为，从而逐渐的改变他们的想法以及价值观（见图 5-1）。

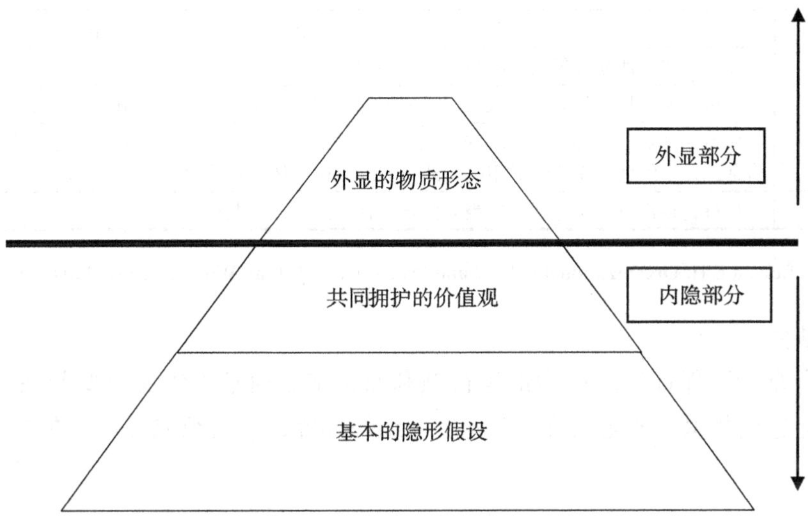

图 5-1 组织文化的冰山模型

二、组织文化的产生

组织文化并不是从一开始就形成的，它的形成要经历一定的演变过程，并与组织生存的环境以及组织自身发展密切相关。当一个组织形成并开始运作时，必然会与外部环境发生互动，受到外部环境的影响，同时组织内部的成员之间也产生了某种人际关系，逐渐地，组织成员发展出一些共同的想法或观念，以处理组织运作时所面临的各种外部与内部问题。也可以这么说，一个组织在其生存与发展过程中，必然会形成某种共同的观念、价值观和行为准则，从而构成了组织文化。

（一）组织文化产生的基础

组织能够生存与发展，必然要具备两个条件，一个是外部适应，一个是内部整合。外部适应，是指组织能够了解外部环境，并对组织如何适应环境有明确的方法，能够迅速且成功地适应环境；内部整合是指组织能够确保其内部的运作持续稳定进行，顺利而高效地整合组织现有资源。在这两个阶段，组织成员从外部环境中发现并确定对组织的存续发展具有积极意义的文化因素，并通过组织内部磨合整理，使之得到组织认同，进而形成组织特有文化。

1. 外部适应

组织要能外部适应，就要发展出特定的思考方式和行为方式，而这些通常都是为了应对组织面对的生存与发展问题。组织在适应环境的过程中，必须对环境有深入的了解，接着必须对于如何适应环境得到共识。组织外部适应环境所产生的行为和工作包括表 5-1 中的内容。

表 5-1 中这些重要的议题与步骤，是围绕着企业策略规划的流程来思考的。企业策略就是根据外在环境与组织环境的需要，设定适当的组织目标，进而拟定适当的方法并加以完

成。有了好的文化，通常在这些重要的议题上就可以有明确的共识，进而使组织面对外在环境挑战时，有明确的方向。

表 5-1 组织外部适应与生存的步骤

使命与策略	组织成员对组织的核心使命、主要任务、外显和内隐功能，有着共同的理解
目标	成员就组织使命发展出来的目标达成共识
方法	成员就实现目标的方法达成共识，如组织结构、劳动分工、薪酬制度、权力体系
衡量	成员在衡量各群体业绩表现的标准上达成共识，例如信息与控制系统。这一步骤涉及如何获得信息，并将信息传递给组织相应的部门加以分析，从而指导之后的修正行动
修正	如果目标没有达成，成员应当对修正或补救措施达成共识

资料来源：Schein E H. Organizational culture and leadership[M]. John Wiley & Sons, 2004: 88.

2. 内部整合

内部整合是为了保证组织的内部运行顺利而稳定。通常组织文化要能在一些重要议题（见表 5-2）上达成共识，才能维持一个稳定的组织环境，让组织成员知道在组织中如何表现自己的行为。

表 5-2 内部整合的议题

创造共同的语言和概念性分类	如果成员无法彼此沟通和理解，是无法形成群体的
定义群体内部和外部的界限与标准	群体必须能够明确自身界限，哪些成员可以进入群体，需要怎样的标准才能进入群体
权力分配	群体必须能确定权力分配的方式，制定成员获得、维持和失去权力的标准与规则。在这方面达成一致可以帮助减少成员的不满与焦虑
发展亲密关系、友谊等规范	每个群体必须对成员之间的人际关系互动制定规则，以保证组织顺利实现任务目标。这方面的共识有助于培养成员间的情感联系与凝聚力
明确奖励与惩罚	每个群体必须知道哪些行为是好的或者不好的，并对什么行为应该得到奖励或惩罚达成共识
解释不易理解的意识形态与信仰	就像每个社会一样，每个群体都会存在一些难以解释的事物，但群体必须将这些事物赋予意义，以便成员能够理解并做出反应，从而消除成员对不可控因素的焦虑

资料来源：Schein E H. Organizational culture and leadership[M]. John Wiley & Sons, 2004: 112.

（二）文化形成的阶段

沙因将组织文化的形成过程分为三个阶段：

第一阶段是“诞生和早期发展”阶段，在这一阶段，组织刚形成不久，因此组织的建立者在很大程度上会影响组织文化的形成，组织成员受到建立者的价值观、信念以及各种管理行为的影响，此时，文化被视为组织区别于其他同类型组织的个性以及组织内部凝聚力的源泉。

第二阶段是“组织的中年时代”，这一阶段组织已经开始成熟，成员发展出高度的凝聚力与亲密感，进而使组织成为一个和谐、紧密的组织。组织成员对组织的认同感达到最高，组织文化进一步强化。但是在这一阶段，组织将会面临来自外部环境和组织内部的问题，而这些问题可能无法用过去的经验和方法加以解决，所以组织需要一些新的机制来避免组织的僵化，在保证之前成功的基础上，寻找一些新的价值观或强调包容多元的文化，也可以鼓励组织中的小群体发展自己的次文化，以激发新的意见的产生，有助于组织创新。

第三阶段是“组织成熟”，组织在成立很久之后，通常会致力于追求稳定，逐渐发展成熟，但过于追求稳定，有可能导致组织文化一成不变，组织成员也会缺乏创新意识，这种情况严重时，甚至可能引发组织的生存问题。组织成员不但难以帮助组织进行创新发展，在组织进行变革时还有可能起到阻碍作用，抗拒组织的变革。组织文化慢慢变得僵化，无法根据组织进一步发展的需求做出改变。

|视|野|拓|展|5-3 雅戈尔理念：装点人生

雅戈尔集团公司地处浙江宁波，它的前身是青春服装厂。雅戈尔是英语“青春”(YOUNGER)的译音。20世纪80年代初建厂，经过近30年的风风雨雨，它从一个农村手工作坊，发展成为一个颇具规模的上市公司。

1. 理念开发与导入

雅戈尔作为一个服装生产企业，从自身的企业特点和行业特点，把“装点人生、服务社会”作为自己的企业宗旨和根本理念。从1991年以来，公司围绕这个理念做过三次VI导入，前后采用了三个不同的企业标识，1991年采用的是一个圆形图案中间加一个Y，(公司地处三江交汇处，Y又是英文“青春”一词的词首字母)，1993年改为椭圆形图案加Y，1994年又增加了一个“1”，表示争创一流，下面加英语转形词YOUNGOR，表示永葆青春。为了统一视觉系统和理念系统，公司认为有必要对它进行整合。于是在1997年进行了新的CI导入，请中国企业管理研究会和中央美术学院的专家实施MI、BI、VI的整合。

（1）就导入的目的、原因与背景、期待成果、作业安排、总概念书、内部传播系统、外部传播系统进行了细化。

（2）对企业发展战略进行了定位：在企业内提出了第二次创业的口号，并制定了三个五年规划。第一个五年规划（1996 ~ 2000年）跨国企业集团初具形态；第二个五年规划（2001 ~ 2005年）跨国企业集团形成规模；第三个五年规划（2006 ~ 2010年）跨国企业集团走向成熟。

（3）企业市场营销战略按以下思路展开。①发展国内市场，开拓国际市场。国内向多品种、多规格、多花色发展，发展配套产品、系列产品，向华东、西南、西北、全国铺开，建立海外情报信息网络；向国际市场进军，高价位市场：欧、美、日；低价位市场：周边国家、东南亚、中东市场。②市场营销商务人员培训。③加强风险管理。

（4）管理理念的提炼与阐释。雅戈尔的管理理念——宽容、和谐、文雅、仁和；为每个人提供均等的机会，以诚相待，晓之以理，品牌与品质同步，人才与事业共长，精神与物质并重。

2. 理念的展开和推出

为了全方位地实施企业理念，公司从用户、竞争对手、社会公众各个层面上进行分析，并制定相应的目标、规划和落实措施。

（1）用户——如何满足用户，服务用户。

（2）竞争者——如何与对手竞争。

（3）联合者——谁是企业可利用的外部资源。

市场跟踪：①明确目标——What。②规划日程——When。③人员落实——Who。④组织落实——Where。⑤确定手段——How。⑥说明原因——Why。⑦评估控制——Ifornot。

3. 遵循原则

为了严格履行既定的企业理念，公司制定了必须遵循的六项原则，即①竞争原则。②盈利原则。③用户至上原则。④质量原则。⑤创新原则。⑥服务原则。

资料来源：雅戈尔理念：装点人生[OL]. 中国经济网，2007-02-06. 做了一定的改编整理.

三、组织文化的特征与作用

（一）组织文化的特点

组织文化实质是一种“软管理”，是组织自我建构的一套体系。组织文化归属于整个社会大文化，是它的重要组成部分，既有文化的通用特性，又有组织文化自身的特点。

1. 组织价值观是组织文化的核心部分

每个组织都在自己的组织价值观中把自己认定最值得追求的目标设定为组织的最高宗旨，当组织价值观被组织成员接受之后，组织成员的目标被高度整合统一，形成强大的向心力，利于组织行动的实行。因此，可以说是组织价值观支配着组织的信念与行动，是组织文化的核心。

2. 人本文化是组织文化的中心

组织由具体的人组成，人是组织行动的指挥者与执行者，组织离开了人就不能称之为组织。组织必须充分地调动人的积极性，重视人的本质，发挥人的主观能动性，增强组织的活力与实现组织目标的动力。组织成员必须顺畅地沟通，相互信任。

3. 软管理是组织文化的本质

组织文化实质上是以一种软性文化管理方法存在的管理方式。通过柔性的、隐形的、渐进的文化引导组织成员建立一个协调合作、目标统一的组织，促进成员的心理认同，这种认同反过来又进一步内化成组织文化，使组织目标成为组织成员的自觉行动，对组织成员具有强烈的控制力。

4. 增强凝聚力是组织文化的任务

组织成员不同的行为方式、文化背景等都不利于组织成员之间的沟通以及协作，组织文化通过建立组织成员共同的价值观，强化同质性，促进组织成员的合作、信任以及对组织的归属感，有利于组织统一行动的实现。

除上述 4 种组织文化的特点之外，还可以依据 12 个特征要素来对组织文化进行分类，分别是：控制强度、结果导向程度、横向与纵向沟通程度、信任程度、创新接受度、冲突宽容度、协作意识、团队意识、激励的指向性以及组织的开放性。

（二）组织文化的功能

文化在组织中有两大重要功能，一是内部调整功能，二是外部适应功能。

1. 内部调整功能

组织文化为组织树立价值观，引导组织成员如何工作、如何沟通，应该做什么不应该做什么，以及建立组织中的权力格局。这些都为组织实现内部整合提供前提。组织文化的内部调整功能具体而言，包括自我凝聚功能、自我调节功能和自我完善与延续功能。

（1）自我凝聚功能。组织文化通过培养成员的归属感与认同感，建立起组织与其成员之间的相互依存关系，将个人与组织有机统一，凝聚成一个整体，使组织成员为了组织目标而共同努力。组织文化的这种凝聚功能正是促进组织不断发展壮大的动力。

（2）自我调节功能。组织文化作为组织成员共同认可的价值观，能通过向个人价值观的不断渗透和内化从根本上改变成员的旧价值观，以一种“软管理”的方式使之与组织的行为保持一致，对组织成员的行为具有修正调节作用。

（3）自我完善与延续功能。组织文化并不是一成不变的，而是组织在不断发展的过程中逐渐沉积下来的经过淘汰和强化的理念，会随着组织的进步发展不断更新、不断优化，组织的发展推动组织文化的丰富与升华，积极的组织文化又进一步推动组织的发展，是一个自我完善的良性循环，并且在组织中具有持久的历史延续性，并不因为组织成员的变动而立即发生变化。

2. 外部适应功能

组织文化帮助组织成员建立一种行为规范及理念模式，对组织要达到什么目标、怎样达到目标、在达到目标的过程中如何对待外部的事物等都具有指导意义。组织文化因此对组织与外界环境的沟通提供了可选途径，可以促进组织对外部环境变化的适应性。

第二节 组织文化的类型与组织结构

组织文化应该是与组织的战略、结构以及环境相匹配的，只有这样才是积极的组织文化，有助于提高组织行动的绩效。组织文化与组织结构可以通过多种方式进行调配，在本书中我们主要分析两个特殊维度，一是竞争环境是灵活还是稳定，二是战略焦点是内部聚焦还是外部聚焦。这两个维度构成了四个象限，从而把文化划分成四种类型，分别是适应型文化、使命型文化、团队型文化和行政机构型文化。其中任何一种文化在与相应的战略和环境相符时都可以是积极有效的组织文化。文化、战略以及环境之间的关系如图 5-2 所示。

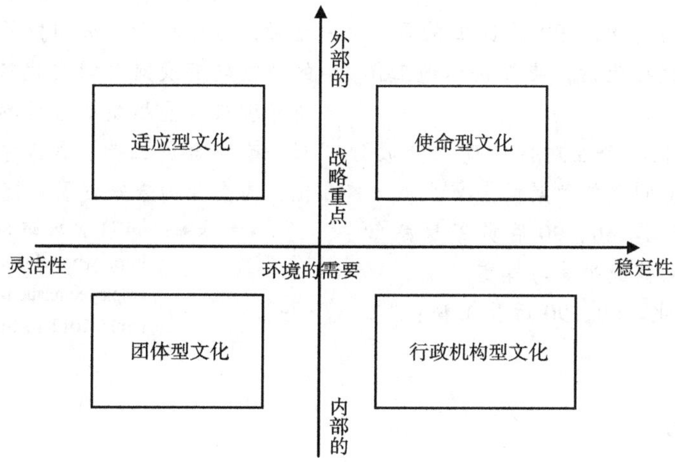

图 5-2 组织文化与战略、环境的关系

资料来源：Daft R L. Organization Theory and Design[M]. 9th edition. South-Western, 2007: 80.

一、适应型文化

适应型文化是以组织战略外部聚焦且环境灵活性高为特点的。适应型文化需要加大变革力度来适应外部环境的变化，同时提高自身灵活性。这种文化提倡组织加强对环境的适应能力，快速识别来自外部环境的各种信息，并对外部变化做出快速反应，不仅如此，还要积极地引导变化。这种组织文化鼓励变革、风险以及创新。

视野拓展5-4 当公司迎来了80、90后员工

万科有高层曾感叹："遇到80、90后，我十几年的管理经验要清零了！"有些企业管理者开始患上80、90后管理恐惧症。因此，为适应80、90后员工的个性化发展需要，企业CEO及管理层必须顺势转变管理理念和公司的文化，建立起一套适应80、90后个性和未来职业发展的企业文化。否则，原有传统的组织价值观等就会成为管理障碍。

因此，有专家建言称，面对80、90后员工，中国企业需要反思传统的企业文化，真正建立起人性化的企业文化。

一是，信任文化。企业间各种关系应以相互信任为核心，且要保持透明，以避免相互猜忌。

二是，快乐文化。80、90后员工的职场观念是：要工作，也要生活，更要快乐地工作和生活。

三是，开放文化。企业对内应建立开放、民主的管理平台，把问题放到桌面上交流。

四是，平等文化。80、90后员工反感管理者高高在上，喜欢彼此平等与尊重。

五是，独立文化。80、90后员工说："工作时全身心投入，回家后就不想工作的事。要不，多累啊。"企业需要改变上下班不分的习惯性思维，给他们以独立的空间。这有利于帮助80、90后员工平衡好工作与生活的矛盾。

中国网通公司的做法值得借鉴：公司员工基本上是20世纪70年代末和80年代初出生，平均年龄近30岁。一方面，做好员工的职业指引：入职前做一个月的封闭式培训，接着采用轮岗方式进行半年的工作体验式学习，再区分他们的职业倾向。另一方面，营造信任沟通、进取热情和业绩承诺的组织氛围，建立起沟通渠道和工作坊，让员工各抒己见和快乐工作。因此，即使中国网通公司的员工不用打卡考勤，也很少有人迟到，而且离职率仅有3%。无疑，这归功于该公司能及时意识到年轻一代的个性转变及对公司文化转轨的内在诉求，公司管理层也能尽量顺应外界环境的变化，建立起一套符合员工特点和人才市场环境的企业文化，为企业的未来发展奠定良好的基础。

资料来源：如何管理好80、90后的员工[OL]. http://www.chinahrd.net/employee-relations/employee-relations-training/2012/1016/176882.html，2012-10-16.

二、使命型文化

使命型文化也是组织战略外部聚焦，但是环境稳定性高，它强调组织的目标及其实现。适应这种文化的组织对外部环境中的变化高度关注，但并不需要非常迅速地应对。由于外部环境稳定，组织的目标可被预计衡量并实现阶段性的评估，组织可以通过设定组织预期的状态来激励组织成员的行动，是一种结果导向型文化。

|视|野|拓|展|5-5　古井贡酒：使命立业

古井酒厂建于1957年，1963年“古井贡酒”被评为8大名酒第二名，30多年来荣获各种奖项近100种。目前，古井酒厂已发展成为以名优白酒生产为龙头，致力多元化经营和国际化发展、集科工贸为一体的大型集团公司，拥有50多家子公司。古井集团现有员工6 000余人，总资产约25亿元，净资产15亿元。

古井集团在从一个传统的手工酿酒作坊向多元化经营的企业集团发展过程中，以“效忠古井、业绩报国”的使命，树立了“敢为人先”的古井精神，通过“两场效应”管理法，走出了一条“名牌、名企、名人”的发展道路，培育了独具特色的“以人为本、天人合一”的古井文化。

在制度文化层面上，古井人极力强化制度建设，先后制定了《生产工艺法规》、《产品质量法规》、《现场管理法规》等15种企业内部规章制度，以约束员工行为，维护企业经营活动的正常秩序。同时，古井人还坚持“以人为本”，讲求以情动人、以理服人、以德信人的“情、理、德”相结合的柔性管理，做到软硬结合，优化企业管理行为。在物质文化层面上，古井人在厂容、厂貌、产品构成和包装、装备特色、建筑风格、厂旗、厂服、厂标、纪念物、纪念性建筑物等方面大作“文化”文章，创建了“花园式工厂”、“古井亭”、“古井”、“古槐”、“古井酒文化博物馆”向人们展示了千年古井酒文化的历史渊源。

2013年，古井人秉承缔造“中华第一贡”的“贡献文化”，以酿造中国最好的酒、提供最好的产品与服务、让消费者乐享生活，作为企业的使命。

从贡酒到贡献，从共享到共赢，是古井人一以贯之的理想。简单工作、快乐生活，是现代人的追求，是具有普世价值的生活理念。把二者合起来，贡献美酒、乐享生活，是体现古今一体、返璞归真的人生观。

从古井集团的产业格局来看，白酒是主业，是企业生存发展之本，所以古井人的使命首先是贡献美酒；同时，古井集团还有酒店、餐饮、房地产、农产品深加工、热电等产业，它们和白酒一样具有一个共同点，就是服务于人们的日常生活，是为了乐享生活而存在的。所以从总体上看，贡献美酒、乐享生活能够代表古井集团各产业的共同属性及其存在价值，是古井人名副其实的使命。

资料来源：代凯军．管理案例博士评点[M]．北京：中华工商联合出版社，2000．古井集团官方网站[OL]．http://www.gujing.com/display.php?id=372.

三、团体型文化

团体型文化的特点是战略内部聚焦且环境灵活性高。这种文化对组织成员高度关注并且要求其对外部环境的变化做出迅速有效的反应。在适应这种文化的组织中，人的因素非常重要，组织成员的积极参与会为组织做出非常大的贡献。

|视|野|拓|展|5-6　诺基亚：借企业文化塑造团队精神

诺基亚公司的企业文化包括4个要点：客户第一、尊重个人、成就感，不断学习。公司的团队建设完全以企业文化为中心，不空喊口号，不流于形式，而是落实到具体的行动中。

公司的团队建设活动一直是持续进行的，各个部门都积极参与。公司会定期举行团队建设活动，并具体和每个部门的日常工作、业务紧密相连。这方面，诺基亚学院在团队建设和个人能力培养上发挥了很大作用，为员工提供很多很好的机会，能够让员工认识到他们是团队的一分子，每个人都是这个团队有价值的贡献者。

诺基亚在招聘之初，除了专业技能的考核外，也非常注重个人在团队中的表现，将团队精神作为考核指标中的主要项目之一。通常会用一整天时间来测试一个人在团队活动中的参与程度与领导能力。并考虑候选人是否能在有序的团队中，发挥协作精神、应有的潜能和资源配置。这样就可最大限度地保证诺基亚所招聘的人一开始就能接近公司要求团队合作的精神文化。

在诺基亚，一个经理就是一个教练，他要知道怎样培训员工来帮助他们做得更好，不是“叫”他们做事情，而是“教”他们做事情。诺基亚同时鼓励一些内部的调动，发掘每一个人的潜能，这些都体现了诺基亚的价值观。

诺基亚的产品研发是一种涉及面很广、复杂度很深、产品研发周期越来越短的系统工程，需要大量研发人才的参与。截至2008年12月31日，诺基亚研发人员共有39 350名，约占集团总员工的31%。显然，管理这些研发人才是一个巨大挑战，因为他们都是具有专门才智的精英，管理不好，就会因为互相较量造成彼此排斥的内耗局面。因此，诺基亚的团队文化在这里起到了非常重要的作用，“没有完美的个人，只有完美的团队”。基于这样的主导文化，这里上下级之间、同事之间，都变成了团队中合作伙伴的关系，大家沟通顺畅，可以为着同一个团队目标而群策群力。因此，诺基亚的研发团队，就变成了一个人人主动的领导力聚合体。

2014年6月，诺基亚宣布收购美国Medio Systems的小型智能数据公司，以加强其Here地图业务。这是诺基亚试图与谷歌地图对抗，继6月初收购人工智能旅行规划应用Desti后，在短短两周时间内为加强Here地图服务功能做出的又一举措。如何整合这些新军，将对诺基亚的团队文化带来新的挑战，人们拭目以待……

资料来源：诺基亚：追求完美的团队[OL]. 中国人力资源开发网，2005. 诺基亚：没有完美个人 只有完美团队[OL]. http://finance.sina.com.cn/leadership/mzzjg/20090417/ 17356116973.shtml, 2009-04-17. 做了进一步整理改编。

四、行政机构型文化

行政机构型文化的特点是战略内部聚焦，且追求环境的稳定性。行政机构型文化具有非常稳定的外部环境，强调内部成员行动的一致性。在这种组织中，个人因素并不重要，重要的是个体与组织的一致性以及成员之间的沟通协作，鼓励理性的行为，强调高度的整合力以及组织统一性。

|视|野|拓|展|5-7　富士康：纪律观念深入人心

创立于1974年，富士康科技集团在总裁郭台铭先生的领导下，以前瞻性的眼光与自创颠覆电子代工服务领域的机光电垂直整合“eCMMS”商业模式，提供客户囊括共同设计（JDSM）、共同开发（JDVM）、全球运筹及售后服务等全球最具竞争力的一次购足整体解决方案。

富士康公司的愿景为：透过提供全球最具

竞争力的“全方位成本优势”使全人类皆能享有3C产品所带来的便利生活。富士康的工厂管理理念：走出实验室，没有高科技，只有执行的纪律。企业的核心竞争力是：速度、品质、技术、弹性、成本。

曾有学者总结富士康企业文化包含四个观念：

第一是轿子观念，将团队运作比作轿子，开发人员在前，制作人员在后，前后的相互协调与沟通，真正弄清客户的需求，保证品质的提高。

第二是傻瓜观念，富士康集团的控制运作系统像傻瓜相机一样，产品达不到规定要求，电脑便自动要求停止。

第三是纪律观念，富士康希望牢牢确立一种秩序和文化，富士康实施的是领导的强势文化，即所谓“铁腕统治”，企业内部等级森严，上级对下级动辄斥骂，达到军事化管理，具有高效的执行力以及纪律的严肃性。

第四是知识观念，强调对员工的培训与教育。

资料来源：绛珠．富士康：代工之王的背后[J]．北京：中国海关，2009(12).

上述四种文化并没有孰优孰劣，并且通常现实中组织的文化并不严格按照这种文化分类，无论树立何种类型的文化，必须考虑到组织的环境状态与组织战略重点。只要能与组织的环境以及战略很好地配合，就是优秀的组织文化。

第三节　组织文化测评

组织文化测评是针对组织文化特征的诊断与评价。如同病人看病诊断，首要的是判别得了什么病，然后才能寻找病因，对症下药。对组织文化的诊断就需要进行组织文化测评，测评结果可以帮助组织采取针对性的措施进行组织文化的建设和变革。国内外很多学者都提出了基于不同维度的组织文化测评模型。本书主要介绍两种广泛应用的组织文化模型：卡梅隆与奎因组织文化模型和丹尼森组织文化模型。

一、卡梅隆与奎因组织文化模型

美国组织行为专家奎因（Quinn）在1988年开发出对立价值构架模型。在奎因教授与卡梅隆共同完成的经典著作《组织文化诊断与变革》中，对该模型进行了详细介绍。对立价值构架模型又称卡梅隆与奎因组织文化模型，简称OCAI。该模型把企业文化指标按照内部、外部导向和集权、分权两个维度进行分类，最后形成四个基本的价值模式。卡梅隆与奎因组织文化模型从20世纪90年代开始在世界范围内被广泛应用并在国际上逐渐成为一种比较权威的企业文化分析工具。如图5-3所示，根据组织关注的工作内容的不同，可将企业文化划分为注重内部管理和整合以及关注外部竞争和差异性；根据组织采取的工作风格的不同，可将企业文化划分为追求灵活性和适应性以及追求稳定与控制。在这两个维度的基础上将组织文化分为部落式、临时体制式、等级森严式和市场为先式四种文化类型。

1. 等级森严式文化

早期的组织理论大多都倾向于建立正式化且结构性的组织类型，主要是应对不断扩大的社会生产和提供充足的产品和服务。组织实现制定好的程序指挥和控制成员的工作。组织追求稳定性、效率和可预见的行为，认为一个好的组织应该具有高度正式化的组织结构。在一个变化小且较不复杂的环境中，这种组织结构能顺畅的运作，可以很好地整合与指挥任务流程，产品和服务保持稳定，员工的工作行为受到高度的控制与监督。

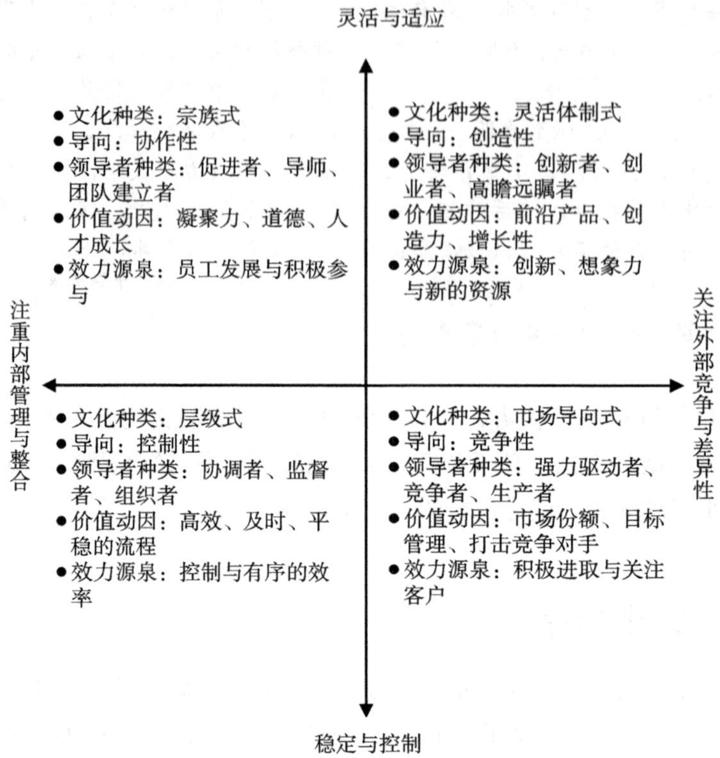

图 5-3 卡梅隆与奎因的组织文化模型

资料来源：Cameron K S, Quinn R E. Diagnosing and Changing Organizational Culture: Based on the Competing Values Framework[M]. Jossey-Bass, 2006: 46.

为了适应这种高度集权的组织结构，组织一般会形成等级森严式文化，领导者具有很大的权力，决策权高度集中，成员只需按照组织的规定和领导者的指挥行事。这种文化下，成员缺乏参与决策的机会，有可能对组织的认同感不足，也会缺少学习与成长的机会。但通常会有较好的工作保障，以及明确的奖惩机制和升迁制度，这是因为组织希望能降低员工行为的不可预测性，以保证组织目标不会因为成员变动而产生较大的波动。

2. 市场为先式文化

20 世纪 60 年代末，出现了一种新的组织形式，这种组织就是“市场为先”式的组织。“市场为先”的组织运作起来本身就像是一个“市场”，组织积极地设定市场与财务的目标并加以达成，所以组织对员工的管理会倾向目标导向，且非常重视竞争者在“市场”上的表现，以保证能够高效地完成组织目标。在这样的组织中，成员之间通常是高度竞争，除了追求自己目标的达成，希望完成任务之外，也跟组织内部的其他成员或潜在的外部竞争者竞争，因此，在这样的组织形式下，员工在工作中比较积极，将达成目标视为最重要的事。为了塑造这样的组织文化，组织可能采取严格而详细的绩效管理制度，实行明确的奖惩制度。

市场为先的组织通常是注重结果多于过程。组织的领导者都是铁腕的生产者和竞争者，都很坚强并要求苛刻，在制定好组织与个人目标之后，就会根据预定的标准不断努力，直到目标完成。

3. 部落式文化

部落式文化是指以亲情、传统、承诺为基础的文化。这种文化中充满了共同的价值观和目标、团结与互助、彼此之间关系亲密的氛围。组织成员视组织为自己的家，对组织有强烈的认同感。部落式文化注重团队精神，员工的参与和对成员的关心。奖励与惩罚是面向整个团体，而非针对个人。质量管理小组鼓励成员积极地提出建议以改善工作和业绩，同时努力创造一个自主性很强的工作环境。

部落式文化需要几个要素来保证其发展，分别是：组织成员的团队意识较强，能够进行自我监督，并在工作中不断提升自我；组织与其供应商和顾客之间的关系更像是合作伙伴，而不是单纯的利益关系：工作环境人性化，赋予组织成员较大的自主权，激发他们的参与、贡献和忠诚。

当一个组织的文化更多地关注于成员的长期目标和自我提升时，员工在组织中就会表现出较高的奉献精神，愿意为组织付出。这时，组织的领导者就更像一位长辈，扮演着家长的角色，组织就像是家庭的延伸。

4. 临时体制式文化

信息时代的到来，出现了一种新型的组织，这种组织具有高度活跃、高度变化的特性。组织成员时刻关注外在环境的变化，分析其对组织造成的影响，并会积极寻找各种问题的解决之道。组织成员参与程度与自由度很高，能够随时准备接受变化和新的挑战，并激发各种创意，时常可以创造新的产品或服务。

总的来说临时体制式文化就是要创造一种动态的、能够帮助创意形成的工作场所，组织的重点是如何在产品和服务的创新方面做到领先，领导者必须充满想象力，富有创新精神并能容忍风险。

二、丹尼森组织文化模型

“丹尼森组织文化模型”（denison organizational culture model）是应用最为广泛的测评组织文化的模型之一。它是由瑞士洛桑国际管理学院（IMD）丹尼尔·丹尼森（Daniel Denison）教授在经过对 1 500 多家样本公司的研究后提出的。丹尼森对大量公司进行研究后，总结出组织文化的四个特征：适应性（adaptability）、使命（mission）、参与性（involvement）与一致性（consistency）(见图 5-4）。

（1）适应性（adaptability），指组织对外部环境（包括市场与客户）的各种信号迅速做出反应的能力。适应性包含有以下三个维度：

1）创造变革：组织是否有勇气承担变革带来的风险？是否学会仔细观察，分析外部环境，评估相关流程和变化步骤，并及时实施变革？

2）客户至上：善于利用环境的组织总是以客户为出发点分析问题。组织对自己的客户有多了解，在多大程度上能够满足客户，能否正确地预计或引导客户未来的需求？

3）组织学习：组织能否将外界信号视为鼓励创新和吸收新知识的良机，是否有能力在外部环境变化的情况下抓住创新与学习的机会？

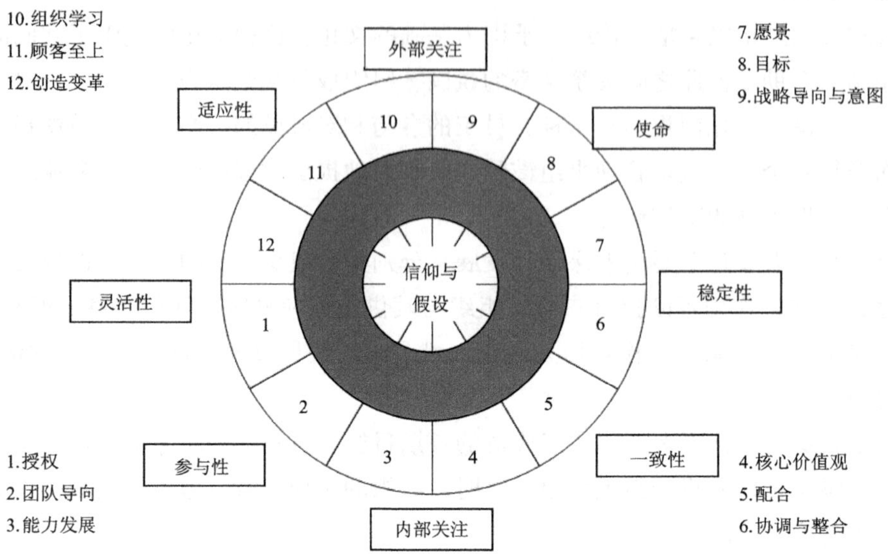

图 5-4 丹尼森组织文化模型

资料来源：Mobley W H, Wang L, Fang K. Organizational culture: measuring and developing it in your organization[J]. Harvard Business Review China, 2005, 3: 128-139.

（2）使命（mission），这一文化特征是用来判断组织是关注于眼前利益，还是更关注于长期目标。一般来说，成功的组织目标比较明确，且志向远大。使命包含有以下三个维度：

1）愿景：员工对组织想要达成的理想状况是否理解并认同？组织将要变成什么样？要对组织内部和外部做出怎样的贡献？

2）战略导向和意图：组织是否将成为行业最优作为目标？清晰明确的战略意图展示了组织的决心，让所有组织成员知道应该如何为组织的战略做出自己的贡献。

3）目标：组织是否制定了一系列与使命密切相关的详细目标，可以让每位员工工作时作为参考？

（3）参与性（involvement），涉及组织成员的工作能力及个人发展、对组织的归属感和责任感。组织的这一文化特征，反映了组织对其成员自身成长的关注程度，以及鼓励成员参与决策并承担任务的重视程度。参与性包含以下三个维度：

1）授权：员工在多大程度上获得授权，是否也承担了相应的责任？成员在工作中是否能自我控制、自主管理？授权是否调动了员工的积极性？

2）团队导向：组织是否利用科学的手段来强化成员的团队意识？成员的凝聚力有多强，在工作中是否更多地依靠团队合作？

3）能力发展：组织在人才引进方面是否保持较高的水平，对成员的培训是否及时、合理、有效，对成员个人的学习和提升是否提供了必要的条件？

（4）一致性（consistency），涉及组织共同的占据主导地位的文化，成员对这种文化有着高度的赞同。成员之间和谐相处，能够密切合作以完成共同目标。一致性包含以下三个维度：

1）核心价值观：组织是否拥有所有成员都认可并遵守的价值观，能够加强成员与组织的联系，保证个人目标和组织目标的一致？

2）配合：领导者是否有能力带领大家团结一致，群策群力，共同解决组织难题？是否能在关键的问题上调和不同意见？

3）协调与整合：组织不同部门、上下级之间是否能够密切合作？部门之间的矛盾是否能够通过沟通予以及时解决？

通过分析我们可以看到，在组织文化的四个特征中，“参与性”和“适应性”（图 5-4 中位于左侧）衡量的是组织的灵活程度与变革的愿望和能力，而“使命”与“一致性”（图 5-4 中位于右侧）衡量的是组织保持可预测性及稳定性的能力，左边和右边共同构成了一对矛盾主体；此外，“适应性”和“使命”（图 5-4 中位于上部）与组织对外部环境的适应能力相关，而“参与性”和“一致性”（图 5-4 中位于下部）强调组织内部系统、组织结构及流程的整合问题。

其中，强调灵活的适应性与关注内部整合的一致性存在矛盾。自上而下的愿景（使命性）与自下而上的参与性之间存在矛盾。

该模型的实用性在于通过调查和相关计算，可以迅速地得到组织在总共 12 个维度上的相关分数。这 12 个维度对市场份额和销售额的增长、产品和服务的创新、资产收益率、投资回报率和销售回报率等业绩指标有着重要的影响，因此测试组织在这些方面的得分帮助组织采取相应的行动来调整组织结构与工作计划，实现组织的战略目标。

丹尼森组织文化模型已经广泛运用于各种组织和个人。主要的应用包括：①运用丹尼森组织文化模型，可以把某一组织的文化分别与拥有较好和较差业绩的组织的文化进行对比，以明确该组织在组织文化方面的优势与不足。②可以应用该模型对业务部门进行考察，以了解组织内部的亚文化。③模型可以测量组织现存的文化并考察如何使该文化在提高绩效方面发挥更好的作用。④可以在调查研究的基础上进一步提出改进组织文化的新方案和具体建议。⑤丹尼森组织文化模型还可以为组织的发展和组织文化变革提供决策依据等。

|视|野|拓|展|5-8

利用丹尼森组织文化模型分析某在华国际办公家具公司的组织文化

在丹尼森博士的许可与支持下，我们在确保准确性的基础之上将丹尼森组织文化测评法译成中文，并在多家中国公司运用了这种方法……。组织文化测评法通过一份由 60 个问题组成的问卷调查（副栏“组织文化测评问题示例”选列了其中的 15 个问题），请公司各层级员工描述自己对本公司的看法，最终经过整理形成组织文化分布图。答卷时间大约需要 15 分钟，既可通过互联网在线完成，也可采用书面方式。下面我们通过对在华国际办公家具公司的组织文化进行分析来介绍组织文化测评法的具体用途。

副栏是“某在华国际办公家具公司的组织文化分布图”，通过对该组织各个岗位上的

136名员工进行了调查，经过计算，最后得到了图上显示的这一测评结果。其计算原理是，把组织文化测评每个维度的分值，与组织文化测评法中所选用的550多家公司的分值进行比较后，可以得到一个百分数，这个百分数就是该公司在相应维度上的得分。举例说，在“团队导向”上获得59分意味着就这一维度而言，有59%的公司表现不如该公司，而有41%的公司表现优于该公司。“能力发展”获得14分说明，在这方面，有14%的公司表现比该公司逊色，而有86%的公司表现超过该公司。

提供一些简单的背景资料将有助于大家更好地了解该公司的状况，从而更直观地解读这张组织文化分布图。这家位于上海的公司是某国际办公家具巨头在中国及亚太地区的总部，该国际办公家具巨头通过在世界各地开设或收购工厂，积极推进公司的全球扩张战略。它试图通过统一利用各地的资源优势（如全球性大客户，产品线以及采购能力），提高公司运营的一体化程度，另一方面也力图更加贴近本地市场。

在这种全球化战略指导下，公司采取了许多组织变革行动。以前它主要是一家制造型公司，如今公司的工作重心已转为以客户为导向。公司希望与建筑师和设计师共同合作，提供令客户满意的办公室布置设计方案，给客户舒适的体验。此前公司70%的部件从北美进口，产品设计大多也在美国和欧洲进行；而现在则努力加强本地化的采购、生产及产品开发。此举既有助于降低成本，把产品价格从高端下调到中端，以适应当地客户的价格承受能力，同时又能更好地满足中国客户的独特需求。

公司还做出了一项重要决定，将亚太地区总部从香港搬往上海。这主要出于两个原因：首先，由于它的许多全球客户都将它们的亚太总部和研发中心等机构从香港、新加坡、东京等地迁往上海，因此公司的业务中心也自然要转移到上海；此外，还有助于公司将其设在上海的工厂与亚太地区业务进行整合。以往，由于上海的工厂与总部的关键决策（尤其是在市场营销方面）脱节，中国业务经常受到忽视。

于是，亚太区高层管理团队迁到了上海，上海的销售部和工厂也进行了重组。上海的员工深受鼓舞，因为这缩短了他们与亚太区领导团队的距离，从而获得了更好的学习机会。然而，在将市场营销部门与工厂的运营部门之间进行整合的过程中遇到了问题。这两个部门以往就存在摩擦，现在，因为市场营销部门开始“进入”运营部门的领地，两者之间的矛盾更深了。如果双方不想分享权力，不愿意相互整合，变革势必受阻。此外，随着改革进程的推进，以及新管理团队的创立，以前的亚太区管理团队和公司总部都不免感到心神不定，他们对此次组织变革可能带来的影响以及采取这项战略行动之后可能出现的前景并没有把握。

尽管面临困难，这家公司仍然努力把握自己的命运，积极地为总公司的全球化战略做贡献。在将亚太总部移到上海之后，这家公司的主要目标集中在以下几个方面：加强市场营销与运营部门之间的整合，更积极地在当地建立起产品设计、采购及战略上的联盟，培养本地人才，建立一支富有凝聚力的领导团队，并塑造高效的组织文化。

面对这样一家公司，如果你是该公司的总经理，应该采取哪些变革措施呢？下面是一些建议：你可以从它的组织文化分布图入手，仔细分析该公司的状况。对组织文化分布图进行分析时，通常有4个步骤：①研究整体特点，找出主要的强项和不足；②对主要强项进行研究；③对主要不足进行研究；④制订行动计划。

副栏一：某在华国际办公家具公司的组织文化分布图（见图5-5）。

副栏二：组织文化测评问题示例。

让员工对以下陈述打分，然后统计平均分，就能知道公司在“参与性”上的得分。利用丹尼森的数据库进行对照，就能知道自己在参与性上比多少公司强，又比多少公司弱。其中5分表示强烈赞同，1分表示强烈不赞同，3分表示中立。

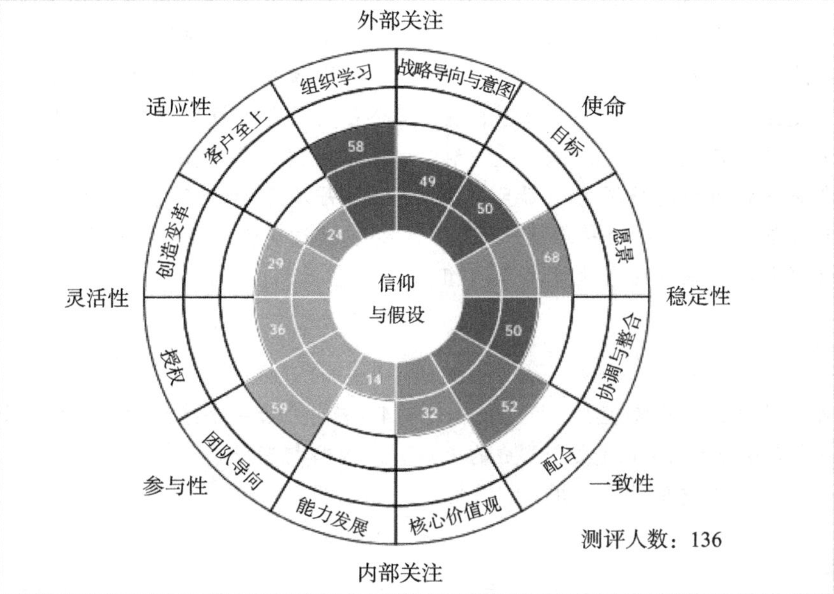

图 5-5　组织文化分布图

表 5-3　组织文化测评量表

1	大多数员工积极投入自己的工作	①②③④⑤
2	哪个级别获得的信息最充分，就在哪个层面做出决策	①②③④⑤
3	信息广泛共享，每个人都可以在需要时获得所需的信息	①②③④⑤
4	每个人都相信自己能够产生积极的影响	①②③④⑤
5	业务规划具有持续性，并且让每个人都能参与其中	①②③④⑤
6	积极鼓励组织内不同部门之间进行合作	①②③④⑤
7	员工彼此进行广泛的团队合作	①②③④⑤
8	完成工作依靠团队协作，而非职权和命令	①②③④⑤
9	团队是我们的主要基石	①②③④⑤
10	工作的组织方式使每个人都能了解本职工作与组织目标之间的关系	①②③④⑤
11	员工被授予权力，可以独立开展工作	①②③④⑤
12	员工的能力在不断提高	①②③④⑤
13	公司能够对员工的技能不断进行投资	①②③④⑤
14	员工的能力被视作竞争优势的重要来源	①②③④⑤
15	由于我们不具备完成工作所需的技能，因此时常出现问题	①②③④⑤

资料来源：茅博励．如何测评你的组织文化 [J]. 管理前沿，2005.

本章小结

组织文化是组织成员共享的一套稳定的价值观、信念、惯例以及行为规范的综合，是组织作为一种标准来传承的精神基础。组织文化的基本要素可以分为组织精神、组织价值观与组织形象。

组织文化内容可以分为外显部分——外显的物质形态，内隐部分——共同拥护的价值观与基本的隐形假设这三个层次。组织文化的形成需要外部适应和内部整合两个条件。而且，组织文化的形成过程可以分为三个阶段，即诞生和早期发展阶段、中年时代与成熟阶段。

组织文化是组织自我构建的一套体系，其核心是价值观，中心是人本文化，本质是一种软管理，任务是增强组织的凝聚力。而且组织文化具有内部调整与外部适应两种功能。

从竞争环境和战略焦点两个维度可以将组织文化与战略和环境的匹配关系分为适应型、使命型、行政机构型与团体型四种类型。

卡梅隆与奎因根据组织关注的工作内容与企业文化两个维度将组织文化分为部落式、临时体制式、等级森严式和市场为先式四种类型。丹尼森的组织文化模型被广泛应用，其模型包括适应性、使命、参与性和一致性。

复习思考题

1. 如何理解组织文化的冰山模型？
2. 举例说明一个企业的组织文化是如何形成的。
3. 文化在组织的运行中发挥什么作用？
4. 举例分析一个组织的文化类型如何与环境和战略相匹配。

延伸阅读

1. 埃德加·沙因．组织文化与领导力 [M]. 马红宇，王斌，等译．北京：中国人民大学出版社，2011-04.
2. 乔安妮·马丁．组织文化 [M]. 沈国华译．上海财经大学出版社，2005-01.
3. Denison D R, Mishra A K. Toward a theory of organizational culture and effectiveness[J]. Organization science, 1995, 6(2): 204-223.

|综|合|案|例|5-1 海尔和LG的组织文化比较

企业组织文化的管理与其他管理不同，复杂的社会经济文化背景对企业组织文化管理的影响极大，不同的民族有不同的思想观念和行为习惯，需要不同的管理方式。跨国企业只有将两者很好地结合，才能取得成功。这里以海尔集团和LG集团为例，分析比较它们在员工培训、绩效考核、员工晋升等方面的异同，以期对中、韩企业组织文化的相互学习与交流提供借鉴。

1. 海尔的组织文化

（1）创新为大。一个人才辈出而生机盎然的企业，一定要有人尽其才、才尽其用的优良环境，而这种环境的形成离不开创新性的政策开发思路。海尔在十几年的发展历程中，先后创新性地提出了“斜坡球理论”、“三工并存、动态、转换”、“OEC管理法”等多项企业组织文化的管理制度，这些政策制度符合企业自身特点，强化了员工的外部约束，提高了人员的利用效率，同时内部激励机制在开发员工的能动性与创造性、形成企业合力等方面也发挥了激励作用。

（2）人才使用与开发并举。海尔将使用人才与开发人才并举，视全体员工素质的提高为企业长远发展的动力保证，切实在人才培训上投资，认识到员工的学习和提高与企业的生存发展息息相关，应不断满足员工对知识技能的补充和更新的需要，努力使员工与企业同步成长，争做学习型企业。

（3）建立系统化的员工激励机制。使每位员工处于良好的激励环境中是人力资源开发与管理所追求的理想状态，这就要求企业建立起系统化的激励机制。海尔的激励措施多种多样，其中物质激励是基础，精神激励是根本，在两者结合的基础上，逐步过渡到以精神激励为主。

（4）培训是企业的永恒主题和核心环节。海尔建立了培训、使用、选拔、奖惩等良性循环的企业人才开发机制。加大教育投资，建立系统的培训机制，优化育才环境，实施全方位的人才培训计划。通过“实战技能”、“脱产培训”等培训形式，不断提高员工的工作技能；通过内部网络教学等培训形式，不断提高干部的管理水平；通过全员、全过程的持续性培训与支持，其组织文化资本存量和综合素质均得到了提高。

（5）重视和发挥企业组织文化的凝聚功能。海尔一直很重视企业组织文化这一无形资产，将其分为表层、中层、深层三个层次，从物质到精神博大精深。人力资源中心通过《海尔企业文化手册》等企业内部刊物，通过对新员工的教育、日常的案例教学、漫画教学、即时教学等多种形式向员工灌输独特的海尔文化，并将其融入公司管理体系，用企业理念、企业精神激发和培养员工的企业荣辱感、价值追求、参与需要等，加强员工对企业组织文化的认同感。

2. LG的组织文化

（1）人才就地擷英。经营者与员工本地化，是企业跨国经营本土化的基础和关键。LG（中国）不仅将7个子公司的掌门人全部换为中国人，而且努力增大中国人在企业成员中所占的比例。目前，在华的两万名员工中98%是中国人，其中有不少表现优秀者已晋升到高层管理位置。与此同时，LG将教育放在企业经营的首要环节，注重培养和造就中国人才，不但结合中国的实际情况积极为员工安排多种多样的教育内容、提供各种培训机会，支持每位员工发展成为独当一面的精英分子，而且前瞻性地积极储备和积累人才。

（2）融入中国文化。LG（中国）力求真正融入到中国文化的氛围中。LG电子在中国实施“现地一条龙”生产，产品针对中国市场的需求进行设计开发，零部件的国产化率已在80%以上。公司十分注重“正道经营”，尊重市场规范和竞争对手，热心支持公益事业，显示出优秀企业应具备的风范。同时，热衷于赞助各种有影响力的活动，提高企业的知名度和美誉度，强化公司与中国社会的联系与交往。

（3）中国式管理。LG（中国）的管理理念和管理过程中贯穿着中国式的人情味。其企业文化手册中“公司对员工的责任”部分，明确写着：努力尊重员工的尊严，根据他们的能力和表现给予公正的对待，努力培养员工的创造能力。

（4）建立中国化企业。LG（中国）坚持“要成为成功的中国企业，而不是在中国成功的外国企业”。LG电子将从三方面发展在中国的事业，实施以中国为中心基地的全球战略，通过事业本地化战略构筑完善型事业体系，实现商业体系本地化和产业间的垂直系列化：将LG的发展战略与中国政府的经济发展战略有机结合起来，除直接投资外，与中国企业建立战略联盟和并购，帮助中国的国有企业改革，达到双赢的最好结局。

3. 海尔和LG的企业组织文化比较

（1）企业组织文化培训是员工培训的核心。海尔和LG对企业组织文化培训都非常重视。海尔内部培训的第一个部分，就是海尔文化的培训。员工进入海尔，首先接受的培训就是海尔文化方面的培训，包括组织的总体目标、使命、管理哲学和价值观。LG一直秉承“将自己的职业作为LG的事业”的信条，在原先“稳定、协调和尊重”的企业文化基础上，提出了“为顾客创造价值”和“尊重人格的经营”的经营理念，公司最高管理层努力建立和强化四种新的文化——挑战、速度、简单化、无界性。

（2）重视员工职业生涯规划。海尔认为，为员工做职业生涯规划，帮助员工成长发展，激励员工在海尔长期干下去，可以帮助企业留住优秀人才。在具体实施上，首先，建立员工个人资料库，对员工进行分析定位。其次，帮助员工进行职业选择，确定今后几年的经营方针和发展战略。最后，将员工的发展目标与企业的意见有效结合，逐步对目标进行分解，帮助员工确定职业生涯路线图。

LG给每位员工提供发挥所长及潜能的机会，为他们设计了两条发展道路，一条是专业发展道路，另一条是管理道路。LG还制定实施了员工职业生涯管理办法。职业生涯的管理注重对员工各类资料的收集，通过这些资料的一定时间段的积累，既为各类奖惩、晋级、任免、选送培训、轮岗提供依据支持，也为后续职业生涯规划工作提供第一手的原始资料。LG为员工提供横向和纵向的发展空间，使员工在服务企业、为企业创造价值的同时，自身价值也得到提升，实现了企业和员工的共同发展和利益共同化。

（3）人才选拔与晋升机制存在差异。海尔和LG的员工晋升均以绩效考核为标准，但也存在一定的差别。海尔认为，“人人是人才”，企业缺的不是人才，而是出人才的机制。为此，海尔设立了一种动态的人才选拔机制，公司根据员工的业绩吸收和提拔有相应专业知识、管理知识和领导能力的干部，不断调整干部队伍的知识结构和年龄结构。具体包括：能者上（员工升迁），庸者下，平者让。这样的人才竞争机制是“优胜劣汰”规律的充分体现。

LG则实行多角度的企业组织文化管理。每位员工以他对公司所贡献的成绩核定薪水，绝非以资历而论；晋升和奖励以绩效考核的结果为参考依据，还设立了特别奖励体系、破格提拔体系和特别奖金体系。这样的晋升奖励制度重视员工的实际能力，激励员工最大限度地发挥个人的工作积极性和能力。

（4）员工绩效评价制度的区别。海尔的绩效管理是以OEC为基础的市场链机制。OEC管理法可以解释为“日事日毕，日清日高”。实质是借鉴泰勒制，对任务的量化下达指标，考核其工作质量并实行奖励。OEC管理法由三个体系构成：目标体系－日清体系－激励机制。

与海尔的日日清、定量化和强调业绩不同，LG更注重员工的全面素质。其员工绩效评价制度是以公司经营战略和年度经营目标为指导，以职能、职级等级管理制度为基础，通过对员工的业绩、能力、态度等的评价，鼓励先进，改进落后，实现绩效的持续改进，并以此作为晋升、提薪、教育等的依据。LG的绩效评价分为三大类：事务职评价，技能职评价，特殊职评价。

资料来源：王要武，崔渼敦，宫玲玲．海尔和LG的组织文化比较[J]．企业管理，2008(2).

讨论题：

1. 根据案例，探讨构成海尔和LG组织文化的基本要素分别有哪些？有哪些异同？
2. 根据案例，联系本章内容，查阅相关资料，请使用卡梅隆与奎因组织文化模型、丹尼森组织文化模型，测评分析海尔和LG的组织文化。

|综|合|案|例|5-2　老字号的新烦恼：正源茶业的组织变革中的文化冲突

正源茶业的前身是创建于清光绪二十六年（1900年）的京城著名的老字号茶庄。在新中国成立前，茶庄通过在福建建设茶场、就地加工生产等方法，确保产品的质量和味道。在20世纪三四十年代，茶庄已经开始利用电台、电影等手段进行广告宣传，使得茶庄名声大噪，在北京可谓是家喻户晓。经过100余年的发展，经历了公私合营、国企改制等阶段，正源公司已经成为茶叶界的龙头企业。

新中国成立前的正源茶庄是私营性质，主要是靠师父带徒弟来手口相传，茶庄的创始人也是从学徒出身直至自己开买卖。师徒制是一种在实际生产过程中以口传手授为主要形式的技能传授方式，这点在茶叶行业是很普遍的。1956年公私合营，正源茶庄也由私有制改为国有制，归宣武区主管。正源茶庄改为国字号以后，仍然用师徒制的管理方式。自此直到1992年，中国茶叶市场都为计划经济下的统购统销，正源茶庄亦然。1992年成立正源公司，1999年正源公司成功改制，由国有企业转制为有限责任公司。从1999年至今，公司年销售额由8 000多万元增长到近6亿元，店铺数由13家增长到目前的100多家。

随着正源公司的不断发展，公司领导层逐渐认识到人才的缺乏已经成为制约企业持续发展的瓶颈问题。从2003年开始，正源公司开始引进大学毕业生，既包括茶学专业的，也有其他管理专业的。2003年当年的大学应届毕业生总共招入4人，当时公司总共有80多人，除了四五十岁的老员工以外，年轻员工的学历基本都是中专。以后每年都会引进若干名大学毕业生，特别是前几年公司与安徽农大茶学系合作，一次性从农大应届毕业生中招入8人，进入公司不同岗位实习和工作。公司引进的大学生一开始会在各自的师父带领下实习，然后安排在公司总部的核心部门或者门店、分公司。公司目前大学以上学历的员工占25%左右，而且这个比例以后会逐渐提高。

2007年，正源公司开始试行竞聘上岗制度，本着"不拘一格用人才"的思路，提出全公司无论年龄，无论学历资历，均可以应聘公司的工作岗位。从公司领导的角度，非常重视引进的大学毕业生，许多大学毕业生经过实习之后，都经过竞聘上岗担任了公司中重要岗位的工作，例如产品检验、仓储物流、生产管理、品牌管理等岗位的工作，或者到一线的门店担任经理或经理助理。经过竞聘上岗，一批年轻员工，特别是具有大学以上学历的员工走上了管理岗位或者重要岗位。公司的中层和基层管理人员日益年轻化，许多部门的负责人都是三十来岁的年轻人，大多数直营店的店长都是近年来竞聘或提升上来的年轻人。

可是，中国的企业，特别是传统老字号企业大多深受儒家思想的影响。儒家思想中的伦理观念、长幼有序的等级观念根深。"师徒制"是传统老字号企业的一大特点，特别是茶叶行业最兴的就是拜师，因为里面的道道太深，没有师徒这层关系，许多诀窍是断然不会轻易外传的。中国有句老话"一日为师，终生为父"。一直以来，正源公司新招入的员工都要经过在门店实习的阶段，而在门店实习，首先就是要有一个师父，也许没有正规的拜师仪式，但是师父会教徒弟学习那些逐年传承下来的东西：传统茶叶包、茶叶种类鉴别、茶叶桶的捆扎、茶产品的推介……由于这个师徒制的传统，每个正源公司年轻的员工都有自己的师父，而新的人事改革和调整带来的一个直接结果就是有些徒弟会变成师父的领导或者与师父平起平坐了。

虽然，正源公司不断地发展，也重视年轻员工的培养，把有学历、有一定专业知识的年轻人放在重要岗位上，可是"师徒制"这个传统传承了100多年，这就导致公司出现了传统的管理方式和行为习惯与新的管理体制之间的冲突。许多老师傅对于新的管理体制与方式不能一下子适应，年轻员工按照公司规章制度行事却又不敢违背自己的师傅，最终使得一些年轻员工面临两难的境地进而选择离职。因此，对于正源公司这样有着深厚传统和文化基础的企业来说，如何有效实施组织变革成为了一道难题。

刚刚过去的2014年高考，北京考区的语文题引起各方热议——"老规矩"。这一如今已经多少被人划入调侃语境的词组，此番堂皇登入高考试卷，并成为决定万千学子前途的词汇，不但会让这一届的考生记住它一辈子，也让观者重新重视起这一词组背后所蕴含的深意。当年，正源创始人从学徒到开创自己的字号，靠着自办茶场、秘方制茶、掌柜评茶等方式窨出味道独特的京味儿花茶，几十年后，公司领导层通过寻访老茶客、走访后人，重新将老掌柜当年窨出的口味儿给找了回来，重拾正源的"老规矩"，"老规矩"用不好叫古板守旧，用好了叫传承创新，正源用"老规矩"恰到好处。

资料来源：武欣，单伟，王令娜．老字号的新烦恼：正源茶业的组织变革中的文化冲突[OL]．中国管理案例共享中心案例库．孙贵娟改编．

讨论题：

1. 你认为正源茶业所奉行的是一种什么样的文化？其核心价值观是什么？
2. 为什么公司的一些年轻员工选择离职？你认为正源茶业让徒弟变成师父的领导或与师父平起平坐这一做法是否正确？
3. 你建议正源茶业采用什么方法来平衡"师徒制"的传统与公司的管理体制？

第六章

环境与组织策略

学习目标

- 了解组织环境的定义、构成及特征
- 掌握环境不确定性的内涵及分析框架
- 理解资源依赖的内涵及资源分析模型
- 掌握应对环境不确定性的管理策略
- 掌握应对资源依赖的管理策略

核心概念

组织环境、环境不确定性、资源依赖、适应策略、控制策略。

引例

宏观调控与房地产企业反应策略

2011年新年伊始，国务院常务会议确定的房地产市场八条政策措施（以下简称“国八条”）基本已奠定今年房地产调控方向，即实行信贷税费政策打击市场投机，拉动保障房建设释放市场刚性需求，引导房价平稳回调，加强居民基本住房保障。在调控不断深入的背景下，房地产市场的不确定性因素增加，房地产企业获取资金与土地的难度增大，未来仍须积极调整应对策略，特别是通过拓展融资渠道、完善产品结构来提高市场适应性，同时适度调整区域布局结构，以抢占市场先机。

1. 加快资金回笼，建立多元化融资渠道

针对国内货币供应处于高位、物价涨幅过快的情况，2010年12月3日中共中央政治局会议指出，2011年将实施积极的财政政策和稳健的货币政策，标志着国家货币政策将从上年度“适度宽松”转变为“稳健”。在“宽财政、紧货币”的政策基调下，预期信贷控制的加强将导致新增贷款规模下降；同时，信贷收紧、房产税试点及部分城市“限购令”的实施，也会在一定程度上影响开发企业的销售回款，考验房地产开发企业的资金运作能力。

作为资金密集型行业，银行信贷紧缩对开发企业影响较大，目前信贷约占房企资金来源的40%左右。信贷紧缩将对负债率高的房地产企业带来较大影响，这些企业急需拓展融资渠道来保证充裕的现金流。

（1）高速周转，加快资金回笼。对现有存量住宅产品，企业可考虑采取高速周转方式，灵活定价、快速推盘，在市场调整期内抓住需求，加快资金回笼。2011年1月，品牌房企已加快推盘进程，万科1月销售面积达165.4万平方米，实现销售金额201亿元，同比增长216.1%和220.8%；龙湖地产1月单月合同销售金额42.6亿元，同比增长228%；单月销售面积31.3万平方米，同比增长达249%，大量资金的快速回笼保证了企业现金流的充裕，进一步提升了抗风险能力。

（2）建立持续稳定、多元化的融资渠道。国内货币与信用扩张开始进入紧缩期，但预期2011年仍将维持高位运行，人民币升值预期与境外热钱流入动机依然存在。实际上，随着信贷政策收紧，2010年房地产开发企业银行贷款12 540亿，同比增长24.7%，但增幅降低79.5个百分点；此外，开发商从资本市场获得融资也越来越难，数据显示，全年沪深上市房企在一级市场融资额只有296亿元。在资金链日趋紧张的情况下，国内大型房地产开发企业已开始寻求拓展融资空间，转向信托和海外市场。2010年全年，全国信托公司共发行房地产信托1 921亿元，其中，2010年7～9月间单月都超过200亿元，而2009年的规模也只有400亿元，世茂股份、万通地产、恒盛地产先后通过信托融资近百亿元。同时，2010年中国房企海外融资总额近796亿元，碧桂园于4月和8月先后进行大规模融资，共发行9.5亿美元优先票据；恒大地产通过两次发行债券，融资金额达到13.5亿美元；2011年伊始，首创置业便再次发行债券融资11.5亿元。这进一步显示随着资金形势的转变，大型房企融资渠道将更趋多元化，尤其是龙头房企充分发挥自身在资本市场影响力，积极尝试包括海外融资在内的多种融资模式，扩充资金实力。

2. 把握拿地机会，增加二、三线城市土地储备

2011年，国土资源部土地供应政策将继续向完善市场、保障民生方向转变。根据“国八条”各地政府需要“大力推广以‘限房价、竞地价’方式供应中低价位普通商品住房用地”并加强对企业“土地市场准入资格和资金来源的审查”同时，继续推进保障性住房建设，规划全国新开工建设保障性住房1 000万套，其中新增城镇住房600万套，建筑面积超过3.6亿平方米，信贷方面也要“在把握风险和坚持商业可持续基础上，继续加大对保障房的支持力度”、“限房价、竞地价”。这些政策对房地产开发企业的土地获取能力是一种挑战，但同时也使得核心区域土地稀缺性进一步凸显，加上土地、资金向保障房倾斜的政策影响，拥有充裕资金与持续融资能力的开发企业，依然拥有较大发展机遇，企业可顺势而为，实现经营实力的壮大。

（1）转变经营模式，壮大企业规模实力。信贷从紧、土地监管措施日趋严格，无疑将增加企业拿地成本，房地产开发企业可探索适时转变经营模式，一方面缩短开发、销售周期，加大期房营销获得充足现金流，另一方面也可通过合作拿地、联合开发、共同经营的方式，降低拿地成本与市场风险。

例如，目前标杆企业万科近75%的销售业绩来自于联合开发项目，企业抗风险能力明显高于其他开发企业；而在2010年，绿城由政府代建、商业代建的项目迅速增长，商业代建的面积达400余万平方米，已占绿城整个在建面积的20%左右，这种业务模式也有效地帮助企业实现了经营实力的快速壮大。

（2）增加二、三线城市土地储备。“限购令”房产税试点，表明调控重心仍集中于一线城市，而二、三线城市房地产市场仍以刚性需求为主，受限购措施影响小，土地政策也较为宽松，房地产开发企业可继续扩大二、三线城市布局，抢占市场先机。从目前大型房企土地储备情况看，2010年万科、保利、恒大等企业新增的土地储备中，二、三线城市土地储备量已超90%，其中标杆企业万科仅2010年12月份即新进入温州、南通、嘉兴、抚顺4个城市，累计进入城市已达46个。预计随着调控措施的推进，企业在二、三线城市土地市场的竞争将更趋激烈。

3. 调整产品结构，适当提高商业地产投入

2011年开始，重庆、上海两地先后开始进行房产税试点，“限购令”推行范围扩大，直接冲击了中高端住宅产品市场，而商业地产的投资价值则进一步凸显。随着调控政策的不断细化，不同物业产品的发展分化也将更加显著，房地产开发企业可针对政策变动，积极调整产品结构，在产品户型设计上充分考虑市场需求，增加中小户型及政策性住房项目，保障企业实现稳健发展：

（1）适当增加商业地产投入，开拓旅游地产、养老地产新业务，寻求新的盈利增长点。本轮调控的重心，仍以商品住宅为主，商业地产、旅游地产、养老地产所受影响明显小于住宅，开发企业可适当提高在这些领域的投入，以有效规避国家宏观调控政策带来的市场风险。面对密集调控政策，2010 年万达、SOHO 中国等以商业地产为主要业务的地产企业，开始调整策略，不断完善产品结构；标杆企业万科也联合金隅在北京打造首个商业综合体；龙湖地产在重庆打造的商业综合体“龙湖・时代天街”项目，在 2010 年 12 月开盘即创下销售套数、销售金额以及销售面积三项第一的市场佳绩；金融街与巴黎老佛爷百货公司签了 20 年的租赁合约，商业地产发展的步伐迈得愈发稳健。其他品牌企业则逐步尝试新兴地产业务，如涵盖旅游、生态、养老的综合性休闲地产业态，如保利地产斥资百亿在广东东莞打造以“生态、文化、人居”为主题的国际级旅游度假新城，拉开了企业大举进军旅游地产的序幕。这些新兴地产业务的拓展，一方面帮助企业有效缓解密集调控带来的经营压力，另一方面也有助其提升业务与产品锻造实力，培养独特的核心竞争优势，打造企业新的盈利增长点。

（2）加大保障房投入，获得稳定收益。在调控措施密集，土地、货币政策向保障房倾斜的背景下，投入保障性住房项目对于房地产企业而言，具有市场风险低、收益稳定的优势。针对政策便利条件，适当加大保障房项目投入比例，可能成为未来一段时期内房企投资方面的重要趋势。2010 年，万科新里程、保利地产西子湾、中海地产金沙馨园等保障性住房项目，均获得较理想的市场收益，预期品牌房企未来会进一步加大保障性住房项目投入，以期在市场调整期获得稳定的市场收益与良好社会效益。

4. 2014 地产严冬，房企降价跑量

西南财经大学中国家庭金融调查与研究中心最新发布的《城镇家庭住房空置率及住房市场发展趋势 2014》显示，城镇家庭自有住房严重供给过剩，现有住房存量完全可以满足住房需求，现有住房年供给的 40% 即可满足年新增住房需求。中国家庭金融调查与研究中心主任甘犁认为，当前我国的城镇房地产市场存在自有住房拥有率较高、存量过剩、空置率高、刚性住房需求降低等情况。由此可见房价下行趋势已定，拐点明显，中国住房市场的寒冬即将到来。

以往北上广深等一线城市的虽然房价远高于其他区域，但在房地产市场在需求的强大支撑下，总体状况仍好于二线、三线城市。不过，进入 2014 年，随着楼市全面降温，一线城市也陆续受到影响，成交量萎缩严重，库存开始快速增长，一线城市房价也在库存压力下有所松动。2014 年 5 月万科在广州、上海等一线城市的楼盘均开始实行“以价换量”的策略。值得注意的是，近期位于北京亦庄的珠江四季悦城推出“全盘无首付”促销政策。与今年年初“暗降”不同的是，目前市场上实实在在的直降、打折等逐渐成为主流，包括万科、恒大、保利等在内的全国品牌开发商已经陆续在多个城市降价，纷纷采取“降价跑量”的销售策略。

资料来源：郑金刚．新政环境下房地产企业反映策略研究报告 [R]. 中国指数研究院，2011-02-08. 根据相关信息进一步改编整理。

第一节　组织的外部环境

绝大多数组织都需要面对具有极大不确定性的外部环境。那些无法适应竞争日益激烈的环境、多样多变的消费偏好和不断更新的技术的组织正在逐渐衰退直至消亡。正是这些外部环境因素引起的不确定性导致了组织的混乱，给组织带来极大的制约。因此组织所面临威胁的主要来源就是它的外部环境。组织与环境的关系既包括组织根据环境主动选择组织战略，又包括组织被动地受到环境的影响，这是一个相互作用的过程。所以组织与环境的关系可以从组织对环境的影响和环境对组织的影响两个方向结合来分析。

一、组织外部环境的内涵与特征

（一）组织环境的定义与构成

环境是一个“剩余”的概念，它指所有“别的因素”㊀。从广义来讲，环境是没有边界的，它包括了组织外部的所有因素。这里的分析只考虑了那些对组织有较大影响的环境因素，组织的运行必须对这些因素做出及时正确的反应。这里的组织环境（organization environment）就是指组织边界外可能对组织产生影响的所有要素。

通过分析组织外部的领域有助于认识组织的环境。组织的环境领域（domain）是指组织为了自己的服务、产品和要面向的市场而主动选择在其中活动运行的环境区域。领域对组织的运行方向和为实现组织目标所需互动的外部环境要素都具有决定作用。环境是由很多方面组成的，任何组织的环境领域都可以划分为 10 个方面，如图 6-1 所示。

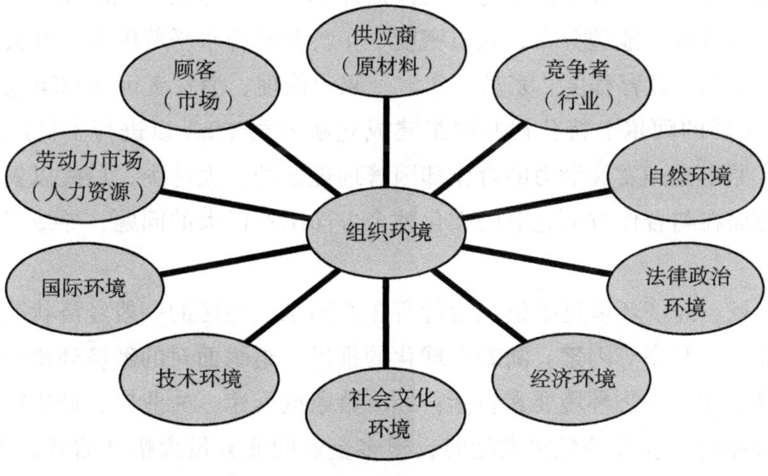

图 6-1　组织环境的主要构成

可以将上述的组织外部环境分为两个层次：一般环境和任务环境。

1. 一般环境

一般环境（general environment）是环境的外层，它广泛地分布在组织周围，并对组织产生一定的影响，但并不直接影响组织的日常运行。一般环境要素包括国际环境、技术环境、社会文化环境、经济环境和法律政治环境，这些要素几乎对所有处于其中的组织都具有相近的影响。

（1）国际环境。国际环境不但代表着组织在其他国家面临的机遇和威胁，而且还包括在

㊀ 詹姆斯·汤普森．行动中的组织——行政理论的社会科学基础 [M]. 敬乂嘉，译．上海：上海人民出版社，2007:33.

外国发生的比较重大的事件。国际环境为组织提供新的竞争者、顾客和供应商。与国内环境相比，国际全球环境是一个不断变化，不断流动的具有激烈竞争的场所，具有更大的不确定性。国际环境要素一般包括：外国企业的竞争和收购、本国企业进入海外市场、外国的习俗、法律和汇率。海尔集团作为中国最大的家电企业，处在高度竞争的市场环境中，为了可持续地发展成为国际化的知名品牌，一直在海外市场进行扩张，通过并购等方式进入到多个国家与市场，以实现“走出去、走进去、走上去”的海外市场战略。海尔集团 2012 年对新西兰斐雪派克电器控股有限公司进行的收购就是中国企业进入海外市场的典型事例，是经过努力才通过包括新西兰海外投资办公室等相关监管部门的层层批准⊖。

（2）技术环境。技术环境指包括特定行业在内的全社会的科学和技术的进步趋势。技术的更新为各种组织都带来大规模的革新。技术环境要素主要包括：生产技术、科技、计算机、信息技术和电子商务。比如曾经全球领先的手机厂商诺基亚在技术变革时遭遇了难以扭转的艰难局面，诺基亚手机一度以其经久耐用的良好品质畅销全球，然而一切在 2008 年 Google 公司主导开发的安卓系统智能手机发布之后发生了清晰的变化，该系统拥有很强的可开发性和功能丰富的应用软件，促使消费者迅速转移购买的注意力。2011 年以后安卓系统首次在全球手机市场上超越诺基亚的塞班系统，占据手机销售的最大份额。

（3）社会文化环境。社会文化环境不仅包括社会当中的习惯、规范和价值观，而且也包含这个社会的人口特征、地理分布、人口密度、年龄和教育水平等因素。社会文化环境要素包括：价值观、信念、教育程度、宗教、年龄、职业伦理、消费者运动和绿色运动。TCL 集团在 2004 年与法国的阿尔卡特公司共同组建成立新公司 T&A 以进行手机产品的研发、生产与销售业务，原本充满发展潜力的合作却因管理理念的巨大冲突，最终以失败告终。究其原因在于中国方面在与合作方的企业的文化整合方面出现巨大的问题，导致双方在管理体系上格格不入。

（4）经济环境。经济环境是指组织运行所在的国家或地区的一般经济状况，包括消费者的购买力、失业率和利率等因素。随着全球化的推进，组织面对的经济环境日益复杂，组织面临更多的不确定性。经济环境要素包括：经济萧条或繁荣、失业率、通货膨胀率、投资回报率和经济增长率等。在经济危机发生时，很多企业的业务量大幅度缩减，为了保存实力，企业都会在战略布局、业务结构和人员的安排上进行调整，有的企业让员工进行限制性的工作，以降低企业的运营成本，甚至于直接裁员使企业获得喘息的机会。

（5）法律政治环境。法律政治环境不仅包括影响组织行为和价值观的政治活动，而且也包括国家和地方的法律法规等。法律政治环境要素包括：国家和地区的法律法规、税收、政府服务、司法系统、法律的执行情况和政治活动情况等。比如对企业的生存与发展影响重大的《中华人民共和国公司法》，从 1993 年开始颁布之后，至今已经经历了 1999 年与 2005 年两次修正，每次内容的修改都促使企业在设立、组织与经营活动等方面的行为发生改变。

（6）自然环境。即指无机物条件和有机物条件等人们可以利用的一切物质环境。以能源行业的企业为例，它们所经营的产品直接来源于煤、石油和天然气等自然资源。然而自然环境也是在不断变化的，这些自然资源都是不可再生的。企业如果要想可持续地发展，就必

⊖ 海尔收购斐雪派克的背后 [J]. 财经，2012.

须根据赖以生存的自然环境的变迁调整经营的产品，开发新的可替代资源，如开发利用太阳能、风能等清洁能源。

2. 任务环境

任务环境（task environment）较一般环境与组织的关系更为密切，它包括与组织进行资源与信息交换，直接影响组织基本运行和绩效的所有要素。任务环境包括竞争者、供应商、顾客和劳动力市场。

（1）竞争者（行业）。与组织处于同行业或经营同类业务，向同样的顾客群体提供相类似的产品和服务的其他组织就是组织的竞争者。竞争存在于绝大部分行业中。行业竞争者要素主要有：竞争者、所在行业规模与竞争强度、相关联的行业。

（2）供应商（原材料）。供应商为组织提供用以生产产品的原材料。原材料要素有：供应商、制造商、不动产商、服务商。

（3）顾客（市场）。组织所处的环境中，从组织获取产品或服务的个人和组织即是组织的顾客。顾客代表了组织面对的市场，是组织产出的接受者，关系到组织的成败。市场要素包括：顾客、客户、产品和服务的潜在消费者。

（4）劳动力市场（人力资源）。劳动力市场是指组织可以从环境中雇佣而来的组织成员。每个组织都需要有适合组织发展的成员，劳动力市场为组织提供这个必需的资源。目前劳动力市场有三个因素会对组织产生较大影响，分别是：组织对掌握信息技术的人力资源需求加大；组织对于人力资源的投资加大；国家或地区劳动力使用率不均衡。人力资源要素有：劳动力市场、就业机构、大学、培训学校、其他企业的员工、工会。

（二）组织环境的特征

面对组织赖以生存和发展的环境，组织必须正确分析环境的性质、特点与变化趋势，以结合自身的条件来制订组织的行动方略。组织的环境特征主要有客观性、系统性和不确定性。

（1）环境的客观性。组织环境是不随组织及个体的主观意愿而变化的客观存在，而且它客观地制约着组织的行动。组织环境也是组织赖以生存的物质实体或者条件基础，是客观存在的事物。

（2）环境的系统性。组织环境是一个有机整体，是由组织运行相关的各种外部资源和条件有机组合而成的一个系统。构成这个系统的各种要素以一定的结构相结合，体现出环境的整体性与系统性。

（3）环境的不确定性。不确定性是组织环境的一个非常重要的特点，正是由于这个特点的存在，环境才对处于其中的组织产生了非常大的影响。构成组织环境的各种要素不断发展变化，重新组合，资源与信息也不断在环境与组织之间输入输出，这必然使得环境时刻处于运动变化的状态，具有不确定性。

组织环境的客观性、系统性和不确定性意味着环境是一个动态运行系统。组织在运行过程中，不可避免地会受到外部环境领域的影响。因此，组织必须能够对外部环境进行深入的分析，以采取相应的应对措施。分析环境可以从很多维度出发，如是否稳定，是否同质，集中还是分散、简单还是复杂等。这些可以归结成环境对组织产生影响的两种基本根据：一是组织对不确定的环境信息的需要；二是组织对环境资源的需要。一方面，组织的外部环境是不断发展变化的，具有极大的不确定性。组织要具备持续的竞争优势，就必须适应这种不确定性，随环境变化而不断自我调整。另一方面，对于具体的某个组织而言，能够对其产生重大影响的环境要素一般只有特定的几个，这些要素涉及对组织至关重要的资源。组织可以通过对这些环境要素的控制来保证重要资源的获取。综上所述，组织外部环境分析分为两个维度，一是环境的不确定性，二是组织对环境资源的依赖性。接下来的两节将着重分析组织外部环境的这两个方面。

二、环境的不确定性

（一）环境不确定性的内涵

环境的不确定性（environment uncertainty）是指组织对于外在环境的各种信息无法做到全面有效地收集、分析和理解，进而存在决策错误的风险。由于不确定性增加了组织采取错误反应的可能性，而且决策的成本与成功的概率变得更加难以估计。所以，研究环境的不确定性关乎组织的生存与发展。来源于经济条件、社会文化条件以及技术的发展等方面的因素都会带来组织发展的不确定性因素，然而，最能影响也是最常见的不确定性因素来自于任务环境。组织要想达到预期的目标效果，就必须通过各种措施对环境的不确定性进行管理，以尽可能预见组织的外部环境变化。

（二）环境不确定性的维度与分析框架

环境的不确定性可以认为是那些对组织的运行起到一定影响力的环境因素的不稳定程度。环境的不确定性和环境的复杂性与稳定性关联紧密。因此，对环境的不稳定性评估，可以基于由简单 – 复杂和稳定 – 不稳定两个维度构成的四象限来对组织环境进行分析。所有不确定的总和就构成了组织外部环境的不确定性。

1. 简单 – 复杂维度

简单 – 复杂维度（simple-complex dimension）也称环境的复杂性，是指影响组织决策的环境要素的异质化程度高低，以及数量的多少，也就是环境的异质性。当复杂性增加时，组织就需要收集更多和更全面的信息，进而增加了信息整理与分析的难度，导致不确定性的加大。复杂的环境中有很多要素对组织起到影响，而简单的环境中对组织起影响作用的因素数量较少。

2. 稳定 – 不稳定维度

稳定 – 不稳定维度（stable-unstable dimension）是指环境要素是否是动态多变的，也即环境要素变化的频率或幅度。评价稳定与否主要看稳定状态持续的时间长短和变动幅度的大小，如果组织不能对环境的要素进行有效地预测，就增强了组织的不确定性。虽然大多数组织面临的环境的稳定性都在逐渐降低，但如公共事业等组织的外部环境还是比较稳定的。

根据简单 – 复杂和稳定 – 不稳定两个维度可以将环境划分成四象限，从而构成关于环境不确定性的分析框架。如图 6-2 所示，共有四种环境类型。

（1）低度不确定环境。在低度不确定的环境中，组织需要应对的外部环境要素很少、相似性强，而且要素变化不大，环境非常稳定。这些组织通常所经营的范围都比较小，而且技术层次并不高，不需要直接与企业的顾客打交道，因此其生产的产品种类较少，啤酒生产企业、生产零部件的厂商多具有这样的特征。对应图 6-2 中简单 + 稳定环境象限。

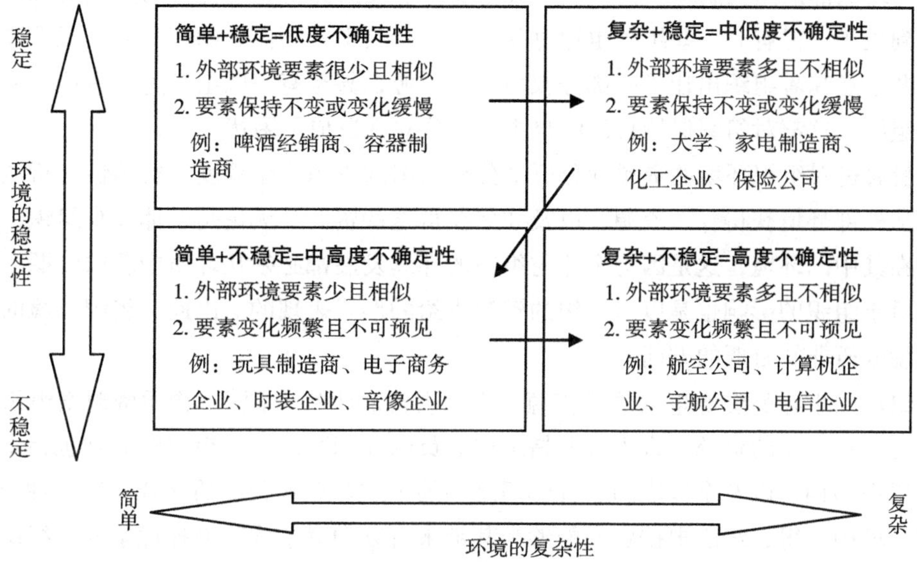

图 6-2 环境不确定性分析框架

资料来源：Daft R L. Organization Theory and Design[M]. 9th edition, South-Western, 2007: 146.

（2）中低度不确定环境。虽然中低度不确定环境所要应对的外部环境要素的数量增大，并且开始逐渐多元化，但总体来说，要素的变化并不大，环境也是处于高度稳定的状态。比如大学等教育机构、小家电制造商以及化学企业等，它们需要面对高度复杂的技术或是多元化的顾客群体，但是这些技术或者顾客需求的变化的频率和幅度较小，因此企业依旧可以通过采取各种手段对环境进行预测，以制定相应的规划安排。对应图 6-2 中复杂 + 稳定环境象限。

（3）中高度不确定环境。中高度不确定环境的环境要素比较单一，但要面临极大的变动。通常组织不需要面对复杂的技术或多元化的顾客群体，但这些环境要素的变化幅度却很大，非常不容易被预测，增加了企业运营过程中的风险。比如玩具制造商、电子商务或时装和音像等企业所面临的环境，都通常具备这样的特点，处于高度变化的环境中。组织需要通过对市场环境的准备分析，不断地对自己的产品与服务进行革新，以降低风险的冲击。对应图 6-2 中简单 + 不稳定环境象限。

（4）高度不确定环境。在高度不确定的环境中，企业面对的环境要素不仅数量较多、同质性较低，而且还非常的不稳定。组织通常一方面需要与复杂的技术打交道，或者拥有庞大的顾客群体或产品供应网络；另一方面还需要承受顾客需求与偏好和供应商供给的变动等风险。一些大型高科技企业的环境通常符合这种情况。比如航空公司、计算机企业、宇航公司和电信企业等都会受到这些高度不确定环境的影响。对应图 6-2 中复杂 + 不稳定环境象限。

三、资源依赖

组织的生存发展离不开对资源的索取，环境则为组织提供生存必需的资源。所谓的资源依赖性（resource dependence）是指组织依赖于环境提供的资源，又反过来通过控制环境以减少对资源的依赖程度。

每个组织都试图控制对自身发展至关重要并能使其保持竞争优势的关键资源，把资源依赖性降到最小。但有时一些组织也通过相互联合，共享共同占有的资源来实现发展。组织间资源的共享意味着组织出让了一部分权力换回资源，甚至有一些组织为了有价值的资源依附于其他组织，这都对组织保持自己的自主性和独立性造成了困扰。

一般通过对组织环境的资源性分析来分析组织的资源依赖程度。资源性分析主要分析组织需要从外部环境获得什么资源，以及如何获得这些资源。无论是个体还是组织，都无法脱离生存在其中的环境，这是因为个体与组织的存续发展都必须从环境中获取资源。组织的外部环境对于组织的影响也是以对组织的资源供给的形式表现的。因此，组织环境的资源性分析是环境分析非常重要的方面。

组织赖以生存的资源包括物质资源、人力资源和组织资源[⊖]。物质资源指组织生产所需要的所有实物形态的资源；人力资源指组织成员的知识和能力；组织资源则包括企业的管理框架，组织结构，以及个体之间、各部门之间的正式非正式关系的集合。这三种资源都可以从外部环境中获得，组织根据资源能够为其带来持续的竞争优势而择优争取。组织所依据的就是资源获取模型，这个模型主要提供了 4 条资源分析依据：

（1）资源有用性。资源有用性资源能够帮助组织形成独特优势，提高组织的运行效率和效果。因此，有用性是资源能够带来持续竞争优势的前提特征。当然，相同的资源为不同企业所带来的使用价值是不同的，有用性是个相对的概念。比如处于不同行业的两家企业 A 和 B，即使 A 企业能够拥有 B 赖以生存的有用资源，也未必能够发挥其作用。

（2）资源稀缺性。资源如果可以被任何组织轻易获取，那么很显然这种资源基本无法使组织借助它形成持续的竞争优势。比如对于石油企业而言，其拥有的油田就是很难被其他组织所能获取的，掌握这种资源的企业很容易在行业中获得优势地位。

（3）资源的低模仿性。组织拥有不能被其他组织短时间内模仿出同质的资源，那么这种资源很有可能会帮助组织建立独特优势并保持较长的时间。通常而言，这种资源以无形资源为主，包括企业经过努力经营所产生的声誉、企业文化、客户关系以及专利等多方面的内容。

（4）资源的不可替代性。与低模仿性类似，资源的不可替代性也是帮助组织保持持久的竞争优势的重要条件。这种资源很难被其他的资源替代其价值。比如旅游景区的独特景观，尤其是同时具有自然与人文双重特色的景点，就是旅游公司的不可替代性资源。

通过资源分析模型的建立，组织可以对其要获取的资源进行评估，选择并确定组织需要从外部环境中获取什么资源来创造并保持竞争优势。

⊖ Jay Barney. Firm Resources and Sustained Competitive Advantage[J]. Journal of Management, 1999: 99-120.

第二节 对环境不确定性的管理——适应策略

对环境的适应策略也可称为内部策略，是指组织采用权变的方式应对外部环境的不确定性。适应策略是组织通过改变自身以取得在环境中生存的机会，对环境并不能造成改变。组织的结构应该与环境相匹配，面临不确定性程度高的环境的组织一般采用横向结构，促进组织内沟通与协作，通过在职位和部门的设立、组织的分化整合以及组织计划的制订等方面采取一定的措施以适应不确定性。

一、职位和部门的设立

为了解决组织因对外部环境信息掌握的不足，从而不能精准地对外部环境变化做出判断的问题，组织需要对环境信息进行系统的整理分析。所以，组织就需要在结构上进行调整，以安排环境分析的岗位，专门负责对特定环境要素的监测。组织通常采用增加组织中部门和职位的数量来应对外部环境的高度复杂性。组织设置了相应的职位和部门来应对环境变化的每个方面意味着组织成为一个开放系统。比如企业的营销部门就需要随时关注市场行情的变化，充分掌握市场占有率以及营销策略等信息，而且还要了解顾客的需求变化。其他诸如采购、制造以及人力部门等都承担了相似的角色。

二、缓冲和边界联系

建立能够吸收环境不确定性的缓冲部门是组织应对不确定性的传统方法。缓冲部门包绕着组织的核心部门，负责组织核心与外界环境的资源和信息交换，保障组织核心不受到外部环境的冲击。当组织的外部环境处于高度不确定性时，为了防止因组织中的人员或部门要应对外部的不确定性而带来的对组织核心活动效率和质量的干扰，组织必须要有一些部门来担任缓冲的角色。比如加工制造企业的核心部门是生产部门，其他诸如营销、采购与人力等部门都可以认为是围绕生产核心的缓冲部门，共同应对环境的不确定性。

边界联系是联结并协调组织与外部环境的关键要素，主要涉及由环境到组织和由组织到环境的信息双向交换。边界联系部门或成员帮助组织及时了解外部环境的变化，向外代表组织并输送信息，是组织非常重要的应对不确定性的策略。

三、分化和整合

为了更加有效率地完成组织的目标，提高组织的绩效，可以以专业化的思想将工作分配给不同的部门来完成。因此，当组织的外部环境比较复杂并且快速变化时，组织能够通过实现部门高度专业化（分化）以及实现部门之间的充分沟通交流（整合）来应对外部环境的不确定性。组织的分化与整合策略在企业中比较常见，比如随着市场竞争的加剧，增加了企业组织与外界发生冲突的可能性，很多成熟发展的企业都设立了法律事务部门专门处理企业经营过程中遇到的法律问题，以尽可能地降低企业的经营风险。

四、管理过程的改变

组织可以通过改变正规机构的数量和对组织成员的控制程度来应对不确定性。这种管理过程主要分机械式和有机式两种。机械的管理过程有着大量的规则、程序和职权序列。而有机的管理过程内部组织较松散，可以自由流动，具有适应性。随着组织面对环境的不确定性增加，组织逐渐从机械的管理过程过渡到有机的管理过程，组织的职权分散到更低层级，员工通过协作的方式共同解决问题，组织能够更为快速地对环境变化做出反应。

五、计划和预测

在不确定性的环境下，计划和预测对组织的生存至关重要。计划一般都需要以精准的预测作为前提，这需要全面而准确的信息作为分析的基础。组织可以通过合理的计划流程，系统地收集和分析信息，并对组织外部环境可能的发展趋势进行推测，进而制订出有针对性的实现目标的策略和方案。合理的计划能够帮助组织应对环境的变化，并迅速地做出反应。组织可能会使用情境预测（scenario forecasting）对将来可能发生的外部环境变化和对组织造成的影响进行预测，并预先设想出应对的策略。

结合环境不确定性的分析框架和组织适应环境不确定性的方法，可以形成组织应对不确定性的反应框架如图 6-3 所示。

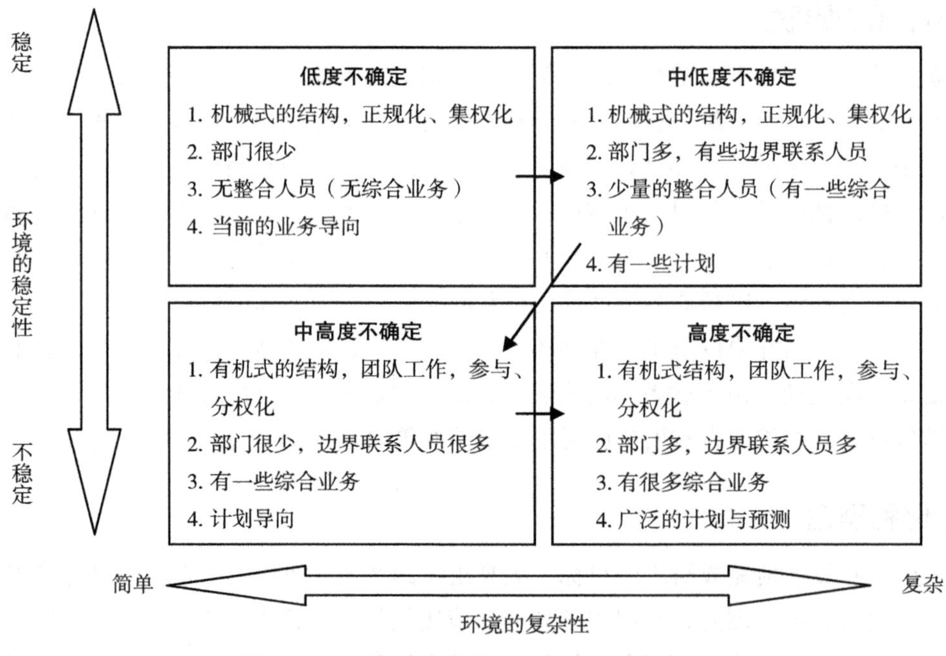

图 6-3 环境不确定性和组织权变反应框架图

资料来源：Daft R L. Organization Theory and Design[M]. 9th edition, South-Western, 2007: 155.

低度不确定时，组织处于简单且稳定的外部环境中。可以采用正规化和集权化较强的机械式结构，设置较少的部门就可以满足需求。

中低度不确定时，组织开始面临多元化的任务环境。虽然结构上依然是机械式的，但需要设置更多的部门和一些边界联系人员以及少量整合人员。同时，还要对可能发生的变化制定一些计划。

中高度不确定时，组织任务环境变化的频率和幅度较大。需要采取以员工有更多参与和分权化为特征的有机式组织结构，并需要更多的边界联系人员。当然，组织的任务环境依然比较单纯，部门的设置可以比较简单，只需要少量整合人员的配合。

高度不确定时，组织面临环境多元化和剧烈变化的双重挑战。组织适合采取有机式组织结构，并要设置很多部门满足分工的需求，以及配置更多的边界联系人员和整合人员。同时，组织还要制订更多的计划并对未来可能发生的变化进行预测。

视野拓展6-1　从国美案例看环境对组织的影响

国美电器有限公司作为中国最大的家电零售连锁企业，成立于1987年元旦，是一家以经营电器及消费电子产品零售为主的全国性连锁企业。

在国家商务部公布的全国商业连锁前三十强排名中，国美连续多年蝉联中国家电连锁第一、中国商业连锁第二，持续领跑中国家电零售连锁业。2004年国美电器在香港成功上市。但是，2008年11月19日国美的大掌门人黄光裕以操纵股价罪被调查，陈晓任国美集团总裁兼任董事会代理主席。各经销商与国美合作变得谨慎，国美开始去黄光裕化，陈晓引入贝恩投资。"去黄光裕化"并没有让国美脱离危险，公司的经营利润下滑，家电行业风云变幻，美国金融危机灾难重重，使得国美自身的问题在外部环境恶化的情况下，处处显现雪上加霜之势。

从宏观上，我国国民经济持续增长，人们生活水平的提高，逐步追求享受型消费。另外，各地不断出现中型家电连锁企业，新进入者则很难在短时间内达到应有的规模，仅家电连锁"三巨头"——国美、苏宁、三联，几乎掌握了家电34%的销量。但真正可以威胁到国美的，只有苏宁一家，不过随着国美2007年完成对永乐的并购，此记重拳也使得短期内无人能望其项背。在规模占绝对优势的情况下，大鱼吃小鱼，国美或许能有更多的机会。不过苏宁近来市场占有率和市场覆盖率持续增长，一度势头超越国美，因为对服务的宣传和聘请年轻代言人的方式以及电视、杂志等媒体的广告投放，企业形象正在提升。在市场环境利好的前提下，国美的宏观环境并不十分乐观。

从国美内部看，国美人事调动频频，高层领导不断斗争，黄派、陈派斗争激烈。但从当地市场和媒体报道可以看到国美的市场占有率和市场覆盖率还是相当大的。但黄光裕事件后，现金流压力巨大，贝恩的加入令国内民众不满，这也导致了黄光裕、陈晓控股权之争中更多的国内舆论支持黄光裕。2005年年底开始，国美的一个新的家电连锁品牌——鹏润电器定位于高端家电连锁品牌，转变以前国美家电低价的品牌形象和美誉度低的不良品牌印记。然而，时至今日，鹏润电器似乎前景暗淡。在与永乐合并后，国美实行了差异化经营战略，门店将细分为旗舰店、标准电器店、超市电器店及专业品类电器店四种形态。然而，随着媒体对黄光裕和陈晓控股权之争的不断关注，国美的企业形象也遭到损害，有许多人对国美的品牌忧心忡忡。

从以上环境分析可以看出，国美经历了20多年的发展后，正面临着种种困境，如果不能及时走出困境，将面临经营困难。国美在外部环境与内部环境都在恶化的前提下，其组织正在面临挑战和威胁。国美电器愿景是到2015年成为备受尊敬的世界家电零售行业第一。但要实现这一愿景，就要不断适应，面对外部环境的变化，要努力改造内部环境，度过企业最艰难的时期，才能取得更好的发展。

资料来源：作者根据网络资料整理而成。

第三节 对资源依赖的管理——控制策略

组织根据对资源的需要情况，在自主性与资源获取之间权衡。为了最大程度地保有自主独立，组织试图控制和改变环境因素，把资源控制在自己手里。组织获得并控制资源的方式主要有与环境中关键要素建立联系和改变组织所处的环境领域两种方式。表 6-1 概括了实施这些策略的具体方法。

表 6-1 组织外部环境的策略

建立组织与环境要素间联系	控制环境领域
1. 所有权	1. 改变领域
2. 合同、合资	2. 政治活动、规章条例
3. 董事、经理人员聘任	3. 行业协会
4. 广告宣传与公共关系	4. 非法活动

一、组织建立组织间联系的主要策略

（1）所有权。组织可以通过收购和合并掌握另一个组织的所有权，利用所有权建立与其他组织间的联系，通过合并和收购可以降低收购方某一方面的环境不确定性，掌握更多资源。比如中国最大的两家在线视频企业优酷与土豆在 2012 年宣布合并，合并后的新公司被命名为优酷土豆股份有限公司（Youku Tudou Inc.）。两家企业之前分别在纽约证交所和纳斯达克上市，为了巩固行业地位获得更大的市场份额，二者的合并能够降低来自行业竞争的压力与未来发展的不确定性所带来风险[⊖]。

（2）正式的战略联盟。当两个组织在业务、地理位置或者专长方面具有较大的互补性时，两个组织为了获取更多的资源，并不是采用收购和合并的形式，而是相互之间建立战略联盟。战略联盟一般通过合同或者合资实现。比如比较典型的例子就是中国的海尔集团与日本的三洋集团在家电领域形成的战略联盟。日方企业的先进技术和研发水平与中方企业的营销网络和生产规模是双方建立关系的基础，这种优势资源互补极大地降低了企业所面临环境的不确定性。此外，通过稳固的合作还促进了联盟方在技术与管理上的学习与交流，带来更为长远的利益。

（3）关键人员聘任。组织为了加强与外界环境中的关键组织的联系，促使组织更好地运行，可以通过提供组织中的重要职位给重要相关人员以达到降低不确定性的目的。一方面可以聘任关键组织的领导者成为本组织的董事，此外还可以在多个组织之间实现董事连锁。不仅仅是董事，经理人员的聘任与调动也是组织增加与外界联系的一种手段。比如很多中国的民营企业都会聘请具有政府背景的专业人员担任公司的独立董事，以维持与当地政府的关系，获取更多的发展机会和资源。

（4）广告宣传与公共关系。广告与公共关系是建立组织间及组织与公众间良好关系的一种传统方式。广告主要是通过一些媒体沟通渠道宣传组织的形象与产品的特色，以让更多的人了

⊖ 优酷土豆合并：不确定性下的抱团取暖 [OL]. 第一财经日报 . http://tech.163.com/12/0313/01/7SEJPOU7000915BF.html，2012.

解与认同。良好的广告宣传能够帮助企业在短时期内声名鹊起，产生良好的品牌效应，有助于企业形成竞争优势。例如在天然矿泉水市场竞争激烈的情况下，农夫山泉公司以“农夫山泉有点甜”的广告语恰到好处地定位了产品的质量和特征，同时又迅速拉近与消费者的距离，促使公司旗下的水产品销量大增。公共关系与广告宣传比较相似，但手段多为免费的报道，目标更倾向于以公众意见为主，以帮助企业在消费者、政府以及供应商中树立起良好的正面形象。或者是通过组织的影响力影响其他组织做出有利于自身的决策，此时开展公共关系活动游说的对象可能就包括了政府部门、行业协会、环保组织以及消费者等多元化的群体。

二、组织控制环境领域的主要策略

（1）改变领域。组织的领域并不是固定不变的，当组织无法适应现有竞争激烈的领域时，组织可以设法建立新的环境联系，寻找环境更加友好的领域进入。组织改变环境领域一般采用收购和剥离的策略。比如为了适应国家对房地产行业的宏观调控政策，很多涉足房地产业务的中国上市公司纷纷剥离其房地产业务，以求得上市公司再融资和持续发展的顺利进行。

（2）政治活动和规章条例。组织可以通过政治活动来影响政府的立法，并设法使组织的支持者得到政府机构的人事任命，改善政治环境领域。比较典型的是，在当前中国企业大力实施“走出去”战略时，经常会在海外市场遭遇各种政策限制而形成的贸易壁垒。

（3）行业协会。行业协会是同行业的组织为了共同的利益进行合作，在某种程度上来说也是一种联盟。成立于 2012 年 2 月的中国上市公司协会就是为了维护上市公司会员合法权益而结成的全国性自律组织，其致力于促进提高上市公司质量、促进完善上市公司治理、推动建立良好的公司文化，进而促进整个资本市场的质量的提高。

（4）非法活动。组织有时会采用非法活动对环境领域进行控制，尽管非法活动通常都是为了解决企业面临的稀缺资源短缺问题，但这种行动具有很高的危险性。比如江浙地区的部分民营企业在陷入财务危机时，很难向银行等机构进行借贷融资，于是选择非法地下融资。

视野拓展 6-2 思科的游说策略

如果华为在美国国会发表报告前，及时了解思科游说国会的内容并开始进行相应的反击，而不是在国会发表报告后再进行辩解，结果可能会有所不同。

据英国《金融时报》2013 年 4 月 24 日报道，因为对美国政府展开了长达数月的游说未果，全球第二大网络设备制造商华为公司正式宣布放弃美国市场，华为高层发出了“我们对美国市场已经没有兴趣了”的叹息。

华为曾经成功地采用“农村包围城市”的模式不断进行市场扩张，从最初创业阶段，交换机进入中国县级城市的国内模式，到从非洲、南美洲，再到欧洲，最后进入美国的国际布局，华为在过去的 20 多年里一直坚持不懈地努力，最终成为中国最成功的全球化企业之一。

但这次，华为的“放弃”有着难言的苦衷和愤怒。

2012 年 10 月，美国国会发布了一份报告，认定华为和中兴威胁美国国家安全。尽管华为已经与 45 家全球运营商建立了合作关系，而美国这个全球最大经济体也是华为最想进入的市场，但美国始终没有让华为获得大的订单。就在2012年9月，美国移动运营商Sprint和日本移动运营商软银还表示，将限制使用中国企业的设备。

美国政府对华为指控的背后正是全球网络设备老大思科公司。2012年4月，当思科全球CEO钱伯斯被媒体问到最担心哪家企业时，钱伯斯毫不犹豫地回答说："这个问题很简单，25年前我们就知道，我们的最大竞争对手会来自中国，现在来看，就是华为。"华为的产品已经覆盖了全球140多个国家，超过传统的北电、朗讯、摩托罗拉等老牌企业，对思科公司也逐渐构成了巨大的竞争威胁。

思科不得不反击华为，但反击方式不是用技术、产品和价格，而是动用了国会报告和向美国国会游说的政治手段。思科仅去年游说美国国会的支出就达到了280万美元，创下了历史纪录。在美国国会上有3个国会办公室的高级工作人员都证实，思科向国会游说时要求加强对华为的审查。《华盛顿邮报》还透露，2011年9月思科曾在业界广泛散发7页名为"华为和国家安全"的文件，鼓动美企不要和华为合作。

这是美国公司惯用的手法或者说游戏规则，他们知道除了商业之外还有一个更有杀伤力的政治手段。美国是全球最大的电信设备市场，也是当前电信设备市场中"盘子"最大、利润最高的市场。在电信设备厂商中，各家都以"得美国市场得天下"为指导。但是这次华为宣布从美国市场退出，意味着华为在美国彻底输了。

华为在美国不是输在产品、技术、品牌和价格，不是输在市场的竞争，而是输在政治，输在游戏规则上。

华为在美国输得很惨，这种输法是中国企业在美国的第一例，但是随着中国企业的全球化进程，一定不会是最后一家。希望我们能够真正了解国外的竞争模式和游戏规则，知己知彼，输至少也要知道输在哪里。

资料来源：华为弃美的苦衷与愤怒，思科用政治手段反击 [OL]. http://tech.xinmin.cn/2013/05/02/20036345.html. 有删改。

总的来说，组织与环境的相互作用包括两个方面，一是环境领域的不确定性，二是环境领域的资源稀缺性。一方面，组织一般采用增多职位和部门、建立缓冲和边界联系、对组织进行分化和整合以及改变管理过程的方式来应对环境的不确定性。另一方面，组织采用建立组织间联合和控制环境领域的方式降低对资源的依赖。组织与环境的整合框架如图6-4所示。

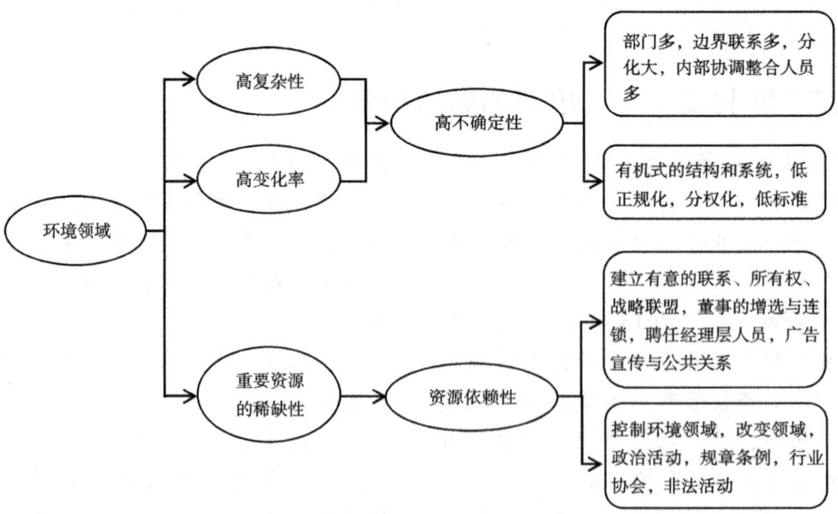

图6-4 组织与环境的整合框架

资料来源：Daft R L. Organization Theory and Design[M]. 9th edition. South-Western, 2007: 162.

本章小结

组织环境是指组织边界外可能对组织产生影响的所有要素，组织的外部环境由一般环境和任务环境两个层次构成。组织环境具有客观性、系统性和不确定性的特征。

环境的不确定性是指组织对于外在环境的各种信息无法做到全面有效地收集、分析和理解，进而存在决策错误的风险。对不确定性的分析关乎组织的生存与发展，可以基于由简单－复杂和稳定－不稳定两个维度构成的四象限进行分析。

资源依赖性是指组织依赖于环境提供的资源，又反过来通过控制环境以减少对资源的依赖程度。资源获取模型为资源的分析提供了依据，即基于资源的有用性、稀缺性、低模仿性和不可替代性进行分析。

组织对环境不确定性的应对方式是适应策略，主要是根据环境不确定性的程度，在职位和部门的设立、边界联系的设立、组织的分化和整合、管理过程的改变、计划和预测方面采取一定的措施。

组织对资源依赖的管理方式是控制策略，一方面通过所有权、战略联盟、关键人员聘任、广告宣传与公共关系建立组织间联系，另一方面通过改变领域、政治活动和规章条例、行业协会、非法活动等控制环境领域。

复习思考题

1. 组织外部环境的层次有哪些？这些层次中都包含什么要素？
2. 环境不确定性的分析维度和框架是什么？请用这一框架分析一个组织面临的不确定性。
3. 组织如何管理环境不确定性？请继续分析题2中的组织应当采取的策略。
4. 组织的资源依赖性如何分析？组织如何管理资源依赖？并举例说明。

延伸阅读

1. Dess, G G, & Rasheed, A M A. Conceptualizing and measuring organizational environments: A critique and suggestions. Journal of Management, 1991, 17: 701-710.
2. Aldrich, H E. Organizations and environments. EnglewoodCliffs, NJ: Prentice-Hall, 1979.
3. Bourgeois, L J, III, & Eisenhardt, K M. Strategic decisionprocesses in high velocity environments: Fourcases in the microcomputer industry. Management Science, 1988, 34: 816-835.
4. McCarthy, I B, Lawrence, TB, Wixted, B and Gordon, B R. A Multidimensional of Environmental Velocity. Academy of Management Review, 2010, 35(4):604-626.

|综|合|案|例|6-1 电子商务环境催生的中粮集团我买网

专供日常食品销售的“我买网”是中粮集团在2009年最新推出的B2C型食品购物网站。如果在百度上输入“中粮”关键词，排在首位的就是“我买网”，足见中粮集团对这一网络购物平台的重视程度。作为中国最大的食品进出口公司和实力雄厚的食品生产商，中粮推出这样一个食品网站似乎不足为奇。但是，在近年国内的主流专业购物网站纷纷向综合网购平台转型的趋势下，中粮依然能够雄心勃勃地向垂直网站进军，其信心可见一斑。

作为一家脱胎于传统企业的B2C网站，我买网的大部分优势源于中粮集团这一母体，对此，我买网在线营销部经理尚炎并不讳言，在他看来，我买网的优势正源于其专业化，“目前国内的大型B2C专业食品网站，我买网是唯一一家”。毕竟，在粮油食品领域，中粮拥有天然的产品和销售优势。而我买网的推出，不仅符合中粮集团打造“产业链、好产品”的需求，首次尝试B2C业务，也使其成为少数拥有自己垂直销售平台的世界500强企业之一。

“当代企业的竞争已并非产品之间的竞争，而是商业模式之间的竞争。电子商务正是互联网时代必然选择的商业模式。”尚炎表示，中粮作为一家年逾半个世纪的央企，想要适应国际化的发展、参与国际竞争，必然离不开电子商务。

其实对于传统企业而言，“触网”已是电子商务大潮下必须面对的一个课题——不是做不做，而是如何做的问题。尤其对于那些早在某一领域形成相对优势的传统型企业而言，旧有业务的运作已经驾轻就熟，但是到底应该如何试水电子商务，仍是一个值得思考的问题。因为它不仅意味着操作平台的转换，还有其背后一连串管理方式的转变问题。

1. 创新的延伸

“我买网”的诞生，源于中粮的创新中心。尚炎介绍，我买网属于中粮创新食品（北京）有限公司。作为中粮集团的全资子公司，中粮创新食品是由原中粮旗下的北京可得福公司增资扩股而来，在2009年年初完成更名的同时，其注册资本也扩充至1亿元。目前，中粮创新食品公司由中粮集团的创新与品牌管理部直接管理，这个2006年成立的部门在2009年更名为创新与品牌管理部。中粮集团赋予该部门的任务是研发和推广新产品、新业务，使中粮在快速消费品业务上能够有新的突破。

对于拥有多年食品制造经验的中粮而言，产品创新自然是最先被交出的一份答卷。2009年，经过对原料供应商以及产地的筛选、多轮的产品试验到消费者调查，中粮创新食品公司推出了“悦活”系列果汁产品。据悉，该系列果汁的客户定位于中、高端，且锁定的是竞争相对不激烈的纯果汁、果蔬汁市场。

在进行产品创新的同时，中粮创新食品公司也开始着手筹备渠道创新，而建立一个全新的B2C网上购物平台，就是他们最初的设想。结合中粮集团“高品质、高品位”的市场地位以及多年从事食品加工及进出口业务的优势，我买网的目标客户定位为“生活和工作在大都市的受过高等教育的白领人群——生活、工作的压力大，生活节奏快，可自由支配的时间比较少，但是追求高品质的生活”。

其实，对于网络销售平台的构建，中粮已在内部考虑了许久，随着近两年中国网络购物市场的快速发展，越来越多的年轻人已经习惯于“网购”这种消费方式。也正是看到了这个发展趋势并认定市场机遇已经成熟，中粮才在2009年正式推出我买网。“目前食品领域缺乏专业性的B2C交易平台，建设食品B2C网购平台存在巨大的市场机遇。”尚炎说。“对于中粮而言，我买网的推出具有跨时代的意义，因为此前中国市场上还没有一家专门做食品购物的大型网站。”易观国际高级分析师曹飞认为，“这意味我买网面对着巨大的市场需求，他们进入的是一个蓝海市场”。

不过，在中粮眼中，我买网的建立还不能简单地以“B2C业务”来定义。“更准确地说，应该是一项全新的战略业务单元。”尚炎说，我买网并不仅是中粮为了销售自有系列产品而开设的一个网站，还肩负着品牌展示、推广、销售和用户回馈的责任。“从某种意义来讲，我买网就是一个纯粹的电子商务零售企业。”尽管我买网试运营的时间还不到半年，但正如阿里巴巴表示要打造“网上沃尔玛”一样，我买网也确立了自己的目标：“做中国最大、最专业的食品购物网站。”

事实上，像中粮这样有实力的传统企业开拓网络销售渠道已是大势所趋，相对于纯网络型的电子商务公司，这些传统企业由于在品牌、渠道、客户等方面积累了深厚资源，因此在推广相应的网上销售平台时就更容易突破诚信和推广的障碍，发展速度也相对更快。

首先，依靠中粮集团的主品牌优势，我买网可以在品牌诚信、社会知名度方面嫁接到一定的优势。例如，出于对中粮品牌的信任，消费者也会对我买网销售产品的质量更加放心。其次，在采购成本上，依托中粮集团的支撑，我买网在与上游供应商的谈判过程中，能够获得更大的议价权力，而这方面的优势也是纯网络型B2C公司无法比拟的。此外，另一个关键性的优势就是资金压力相对较小。“现在很多B2C型电子商务公司的背后都有风险投资的介入，这样的公司可能会在投资方的压力下，为了实现短期利益而放弃长期目标。”尚炎说，“而我们则不然，中粮集团目前没有给我买网下达利润的考核指标。因此我们能将精力主要放在用户体验的改善、产品种类的丰富上。”

尚炎坦言，在我买网进行测试时，他们的另一项工作就是完善用户体验，根据用户的反馈对各项功能加以改进。例如有一些用户向他们反映希望网站能添加一些有充值功能的产品服务，随后，“我买卡”系统就应运而生。实际上，所谓的“我买卡”就是一个储值卡，而这项新服务的推出，也为我买网在试运营初期就带来了巨大的收益。在2009年中秋节前，中国电信、万科、中英人寿等公司都向他们团购了“我买卡”，并将它们当作过节福利或礼物赠送给员工或客户。在“我买卡”的销售带动下，2009年“十一黄金周”期间，我买网已经完成了全年计划销售额的1/3。

2. 创新的挑战

“我们采用的是经销模式，所以不仅会卖自己的产品，也会经销其他优质产品。”尚炎告诉记者，我买网上线之初的产品就多达1 000余种，目前还在以每月近300种的速度增加，预计到年底会达到2 000 ~ 3 000种。

至于产品选择的标准，尚炎表示，我买网在选择产品时采用的是“优选”原则，不会把所有的品牌都拿到我买网上销售，首先他们会看产品的知名度和生产企业的实力，其次要看产品的质量是否过关。目前，我买网已经和国内几十家企业达成了合作共识，近期还会与国外的知名食品企业进行洽谈，将国外的优秀食品引入国内，而这些进口食品则是在普通超市买不到的。

曹飞认为，随着网购竞争的日益加剧，产品和价格已不再是决定网购优势的唯一条件，“现在网民更看重的是购物网站的服务能力，因此，决定我买网成败的关键将是服务品质的问题。”尤其对于中粮这样一家过去长期从事大宗货物贸易的企业，面对的更是层级跨越式的挑战：从批发向零售模式的转变。对此，曹飞形象地打了个比方：过去一直做批发生意的中粮接到的订单都是上千万元的，他们已经习惯于“一车一车地”卖货物。但在网络购物这个新平台上，他们只能“一件一件地”卖产品，通常每张订单只有几十到几百元。因此，我买网的打造对于中粮而言也是一次新的考验，即他们是否有服务于个人消费者的能力。

销售平台转换的背后，也意味着对后台的各个工作环节提出了新的要求。由于我买网主要销售的产品是食品，而食品在保存方面对库房有更特殊的要求，因此他们配备了专业的食品库房。此外，还专门设计了一套库存管理系统，在系统层面确保做到“保质期超过1/3的产品不进库，保质期超过2/3的产品不出库”，以保障用户得到的都是优质新鲜的商品。除了仓储，配送也是不容忽视的另一个环节，尤其零售食品的外包装比较薄弱，如何保证产品质量在配送环节中不受到损害是一个重要问题。这种零售式配送体系的建立对于我买网而言是一个挑战。目前他们的做法是“将专业的事交给专业的人”——将配送环节交由第三方物流公司完成。

对于我买网采用第三方物流公司这种方式，曹飞认为，“关键原因就是规模的问题，如果没有足够的市场需求以及相应的管控能力，网站自然就只能将配送环节外包给其他公司”。在目前国内的大型B2C网站中，除了当当是将配送外包外，红孩子、凡客诚品等公司都是自己在做配送，“这样做的好处就是能保证服务质量的统一，而将配送交由第三方去做的劣势很明显：快递公司什么产品都送，可能你的食品会被他们跟其他公司的商品放在一起配送，这样产品质量就不那么容易得到保证”。

事实上，在曹飞看来，像中粮这样一直专注于传统业务的企业做电子商务，面对的挑战是来自方方面面的，从供应链、仓储到配送，都是全新的考验，而想将所有这些做好，就要有一支优秀的团队。“因此，我买网能否做好，就要看他们能否找准定位，并建立一支优秀运营团队，将中粮的优势真正发挥出来。”

中粮在2008年网站筹建期间，就开始招兵买马，网罗了网站运营、产品采购、在线营销等相关领域的优秀人士。据悉，这些经验丰富的专业人才有的曾在知名B2C网站的重要部门担任要职，有的则已在传统超市行业积累了超过10年的丰富经验。我买网“作中国最大、最专业的食品购物网站”这一理想能否实现，还有待时间的检验，但毫无疑问，那些被我买网招致麾下的专业人才能否适应这个新平台，在发挥各自优势的同时团结协作，将决定我买网现实与梦想的距离。

资料来源：冯嘉雪．中粮的新蓝海[J]. 中国新时代，2012(9)：68-70. 有删改．

讨论题

1. 中粮利用我买网进入网络购物产业的原因是什么，具有怎样的优势？
2. 中粮决定进入网络购物时的环境以及采取的各种措施的策略是怎样的？

|综|合|案|例|6-2 京东商城：电商航母成长的烦恼

1. 京东的成长之路

1998年6月，刘强东在北京中关村创办了京东公司，主营代理销售光磁产品。2001年，刘强东开始经营IT连锁店。2003年，受非典影响京东开展线上业务处理库存。随后线上业务逐渐超过线下业务。2004年元旦“京东多媒体网”正式上线，当年销售额达1 000万，京东放弃线下连锁向电商转变。至2007年，京东已建成了以北上广为基地覆盖全国的销售网络，并于8月获得千万美元的风投基金支持。随后，京东开始了全面扩充迅速发展的阶段。2008年，京东完成了3C产品的全线搭建，并进军日用产品，从IT电商向全能百货商城转变。同年销售额达13亿首次超越当当、卓越亚马逊成为中国最大的自主式B2C网站。2010年京东先是于3月收购韩国千寻网，11月又涉足图书业务，与当当、卓越等巨头全面竞争。12月，京东正式上线“品牌直销”频道，与淘宝商城拉开竞争序幕。12月23号，京东涉足团购业务。2011年11月，奢侈品独立网站360top上线，搅局奢侈品网购市场。2012年2月，京东启动其电子书刊业务，进一步挑战当当图书霸主地位。2012年3月20日，京东商城上线网购火车票业务，但该业务上线一周后即暂停。

2. 繁荣的电商市场

自2004年《电子签名法》颁布到2011年的《电子商务“十二五”发展规划》，电子商务在国家相关政策的出台和推动下快速发展，众多企业和创业者纷纷进入该市场。随着互联网时代的来临，网络的广泛应用促进了市场上各类信息、知识、人力资源以及交易活动的进行。WIFI技术和移动终端的应用和发展，更使得网络便捷性大大提高，截至2011年12月我国网民规模已突破5亿，网络普及率达38.3%，这为电商行业提供了网络技术应用的良好环境。互联网的盛行使得人们的消费观转变，网购意识逐步提高，尤其是80、90后新生代的出现，更推动了网购的发展壮大。

网络用户比例增长，网络零售业快速发展，传统零售企业纷纷开始布局电商领域。2011年，品牌企业和平台商城B2C成为市场绝对主体，传统制造商和渠道商在网购市场份额明显增大。此外，即时通讯工具（阿里旺旺）、电子支付系统、物流行业等相关配套系统的建立和完善进一步推动并扩大了电商平台的发展。统计数据显示2011年中国网络购物市场交易规模达7 735.6亿元，较2010年增长7.8%。电子商务迅猛发展的同时，众多电商CEO纷纷认为B2C将替代C2C成为未来网购发展趋势，网购需要从粗放式发展向精细化挖掘，由做大转向做深全面提升服务水平。

3. 激烈的行业竞争

电商行业的炙手可热也意味着惨烈的市场竞争，B2C模式网站经历着残酷的优胜劣汰，当中逐渐涌现了一批佼佼者，如淘宝商城、卓越、当当等。2010年，各大企业纷纷出招抢占商机。当年麦考林登陆纳斯达克成为国内B2C上市第一股，当当在纽交所上市，淘宝启用天猫独立域名开始摸索从C2C转变为B2C。该年B2C市场，京东以交易额102亿元位列第二，淘宝商城、卓越亚马逊、当当网、凡客诚品、新蛋分别以交易额300、30、22.6、18.5、18亿元成为京东主要竞争对手，麦考林、苏宁易购等电商也虎视眈眈。

主要竞争者大致可分为四类：（1）领跑者（天猫、卓越亚马逊、当当）。天猫以淘宝C2C模式积累的广大客源并拥有先进平台系统技术；卓越亚马逊则具有送货速度快、库存管理能力强、产品（图书等）优势明显等特点，同时有亚马逊强大的资金支持；当当网IPO后融集了大量资金，利用比价系统确保价格优势。（2）挑战者（苏宁易购）。苏宁易购将实体与虚拟经济结合开发，以苏宁电器为依托，共享其实体店物流体系，效率高出同行50%；其拥有千亿采购规模，采购成本低，盈利空间大。2011年苏宁易购实现59亿元销售规模（同比增长近四倍）已位列独立B2C网站第2位，并且有望成为首家实现盈利的电商。（3）垂直专营的强攻者（新蛋、凡客、红孩子）。新蛋网是全球最大的IT、数码网上购物商城，有丰富的经验和庞大的技术资源。凡客诚品依靠自己的品牌打造适合大众化的产品。红孩子主要围绕着女性的购物需求，经营母婴等产品。（4）增长强劲的新进者（中粮我买网、耀点100等）。

4. 京东的经营策略

京东的竞争策略中，首当其冲的是低价营销。2011年国庆黄金周，京东宣称“让利10亿”，随后当当、国美、苏宁易购卷入价格战，此后依次出现团购价格战、光棍节促销混战。2011年12月14日，京东又向当当宣战，保证京东网上图书价格比当当便宜20%以上。而2010年曾出现过国美、苏宁等连锁巨头为抑制京东扩张要求供应商减少向京东供货。随着京东规模的扩张，公司议价能力增强，京东开始与供货商签署供货协议保证货源以及毛利率。一贯的价格战使京东成为众矢之的，也使京东遇到发展瓶颈，低价能提高短期竞争优势但是不能为京东带来长期优势。因此，京东逐渐谋求长远战略规划。其一，京东品牌建设。2010年，京东相继冠名了中超联赛、中国方程式大奖赛。2011年，京东在热播剧《男人帮》中利用植入式广告重塑品牌形象、提升知名度。2012年又耗资两亿进行春节广告宣传。其二，京东利用外部融资兴建自己的物流系统，希望通过直接控制物流环节提高服务能力、降低服务成本。物流的投入使京东物流费用率不断下降（京东5%～6%，凡客诚品20%，当当13.1%）。京东自建物流投资巨大，加之北京仓储中心迟迟未动工，外界一直存在对其资金短缺的猜测。其三，2009年“光棍节”促销、2011年图书促销活动造成系统瘫痪以及2012年“情人节”的爆仓事件，都显示出京东后端系统疲软，京东后端整个供应链系统仍需要投入大量的资金与人力进行开发。2011年4月，京东从基金及社会人士融资15亿，据规划，这15亿将全部用于物流和技术研发建设。

资料来源：李伟铭，刘冰清，李星，等. 京东商城：电商航母成长的烦恼 [OL]. 中国管理案例共享中心案例库. 袁卓君改编.

讨论题：

1. 试分析京东在发展过程中面临的外部环境？京东的外部环境属于哪种环境类型？
2. 京东发展过程中依赖于哪些关键资源？京东是如何培育并控制这些关键资源的？
3. 综合分析未来京东应该从哪些方面加强对外部环境的适应性？

|综|合|案|例|6-3 中粮包装为何能在完全竞争的市场中脱颖而出？

1. 中粮包装简介

中粮包装控股有限公司是大型央企中粮集团有限公司的下属子公司。公司成立于2007年，注册地中国香港，管理总部在杭州。中粮包装提供包括高科技包装设计、印刷、物流及全方位客户服务等在内的综合包装解决方案。2009年销售收入38亿元。根据包装联合会报告，以销售收入计，中粮包装位居中国金属包装业第一位，三片饮料罐、奶粉罐、气雾罐及旋开罐在中国位居各自细分行业之冠。

2. 中粮包装的发展历程

（1）1997年前，中粮参股包装企业，外资惨淡经营。1991年，中粮集团与全球最大的包装集团公司美国皇冠嘉多宝公司、无锡瓶盖总厂合资成立无锡华鹏嘉多宝瓶盖有限公司，美国皇冠嘉多宝控股。1992年，中粮集团通过其设立在英国的全资子公司鹏利（伦敦）有限公司，与杭州印铁制罐工业公司、美特容器（中国香港）有限公司，合资建立了大型印铁制罐企业：杭州美特容器有限公司。

20世纪90年代初一哄而上，加上20世纪90年代后期宏观调控、经济不景气，金属包装行业生产能力迅速供过于求，全行业步入低谷。中粮投资的杭州美特从1995年开始就处于亏损边缘，无锡华鹏则在1995～1998年四年间，累计亏损人民币高达1.4亿元，实际已资不抵债。

（2）1997～1999年，中粮控股杭州美特和无锡华鹏。1996年11月28日，美特容器（中国香港）有限公司、鹏利（伦敦）有限公司、杭州印铁制罐工业公司、中粮实业发展公司签订《四方股权转让协议》，企业更名为“杭州中粮美特容器有限公司”，其中，中粮实业发展有限公司受让三方股份，成为杭州中粮美特最大股东，占75%股份，美特容器（中国香港）有限公司退让到25%。

无锡华鹏1998年当年亏损5 400万元，实际已经资不抵债。1998年年底，外方提出清盘，中粮集团于1999年以1美元受让无锡华鹏嘉多宝瓶盖有限公司外资股权。1999年，原合资三方签订股权转让协议，中粮集团以61.48%控股无锡华鹏嘉多宝瓶盖有限公司。1999年，中粮集团分别任命周政和张新担任中粮杭州美特容器有限公司总经理、无锡华鹏嘉多宝瓶盖有限公司总经理。

（3）2000～2005年，中粮包装实业部授权经营。1999年下半年，中粮集团请著名顾问公司麦肯锡作战略评审。麦肯锡对中粮集团提出建议：退出金属包装业。中粮集团领导层经过慎重考虑，最终决定暂不退出，并于2000年决定成立包装实业部实行统一管理，由周政兼任包装实业部总经理，由张新兼任包装实业部副总经理。

中粮美特从2000年开始聘请专业管理咨询公司协助加强企业各项基础管理工作，逐渐建立了较为完善的生产作业系统基础管理体系，专业的销售体系，并改革职能部门分类，形成了生产销售部门、业务管理部门、职能管理部门三类部门，进一步加强了管理的规范化和监督管理力度。

通过几个月的实践，在竞争加剧的情况下，中粮美特的销售订单与上年同期相比不仅没有下降，反而逐月增长。2001年公司营销收入超过了2亿元，利润超过了1千万元。

2002年，马口铁价格开始暴涨，价格从2002年的5 200元/吨，上涨到2005年最高峰10 800元/吨，大大压缩了本来处于微利状态的制罐产业。

中粮美特努力扩大规模、降低成本：对外，一方面低成本收购闲置的二手设备，租赁停产和开工不足的工厂，兼并休克的包装企业；另一方面，利用规模优势与供应商谈判，把材料成本控制到最低，与主要客户进行沟通，在锁定订单、保证客户源的同时，说服客户分担部分涨价成本；对内，改进技术、降低成本，从各个环节增收节支。公司上下团结一心，顺利地渡过了原材料涨价关。

成功并购番禺美特就是中粮包装扩张经营道路上最为绚丽的一笔。番禺美特成立于1994年，大股东是香港美特股份公司，在被中粮收购前，几经转卖，公司亏损极为严重。中粮从2001年下半年开始与番禺美特接触，并在2002年4月11日正式接管番禺美特。

中粮包装进驻番禺后，大力走访客户，努力改善客户关系，并通过促销会的方式争取与客户的合作。此后，订单开始络绎不绝地飞向番禺公司。随着生产线逐渐开满，销售迅速打开了局面，员工看到了企业的希望，士气大涨。此后，番禺美特从2002年接手前的上一年亏损3 000万到当年减亏2 200万，2003年盈利520万，2004年盈利800万，2005年盈利1 500万，投资回报率也从负数提高到20%。

3. 2005 ~ 2010年，中粮包装的上市之路

中粮包装2005年制订了“十一五”发展战略，提出争取到“十一五”实现公司销售收入50亿，利润5亿，净资产回报率达到20%，并争取实现整体上市的宏伟目标。

2005年，集团审查通过包装实业部“十一五”发展战略。2006年，中粮包装实业部成功完成公司化运作转型，成立杭州中粮包装有限公司，在杭州设立中粮包装总部。同年，成功收购国内最成熟的易拉盖生产企业镇江华鼎斯迪制盖有限公司，成立中粮包装镇江制盖有限公司。2008年，中粮包装接管原属中粮油脂的张家港钢桶厂、天津钢桶厂及东洲钢桶厂。同年12月，成功并购深圳聚友制罐有限公司，成立深圳中粮包装有限公司。

2009年，公司成立杭州中粮制罐有限公司和中粮包装（武汉）有限公司，专业发展二片罐和食品罐业务。2009年10月19日正式启动上市预演。2009年11月16日，中粮包装（0906.HK）在香港联交所主板市场成功挂牌上市，标志着中粮包装进入了高速成长阶段。

资料来源：邢以群．中粮包装为何能在完全竞争的市场中脱颖而出[OL]. 中国管理案例共享中心案例库．王天甲改编．

讨论题：

1. 应用爱迪斯对企业生命周期的划分方法，分析一下中粮包装的发展历程？
2. 中粮包装是如何进行事业部授权经营的？
3. 立足于现在的成长阶段，中粮包装可能面临哪些潜在的问题或危机，该如何解决？
4. 了解一下中粮包装现在的发展情况，对照本案例中的内容，分析一下该公司现在经营管理的重点是什么？

第七章

企业间关系管理

学习目标

- 了解企业生态系统的构成与特征
- 理解企业集群的特征与分类
- 掌握战略联盟的含义、类型及管理策略
- 理解企业集团的定义与内部机制、类型与结构

核心概念

企业生态系统；企业集群；战略联盟；企业集团

引例

小米手机的生态系统

2011年8月16日，小米手机在北京的首次发布会现场播放了一段宣传视频。视频里，雷军投资的几大公司的CEO齐齐现身，力挺雷军与小米。他们包括凡客诚品CEO陈年、UCWEB首席执行官俞永福、多玩游戏总裁李学凌、尚品网创始人赵世诚、拉卡拉CEO孙陶然、乐淘网创始人毕胜——他们为了表示对小米的祝福，统一做出一个举动，把手里的旧手机（大部分为iPhone）一齐摔在地上，转而换用全新发布的小米手机。

这段视频不仅仅是个一笑而过的表演，更像是个暗喻，喻示着雷军的小米征程注定将跟这些"雷军系"公司有千丝万缕的关系，分之不开。

毫无疑问，在过去几年来中国互联网的又一波迅猛增长潮中，雷军是获益最多的人之一，他投资的近20家互联网公司，几乎每家都是所在领域的前三名。而在上述多数公司中，董事长的名字都是"雷军"，"雷军系"这个名词于是由此而来。曾有媒体估算过，"雷军系"的资产总值已经接近200亿美元，比百度、腾讯市值的一半略少，但已经接近阿里巴巴市值的3倍。"雷军系"已经与百度系、腾讯系、阿里系并列，成为中国互联网行业中举足轻重的一张桌子（table）——T指腾讯，A指阿里巴巴，B指百度，L指雷军，E则是奇虎董事长周鸿祎名字的谐音。

手机制造与销售领域无疑是典型的"红海"，在小米手机之前，科健、波导等无数国产品牌曾经昙花一现过，中兴、华为、酷派、联想也在奋力与三星和苹果抗争。而小米手机短短三年间狂飙突进，一骑绝尘，迅速成长为年销售额近300

亿的品牌。

单看 1 999 元的超低价格，小米手机纯粹属于烧钱的自杀行为。但小米官网出售的除了小米手机，还有小米盒子、小米电视以及小米耳机、电池、移动电源等其他数码外，甚至还有小米T恤、米兔公仔和小米运动鞋。而在 2013 年 12 月 26 日，小米又注册成立了“北京小米支付技术有限公司”，并且在 2014 年年初宣布与北京银行签署战略合作协议，正式进入移动金融领域。

雷军强调小米公司的未来是做“铁人三项”：硬件＋软件＋网络服务。手机硬件将是整个小米公司未来的基础，它不会承担小米公司赚钱的责任，小米的未来更多在小米与雷军系公司在经营层面和资本层面的合作，从一个卖手机的公司，变成一种生态。这一点可以从雷军投资“雷军系”公司的脉络看出端倪。

雷军的投资主要布局了五条线。第一条，宣传线：投资资深媒体人林军的线上媒体——专注移动互联网报道的雷锋网，以及线下的社交会议组织长城会（即全球移动互联网大会 GMIC 的主办方）。第二条，电商线：凡客诚品、乐淘、尚品网。第三条，入口线：移动互联网入口 UCweb、线下支付入口拉卡拉、语音入口 YY/ 瓦力语聊 / iSpeak、多看。第四条，社区线：旅人网、好大夫、多玩、乐讯、太美。第五条，软件线：金山、可牛、喜讯无线。最后，他自己出山做了硬件公司：小米。而随着雷军系的不断整合，小米不仅仅是雷军的好生意，更是雷军系的好生意。

资料来源：雷军：小米电子商务大棋局 [OL]. http://news.ccidnet.com/art/1032/20130917/5184157_1.html，2013-09-17.

第一节 企业生态系统

如同人、动物、植物、水、土壤等因子组成了自然生态系统一样，企业、经济、社会、科学、文化等因子也组成了企业生态系统。同样地，犹如生物一样，不存在任何一个企业组织能长期单独地生存。在企业生态系统下，企业只有通过与其外部环境进行物质、信息等交换，才能获得继续发展与成长的可能。

詹姆斯 · 弗 · 穆尔对“企业生态系统”做了如下的定义：企业生态系统是由相互作用的企业组织与个人所形成的经济群体，包括生产商、销售商、消费商、供应商、投资商、竞争商、互补者、企业所有者或股东，以及有关的政府机构等，同时包括企业生产经营所需的各种资源。在这样的群体中，每个企业都与其外部环境进行物质流、信息流与能量流的交换，共同形成相互依存与发展的整体。企业在生态系统中既要通过竞争获取生存发展的机会，又要与其他组织和环境之间保持协同演进的关系。

一、企业生态系统的构成与特征

（一）企业生态系统的构成

自然生态系统主要可以分为非生物物质和生物有机体。非生物物质包含了空气、水、矿物质以及非有机体存在的元素或化合物质。生物有机体根据能量获取的方式不同，分为生产者有机体、消费者有机体和分解者有机体。同样地，企业生态系统（enterprise ecosystem）也可以从生物成分和非生物成分两个方面进行划分。企业生态系统的生物成分包括同行企业、消费者、代理商与供应商等。非生物成分包括自然生态、经济生态与社会生态等企业生态环境（ecological environment）。构成生态环境的因素被称为企业生态因子（ecological factor）。

1. 经济生态因子

经济生态因子是指能影响企业产品或服务的资源获取、生产、流通、消费等相关经济市场因素。它包括：消费市场因子、物资市场因子、资金市场因子、劳动力市场因子、交通因子、通信因子、国际经济因子。

消费市场因子：在市场经济下，消费市场对企业的产品与服务拥有绝对决定权。消费市场的评价标准主要有消费者的消费能力以及消费者的价值偏好。在企业生态系统内，企业如果想要生存或是发展，那么在同一支付条件下，为消费者提供更多价值的产品或服务，或是加强消费者的价值偏好是企业必须要做好的事情。

物资市场因子：是指企业所获得资源的相关因子。物资市场中货源供给的充裕程度、货源数量、价格水平以及价格的稳定性与货源稳定性、供货的快捷性都对企业发展有影响。

资金市场因子：企业发展一直都会受到资金的限制。现代企业仅凭自己积累的资金来寻求发展，一般来说比杠杆融资的方式更为缓慢。企业如果想要得到快速发展，在资金市场快速、安全的获得资金的能力是至关重要的。当然，资金市场的成熟对整个社会的发展也是至关重要的。

劳动力市场因子：企业的绝大部分活动均是依靠人才能得以进行的。劳动力市场中劳动力的供应、素质、价格甚至劳动者的价值偏好，都在影响企业的人才战略和企业发展。

交通因子：物质上的交通是商品流通、人才流通、技术流通的基础。

通信因子：企业的经营管理从信息的角度来看，是集合了信息收集、存储、产生和发布的一个循环过程。较为方便的通信手段可以提高企业搜集信息、整合信息的能力，使得信息在企业内部能够准确传达，从企业外部也能快速搜集信息，并及时做出决策。

国际经济因子：现代企业所面临的竞争不再局限于某一地区，甚至是某一国家，开放的市场使得竞争加剧。在这样的市场背景下，关税、货币汇率、经济法规等都对企业在国际市场上的发展起着制约或推动的作用。

2. 社会生态因子

社会生态因子包括：文化因子、教育因子、社会制度与政策因子、国际政治因子，科学技术因子。

文化因子：是指企业所在地区以及企业经营所涉及地区人群的文化。文化特征的主体是道德观念、价值观念、宗教与非宗教信仰等。一个地区的文化形态对企业产品品种、形态的可接受程度、员工的价值观念都有非常深刻的影响。现实中常提到的跨国企业文化管理问题的大部分症结就出现在此。

教育因子：教育质量与方式不仅决定了劳动力的素质，而且决定了整个地区的主流文化观念与道德水平，从一定程度上说，对社会的稳定性也有非常重要的作用。

社会制度与政策因子：社会制度与政策因子往往是企业家较为关注的问题，这是因为一个国家与地区的相关制度和政策对企业的发展往往起着决定性的影响，能从经济制度、产业结构、市场结构、投资环境等方面来影响企业的微观环境。

国际政治因子：随着全球经济一体化的发展，国际关系对企业的跨国发展的作用越来越明显。国际政治的稳定性有利于企业保持经营决策的稳定性与连贯性。

科学技术因子：科技改变了传统的产品形态，提升了产品更新发展速度，甚至对产业形态、市场竞争形态都有着极为强烈的影响，进而也在影响着人类生活方式、文化观念，进一步放大来说，科技的进步也能改变国家与国家之间的关系。从现代的视角来看，重大科学技术革命都必将引起生产力的巨大提高，使得新的产品不断出现，以至于也催生了新的产业，改变了企业的生态环境。

3. 自然生态因子

自然生态包括企业可利用的地域资源与自然资源两方面。地域资源包括邻近区域的政治、经济和文化等各方面所带来的潜在发展条件，而自然资源包括了空气、土地、气候等多方面的天然条件。

|视|野|拓|展|7-1　产品与服务共同构建亚马逊特有生态系统

亚马逊是全球首屈一指的互联网企业，近两年采取的产品和服务双线发展模式为其快速发展提供了坚实基础。围绕硬件终端及内容平台，结合其他相关服务与产品，亚马逊构建了其特有的生态系统（见图 7-1）。

产品方面，亚马逊销售图书、音像制品等媒体产品，以及 Kindle 系列自有终端产品，还有其他电子产品及日常商品等实体内容的销售。其中，Kindle 系列产品的销售量对于亚马逊产品销售额的推动力量显著。进入 2012 年，平均每季产品销售额达到 100 亿美元以上。服务方面，亚马逊服务销售额统计包含第三方平台佣金、相关运费、推广、数字内容订阅、AWS 等非零售业务的服务收入。通过与上游内容企业的合作，开放 API 以及下调 AWS 服务费用等手段充实了亚马逊内容平台的建设。亚马逊特有生态系统的构建，为其快速发展提供了坚实的基础，从 2011 年第一季度到 2012 年第二季度，亚马逊的总体销售额稳步增长（见图 7-1）。

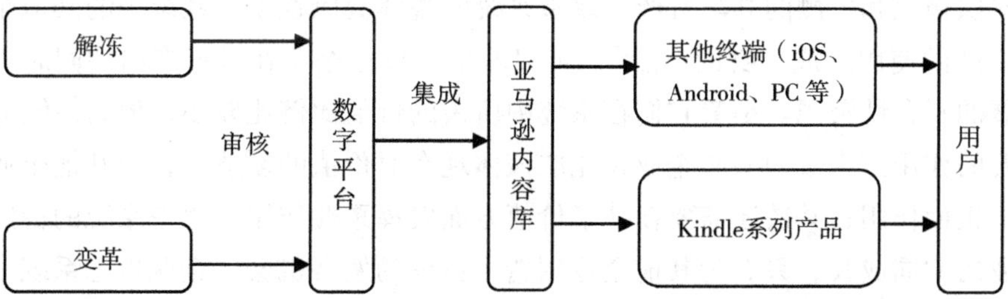

图 7-1　亚马逊生态系统

资料来源：艾瑞咨询 . 产品创收服务盈利，亚马逊双线发展模式构建生态系统 [OL]. 2012-10-18.

（二）企业生态系统的特征

企业生态系统的特点可以概括为整体性、层次性和不确定性三方面。

1. 整体性

企业生态系统的整体性是指只有企业生态系统本身才具有的整体结构和整体性。企业生态系统的整体性是基于企业生态系统中的生物因子与非生物因子，通过物质、信息的交流而进行的联系。

2. 层次性

从更广的范围来讲，企业生态系统是整个社会系统中的一个子系统，属于更高层次系统的子系统，但是就企业生态系统本身来看，其也包含有多层次的子系统。比如，除了上文提到的企业经济生态、企业社会生态、企业自然生态，还包含了各行业企业子系统、生态链子系统等。

3. 不确定性

企业生态系统是介于自然系统与人工系统之间的一类特殊系统。从整个企业生态系统来看，人虽然只是整个系统众多因素中的一个，但是却与其他因素有着一点质的区别，即人不是被动地接受安排，而是主动地去寻求发展。这也是为什么人在企业生态系统中起着主导作用。当然人的思维、判断、认识、动机都有所差异，所以在以人为主导作用的企业生态系统中，系统的发展、系统中子系统的发展在很大程度上都会受到人的因素影响。这样，人的不确定性就使得该系统表现出明显的不确定性。

二、企业竞争优势的获取

企业由于所处生态环境的差异而扮演不同的角色，企业存活与发展的关键在于能够找到或构建合适的企业生态环境。同时，企业生态系统内部也存在着层级的差异，核心企业会决定生态系统的存亡，而剩余的其他企业会围绕核心企业的业务发挥作用，在系统中扮演辅助的角色。当然，核心企业与辅助企业的地位并非一成不变，任何外部环境的变革都可能引起企业角色的转变。因此，企业要根据自身条件和定位获取竞争优势。

（一）核心企业

在企业生态系统中对系统整体发展的稳定性起到关键作用的企业可以称之为核心企业。它们通过提供稳定和可测的共享资产来改善系统的整体健康程度，系统中的其他企业通过对这些共享资产的使用形成自身的产品⊖。可以看出，核心企业在进行产出的同时为其他企业提供了发展的平台性资源。尽管它们在系统中所占的价值比例比较小，但为系统的平衡发挥着至关重要的作用。有效的核心企业首先应该体现在对价值的创造上，为其他企业进入系统发挥良好的正面作用；其次还需要在共享价值方面发挥重要作用，生态系统的稳定取决于所有相关企业的共同成长，只有为其他企业创造了良好的发展机会，企业生态系统中的所有企业才能在动态的平衡中不断发展。

为了适应环境，核心企业应该具备很强的应变机制，以在环境出现变化时能够快速反应。核心企业由于处在生态系统发展中的顶端层次，组织可能具备较大的规模和复杂的结构。因此，组织应该注重发展对环境变化的识别能力，并能够根据环境的变化开展各种创新活动，以增强对环境的适应能力。

（二）辅助企业

辅助企业通常会专注于对专业能力的培养，并与核心企业在角色定位上形成互补，形成

⊖ Iansiti M, Levien R. Strategy as ecology[J]. Harvard business review, 2004, 82(3): 68-81.

企业生态系统中的价值创造主体。辅助企业往往会通过高度专门化的战略提高企业的竞争能力，并利用生态系统的各种优势和便利条件拓展自身产品的市场空间。通过不断地创新来强化差异化战略的实施是辅助企业生存与发展的重要条件。当然，核心企业与辅助企业在生态系统中的角色也存在很大的变数。由于业务的复杂性，企业可能同时处在不同的生态系统中，在系统中处于核心地位的企业可能在另外的系统中承担辅助的角色，反之亦然。而且在同一个生态系统中，核心企业与辅助企业的地位也可能会发生互换，外部环境的变化可能导致核心企业丧失主导地位，辅助企业如果能够充分利用机会也有变成新的核心企业的可能。

由于辅助企业的发展定位通常都是高度专业化的，所以对环境的适应能力并不强。在企业的经营环境发生变化时，很容易受到冲击。当然，也正是同样的原因，辅助企业在特定的生存环境中由于更为专业，会获得足够的发展空间。所以，辅助企业在生态系统中一方面要做到定位走专业发展的道路，另一方面也要不断积累资源和拓展能力，以应对经营环境的动荡。

三、企业集群

视野拓展 7-2 浙江绍兴纺织业企业集群的竞争优势

浙江绍兴有“国际纺织之都、现代商贸之城”的美誉。绍兴纺织业发展多年，创造了中国式纺织产业集群的发展奇迹，奠定了其全球纺织制造基地的重要地位，也记载了绍兴纺织不断创新与超越的发展历程。浙江绍兴纺织集群形成和发展过程中经历的四个阶段的竞争优势来源如下。

1. 形成阶段绍兴纺织集群竞争优势的来源

1980 ~ 1991 年是绍兴纺织集群的形成阶段，其竞争优势逐渐形成，主要来源于区域资源、政府的作用和外部经济性几个因素。自然环境上，绍兴气候温和，是著名的水乡，但那时交通不甚便利。历史纺织文化的积淀，则是孕育绍兴纺织集群的核心要素。经过漫长的历史发展，绍兴不仅积累了质朴的纺织文化，还使当地人得以积累起丰富的纺织经验和技能，这种特殊的文化资源和人力资源成为该地区竞争优势的源泉。

20 世纪 80 年代初，政府改变计划经济体制，取消了化纤原料的国家计划限制，为绍兴化纤工业异军突起铺平了道路。1984 年，绍兴化纤纺织品产量超亿米，为纺织集群的形成打下了基础。此阶段政府的突出贡献在于倡导了中国轻纺城的建设和发展。20 世纪 80 年代中期，绍兴柯桥只有自发形成的类似农村集贸市场——以交易布匹为主的“布街”。1987 年前后，绍兴纺织业出现了“增产不增收”的局面，为有效解决市场交易等问题，1988 年政府集资 650 万元始建了绍兴柯桥轻纺交易市场，1992 年正式更名为中国轻纺城。由于一开始小企业的小农经济思想仍较为严重，极其不愿进入轻纺市场，政府采用了行政命令与市场引导相结合的方式，大力推动，才使轻纺市场得以建立和最终稳定。这被称为绍兴纺织业的“市场革命”，轻纺市场的建立不仅促进了产业链的形成，还使得企业集聚程度相对增强和销售向轻纺市场的相对集中，使得外部规模经济和范围经济较为明显，极大促进了绍兴纺织业的发展。

形成阶段企业之间联系较少，关系基本建立在交易之上，因而集群降低交易成本的优势很弱。企业技术以传统的纺织工艺为主，技术模仿盛行而极少进行科研投入，企业之间相互学习很少，因此谈不上集群的学习和创新效应，集群协调大多依赖于传统，出现了一些非正式的行业交流组织，但正式的协调机制尚未形成。

2. 成长阶段绍兴纺织集群竞争优势的来源

1992 ~ 1998 年绍兴纺织集群步入了黄金的成长时期。根据绍兴市经贸委的统计，1998 年年末，绍兴纺织业的总产值达到 289 亿元，约是 1991 年的 4 倍，年平均增长率在 20% 以上。在成长阶段，企业集聚程度不断提高，市场销售进一步集中于中国轻纺城，并以相关的配套专业性市场为依托，区域内拥有中国轻纺城面料市场、钱清化纤原料市场等专业化市场，使进入集群的原料和产品都能够达到规模批量，从而降低了单个企业的运输成本和交易成本，更加凸显了集群外部规模经济的优势。从化纤纺纱起，直至织造、印染、整理、加工的产业链基本形成，织造成为核心产业链的主导环节。核心产业链周围还有基于功能分布的辅助产业，使得产业链进一步完善。企业之间除了交易联系，生产联系迅速增强并逐渐形成规模，企业生产合作的范围经济开始显现。同时，企业之间开始建立以生产和交易双因素为基础的信任关系，基于长期合作的反复博弈降低了交易成本。同时，绍兴纺织盛行家族式管理，企业扩展时往往以亲缘关系为纽带，这也有利于信任关系的建立。

从集群协调机制的发展看，出现了正式的行业协会。在传统规范的基础上建立了行规，有由某个环节比较重要的企业组成的协会，也有按地域来源不同组成的协会。更重要的是集群内出现了一批从事科技、金融、物流等的中介服务机构，它们成为该产业集群网络的辅助系统，为集群提供知识、信息、人才等多方面的支持，并起着规范和协调集群内部行为的作用。将集群内部各类不同的组织更紧密地联系在一起。在政府的引导下，绍兴纺织业经过一系列的体制变革，特别是 1998 年的股份制改造，最终形成了国有、集体、个体、股份制和外资共同发展的局面，这一过程就是绍兴纺织的“体制革命”。同时，政府还在建设基础设施、完善法律法规、鼓励技术改造等方面做出努力，大力发展轻纺城市场。

但是，在成长阶段集群虽然发展速度很快，但是由于没有形成核心竞争力，自己还不是创新中心，因而学习和创新还无法成为集群竞争优势最核心的来源。

3. 成熟阶段绍兴纺织集群竞争优势的来源

1998 年后，绍兴纺织集群逐步发展成为一个功能较为完整和全面的集群，步入了成熟阶段。政府成为重要的竞争优势来源之一。首先，政府倡导了“外贸革命”。1998 年东南亚金融危机和内需的不足导致绍兴纺织业面临前所未有的困难。政府于是提出了“纺织硅谷战略”，一是市场开拓，鼓励纺织品出口，积极拓展国际市场，该举动取得了显著的实际效果，纺织品出口额和外销率迅速提高。这不仅为绍兴纺织的发展开辟了一条广阔的道路，更将中国轻纺城的品牌打入了国际市场；二是市场建设，努力发展集群所依托的中国轻纺城交易市场。中国轻纺城市场已成为亚洲规模最大、成交额最高、经营品种最多的纺织品专业批发市场。学习和创新效应是该阶段竞争优势的另一个重要来源，与发展阶段相比，除了企业之间的学习交流和科技服务中介之外，成熟阶段还出现了专门的纺织业生产力促进中心，由此导致了产学研战略联盟的结合。

随着现代市场制度的基本确立，正式的行业协会数量增多且管理逐渐规范，中介系统以及辅助网络系统和外围支持网络系统进一步完善，使得集群的协调功能更加全面，协调途径更加多样，协调手段更加灵活，有利于在保持规模不变的前提下，实现集群整体运行效率的提高和运行成本的下降。群内企业数量继续增加但速度减缓，产业链进一步完善且十分明显，主导环节仍是织造业，并向纺织机械制造、燃料、助能剂延伸，产业的主体是家族企业，企业集聚程度进一步增强。企业之间基于亲缘、交易、生产的信用关系日益稳固，专业分工和协作已达到相当广泛而深入的程度。因此，集群交易成本进一步降低，外部规模经济和范围经济也相当明显，但相对其他竞争优势来源而言则并不突出。

4. 升级阶段绍兴纺织集群竞争优势的来源

随着欧美的反倾销、特保等对我国纺织品绍兴纺织集群的限制，绍兴纺织集群的种种问题逐渐暴露出来，如集群内部结构不尽合理、存在平面重复、无序扩张、恶性竞争等问题。核心生产企业实力仍不够强，技术力量的分散也抑制了技术的创新，家族企业在用人机制、融资渠道等方面的局限性日益突出，因此，绍兴纺织集群在发展中面临着升级的挑战。与前几次革新不同，这次升级是以创新为特色的，要从粗放型转向集约型的发展道路。技术创新是中小企业的生命，是推动中小企业发展的关键因素。

绍兴集群的应对措施主要有：第一，延伸产业链，上游延伸至重要原料的生产，下游延伸至高附加值的服装业、家纺业；第二，建立创新机制促使企业由技术模仿向联合创新转变。如与一些大专院校及科研机构建立战略合作关系。同时，政府也采取了对应手段。一是促进产业结构升级，提出“印染减量、织造控量、化纤稳量、服饰增量”的结构调整方针；二是推动集群创新战略，秉承“传统产业高新化、高新技术产业化”的思想，依托科技进步，引导企业更新技术，促进纺织产业结构优化升级，加强品牌建设，全面打造纺织品研发、制造、营销中心；三是实施“市场极”战略，充分利用中国轻纺城的品牌效应，以市场为依托，引导生产和销售，整合资源和信息，积极拓展国内外市场，使绍兴纺织集群嵌入全球价值链中，走“国内为本、外贸并举”的发展道路；四是提供充分、高质量的公共产品，提高社会化服务的水平，完善相关的市场制度、法规制度、保障集群升级战略有序顺利的开展。

资料来源：朱小斌，林庆．中小企业集群竞争优势来源的演化差异——基于浙江绍兴纺织业集群的案例研究 [J]. 管理世界，2008(10).

企业集群（enterprise cluster）是在地理上相邻、同处特定产业领域的公司与机构共同组成的具有共性与互补性的紧密相连的企业集合体。企业集群在组织形式上属于介于企业组织与市场组织中间的网络型组织，具有比市场组织稳定、比层级组织灵活的特性，因为其内部竞争的激烈程度，在分布上更加接近市场组织。企业是企业集群中的核心组织，同时也包含了提供各种服务的相关机构，比如政府和中介机构等。

（一）企业集群的特征

企业集群在全球范围内分布广泛，例如以地域同业经营为特色的意大利纺织产业和服装产业集群，以科技创新为主导的美国硅谷企业集群，还有分工明细的日本企业集群，以及通过手工业发展兴起的中国温州皮革与制鞋企业集群等。这些企业具有一些一般特征：

（1）中小企业主导的网络组织。集群中的企业基本上都是中小型企业，通过独资或合资的形式从属于个人或家族所有。并且在地理上分布集中，形成合作紧密的网络组织。

（2）分工高度发达。企业集群的企业通常是以一个或几个产业为主导而聚集形成的，产业内部企业具有高度专业化的分工和协作机制。有些企业仅完成产品生产中的某个工序。这些企业通过合作能够形成很高的集体效率。

（3）竞争与合作并存。在企业集群中信息与技术的扩散极为迅速，企业在产品的工艺或技术上的任何变革都可能引发整个集群中企业的竞争优势变化，具有替代性的企业之间存在非常激烈的竞争。同时，中小企业网络的创新发展也离不开企业彼此之间的信息共享、资源互补与共同研发等支持。企业之间因为竞争与合作并存，形成了整个集群网络组织对长期利益追求的良性关系。

（4）文化规范的信任关系。集群中的企业之间通常具有地缘、亲缘等复杂的相互联系，并在“熟人社会”的影响下⊖，形成能够有效抑制企业机会主义行为的高度信任关系。企业交往时往往遵循社会习惯和声誉机制等非正式的制度规范，发展出具有浓厚文化特色的企业成长发展的行为规范。

（二）企业集群的分类

从形成的视角可以将企业集群划分为三类⊜，并且以第一种形成方式为主导。

（1）通过地理环境、资源禀赋与历史文化等因素形成。比如意大利的企业集群涉及的行业包括纺织、制鞋和家具等，是通过地理和资源因素形成的典型代表。相似地，美国的硅谷企业集群的形成与发展也离不开诸如斯坦福大学等世界一流研究机构的人才力量。而以中国的浙江等地为代表的企业集群，是依靠地缘和亲缘等历史文化因素得以形成。

（2）通过大企业改造、分拆形成。大型企业由于规模过于庞大，很容易形成机构冗余、人才浪费的大企业病。为了让企业能够更为专注其主营业务，可以通过改造、分拆等手段对大企业进行变革。比如意大利的普拉托毛纺企业集群，就是在面临国际激烈竞争的情况下，对其生产组织进行变革之后的结果，企业组织由垂直型向分散型进行转变。

（3）通过跨国公司对外投资形成。跨国公司在对一国进行投资时通常会集中于某一区域，这样的布局可能会形成以跨国公司相关业务为主导的企业集群。企业集群不仅可以创造更多的企业收益，而且还能够为当地创造更多的商业资源与就业机会，因此更加容易获得政府的政策性支持。比如美国的电子科技公司在东南亚等国家投资形成的电子元件企业集群就属于这种类型。

第二节 战略联盟

|视|野|拓|展|7-3 百事可乐与康师傅战略联盟

百事可乐作为全球第二大食品和饮料公司，业务范围遍及世界近200个国家，其在中国的历史可以追溯到20世纪80年代。此后，百事可乐追随其最大的竞争对手可口可乐的脚步开始在中国攻城略地，积极与地方企业合作建立罐装厂，从而扩大其在中国的市场份额。根据2011年《百事大中华区农业发展报告》，目前百事可乐在中国建立了24家饮料罐装厂、1家浓缩液厂，中国已经成为百事可乐在全球增长最快的市场。

然而，由于百事可乐与其在中国的合作伙伴缺乏足够的沟通和协调，导致合资后企业管理层之间的利益争端。百事中国在此后提高浓缩液价格以至于处于中间环节的瓶装厂利润率

⊖ 熟人社会的概念源于费孝通在《乡土中国》所阐述的中国式的社会关系状况，即人与人之间在非常熟悉的环境中相互了解，形成社会学中的面对面社群。

⊜ 李亦亮．企业集群发展的框架分析 [M]. 北京：中国经济出版社，2006: 42-43.

急剧降低，加之近几年激烈的市场竞争，使得瓶装厂常年处于亏损状态，中方合资企业不得不纷纷撤资退股。2006年12月，深圳市深宝实业股份有限公司（简称深深宝）向百事中国转让深圳百事10%的股权，2010年11月，深深宝再次转让5%的股权；2008年11月，华闽集团将持有的福州百事64.1%的股权转让给百事中国……

在这种情况下，百事可乐宣布与康师傅合作。2011年11月4日，康师傅控股在其官网发布公告，宣布与百事可乐签订商业合作协议，百事可乐将其在中国的非酒精饮料瓶装业务的全部权益移交给康师傅饮品控股，以换取对方9.5%的直接权益，最终将获得其20%的间接权益。根据协议规定，关于转让瓶装业务的协议将于2050年12月31日届满，终止时，康师傅将向百事可乐提供协助，确保瓶装业务过渡至百事可乐，有关协助将包括退回材料及数据以及提供有关碳酸饮料业务的记录。康师傅饮品将与百事可乐在中国的瓶装厂合作，以独家形式制造、包装、销售和分销其碳酸饮料和佳得乐品牌产品，但百事可乐将继续拥有品牌并负责其市场推广活动。

长久以来，中国市场上可口可乐一路驰骋，锋芒无人可挡，百事可乐与康师傅的联盟能为双方获取更大的竞争优势。根据2010年统计数据显示，可口可乐占据我国国内16.8%的饮料市场份额，康师傅紧随其后占据14.4%的市场份额，位居第三的娃哈哈为7.2%，百事可乐屈居第四，占5.5%的市场份额。因此，战略联盟结成后，两者将占据五分之一的市场份额，处于市场第一位，很可能利用其市场势力，通过提高售价、控制供应商等手段来为自身谋取额外的收益。

另外，双方在多方面存在产生协同作用的潜力。在销售网络上，百事可乐主要局限于一线城市，常见于大型超市和肯德基；而康师傅则遍及二三线城市，甚至延伸至农村市场。从品牌延伸看，百事可乐在全球拥有的知名度，可以帮助康师傅开拓市场。在财务资源方面，百事中国由于瓶装业务的亏损，面临严重的资金问题，与之不同，康师傅就有充足的资金储备和良好的融资能力。从产品构成看，康师傅的饮料品类主要包括茶饮料、包装水、果汁三类，碳酸饮料和运动饮料尚属空白，而这正是百事可乐的强项，与百事可乐联盟正好可以弥补这两大空白，为日后参与碳酸饮料和运动饮料市场提供经验。

资料来源：作者根据网络资料整理而成，http://money.163.com/special/kangshifubaishi/。

企业战略联盟（strategic alliance）是20世纪90年代以来国际上新兴的一种流行的战略管理思想。战略联盟的概念由美国DEC公司总裁简·霍普兰德和管理学家罗杰·奈杰尔提出，是指两个或两个以上企业之间为了实现某种共同的战略目标而达成的长期合作安排，其核心思想为“竞争合作”。战略联盟改变了传统的以消灭竞争对手为目标的对抗性竞争，在战略联盟中竞争与合作并行不悖，为合作而竞争，靠合作来竞争，以寻求企业的竞争优势。战略联盟的独特之处在于：在增强联盟企业总体核心竞争力的同时，并不削弱每个企业的原有核心竞争力。它可以在保持双方核心竞争力相对独立的基础上，实现优势互补、资源共享，最后达到双赢的目的。

自20世纪80年代以来，战略联盟的数量激增，逐渐成为企业快速成长的主要方式。据不完全统计，在世界150多家大型跨国公司中，以不同形式建立战略联盟的高达90%，在未来的10年间，全球的战略联盟数目还将以每年30%的速度递增，战略联盟俨然已经成为企业重新组合资源、培育和提升市场竞争能力的重要手段。那么，企业为何要建立战略联盟？其内在驱动力何在呢？

资源驱动理论认为，企业是资源的集合体，企业的资源包括资本、知识、组织结构、企业流程以及企业可以控制的其他要素。基于资源的理论将企业的战略能力视作一种内部资源的集合，对于企业创造竞争优势具有战略重要性。但是，在现代社会的经济条件下，企业拥有的资源往往是有限的，而大量资源存在于广泛的社会网络中。所以，企业需要通过与其他企业组织建立联盟，利用其他组织的资源来满足自身需求。

竞争战略驱动理论认为，企业希望通过参与联盟，提高自身的市场能力和效率，加强竞争力。例如，企业可以通过战略联盟进入某一特定市场；可以通过战略联盟降低内部运作的成本，实现成本领先战略；还可以通过战略联盟获取自己所不具备的核心能力，为开拓市场奠定基础；甚至可以通过战略联盟与联盟伙伴共同增强竞争能力，与共同的竞争对手相抗衡。实际上，以竞争战略为驱动力的研究实质上仍是基于资源驱动理论。

学习驱动理论认为，企业的发展需要自身素质的提高与新知识和技能的学习。许多研究表明，学习其他企业的技术诀窍和某些能力也是促使企业加入战略联盟的主要动因之一。企业在学习联盟伙伴知识的同时，也面临着被伙伴学习的风险。所以，联盟企业往往希望能够在联盟中比伙伴学习的更快，进而尽量避免或减少自身的损失，这就是战略联盟中的“学习竞赛”现象。但是，“学习竞赛”往往会使联盟的运作陷入困境，将是导致联盟失败的主要原因。

皮埃尔·杜尚哲及贝尔纳·加雷特将战略联盟定义为：战略联盟是两个或者两个以上的企业，在保持各自独立性的基础上建立的以资源与能力共享为基础的、以实施项目或活动为表征的合作关系。这种合作关系排除了以下两种情形：①企业单靠自己的努力实施某一项目或者活动，企业独自承担全部风险并独立应对竞争。②与其他企业合并，或者收购其他企业，或者将自己的业务部门剥离。从上述定义可知，伙伴企业的战略独立性是战略联盟的基本属性。具体来讲，战略联盟主要具有以下三方面特征：①从科斯（Coase）和威廉姆森（Williamson）的交易费用理论来看，企业战略联盟是介于企业与市场之间的一种“中间组织”。②从企业关系看，战略联盟是促使合作各方由“零和”演变为“正和”的一种新型合作伙伴关系——强调整体利益的互补性、相互往来的平等性、合作关系的长期性以及组织形式的开放性。③战略联盟一方面受多决策中心共同施压，一方面又能通过谈判、相互妥协进行决策。

一、战略联盟的组织类型

为了揭示战略联盟的内在机理，帮助企业经理人员更好地管理战略联盟，学者们常常将联盟划分为不同的类型，以便分门别类地展开研究。例如，希特等根据合作伙伴与建立的战略联盟之间是否存在资产关系及资产关系的密切程度，将战略联盟划分为资产联盟与非资产联盟。巴尼根据战略联盟是否存在股权以及股权安排的具体形式，将战略联盟区分为股权联盟、合资企业及合作企业。雅社诺和兰甘根据合作伙伴之间的互动程度，将战略联盟划分为后竞争联盟、竞争联盟、非竞争联盟以及前竞争联盟。布勒克和恩斯特则将战略联盟区分为竞争者联盟、弱者联盟、变相出售联盟、借力联盟、出售倾向联盟及互补联盟六种类型。本章主要介绍皮埃尔·杜尚哲及贝尔纳·加雷特对战略联盟的类型划分，即将战略联盟按照伙伴企业是否存在直接的竞争关系，区分为两大类别，分别为非竞争者战略联盟与竞争者战略联盟。

（一）非竞争者战略联盟

非竞争者战略联盟，指的是来自不同产业之间的企业建立的战略联盟。这种联盟形式常常是企业进入那些伙伴企业能够帮助的新业务领域的重要手段。这种联盟在一定程度上，取代了传统的业务扩张方式。根据企业成长与扩张的基本方向，可以概括为以下三种类型：国际化扩张、纵向化扩张、多元化扩张。类似地，非竞争者联盟包括如下内容。

（1）国际合资企业，即由寻求国际扩张的公司与目标国当地企业共同组建的合资企业。国际合资企业具有自身的优势：首先，国际合资企业常常是跨国公司进入受限制的外国市场的理想选择，因为大多数国家都存在着政府管制，对国外商品的进入存在着一定的限制。其次，国际合作企业是应对他国复杂市场环境的有效手段，大多数公司都倾向于先与当地企业合作、等待熟悉当地市场之后再建立独资企业。例如，丰田最初选择进入美国汽车市场、本田最初进入欧洲市场时，虽然当地政府没有硬性要求两大日本公司与当地企业建立伙伴关系，但是两家公司均选择与当地企业合作，后来逐渐过渡到建立独资企业，有效地规避了市场的复杂性风险。

（2）纵向伙伴关系，是指将同一产业链业务相互继起的公司联系在一起的合作关系，主要为供应商和客户结成的伙伴关系。首先，通过建立纵向战略联盟，公司减少了对市场的依赖。其次，借助纵向伙伴关系，企业避免了通过完全的前向一体化或后向一体化与客户（或供应商）形成竞争关系。例如，长期以来中国双汇集团是杜邦公司（Dupont）在亚洲最大的大豆蛋白客户，2002 年双方共同组建合资企业杜邦双汇漯河蛋白有限公司，以加强双方在大豆蛋白生产与销售领域的合作。

（3）跨产业合作协定，是指来自不同产业的企业共同建立、旨在通过相互利用对方的互补性资源和能力来寻求开展新的业务活动的合作关系。例如，对光学数据存储技术的开发促使全球领先的光盘系统开发商菲利普公司与全球领先的化工巨头杜邦公司共同建立了合资企业菲利普－杜邦光学公司（Philips-Dupont Optical，PDO），以共同开发光盘系统的表面覆盖技术。此外，此种战略联盟形式有利于至少一家公司进入新兴的业务领域，是企业通过内部发展或者收购已经存在的竞争者进入新业务领域的替代形式。比如说，2002 年海尔公司选择进入保险领域，但自身缺乏人才与经验积累，于是选择了与纽约人寿保险公司共同组建了一家合资企业——海尔纽约人寿保险公司。借助跨产业合作协定进入新业务领域的伙伴企业能否实现其预期目标，这还在一定程度上取决于进入新市场的学习能力。

（二）竞争者战略联盟

划分竞争者联盟有两个标准：其一，参与联盟的伙伴企业对联盟所做贡献的性质；其二，战略联盟产出的性质。据此，可以将竞争者战略联盟划分为：①供应共享型联盟；②准集中化联盟；③互补型联盟。

（1）供应共享型联盟，指的是竞争者合作开发或者制造在各自的最终产品中都需要使用的中间产品的联盟，旨在无需其他外部供应商的情况下以特定的投入获得规模经济效应。主要组织形式是伙伴企业在合作工厂内进行研发和生产任务的分配。例如，福特汽车公司与马自达汽车公司自 1979 年以来共同研制了十多种新车型，福特负责大部分的式样设计，马自达提供关键部件。福特擅长市场营销和资金筹措，马自达善于开发制造，彼此吸引，相互合作，实现共赢。

（2）准集中化联盟，指的是竞争者共同开发、生产和销售对所有伙伴企业都无差异、供市场销售的产品的联盟，其目标则是在无须采取并购的情况下借助某一产品获得规模经济效应。准集中化联盟的运作，常常采取在伙伴企业之间划分研发、制造等工作任务的方式。例如，法国宇航公司和意大利阿莱尼亚公司共同研发和生产区域支线飞机，在双方的合作框架内，法国企业负责设计和制造飞机的机头和侧翼，而意大利企业则负责飞机的燃油系统。

（3）互补型联盟，是指将提供性质不同的资产和技能的企业联系在一起共同开展项目合作的合作关系，旨在无需大量投资的情况下充分利用合作伙伴企业的互补型资产与技能。例如，美国 PPC 公司和日本 ASAHI 公司在美国合资开办了两家生产汽车玻璃的工厂，把日本的营销方法和美国的生产技术结合起来。

二、战略联盟的管理

（一）国际合资企业的管理

1. 协调伙伴企业之间的利益冲突

在国际合资企业中，存在着伙伴企业利益一致的地方。既然双方愿意共同组建合资企业，都愿意为合资企业的建立和运作投入资源，那么，对于参与合作的任何一方来说，都认为该合资企业有存在的必要。

但在国际合资企业中，也存在着巨大的潜在利益冲突。因此，为了确保国际企业有效运作，必须协调不同伙伴企业之间的利益冲突。首先，伙伴企业必须相互尊重对方的利益目标，努力在实现自身目标的过程中促成合作伙伴合理利益目标的实现。其次，每个伙伴企业都应该将自身的利益期望控制在适当范围内。再次，每个伙伴企业都应该让合作伙伴明白，国际合作企业能够分别为双方提供哪些资源与能力。最后，伙伴企业必须经常沟通，及时协调各种可能出现的冲突。

2. 平衡伙伴企业之间的权力

实际上，合资企业管理中的权力平衡，对于合资企业绩效的影响超过了合资企业的股权结构安排。对合资企业的经理人员来说，独立运作型合资企业或者一方主导型合资企业，大大减少了合资企业中的冲突，营造了和谐的氛围。因此，从经理人员的角度出发，即使这样的企业未能产生相应的协同效应，经理人员也会给予肯定的评价，这样的企业显得更加成功一些。

3. 发挥经理人员在合资企业中的关键作用

合资企业的总经理，以及整个高层管理团队的任命，是一项非常关键的决策。这一决策应该遵循如下两条准则：合资企业的总经理必须具备外交家的素养，必须具有独立经营的良好意识；跨国公司一方，必须接受任命当地人担任合资企业高层管理人员的观点。

（二）纵向战略联盟的管理

1. 选择合适的合作伙伴和恰当的合作时机

在选择纵向合作伙伴时，传统意义上选择转包商的标准远远不够。下列因素在选择纵向伙伴时，应该给予特别关注：①伙伴企业之间的相互信任程度；②双方对长期投资的承诺，包括有形资产与无形资产的投入；③战略同盟之间的战略适应性。

在实际运营中，为了选出适当的纵向战略联盟，一些企业甚至建立了伙伴企业的选择规程。例如，丰田公司是最早建立战略联盟选择规程的公司之一，要求工作人员将所有可能的战略联盟企业罗列出来，指定专门的工作小组长期负责评估工作，以找出真正适合的伙伴企业。同样地，还要注意选择签订战略联盟协议的具体时机，以便清晰、准确地了解合作伙伴公司的意图、实力等具体情况。

2. 建立适应伙伴合作关系的管理系统

从传统转包关系转变为纵向战略联盟关系，无论是客户，还是供应商，都需要进行重大的组织变革。主要包括以下几个方面：

（1）客户的采购经理必须改变对供应商的态度，必须充分考虑供应商的多个方面的贡献，而不是像曾经那般一味地压价；

（2）客户的设计部门必须转变角色，不能继续将自己置于领导地位，必须摒弃不可一世的工作作风；

（3）客户的其他相关部门必须从产品的初始设计阶段就加强与供应商的接触，长期保持互动合作；

（4）必须重新设计供应商的销售职能，应当学会如何与客户一起满足最终消费者的需求；

（5）供应商必须强化研发职能，建立能够与客户有效展开合作设计的研究团队；

（6）供应商必须围绕与客户的合作，重构内部工作流程，重新规划各部门组织权、责、利的边界。

3. 关注纵向伙伴关系的战略影响

纵向伙伴关系以选择少数供应商、由少数供应商承担更多的责任，取代了传统转包生产中大量选择按规格要求提供加工生产服务的供应商的方式。为了适应这一转变，供应商务必拓展自身的技术专长和制造能力，时刻关注纵向战略联盟的战略影响，相机采取较为灵活的内外部策略。

（三）跨产业合作协定

1. 借助跨产业合作协定开展多元化的业务

相对于共同开创一个全新的业务领域而言，跨产业协定更多地被一些企业作为进入新业务领域的有效途径。例如，韩国的大宇公司（Daewoo）曾经与通用汽车公司建立战略联盟，进入汽车制造行业。由此，可以借助跨产业合作协定，利用联盟企业已有的经验和资源，减少进入新业务领域的阻力与成本。

2. 避免培育出新的竞争对手

对于在位企业来说，即使与联盟者达成合作协定，也尽量在一定程度上避免伙伴企业威胁到自身的市场份额与行业地位。新进入一个产业的伙伴企业能够以多快的速度在新产业中独立运作，取决于获得所需资源的难度与速度，主要受如下三个因素的影响：①伙伴企业是否拥有相应的技能或核心竞争力；②伙伴企业的开放性和透明度；③新进入者获得新技能和将其吸收内化的能力。

（四）供应共享型联盟

1. 了解组织惯性

大多数制造类供应共享型联盟会受到缺乏灵活性的纵向一体化战略的威胁，而且存在着巨大的退出障碍。实际上，制造类供应共享型联盟的结局常常是“内部化”，即其中一个伙伴企业对联盟进行了接管，使其成为该伙伴企业经营系统中的有机组成部分。在实际运营中，能够充分满足联盟目标的最佳组织形式，应该是在充分认识组织惯性的基础上，建立一个通用零件生产商。这样伙伴企业就能够从规模经济效应和经验曲线效应中受益。

2. 企业需求的长期一致性

为了保证制造类供应共享型联盟的有效性，伙伴企业长期保持同样的需求至关重要。如果在某一时点，伙伴企业无法就合资企业生产的零部件规格达成一致意见，那么联盟最初设定的共同目标将不复存在，战略联盟就将走向分裂和失败。战略联盟是否能长久合作，在很大程度上取决于联盟所在的产业，更具体说，取决于产业技术环境的稳定性。

3. 在伙伴企业之间进行研发和集中生产的分工

在制造类供应共享型联盟中，研究开发工作和制造工作需要不同的组织来具体实施。研发工作应该在伙伴企业之间进行分工，每个伙伴企业独自承担整个研究项目的部分工作，分别组织实施。当然，将研发工作分配给每个伙伴企业，需要强有力的协调，以保证合作开发的一致性。相反，如果不能在生产研发等方面达成一致意见，组件生产型合资企业会使管理变得更加复杂，也不能产生规模经济效应，无法降低成本。

（五）准集中化联盟

1. 重复生产：避免专业化的途径

在大部分准集中化联盟中，不可避免地会出现专业化分工。为此，在某些案例中，尽管重复生产会导致效率低下，但是，一些伙伴企业仍然愿意在运行联盟的同时重复开展一些工作，从而导致联盟架构内出现了重复生产。

2. 轮换任务：保护企业的技术多样性

在某些建立了大量准集中化联盟的产业中，企业避免专业化的途径不是通过重复工作任务，而是通过同时与多个伙伴企业组建类似的联盟。为了尽可能保护自身在多个不同层面的技能，企业可以争取在不同的联盟合作中承担不同的任务。这样，每个企业在单个联盟中实现了规模经济的要求，同时又通过在不同联盟中选择完成不同的任务保全了自身能力和产业多样性。

（六）互补型联盟

1. 避免成为“特洛伊木马”

学界常以“特洛伊木马”来形象比喻互补型联盟，即其中的一个伙伴企业充分利用联盟来获取一个伙伴企业最优价值的技能，以伙伴企业的付出作为强化自身竞争地位的基础。一个互补型联盟能否长期保持双赢，或者会不会很快陷入特洛伊木马的境地，主要由下面一些关键因素决定：①每个伙伴企业提供的能力的适当性；②一家伙伴企业提供的能力对其他伙伴企业的价值和吸引力；③联盟的组织方式。

2. 管理共生联盟

共生联盟，指的是那些特别强调“双赢结局”的联盟。在共生联盟中，伙伴企业都需要对方向联盟提供资源，但是自身对其他伙伴提供的资源并不感兴趣，或者无力获得对方提供的资源。在这一情况下，获得伙伴企业的能力、保护自身的能力，都不是重要目标。对联盟的存续存在重大威胁的不是伙伴企业的战略，而是环境变化导致伙伴企业提供的资源价值的下降以及协同效应的丧失。

3. 赢得学习竞赛的胜利

在许多互补型联盟中，其中至少一个伙伴企业对获得其他伙伴企业提供有价值的能力表现出极大的兴趣。一旦伙伴企业提供适当的能力，从而使这一目标的实现具有很强的现实性，联盟很可能会陷入“学习竞赛”之中。企业为了让自己处于竞争优势，应该加强学习技术和管理的能力，争取赢得学习竞赛的胜利，这对未来的市场格局也至关重要。

4. 有意识地组织有价值诀窍的转移

对出售股权的一方来说，联盟以被接管的方式终结，常常意味着联盟的失败。实际上，联盟的这一结局完全可以通过伙伴企业之间的谈判进行事先安排。在这样的案例中，互补型联盟的建立，就是为了有意识地转移那些对有效管理最终被接管的业务来说非常重要的技能。在此情形下，联盟被当作一个伙伴企业帮助另一个伙伴企业进入新市场的机制。进入新市场的伙伴企业的目的通常比较直接，而本土企业的动机却不是十分明显。

第三节 企业集团

视野拓展 7-4 日本的综合商社

在很多中国人甚至欧美人看来，丰田汽车、东芝电气、松下电器等耳熟能详的产品及其企业才是日本竞争力的象征，很多企业管理书籍谈及的也是这些企业的管理经验。然而，国人全然不知日本大企业成长的幕后推手，以及主导日本经济的内在力量，其实真正来自三井物产等日本财团的综合商社（见图 7-2）。

综合商社是日本最具有特色的产业组织模式，它以贸易为主体，以产业为后盾，以金融为纽带，是具有贸易、金融、情报、组织协调等多种功能的国际化、集团化、实业化、多元化的跨国企业集团。日本的综合商社与产业集团（财团）企业有着密不可分的联系，是日本企业走向世界的“流通窗口”，通过在金融、物流、调研、咨询、市场营销等方面直接为制造业企业提供支持。在这个新型的、现代化的家族式企业集团（财团）中，主办银行（或金融集团）扮演着父亲的角色，通常决定家庭成员的血缘关系和姓氏归属，是家庭成员稳定的经济来源。而综合商社自然扮演了母亲的角色，她负责生育儿女（众多制造业），照顾家庭成员的起居，对孩子的教育和成长施加影响，为子女长大后外出求学与发展谋划（获得情报），甚至为子女选择对象和操办婚嫁（创办合资企业）。

三井物产（Mitsui）是世界上最大的综合商社，而且又是先驱者，有着悠久的历史。1993年，三井物产排名世界500强第一，在其后的10年间也都基本排名500强前10位。2003年以后，三井物产将能源部门等重要产业机构独立核算，并且在全球设立独立法人公司，使得自己在《财富》杂志的世界500强排名中的位置迅速下降，其真正的实力和活动被隐藏起来，不为外界所注意。不少中国企业都在梦想跻身世界500强的行列中，然而，三井物产对500强排名从来都不屑一顾。很少有人知道，丰田、东芝、索尼、松下、三洋、NEC都是三井财团体系的成员或重要关联企业，在他们看似激烈竞争的背后，却有着更多的共谋。此外，三井住友银行、商船三井、三井造船、石川岛播磨、新日铁等一批世界500强企业也都归于三井财团这个大家庭。如果时间追溯到1995年，当时世界500强前10名中有6家就来自三井财团体系。

三井物产拥有子公司1 100多家，在日本国内拥有34个机构，在全球93个国家和地区设有事务所89个，当地法人91个。无论在哪一个国家，无论涉足哪一个产业，三井物产几乎都遵循着这样一套“行动逻辑”——在一个由100多家子公司和上千家股权管理企业组成的全球交易网络和信息情报网络中，三井物产以金融资本、商业资本和产业资本结合的高效形式渗透到产业的上下游链条中。最终，三井物产通过强大的贸易能力和物流网络建设能力，使上下游资源流动起来，从而为整个财团创造高额的交易利润，并掌握商业机会的“制高点”。

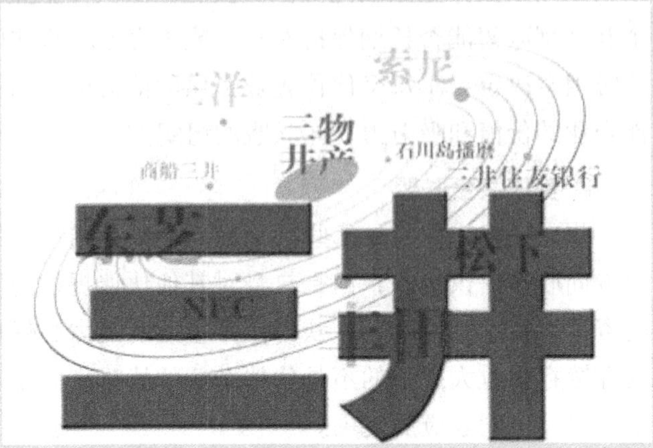

图 7-2　三井集团的部分产业

韩国在20世纪70年代经济高速发展期也借鉴日本经验，确立本国综合商社和财团机制，在推动韩国以重化工业出口为标志的出口为导向工业化战略的实施、提高出口规模经济效益、抑制中小企业出口商恶性竞争方面，发挥了极其关键的作用，哺育了三星、现代、SK等世界型财团企业。

近年来，“走出去”战略已经成为中国企业发展的首要选择，从走出去、海外获取资源和能源、获取世界先进技术与情报信息等众多的角度讲，中国都应借鉴日本和韩国的经验，尝试建立有中国特色的综合商社。

资料来源：日本综合商社启示录 [OL]. http://finance.sina.com.cn/leadership/mroll/20070810/17363872049.shtml，2007-08-10.

一、企业集团的定义与内部机制

（一）什么是企业集团

企业集团在全世界无疑是一种重要的组织形式。在日本，有 83% 的公司与集团相连；在菲律宾，有 73% 的公司与集团相连；在中国香港、印尼和新加坡，这一比例超过了 60%。无论是在发达国家，还是发展中国家，企业集团都为国家经济做出了巨大贡献。中国的企业集团从 20 世纪 80 年代兴起以来，已经成为中国经济的骨干力量。

关于企业集团的定义，不同的学者有不同的说法，但是随着企业集团研究的深入，学者们渐渐达成了一些共识。公认的一个定义将企业集团作为法律上独立的公司的集合，这些公司由多种纽带联结在一起，包括所有权、经济手段（比如公司间交易）以及社会关系（家庭、亲情、友情），通过这些它们合作完成双方的目标。而在中国，根据《企业集团登记管理暂行规定》，企业集团是指将以凭借资本为主要联结纽带的母子公司作为主体，以集团章程为共同行为规范的母公司、子公司、参股公司及其他成员企业或机构共同组成的具有一定规模的企业法人联合体，企业集团不具有企业法人资格。尽管表述不同，这两个定义都包含了企业集团的两个特性：一是企业集团的组成公司在法律上是独立的，二是这些公司间由某些形式的纽带联结。

（二）外部环境与集团内部机制

对企业集团的性质能够造成影响的因素包括：外部市场环境、社会环境、政治经济因素和外部监督控制系统等四方面。企业集团可以看作组织对所处环境的适应性反应，通过建立一个元素松散的耦合系统帮助组织减少环境中的不确定和复杂性。也就是说，企业集团的角色是用以解决各种制度环境中的矛盾。

可以从两个角度探索企业集团对环境的适应性，第一，侧重于企业集团附属企业单元的独特角色，通过横向连接识别集团的成员公司。横向连接是成员公司自身之间的联系，尽管企业集团中的成员公司是法律上独立的、有独特性质的实体，但在集团中它们是相互依赖的，在企业集团中不同类型的内部机制加强了成员公司的横向联系。第二，侧重于企业集团耦合来源的视角，也即是对资源所有权的控制上采取垂直连接的形式。集团的内部机制是以垂直结构为基础，集团如同一个层级指挥系统一样运作。

以上四个外部环境变量和两个重要的内部机制互相产生影响。表 7-1 总结了企业集团如何基于两个内部机制对四个外部环境变量的反应设计出独特的组织属性。换句话说，企业集团的内部属性反映了外部环境。很显然，外部环境的多样与复杂，使得多种企业集团组织形式在社会中出现和并存。

表 7-1 四种环境因素对企业集团内部适应机制的影响

	外部市场条件	社会结构	政治经济因素	外部监督和控制系统
横向连接	不完善的外部市场促进企业集团发展公司间内部交易	社会交换关系为内部交易提供可依赖和稳定的网络	政府支持增加了集团的松散资源，因此便利了内部交易	交叉补贴出现，控股股东侵蚀小股东的财富
垂直连接	核心所有者集团通过所有权获得凌驾于个体公司的行政权威	社会秩序和社会权威结构构建集团内的权威结构	政府对所有权直接投资，对企业集团有管理控制权	主导所有者集团通过复杂公司治理结构进行管理控制

环境因素对企业集团内部结构的影响如图 7-3 所示。

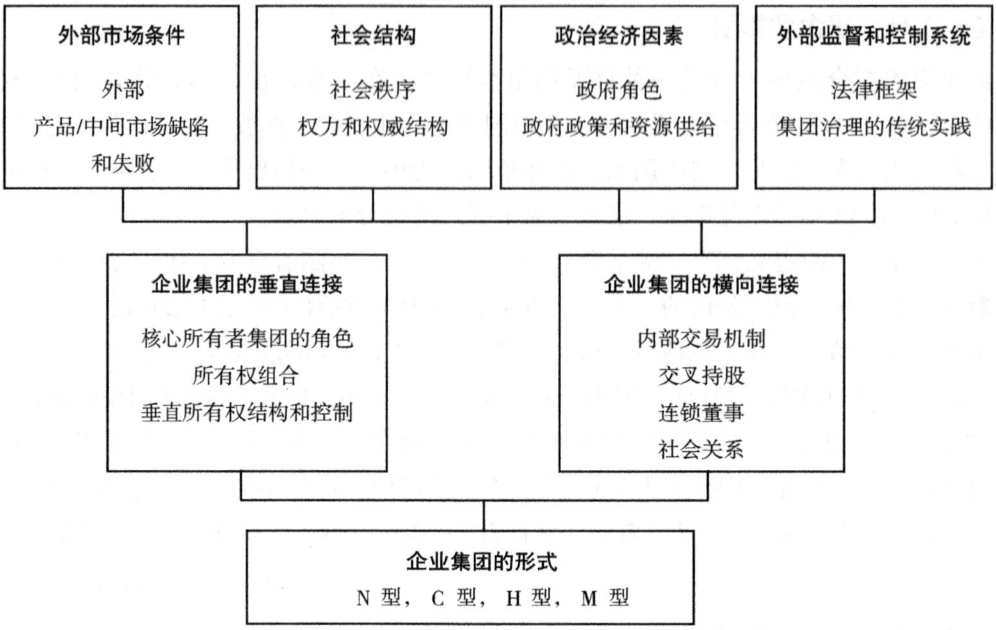

图 7-3 影响企业集团内部结构参数的环境因素

资料来源：Yiu D W, Lu Y, Bruton G D, et al. Business groups: An integrated model to focus future research[J]. Journal of Management Studies, 2007, 44(8): 1551-1579. " Figure 1. Contextual factors that influence internal structural parameters in business groups."

二、企业集团的类型与结构

企业集团有多种分类方法，依据早期威廉姆森的企业组织结构分类，企业集团可分为 U 型（一元结构）、H 型（控股结构）和 M 型（多元结构）。U 型结构产生于现代企业发展早期阶段，其特点是管理层级的集中控制，母公司对下属成员企业进行直接管理。在 H 型企业集团中，母公司持有子公司部分或全部股份，各子公司是相对独立的利润中心。M 型结构又称为事业部制或多部门结构，在这种结构中，母公司保持投资中心、决策中心、战略发展中心的地位，而事业部作为利润中心、管理协调中心。除此之外，还可按照母公司对子公司管理方式、连接纽带、涉及的行业对企业集团进行分类。

各种分类方法的不同，自然也就造成了在研究和实践中的不一致性。因此，Yiu 等学者在 2007 年，试图创建了一种更为综合的企业集团分类方式。这里，对企业集团的分类也主要是引用这些学者构建的模型。企业集团通过沿着两个重要的方面运用各种内部机制适应外部环境。其中一个侧重于集团附属企业的独特作用（横向连接），如通过子公司间的内部交易机制、交叉持股、连锁董事、社会关系等方式，在有着更强的横向连接的企业集团中，这些子公司紧密地相互联系在一起，一个子公司的战略管理可能依据其他子公司的行动或反应而定。另一个侧重于母公司和其子公司（垂直连接）之间的耦合和秩序。存在掌握所有权股份和控制子公司的权利的母公司或核心公司的集团，垂直控制更紧凑一些。基于这两个维度，四种类型的企业组织形成了，如图 7-4 所示，网络型（N 型），俱乐部型（C 型），持有型（H 型）和多部门型（M 型）。

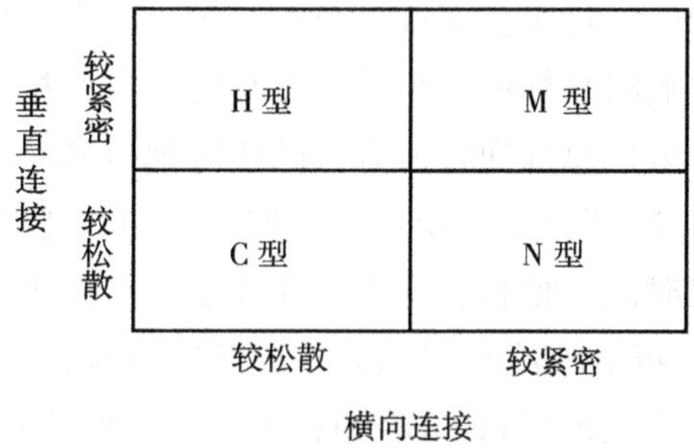

图 7-4 企业集团的类型

资料来源：Yiu D W, Lu Y, Bruton G D, et al. Business groups: An integrated model to focus future research[J]. Journal of Management Studies, 2007, 44(8): 1551-1579. " Figure 2. A typology of business group structural configurations."

（一）N 型企业集团

N 型企业集团即网络型企业集团，这种类型的企业集团看起来就像一个网络。在这个网络中，母公司充当着领导者的角色，致力于某个行业，同时很多公司充当专门为其提供技术支持、中间产品及其他功能的合作伙伴。在这个结构安排中，处于领导地位的公司通过公司间交易和资源共享，而非垂直的所有权结构来控制其他为之服务的公司群，即使它们之间可能会有交叉持股或者连锁董事。同时，不同公司执行者之间的社会关系对它们之间经营活动协调是较为重要的。N 型集团企业一个典型的例子就是中国台湾的关系企业，在这些集团中，很多企业都是围绕一个高科技产业或者致力于出口的行业中的一个大型公司而组建的。

（二）C 型企业集团

C 型企业集团即俱乐部型企业集团，这个类别的企业集团通过正式的总裁俱乐部或者以品牌命名的商业协会有更紧密的联系，这样就建立了一个比 N 型更为复杂的结构。在这个结构里，成员企业可能是一个包括了大量子公司和单个公司的大公司。一个 C 型企业集团会提供一个平台或者基础设施，让成员公司能够共享战略资源，比如信息和融资，以及通过互相协调来获取共同的利益，比如获得公共关系或者为了具体的产业政策去游说各国政府。这样的现象可以在日本跨市场的行业集团里看到，比如三菱商事株式会社，就是通过一个总裁俱乐部来协调特定的如公共关系等的活动。此外，这种类型的企业集团的子公司之间可能会通过交叉持股、连锁董事和社会关系来增加连接和协调。这种形式的企业集团常常会受到一个金融机构的支持，比如说他们会与主银行存在联系。典型的例子就是日本的横向企业集团和俄罗斯的金融 – 工业企业集团。

（三）H 型企业集团

H 型企业集团即持有型企业集团，这种企业集团跟综合性大型企业有相似的结构安排。在这种企业集团里，控股公司拥有部分或全部处于不同市场或行业的个体公司的所有权。结果就是，H 型企业集团常常都是高度多元化的。在一个 H 型企业集团里，被核心拥有者控制的控股公司或者母公司通过投资来控制单个的集团子公司，从而充当公司总部的角色。这些在典型的H型企业里的单个公司就像附属公司，但是他们通常在法律上都是独立的下属公司。在一个特定的子公司里，控股公司或母公司是否占据主导地位或控制大部分股份，很大程度上取决于子公司对其战略目标的实现的重要程度。作为核心业务，这些子公司给控股公司创造了大部分的收入，因此总部通过所有权的优势地位来对其管理，进行更多的直接的控制。政府所有权通常会与H型企业集团产生关联。政府可能在某段时间将投资重点放在一个特定的领域，但是随着时间的推移，这个行业就变成机会主义的，随着政府需要所强调的新的机会或者需要产生。新加坡淡马锡私人控股就有这样的一个H型结构，它在包括新加坡的航空、电讯、新加坡最大的银行DBS银行和一个度假公司Raffles的新加坡战略行业控股。它扮演着政府控股的角色，投资并且经营国有和政府控制的战略性资产。中国有很多企业集团在战略性资产的经营上采用H型的结构，比如能源（中石油）、银行（中国银行）、公用事业（华能国际电力股份有限公司）、化工（中石化）、重工业（宝山钢铁）、电讯（中国电信）和交通（中航）。

此外，控股公司能够通过垂直所有制结构或者企业金字塔来实现对公司各层的控制，不过单个的公司可能会存在交叉持股或者连锁董事，甚至两者皆有的情况。内部交易更有可能涉及受控股公司调配的资本和财务资源。子公司可能会涉及多个关系，包括交叉持股、连锁董事和社会关系。这种类型的企业集团的例子可以在中国香港的大型企业集团、印度的有限椎体企业和法国的企业集团中看到。

（四）M型企业集团

M型企业集团即多部门型企业集团。在一个M型企业集团里，母公司或者核心企业通过对单个子公司部分或者全部的投资来充当着公司总部的角色，这些子公司都是根据母公司或者核心企业的战略目标组建的，或者是根据垂直的各个生产阶段，包括原材料供应、制造、分配。通过这个方法，这些集团子公司就与那些M型公司的分部门很类似了。另外，分部门或子公司都在相关的行业运行，这样他们就能够共享资源或者核心竞争力。这样，内部交易不仅转移一般性资源，例如金融资本，还有行业特定资产，如技术、资本设备等。因此，这样的企业集团就拥有更紧密的垂直联系。同样，横向的社会关系对于加强其他企业和核心企业之间的联系很重要，交叉持股和连锁董事对于抵御外部威胁（比如敌意接管和收购）也是非常重要的。包括LG和三星在内的许多韩国财团，以及拉美的佩雷斯集团、比利时的工业企业集团，和意大利的家族企业都采用此类结构。

表7-2详细地概括了企业集团的分类，以及这些类型的维度。

表7-2 企业集团组织形式和结构要素

结构要素	N型	C型	H型	M型
横向连接				
1. 内部交易机制				
内部交易程度	中高	低	中低	高
内部交易产品或资源的专门性	中高	低	中低	高

（续）

结构要素	N 型	C 型	H 型	M 型
交叉补贴	低	低	中低	高
2. 交叉持股	中低	中	中高	中高
3. 连锁董事	中高	中	从低到高	从低到高
4. 社会关系	中高	中低	中	从低到高
垂直连接				
1. 管理中主导所有者的角色	对个体公司的控制，领导集团	对个体公司的控制，适应于集团	通过母公司对集团控制	通过战略公司对集团控制
2. 所有权组合作为控制机制	弱	弱	中强	高强度
3. 垂直所有权结构与资源控制	弱	中弱	中强	高强度

资料来源：Based On Yiu D W, Lu Y, Bruton G D, et al. Business groups: An integrated model to focus future research[J]. Journal of Management Studies, 2007, 44(8): 1551-1579.

本章小结

企业生态系统是由相互作用的企业组织与个人所形成的经济群体，包含经济生态因子、社会生态因子和自然生态因子，具有整体性、层次性和不确定性的特征。

企业集群是在地理上相邻、同处特定产业领域的公司与机构共同组成的，具有共性与互补性的、紧密相连的企业集合体。这些企业一般具有分工高度发达、中小企业主导、竞争与合作并存、信任关系等特征，并能够从不同的形成方式分为三个类别。

战略联盟是两个或两个以上的企业，在保持各自独立性的基础上建立的以资源与能力共享为基础的、以实施项目或活动为表征的合作关系。按照伙伴企业之间是否存在竞争关系，可以把战略联盟分为竞争者联盟和非竞争者联盟，不同类型的联盟需要采用不同的策略进行管理。

企业集团是法律上独立的公司的集合，这些公司由多种纽带联结在一起以合作完成双方的目标。这些纽带包括所有权、经济手段以及社会关系。企业集团的成员公司之间通过横向连接和纵向连接两种机制进行联系，根据这两种机制，可以将企业集团分为 N 型、C 型、H 型、M 型四种类型。

复习思考题

1. 什么是企业生态系统？企业的生态系统由什么构成，具有什么特征？
2. 企业集群具有什么特征；有哪几种形成方式？
3. 战略联盟有哪些类型；不同的类型对应何种管理策略？
4. 企业集团的内部机制是什么？企业集团具有哪些类型？

延伸阅读

1. 李维安，等．网络组织：组织发展新趋势[M]. 北京：经济科学出版社，2003．
2. Gulati R. Alliances and networks[J]. Strategic Management Journal, 1998, 19(4): 293-317.
3. Gulati R, Puranam, P and Tushman, M. Meta-organization design: rethinking design in interorganizational and community contexts[J]. Strategic Management Journal, 2012, 33:571-586.

|综|合|案|例|

北人集团公司与日本东京出版机械株式会社（TSK）的战略联盟

北人集团公司（简称北人）是中国著名的印刷机械制造企业，于1952年建厂，是国家重点扶植的520家企业之一，也是首批在中国香港上市的九家企业之一。在国内同行业竞争中以品种、质量、市场、规模、效益五大优势成为行业的“龙头企业”。近十几年来，北人各项主要经济指标持续增长，一直保持良好的发展势头。

印刷工业在一个国家的政治经济生活中占有重要的地位。随着全球经济的发展，科学技术的不断应用，印刷业越来越多地介入社会的各个领域，发挥其重要的作用。尽管互联网等新的媒体迅速发展，对印刷业的影响在不断加大，但印刷业的发展仍然保持着旺盛的生命力。同时，电子计算机、互联网络等技术在印刷业的应用，也使印刷业产生了新的革命。从现实的发展可以确定，纸质媒体前景光明，印刷工业未来乐观。而且，从中国人均印刷品的开支可以预测到，中国印刷制造业市场需求将会逐年增高，与国际先进国家相比，可发展空间很大。

2001年，正值中国加入WTO之际。欧、美、日等世界一流印刷企业正以绝对控股新建独资生产企业和控股投资公司，或以兼并收购中国优势企业等方式加速在中国的发展。而此时也正是中国印刷行业技术改造的高潮，尤其是印后设备的技术改造正在如火如荼地进行。印刷技术的革新及一体化的发展趋势，对中国传统的印刷机制造业带来巨大的冲击，企业的竞争已经转换为产业链的竞争，整合优化产业链成为当时中国印刷机制造企业提升竞争优势的重要战略举措。

在这样的行业背景下，作为印刷机制造业的龙头老大，为了适应市场竞争的需要以及赶上国家技术改造的高潮，北人决定对其业务进行拓展以及整合。印刷的主要工作流程包括印前、印中、印后。北人多年来一直从事中间环节印刷机的制造，印前和印后环节设备制造都没有涉及。面对印后设备技术改造高潮的市场机遇与挑战，北人决定进入印后设备领域，确立做印刷行业的系统供应商，提高企业的综合竞争能力的发展战略。

北人多年来的发展积累了较多的优势，使其有实力进入印后设备领域。但是，北人严重缺乏印后设备技术人员，缺少专门的印后设备销售人员，并且在印后设备上的品牌优势低于专门生产印后设备机械的厂家。印后设备的产品开发周期比较长，一般需要三到五年，如果北人独立开发会错过市场机遇，而竞争对手相对来说比较成熟，有十几到二十年的发展历史，已经占据了印后设备市场的有利位置。但是国产设备相对于国外的产品来说性能和质量较低，价格也比较低。鉴于对以上因素的分析，北人管理层讨论决定采取合资这种对外合作的方式进入印后设备市场。于是，北人开始寻找适宜的合作伙伴。

在一次东京国际印刷展销会上，北人认识了日本的东京出版机械株式会社（简称TSK）。TSK创立于1966年，是集开发、制造、销售及服务于一体的综合型企业。公司拥有优秀的专业技术人员，拥有各类最先进的加工设备。TSK六年前就在中国的福州设立了工厂，但是由于种种原因印后设备的销售非常困难，中国市场一直没有打开。TSK迫切希望能改变在中国举步维艰的困境。

北人与TSK的初步接洽，由于北人的真诚、诚信以及双赢的理念深深打动了TSK。于是2001年9月底，TSK管理层来到北人就双方的合作展开了正式的谈判。双方在谈判之前先进行思想沟通，就合作的理念、价值观等方面达成一致，随后双方就对具体的合作方式进行了进一步的探讨。由于TSK公司已经在福州独资建立工厂，与北人采用合资的方式合作已经不具有可能性，所以双方经过协商之后于2001年10月30日在北京签署了以OEM方式（即日方设计的机器贴上“北人”牌商标上市销售）合作的意向书。

2001年11月北人和TSK在TSK福州的独资企业福州黄晶印刷机械公司就OEM的具体合作事宜进行谈判。谈判的过程异常艰苦，由于要取消TSK的商标以及降低其产品的价格，对方在感情上很难割舍也难以接受，导致谈判陷入僵局。北人坚持“真诚、双赢”的原则为推动谈判的顺利进行最终做出了让步，决定合作的第一年用北人商标以及坚持北人给出的产品价格，以后用联合商标（北人–TSK）和提高产品价格的办法来加强合作。经过几个回合的艰苦谈判，双方最终达成共识，签署了OEM合作协议书。双方确认，北人与日本TSK合作的系列产品在中国市场销售实行四个统一，即统一商标、统一最低限价、统一使用北人公司销售网络、北人公司统一营销策划工作。双方做出承诺：“北人”自签订合同之日起，对该公司有竞争性的类似产品不再另寻合作伙伴；该公司不在中国另寻合作伙伴；联手奉献系列优质产品，满足市场需求，为用户真诚服务。

北人和TSK双方为了增加彼此的信任和更有效的合作，通过探索建立起了正常的沟通和交流机制，合作中出现的问题采取磨合和沟通的方式解决。而与TSK的合作迅速填补了北人高档印后装订设备生产的空白，产品经过不断地研发和改进，北人的技术水平和研发起点得到了提高，其竞争优势也有了明显的提升，其生产的具备国际水平的新产品逐渐得到了国外用户的认可，创建了国际知名品牌。

资料来源：邹昭晞，刘英骥，杨健，等. 北人集团公司与日本东京出版机械株式会社（TSK）的战略联盟[OL]. 中国管理案例共享中心案例库. 孙贵娟改编.

讨论题：

1. 在与日本东京出版机械株式会社合作之前，北人集团公司的企业生态因子各具备什么特征？
2. 北人集团公司和日本东京出版机械株式会社各具备什么特点与优势，使得两个企业的合作获得了成功？
3. 通过北人集团公司与日本东京出版机械株式会社之间的合作，你认为企业形成战略联盟最重要的是什么？

第三篇

领导与变革篇

第八章　董事会的组织设计
第九章　激励机制设计
第十章　组织变革

第八章

董事会的组织设计

学习目标

- 了解董事会的类型与结构，理解董事会的职能
- 理解董事会履职的独立性和独立董事的设置与作用
- 掌握董事会专业委员会设立的原因、职责和设计

核心概念

董事会、独立性、独立董事、专业委员会。

引例

公司由谁主导，股东、经理还是董事

公司应该由股东、经理人还是董事主导，也就是公司控制权的配置原则，对实际公司治理有着重大影响。特别是公司制度是舶来品的中国，对公司应该由谁来主导这一问题的认识，直接决定了公司治理机制设计的出发点和公司治理改进的目标选择。但现实，是残酷的。

1. 欧美差异化治理背后的一致

法治发达国家的一个共同特点是：公司独立，公司为股东利益而存在，但由董事会主导，只是程度略有差异而已。

发达国家在最近20多年的公司治理改革进程中，已经再度加强了董事会主导公司的力度。换句话说，英美国家的公司治理逻辑又回到了它的法律和历史起点：公司以董事（会）为中心，公司事务由董事（会）管理。

德国在公司组织架构形式上与英美国家有所差异，二者之间有纵向双层董事会和单层董事会之分，但是在董事会管理公司这一基础规则上没有差异。日本的委员会型公司与英美现代公司一样，平行双会制的监事会型公司则是英美前现代公司时代“股东直接选任董事管理公司，同时选任监事监督董事和公司事务”这一做法的现代翻版。

与其说，德国和日本是与英美不同的公司治理模式，不如说是公司制度发展的阶段差异。作为现代公司缔造者的英国，在公司制度发展上却落后于美国了。与美国公司很早很快就从大股东和家族控制走上了职业经理人管理和市场控制不

同，英国至今仍然有较强的家族控制特色，较少有大型公众公司。

美国能够终结现代公司的大股东控制和家族控制，在职业经理人管理和市场控制上遥遥领先，有其具体的政治、历史和文化原因。在美国、英国、瑞典、日本、意大利、德国和法国这七个富裕的民主和法治国家中，具体政治环境上的差异也导致了他们公司治理模式上的差异。一直没有社会民主主义传统的美国政治环境，十分适宜现代公众公司的成长，而欧洲大陆式的社会民主主义一直与美国式的公众公司难以融合。

美国的大股东和银行退出公司，使公司的实际管理权向董事会集中，进而发展出了现代公司的职业经理人和市场控制体系——发达的职业经理人市场和证券市场。德国、法国、意大利、日本和瑞典等，在股权分散、职业经理人管理和市场控制发展上，不仅落后于美国，也落后于英国。这些国家的公司，保持着较高的股权集中度，更多的是大股东和银行通过董事会控制着公司。

以美国的标准来评判，德日法意等这些国家公司董事会的独立性远远不够，但是其董事会制度也是比较完善的，董事会的权威和管理权力也得到充分尊重并落到了实处的。尽管我们很少看到这些国家像美国公司那样，董事会把大股东和公司创始人赶走的案例，但是也没有像目前中国时常发生的双董事会或者创始人、经理人不服从董事会、不承认董事会权威的乱象。

2. 中国公司董事会：为何这么难

中国相比其他发达国家在现代公司法的供给上相对滞后，与此同时，中国的商人也缺乏对现代公司法的需求，对公司制企业形式的运用并不积极。

1908年年底，《大清公司律》颁布四年之后，共有227个公司依法在农工商部进行了注册。这其中实际有很多当铺、银号、小商店之类的传统企业，注册为了公司，但继续保持着注册前的经营方式。它们之所以注册，可能并非是利用公司制的股东有限责任和董事会管理等制度优势，而只是试图利用公司律中的一些条文，来抵制官方干涉和苛捐杂税。

公司制所要求的董事会集中管理——民主决策机制，一直在中国商业中没有得到重视，至今也是中国公司治理中的薄弱环节，并且是中国传统文化之下的商人们所普遍厌恶的。恰恰是董事会这种治理机制的设置，才能使有限责任不会被滥用，中小投资人和债权人的利益可以得到一个基本保障。

今日中国稍具规模的企业普遍注册为公司，但是注册归注册，实际运作上可以完全不把公司法所要求的那一套董事会等内部治理机制当回事。在中国的传统家族和宗族商业思维及家长制习惯下，董事会是无关紧要的，强有力的家长才是最重要的。一家拟上市公司，为了上市备案才正式成立了董事会，运作一年之后，大股东、老板、“大家长”决定不上市了，甚至直接把董事会给解散了。

中国人自己兴办的第一家“公司”上海轮船招商局，在经过了从1872 ~ 1909年这四分之一世纪之久的“官督商办”之后，终于不再“官督”而“商办”。在其创建27年之后、即《大清公司律》颁布5年之后的1909年，轮船招商局才作为公司正式注册，并第一次组建了一个由股东选举产生的董事会，在大清倒台之后才进入了“董事会全权管理”的真正公司状态，却最终还是在1933年被“国有化”掉了。

岩崎弥太郎1870年以3艘轮船创建了他的三菱轮船公司，1885年与政府办的一家轮船公司合并为日本邮船会社，制定了类似于“官督商办”的企业章程，由政府保证利息、任命社长、副社长和理事，账目完全由农商务省审查。可是，到1893年日本通过了普通公司法之后，日本邮船会社就立即改组成了一个按公司法注册成立的完全商业公司，最终发展出了一个三菱工业帝国。

相比之下，中国公司的董事会，为什么就这么难？

资料来源：仲继银．迷失的董事会中心主义[J]．董事会，2014(2).

第一节 董事会的基本属性

董事会是现代企业制度发展到一定阶段的产物。企业制度经历了从业主制到合伙制，再到公司制的演变过程，随之发生的就是公司规模的不断扩大，业务日益复杂，股权逐渐分散。在股东越来越多、股权日益分散的情况下，限于管理能力、管理经验与时间、精力等种种客观条件的限制，所有股东共同参与公司的日常管理显然是不现实的。同时，随着市场的扩大和生产、经营技术的复杂化，在企业大规模从事多方面经营活动的情况下，企业的经营管理只能由职业管理人员（即经理层）来完成，从而导致所有权与经营权的高度分离，即企业所有权归全体股东所有，经营权则归经理层所有。两种权力的分离产生了一系列问题。股东能放心将企业交给管理层经营吗？经理层是否会因为私利而损害股东利益？由于股东人数众多，受管理成本的限制，只能每年举行为数不多的几次股东（大）会，而无法对企业的日常经营做出决策。因此公司需要一个常设机构来执行股东会的决议，并在股东大会休会期间代表股东对公司的重要经营做出决策，这个机构就是董事会。㊀

从委托－代理的角度来看，在股东与董事的关系中，股东是委托人，董事是代理人；在董事与经理的关系中，董事是委托人，经理是代理人。这样，就形成了股东－董事会－经理的双重委托代理链条。在公司的治理结构中，董事会处于公司委托代理链条的中心环节。因此，可以说董事会是公司治理的核心。

一、董事会的类型与结构

（一）董事会的类型㊁

1. 全美董事联合会咨询委员会（NACD）将公司治理的目标定义如下：公司治理要确保公司的长期战略目标和计划被确立，以及为实现这些目标而建立适当的管理结构（组织、系统、人员），同时要确保这些管理结构有效运作以保证公司的完整、声誉以及它的各个组成部分负责任。

NACD 的这个定义实际上是将公司的董事会看作治理结构的核心，并根据其功能将董事会分成四种类型：

（1）底限董事会：仅仅为了满足法律上的程序要求而存在。

（2）形式董事会：仅具有象征性或名义上的作用，是比较典型的橡皮图章机构。

（3）监督董事会：检查计划、政策、战略的制订、执行情况，评价经理人员的业绩。

（4）决策董事会：参与公司战略目标、计划的制订，并在授权经理人员实施公司战略的时候按照自身的偏好进行干预。

2. 从公司演化的角度上来看，董事会也可以分为以下四种类型。

（1）立宪董事会：强调董事会是依照一定的法律程序，在某个权力主体的批准下成立的。政府颁布的公司法对公司而言就是一部宪法，董事会遵照法律规定成立，仅具有形式上的意义。公司要么由创始人控制，要么由 CEO 控制。在规模小、技术水平低的私有公司中，

㊀ 上海国家会计学院．公司治理 [M]. 北京：经济科学出版社，2011: 80-133.

㊁ 李维安．公司治理 [M]. 天津：南开大学出版社，2001: 64-65.

这类董事会比较多。

（2）咨询董事会。随着公司规模的扩大和经营复杂程度的提高，CEO 需要更多的专业人员帮助。通过招募财务顾问、法律顾问等进入董事会，CEO 将从他们身上得到帮助。在这个过程中，董事变得越来越高素质，越来越称职，越来越独立。当前绝大部分美国公司的董事会属于这一类型。

（3）社团董事会。随着股权分散化、公众化程度的提高，董事会内部将形成不同的利益集团，意见差别通过少数服从多数的投票机制解决。这样的董事会需要经常召开会议，且董事们必须尽量出席会议，否则董事会可能通过不利于某一集团（或董事）的决议，决策过程往往由于会议的拖延而不得不发生中断。一些大型的公开上市公司存在这样的董事会。

（4）公共董事会。董事会成员包括政治利益集团代表，仅在公有制或混合所有制的公司中存在这种董事会。

表 8-1 从四个方面对四种董事会类型进行了对比，这四个方面是：董事会起因、授权形式、决策者和董事会在决策中的作用。

表 8-1 四种董事会类型及特征

特征 \ 类型	立宪董事会	咨询董事会	社团董事会	公共董事会
董事会起因	法律	经济	社会、经济	政治
授权形式	自动	顾问	技术官僚	行政官员
决策者	CEO	CEO 或董事会	董事会	中央计划当局
决策参与程度	接受	咨询	限定	适应

（二）董事会的结构

1. 董事会的规模

不同公司中的董事会规模是有一定差别的，有些国家的法律法规对此有严格的标准，有的则没有严格限定。在公司章程中关于董事会规模的规定，不同的公司之间也不尽相同。但毫无疑问的是，由于董事会履行职能在很大程度上依赖于其集体决策的科学性与有效性，因此适当的董事会规模对其有效性的影响甚大。如果董事会规模过小，则较少的人员可能会导致缺乏必要的业务知识和阅历，从而难以做出全面的较优决策；而人数过多，又会增加决策制定的时间和成本，从而缺乏实用性。

通常认为，董事会的规模取决于公司规模、所在行业、公司财务状况和所有权等因素。例如，新成立的公司或者规模较小的公司，由于业务较少、涉及决策范围较为集中，可能只会设立较小规模的董事会。随着公司的发展壮大，小型董事会面临更多的、更复杂的决策就显得捉襟见肘，需要聘任新的具有不同专业知识与背景的董事。一般而言，以下的因素通常会影响公司的董事会规模：

（1）管理层的控制意愿。管理层，尤其是 CEO 可能会根据自身情况采用增加或减少董事人数的办法加强对董事会的控制。

（2）行业性质。中国上市公司董事会治理报告（2009）显示，2005 ~ 2008 年度中国各行业董事会平均规模最大的是金融保险业，为 17 人，最小的是批发零售贸易，为 8.5 人，几乎为前者的一半。相比之下，制造业的董事会规模处于中等水平，为 10 人。

（3）业务模式的差异。业务复杂的公司由于要面临更多、更复杂的决策，一般会较业务简单的公司有着更大的董事会规模。

（4）公司兼并。刚进行兼并的公司一般不会大规模解雇董事，从而会形成较大规模的董事会，而随着一方逐渐控制了公司，另一方就可能离开董事会，董事会规模趋于缩小。

（5）内部结构设置。董事会一般会设立不同的下属专业委员会，由于每一个下属专业委员会行使职能都需要有一定的法定人数要求，因此，设置较多下属专业委员会的董事会人数比较多。

（6）外部压力。随着要求增加外部董事、少数民族董事、女性董事的社会呼声日渐提高，董事会规模亦呈扩展之势。

目前，我国《公司法》对董事会规模有着明确的规定：有限责任公司设董事会，其成员应为 3 ~ 13 人；股份有限公司设董事会，其成员应为 5 ~ 19 人。但是，并非所有的公司都必须设立董事会，《公司法》规定股东人数较少或者规模较小的有限责任公司，可以设一名执行董事，不设董事会。根据南开大学中国公司治理研究院自 2003 年以来进行的中国上市公司治理指数评价，对 931 家上市公司所做的调查研究，发现董事会的平均规模为 11 人。

2. 董事会的人员组成

公司设立董事会，还需要具有相当能力和权威的人代表公司进行管理，这些人就是“董事”。董事是公司内部治理的主要力量，由股东（大）会选举产生，对内管理公司事务、进行战略决策，对外代表公司进行各种经济或社会性活动。公司董事可以由自然人担任，也可由法人担任，但法人担任董事时应指定一名符合条件的自然人作为其法定代表人。

董事会中一般设董事长一名（也可设立副董事长），具体选举或产生办法则由公司章程规定（国有独资公司则由国有资产监督管理机构在董事会成员中指定）。在我国，董事长对内履行召集和主持董事会会议等职责，对外则作为公司的法定代表人。

按照与公司的关系，董事可以划分为执行董事和非执行董事。执行董事是指作为一个董事并且参与到企业的日常经营中，因此也被称为“内部董事”。他们往往对公司的业务和行业背景非常熟悉，能够对董事会决策做出较多的贡献，但是也容易受到经验以及个人认识的差异的影响，为了自身利益而忽视公司长远发展。

非执行董事一般由前董事或其他公司的执行董事担任，具有丰富的专业知识和经验，最关键的是相对于执行董事而言，往往具有更强的独立判断能力，不受既往经验的干扰，从而促使公司从整体和更加长远的角度考虑问题。独立董事是非执行董事的一种特殊形式，一般对独立董事的要求是：具有超然独立的地位、独立的态度和判断。考虑到约束公司董事会中“内部人”即执行董事的行为，提高董事会绩效，一般都会在董事会中设置适当比例的非执行董事，比例如果较低，则会起不到应有的监督、制衡作用。由于所履行的职责与所处的独立地位，非执行董事又被称为“外部董事”。[⊖]

⊖ 李维安，等．公司治理学 [M]. 北京：高等教育出版社，2009: 90-91.

董事会受股东的委托，应该积极履行其职能，负责公司或企业业务经营活动的指挥与管理，对公司股东会或职工大会负责并报告工作，因此担任公司董事的人应当具有一定的资格要求。一般而言，担任公司董事的人应该符合如下条件：有参与精神（不能仅是名义上的参与，而是能切实履行职责），谨慎（履行职责时认真细心，在已有的信息基础上，进行详细的分析，行动时能尽可能合理合法地完成工作），有能力（具有一定的专业知识，经验背景），忠诚（对公司忠诚，能保守公司秘密；对股东忠诚，能维护股东利益），责任感（能承担错误决策导致的责任），诚实廉洁等。

法律关于董事的任职资格，一般分为积极资格和消极资格，积极资格是担任董事必须具备的条件，消极资格是担任董事不得具备的情形。我国《公司法》对董事的消极资格有着详细规定，即出现以下任何一种情形均不得担任公司董事：①无民事行为能力或者限制民事行为能力；②因贪污、贿赂、侵占财产、挪用财产或者破坏社会主义市场经济秩序，被判处刑罚，执行期满未逾五年，或者因犯罪被剥夺政治权利，执行期满未逾五年；③担任破产清算的公司、企业的董事或者厂长、经理，对该公司、企业的破产负有个人责任的，自该公司、企业破产清算完结之日起未逾三年；④担任因违法被吊销营业执照、责令关闭的公司、企业的法定代表人，并负有个人责任的，自该公司、企业被吊销营业执照之日起未逾三年；⑤个人所负数额较大的债务到期未清偿。

3. 董事会的专业委员会

董事会是由股东（大）会选举的董事所组成的公司经营决策机关，是通过董事会会议集体决定公司业务执行的机构。但由于董事会会议并非经常召开，且会议时间有限，因此董事会设立了下属的专业委员会，以完成董事会的大量工作。

一般而言，常见的专业委员会包括：审计委员会、薪酬委员会、提名委员会、执行委员会、公司治理委员会、公共政策委员会。公司的董事会一般会设立以上的一种或几种专业委员会。关于专业委员会的职责与设计，将在本章第三节详细阐述。

二、董事会职能

（一）英国董事协会对董事会职能的界定

英国董事协会认为董事会应该承担四个关键任务，其中每个关键任务又包含四个具体任务（见表 8-2）。

（二）美国商业圆桌会议与法律研究所对董事会职能的界定

1. 美国商业圆桌会议对董事会职能的界定

美国商业圆桌会议对董事会职责的描述如下：

（1）挑选、定期评估、更换首席执行官（如果需要的话），决定管理层的报酬，评价权力交接计划。建立科学、公正、合理的人才选聘机制，为公司选择经理等高级管理人员，是董事会的一项重要职责。董事会还对高级管理人员的工作做出评估，以决定其报酬及奖惩。

（2）审查、审批财务目标、公司的主要战略以及发展规划。董事会掌握着公司战略决策与控制的实际权力，并且要审查公司财务状况，审批公司财务目标。

（3）为高层管理者提供建议与咨询。董事会的职能就是进行公司的战略决策与监督管理。它通过向公司高层管理者提供建议来影响公司的具体经营业务。董事会决定公司高层管理者的任免、报酬与奖惩。公司高层管理者对董事会负责。

（4）挑选董事候选人并向股东会推荐候选人名单，评估董事会的工作绩效。董事会负责召集股东会，向股东会报告工作。如果董事会人员需要增减，要向股东会报告增减董事名单，由股东会决定。

（5）评估公司制度与法律、法规的适应性。董事会要确保公司章程与制度符合国家的法律、法规；监督公司的活动，确保其遵守国家的法律、法规。同时，要不断熟悉国家新的法律、法规，以法律手段回避不利于本公司的法律、法规，使用有利于本公司的法律、法规，如合理避税问题。

表 8-2 英国董事协会对董事会职能的界定

关键任务	具体任务
确定公司愿景、使命和价值观念	确定公司的愿景和使命，从而为公司目前的经营和未来发展提供指导和规划
	确定在全公司发扬的价值观念
	决定并检查公司目标
	确定公司政策
制定战略和结构	检查和评价公司目前和将来的来自外部环境的发展机会、威胁和风险，以及与公司有关的现在和将来的优势、不足和风险
	提供可供选择的战略方案，并且确定公司的采纳方案以及支持这些战略方案的具体措施
制定战略和结构	制定商业战略和计划，支持公司的战略
	确保公司的组织结构和实际能力适合执行既定的战略
向经理层授权	向经理层授权，并监督、评价公司政策、战略和商业计划的执行情况
	制定监控标准
	确保内部控制的有效性
	与高层管理人员沟通
履行对股东和有关利益相关者的责任	确保公司与股东和利益相关者之间双向沟通的有效性
	理解并考虑股东和利益相关者的利益
	通过收集和评估适当的信息，监督公司与股东和利益相关者的关系
	促进股东和利益相关者对公司的友善态度，获得他们对公司的支持

资料来源：李维安．公司治理学 [M]. 北京：高等教育出版社，2009: 92.

2. 美国法律研究所对董事会职能的界定

美国法律研究所指出，董事会应该履行以下职能：

（1）遴选、评估以及在恰当的时候解雇重要的资深高级管理人员。

（2）以发展的观点监督公司的商业行为、公司资源管理是否始终如一（在法律和道德允许的情况下增加股东收益，同时又为公众利益和人道主义事业做出贡献）。

（3）审查与批准董事会和主要高层管理者提出的公司发展计划及行动。在董事会注重的公司准则中，这些计划及行动是董事会与主要高层管理者要考虑的大前提。

（4）执行其他一些职能，如法律规定的职能或者根据公司准则制定的职能。

（三）中国《公司法》对董事会职能的界定

我国《公司法》规定，公司设立董事会，董事会对股东会负责，行使下列职权：

（1）召集股东会会议，并向股东会报告工作；

（2）执行股东会的决议；

（3）决定公司的经营计划和投资方案；

（4）制订公司的年度财务预算方案、决算方案；

（5）制订公司的利润分配方案和弥补亏损方案；

（6）制订公司增加或者减少注册资本以及发行公司债券的方案；

（7）制订公司合并、分立、解散或者变更公司形式的方案；

（8）决定公司内部管理机构的设置；

（9）决定聘任或者解聘公司经理及其报酬事项，并根据经理的提名决定聘任或者解聘公司副经理、财务负责人及其报酬事项；

（10）制定公司的基本管理制度；

（11）公司章程规定的其他职权。

在以上国内外对董事会职能的界定中，尽管各有侧重，但是总体而言已经涵盖了董事会的基本职责，以及董事会所要关注的一些细节问题，包括战略决策的制定，公司财务目标，薪酬及聘任制度，经营计划和投资方案，资源分配等。虽然董事会的职能很多，但我们可以大致将其分为监督和战略决策两大职能。

从战略决策职能来看，尤其是对于大型公众公司而言，限于管理范围，董事会通常将公司日常的经营管理交由公司的高级管理人员负责。董事会更加关注于那些影响公司发展的重大方面，关心更广范围内的公司战略目标。这意味着董事会对公司应该有着整体的领导、判断和计划，并且能够制定公司的核心决策。

从监督职能来看，董事会主要是对高级管理人员进行监督。在企业经营过程中，为了效率的提高，公司高级管理人员被授予日常经营管理和决策的权力。但是董事会要最终对股东负责，因此，需要对高级管理人员的经营过程进行监督，以保证其按照董事会的决策行事，不因个人私利而侵犯股东利益。

视野拓展8-1 宏盛科技董事会的控制权争夺

本文通过对西安宏盛科技发展股份有限公司（以下简称“宏盛科技”）短短数年里业绩从巅峰跌到谷底，以及上演争夺控制权的“婆媳大战”、公司易主、新老股东大战股东大会会场、“双头董事会”等事件的叙述，剖析上市公司大股东之争引发的公司治理问题，以此引发人们思考：应当如何安排公司大股东的控制权，才能保障董事会在公司治理中的核心作用，从而实现高效的公司治理。

1. 宏盛科技兴衰之谜

宏盛科技于1994年1月上市，由龙长生担任董事长兼任总经理。自2003年起，宏盛科技逐渐形成一条由宏盛集团主导，若干子公司参与的“贸易链经营模式”，其实质是宏盛科技与若干有关联关系的企业，通过往来业务，形成了从采购到出售的完整产业链条，并以此为基础向中信提出担保申请，进而从银行获得信用证，整个经营模式为宏盛科技建立起一座“虚拟工厂”。开始几年，这种模式确实为公司带来了连年攀升的经营收入，宏盛集团在龙长生手中被成功塑造为“高科技公司”，股价不断攀升。

但是链条中最关键的两个端头企业——美国经销商IRC公司以及INT公司被同一家母公司控制，而该母公司由龙长生的妹妹龙长虹及母亲鞠淑芝各持股50%。这层亲属控制关系，使原本的“供应链贸易模式”遭到了质疑。

2007年，美国飞利浦以侵犯技术知识产权的罪名起诉INT公司，9月份法院宣判INT公司补偿原告1 280万元，突如其来的巨额赔款使INT公司10月份便向美国法院申请破产。至此，宏盛科技贸易经营链条的一端垮台，这使得原本为宏盛科技提供担保的中信保机构按捺不住，为保障自身利益，于2008年年初将宏盛科技也送上法庭，龙长生被刑事拘留。

2009年年底，法院根据龙长生本人对于宏盛科技贸易链条首尾两端重要企业均有超强控制力及其他犯罪事实，将龙长生判刑入狱。与此同时，其股票也戴上了“*ST”的帽子，面临退市的危险。然而面对这些困境，本应重组拯救公司的宏盛科技治理层，却上演了一系列董事会控制权的争夺之战。

2. 宏盛科技控制权的“婆媳大战”

龙长生入狱后，他的妻子曾世珍行使公司实际控制人的几乎所有权力。但就股份额而言，宏普实业凭借31.65%的股份，是宏盛科技的第一大股东，同时其对宏盛科技拥有着大量的未收回借款。而宏普实业99.63%的股权又为龙长生的母亲鞠淑芝和妹妹龙长虹所持有，鞠淑芝任董事长。

对于从2007年开始就一直亏损的宏盛科技而言，面对巨额债务，重组势在必行。重组过程中，能对宏盛科技施加足够的影响力的人，就能够从中获取不小利益。因而，一面是实际管理权，一面是第一大股东，就在宏盛科技运行陷入瘫痪、资产遭各地法院轮流冻结的时期，鞠淑芝和曾世珍对公司控制权的争夺，隔着太平洋一触即发。

首先，远居海外的鞠淑芝在龙长生遭刑拘后，立刻通知律师，试图取消2004年便给予龙长生和曾世珍的委托管理公司授权；接着，被传言是鞠淑芝代言人的俞赛克空降至宏盛科技代任董事长兼总经理。之后，随着宏盛科技在2009年解散其系列子公司等重组迹象初现端倪，以及龙长生案件一审结果出炉，鞠淑芝与曾世珍关于宏盛科技及宏普实业控制权的“婆媳之争”，以“两份法律意见书打架事件”为标志，正式公开化，达到高潮。

2009年12月3日，宏盛科技收到宏普实业发函，要求其改组董事会构成，在现有6名董事基础上增加两名董事和一名独立董事，并更换一名现有独立董事。但作为宏普实业董事长、法定代表人的鞠淑芝随后则向宏盛科技称“宏普实业所发函件未经合法程序转批而不能生效”，并明确表示“事先不知情，事后也不同意”。但就在不到一个月的时间，宏普实业再一次发函要求宏盛科技于12月30日由股东自行召开临时股东大会。针对此，鞠淑芝通过法律文书第二次强调：“不经本人同意，任何人无权再擅自使用公司的公章和签字。”然而，这一切背后的寓意不言自明：召开股东大会的意义在于高管变动，高管变动则意味着对上市公司话语权的转移。这两次矛盾背后是已公开的两份截然不同的法律意见书，代表曾世珍利益的《国浩意见书》称，“宏盛科技决定召开临时股东大会，是根据2009年12月1日宏普实业董事会决议，该决议由张斌、杨玉珍、鞠淑芝（曾世珍代签）签署。张斌、杨玉珍是2009年10月12日宏普实业股东会选举出的董事”；代表鞠淑芝利益的《瀚通法律意见书》

称，“未经合法程序转批、法人未签字，决议无效”，并出示了鞠淑芝2008年2月18日签署的《撤销授权声明》，其撤销了对曾世珍的授权。至此，对于宏盛科技控制权的“婆媳之争”已完全进入白热化。

然而，正当婆媳双方正争得不可开交时，宏普实业手中的宏盛科技股份被送上了拍卖场。宏盛科技股东之争的烽烟，从婆媳间对董事会控制权的争夺，转移到新老股东之间的对决。

3. 宏盛科技新老股东的激烈对决

2010年2月，西安普明物流以1.9亿元拍得宏盛科技3 359万股股权，成为新任控股股东；而宏普实业则以4.06%的持股比例退居第二。新任大股东普明物流不久便承诺在未来12个月内对宏盛科技进行债务重组，不排除进行重大资产重组的可能。但是，新股东接管宏盛科技控制权、入主董事会的工作进程并不顺利，致使重组进程没有实质进展。原任大股东、现任第二股东宏普实业，迟迟不愿松开对公司董事会的控制权，双方都将“获取宏盛科技重组主动权”列为首要目标，剑拔弩张，上演了激烈的新老股东对决。

首先，无法顺利开展工作的西安普明物流于2010年3月26日、5月7日连发两项声明，对“上市公司拒绝召开股东大会改选董事会”进行表态，表现出强烈不满。之后，普明物流就重组一事再抛“重磅声明”，将矛头从上市公司治理层转向了宏盛科技管理层的经营运作方面，陈列了其子公司不经股东同意转让资产、以一元价格将下属公司过半股份转让、将560余万元用于偿还宏普实业相关债务，却一直未予公开等多项不当行为。对于此声明，此前一直沉默的宏盛科技也做出回应，指出普明物流声明中阐述的事件存在诸多不实之处，并逐一进行解释。分析人士表示，这些“唇枪舌剑”背后实质是两大股东对重组主动权激烈争夺的又一侧面反映。

终于，宏盛科技于2010年6月29日召开了股东大会，就董事会改选等事项进行表决，却不曾预想，竟上演了“双头董事会”的闹剧。股东大会上，在提请股东对相关议案予以逐项表决前，宏盛董事会突然宣布，普明物流提交的董监事改选议案不符合公司章程，从本次会议中剔除表决。而这对于志在改组、千里迢迢从西安而来的普明物流来讲，无法接受。双方当场在台上爆发了激励的言语冲突，普明物流及部分股民甚至在现场高喊“要求罢免董事会”，“董事会非法”等口号。鉴于事态已不可调和，宏盛科技现任董事会宣布终止本次年度股东大会，董事会成员以及见证律师集体撤离。面对此种情况，普明物流决定继续主持股东大会，由中小投资者另行聘律师召开股东大会，凭借对宏盛科技高达26%的持股比例，使其提交的改选董、监事议案获得股东大会通过，而宏盛董事会所提交的议案则全部遭到否决。至此，宏盛科技形成了罕见的“双头董事会”。

事后，宏盛科技表示，公司之所以决定在股东大会上对普明物流议案进行表决剔除，是依据公司章程所作，根据《公司章程》，董事、监事候选人名单以提案的方式提请股东大会表决，下届候选董、监事需由上届董、监事会提名，而不符合上述规定的提案，股东大会不得进行表决并做出决议。基于此，在普明物流提名的董事、监事候选人没有获得上一届董事会、监事会的推荐的情况下，股东大会不能表决该项提案，否则违反公司章程。上述表态亦表明，宏盛科技并不承认普明物流此后对公司董、监事会的改选。

资料来源：孟春，李晓慧，杨爽．董事会制度与公司治理：基于宏盛科技的案例 [J]. 中国总会计师，2011(11).

第二节 董事会的独立性

一、董事会履职的独立性

一些学者认为，董事会是否能够真正有效，取决于董事会履职的独立性。这种独立性不仅体现在董事会相对于经理层的独立，还体现在对股东个体的独立（对全体股东而不是某一股东负责）。也就是董事会作为一个独立的决策机构，在其决策中应该公正、不偏颇于任何一方的利益，既独立于股东个体又独立于经理人，宗旨是实现全体股东价值增值，保护全体股东利益。

目前，为了增强董事会的独立性，大部分公司的做法是引入独立董事。但是判断董事会独立性程度，不应只局限于形式上的独立性，而应更多考虑集体决策的价值取向和独立运作实质。因此，可以从以下几个方面进行评价：

1. 独立的受托责任主体

董事会作为一个集合概念，由全体股东选举产生但独立于股东大会，并在法律意义上承担独立的民事责任。董事会在进行决策时应当考虑到全体股东的利益，而不能只顾及一小部分股东的利益。作为独立的受托责任主体，董事会如果为了某一单方利益而损害全体股东利益，那么董事会应当承担一定的民事赔偿责任。

2. 公正的价值取向

事实上，董事会成员是经股东大会选举产生，但有可能代表不同股东的利益，这时就要求董事在涉及其他股东的利益的问题上保持公正的价值取向。公正、独立的价值取向包括：①平等对待所有股东。决策中立、公正平等对待所有股东，是对股东权益的最大保护，也是对董事自身法律风险的最大化解；②以股东财富最大化为价值决策依据，这一价值取向既要考虑投资者的短期回报，更要考虑公司的长期价值和持续增长能力。

3. 董事个人的独立判断和决策能力

董事不仅要能在主观上要保持自身的独立性，还应该具有相应的独立判断和决策能力，如果没有这种能力，在决策时就意味着只能附和其他董事的意见，从而形成董事会内部的权力核心化、集中化。因此，在对董事进行聘任时，不能只考虑其消极资格，还应该考察董事个人的专业知识、能力、经验（尤其是行业经验）及个性等方面的积极资格。

4. 董事个人独立的行权能力

董事具有主观的独立性意识，也具有一定的独立判断和决策能力，但是还要在制度上保证董事能够独立的行使权力。因为有能力参与董事会，并不等于有能力做出合理的决策，保持董事个人的行权能力，是保护董事会决策独立性的重要方面，它要求：①必须严格恪守“一人一票”制，董事们在投票时不受干扰；②明晰投票权行使后的信息披露制度（向股东报告）及责任追究制度；③提倡董事间的争论，不得以任何方式破坏董事会的和谐性；④当出现重大关联交易事项时，关联董事不得行使相应的投票权；⑤为加强董事间的正常沟通，特别是内外董事间、外部董事之间的沟通，主张设立外部“主董事制”，以避免外部董事被内部董事个个分化；⑥从制度上强化对董事会业绩的整体评价。良好的董事会运作机制，可以看成是一个对偏离决策价值取向的纠错机制。董事会的最终决策是一个观点碰撞、筛选、整合的过程，一套好的运作机制可以促进决策效率，同时有效纠正董事会成员的独立性缺陷等。

二、独立董事的设置与作用

大部分学者认为独立董事的引入将会提高董事会的独立性。我们可以想象，董事会的成员如果与公司的管理层存在私人或是经济关系，以至于能受其影响，那么董事会将不能有效的监督公司的管理活动。通过引入独立董事，就会降低董事会和经营者们合谋的可能性，使董事会所做出的决策不会因为管理层的介入而受到影响。

对于“独立”有多种定义，大多数都认同独立董事应与公司没有关联关系，区别于其他董事成员，这是其独立性的首要标准。中国证监会在《关于在上市公司建立独立董事制度的指导意见》中认为，上市公司独立董事是指不在上市公司担任除董事外的其他职务，并与其所受聘的上市公司及其主要股东不存在可能妨碍其进行独立客观判断关系的董事。

（一）独立董事的任职资格、权力与职责

1. 独立董事的任职资格

在《关于在上市公司建立独立董事制度的指导意见》（简称《指导意见》）中强调独立董事必须具有独立性。下列人员不得担任独立董事。

（1）在上市公司或者其附属企业任职的人员及其直系亲属、主要社会关系（直系亲属是指配偶、父母、子女等，主要社会关系是指兄弟姐妹、岳父母、儿媳女婿、兄弟姐妹的配偶、配偶的兄弟姐妹等）；

（2）直接或间接持有上市公司已发行股份1%以上或者是上市公司前十名股东中的自然人股东及其直系亲属；

（3）在直接或间接持有上市公司已发行股份5%以上的股东单位或者在上市公司前五名股东单位任职的人员及其直系亲属；

（4）最近一年内曾经具有前三项所列举情形的人员；

（5）为上市公司或者其附属企业提供财务、法律、咨询等服务的人员；

（6）公司章程规定的其他人员；

（7）中国证监会认定的其他人员。

担任独立董事应当符合下列基本条件：

（1）根据法律、行政法规及其他有关规定，具备担任上市公司董事的资格；

（2）具有本《指导意见》所要求的独立性；

（3）具备上市公司运作的基本知识，熟悉相关法律、行政法规、规章及规则；

（4）具有五年以上法律、经济或者其他履行独立董事职责所必需的工作经验；

（5）公司章程规定的其他条件。

2. 独立董事的权力

独立董事除享有董事的一般权力，如表决权、临时会议的召集提议权等，还享有其特有的权力。

2001年，证监会颁布了《关于在上市公司建立独立董事制度的指导意见》。该《指导意见》明确规定为了充分发挥独立董事的作用，独立董事除应当具有公司法和其他相关法律、法规赋予董事的职权外，上市公司还应当赋予独立董事以下特别职权：

（1）重大关联交易（指上市公司拟与关联人达成的总额高于300万元或高于上市公司最近经审计净资产值的5%的关联交易）应由独立董事认可后，提交董事会讨论；独立董事做出判断前，可以聘请中介机构出具独立财务顾问报告，作为其判断的依据。

（2）向董事会提议聘用或解聘会计师事务所；

（3）向董事会提请召开临时股东大会；

（4）提议召开董事会；

（5）独立聘请外部审计机构和咨询机构；

（6）可以在股东大会召开前公开向股东征集投票权。

独立董事行使上述职权应当取得全体独立董事的二分之一以上同意，如上述提议未被采纳或上述职权不能正常行使，上市公司应将有关情况予以披露。

3. 独立董事的职责

除了必须履行董事的一般职责之外，独立董事还兼有如下职责：

（1）协助确保董事会考虑的是所有股东的利益，而非某一特定部分或团体的利益；

（2）就公司战略、业绩、资源等问题做出独立判断，包括主要人员任命和操守标准；

（3）考核董事会和内部董事的表现；

（4）在内部董事可能存在利益冲突时介入；

（5）促进信息公开。

（二）独立董事的作用

独立董事的作用概括起来主要包括参与决策和监督两个方面。独立董事所具备的独立性，往往能派生出其公正性。他们拥有丰富的管理知识或是对某些领域具备深厚的经验或知识基础，加上其自身具有的独立性与公正性，使得公司的决策更符合公司整体的利益。在监督方面，独立董事可以独立公正地考察与监督公司的管理层，在一定程度上能约束控股股东的行为，使其行为模式符合公司的整体利益。具体来说，独立董事的作用主要表现在以下几个方面。

（1）独立董事能为公司带来新的资源。这些资源主要是指知识和经验，以及所带来的外部关系。对于董事会的整体建设而言，均衡的知识与经验分布对于企业的有效决策起到至关重要的作用。独立董事拥有的知识与资源更能加强董事会的执行能力与决策能力，使董事会的决策考虑更为周全。至于带来的外部关系方面，西方国家，尤其是美国，经常会聘请退休的政府人员担任公司的独立董事，抑或是有名的大学教授。前者为公司带来了新的政治资源，使得公司有关劳动安全、环境保护等方面更能满足国家的要求，或是更能提前捕获到政策信息。后者则能为企业带来了更多的知识资源。

（2）独立董事能将其独立性与公正性融入到董事会之中。公司与经理人员在目标上存在差异性，使得公司与经理人员有的时候会存在利益冲突，然而独立董事的出现会帮助企业协调这样的矛盾。其次，公司在运行了一段时间后，董事或是经理人员容易对企业的运行状况形成错误的认识。而独立董事则会从不同于董事或是经理人员的视角为公司提供不同的见解，丰富公司的决策，或是能够提前识别市场上的风险，降低企业的风险。再次，独立董事会对公司董事与高级管理人员的任免、考核评价、关联交易的限制与披露等这些争议较大的问题提供更多的客观性，平衡各方利益，使公司更健康的发展。

（3）帮助企业渡过特殊时期⊖。独立董事在公司处于上市、退市、并购、CEO继任等重要时段，能帮助企业渡过难关。公司的非独立董事，尤其是执行董事往往都成长于公司内部，使得其对上述危机的经验相对较少，而有的独立董事则在管理大型项目或是渡过特殊时期方面具有相对丰富的经验。再者，独立董事与企业家往往能在特殊时期具有不同的作用，例如在并购中，一个有效的方法就是任命一名具有出售企业经验的独立董事负责各方谈判，而企业家则处理好对内事务。

|视|野|拓|展|8-2 独立董事，“花瓶”还是“守护神”

独立董事由于其客观性和独立性，能够防止控制股东及管理层的内部控制对公司整体利益的损害，故而被称为上市公司的“守护神”。国内外许多学者的研究也表明，独立董事的设立对于公司业绩和中小股东权益保护有促进作用。然而，从实践情况来看，独立董事作为一种“舶来品”，在中国却似乎遭遇了“水土不服”的现象。“花瓶董事”、“人情董事”、“不独立董事”等词汇形象地展现了当前A股上市公司中独立董事的尴尬境地。

2011年沪市共有3 081名在任独董，报告期内，共有26家公司的38位独立董事对相关事项提出异议，分别占沪市上市公司总数的2.77%以及独立董事总人数的1.23%。上交所就此进行了分析：从总体看，独立董事对董事会议案的异议率仍然较低，而其中一个重要的原因是独立董事的异议难以对公司董事会决策产生支配性影响。独立董事究竟是“花瓶”还是“守护神”？独立董事制度如何在中国发挥实际作用已成为理论界和实践界亟待解决的问题。

资料来源：独立董事沦为“花瓶”，谁来做上市公司的守护人 [OL]. http://news.xinhuanet.com/fortune/2012-10/08/c_113300380.htm.

（三）独立董事行使职权的前提条件

独立董事对企业的作用巨大，但其在行使职权前，企业也需要为独立董事行使职权提供必要的条件：

（1）企业需及时提供独立董事履行职责所必需的办公条件，承担必要的办公费用。独立董事除了正常的办公条件外，为了更好地履行自身的义务与职责，可能会就某些问题征求专业中介机构的意见，企业应提供必要的费用支持。

（2）独立董事在行使职权时，有关人员须积极配合，不得干预其职权的行使。独立董事在公司中有时会充当监督者的角色，这样可能会侵犯某些利益集团的自身利益。这个时候，需要有关人员积极配合或通过行政办法约束来帮助独立董事更好的完成任务，使企业更健康地发展。

（3）企业可以为独立董事提供必要的责任保险。当独立董事决定要维护公司的整体利益

⊖ 本部分内容参考自孔翔《独立董事制度研究》。深圳证券交易所综合研究所研究报告，2001年第6版。

时，往往会侵犯某些利益集团的利益，因此，在这种情况下，独立董事可能会受到排挤，严重时，也可能受到诉讼风险。抑或是独立董事为了满足谨慎原则对公司的决策过于谨慎，致使企业浪费了许多机会等。独立董事责任保险制度的建立，会降低独立董事为了维护企业的整体利益而可能引起的风险，提高独立董事的决策意愿。

（4）独立董事需要享有充分的信息。由于独立董事的工作时间等原因，使得独立董事的信息来源主要依靠公司内部向他提供的信息。企业对独立董事提供的信息越及时、越充分、越准确，就越有利于独立董事做出符合公司整体利益的决策。这一条是独立董事有效行使职权最重要的条件。

（四）独立董事作用评价

独立董事的出现会提升董事会的独立性和公正性，但是仅仅通过增加董事会的独立董事人数也不一定能为企业带来竞争优势。例如，安然公司有多名独立董事，其中也有多名财务领域的专家，然而这些人在安然事件中并没有起到积极的作用，反而对公司的弄虚作假起到了推波助澜的作用。而且，大量的实证研究结论也表明，董事会规模与公司财务业绩、信息披露质量之间并不存在明显的正相关关系。

所以，评价独立董事的作用往往要从多方面来深入考察。从现在的研究状况来看，比较流行的评价独立董事“独立性”的方法主要包括独立董事提名、来源、数量、兼职、信息获取能力、时间投入、报酬、工作内容与内部人评价 9 个方面。

1. 独立董事的提名

独立董事的提名在一定程度上反映了不同公司治理主体之间争夺董事会代表权的斗争。控股股东希望完全控制独立董事提名以减少来自于其他公司治理主体（尤其是中小股东）的监督。中小股东和公司其他利益相关者则认为控股股东提名的独立董事具有“利益关联”而失去独立性。通过考察独立董事提名可以间接判断独立董事与控股股东之间的“利益关联”程度。

2. 独立董事来源

“独立性”并不是独立董事在董事会决策中发挥作用的唯一条件。一方面，就监督作用而言，如果独立董事对董事会所要做出的重要决策的性质和内容一无所知，则难以实现有效监督。另一方面，独立董事的作用不仅仅在于监督，他们还需要利用其具有的专业知识为董事会决策提供咨询和参考。通过考察独立董事的来源可以判断独立董事的专业素质及可能的决策咨询作用。

3. 独立董事人数

如果独立董事人数过少，受董事会集体决策机制的限制，独立董事很难对董事会决策过程施加影响。通过考察独立董事的人数可以判断独立董事对董事会决策过程的影响力。

4. 独立董事兼职情况

独立董事兼职多家上市公司存在两个方面的效应。一方面，如果兼职多家公司，限于时间，独立董事很难专注于一家公司的事务，工作努力程度可能不足。另一方面，独立董事可能由于具有特殊的专业才能而受到多家公司的邀请，这些专业才能很可能对提高董事会决策效果具有显著影响。

5. 独立董事如何获取信息

任何决策活动都需要信息的支撑。如果对于公司环境、运营情况等不甚了解，那么独立董事很难在董事会决策中提供有价值的建议。通过考察独立董事获取信息的渠道可以了解独立董事相应的决策参与程度。

6. 独立董事的时间投入

独立董事的时间投入量往往具有两面性：一方面，投入的时间过少，使得独立董事没有办法完成勤勉义务，了解公司的信息偏少，难以有效地做出决策。另一方面，投入的时间过多，独立董事会更加了解企业，甚至是融入企业，但也失去了“独立性”，这样也容易导致公司决策偏离使企业利益最大化的目标。

7. 独立董事报酬

毫无疑问，独立董事的报酬是一个非常敏感的问题。报酬过高，独立董事的独立性将会受到质疑。报酬过低，独立董事的积极性将会受挫。大量事实证明，既存在以获取报酬为目的的独立董事，也存在不取分文的义工。从成熟的国外市场来看，大部分国外上市公司是以津贴的方式支付独立董事的报酬，但具体的数额和范围并没有统一的规定。

8. 独立董事工作内容

独立董事的作用主要体现在监督和决策两个方面，通过考察独立董事的工作内容可以了解独立董事在董事会决策过程中的地位和影响力。

9. 独立董事作用的主观评价

由于工作努力程度不够，报酬激励不足等方面的原因，独立董事的作用常常受到公司外部的质疑。然而，外部人得到的信息往往有限，内部人更加了解董事会的决策环境和决策程序以及独立董事的参与程度。从这个方面来看，内部人评价独立董事具有更大的价值。

（五）独立董事决策参与机制的设计

在我国的上市公司中，存在的主要问题是“内部人控制”以及“大股东剥削小股东”。而独立董事制度在解决这两个问题方面有得天独厚的优势。然而，没有有效的机制设置也无法保证独立董事作用的有效实施。

1. 强化董事会

强化董事会是指独立董事在监督与决策方面发挥更大的作用。强化董事会的主要路径有：

（1）增加独立董事，使其在董事会中占有数量优势。

（2）董事会中的重要专业委员会，如审计委员会、报酬委员会等，应该主要或全部由独立董事构成，委员会主席由独立董事担任。

（3）企业能够为独立董事提供全面的公司财务和经营状况信息。

（4）在董事会人员的选择上，优先考虑具有丰富的知识和经验的人选。

（5）独立董事可以推举一个能与董事长共同计划董事会行动的召集人。

（6）董事会成员能够明白团队的目标，并且能在会议上自由交流信息。

2. 提高独立董事的战略参与程度

前文已经提到，独立董事的重要作用之一，就是参与决策。然而，由于独立董事时间参与的限制，独立董事往往在战略实施过程中所起到的作用不比全职的经理人员强。随着市场竞争的日益激烈，外部环境的不确定性增加，公司董事会的规模也在不断扩大，独立董事的人数也在增加。这种变化也就意味着独立董事需要更多地参与到公司的战略上来。因为上述独立董事参与时间的限制，所以本书认为独立董事战略参与的有效具体措施为战略审计[⊖]。具体的做法为在董事会中设置战略审计机制，由独立董事对它的设立和运作负主要责任。

独立董事的基本职责之一就是监督公司的管理和业绩，而不是直接地管理公司。独立董事并没有足够的时间参与到公司的整个战略实施过程中去。战略审计是公司战略控制与评估的重要工具，可以用于评估公司的管理绩效（J.D. Hunger and T.L. Wheelen,2001）。简而言之，独立董事在战略方面的责任不是参与到战略的运营当中，而是评价战略，确保公司战略符合股东的利益。

视野拓展8-3 华东数控增加独立董事比例

威海华东数控股份有限公司于2008年5月26日公布了《首次公开发行股票招股意向书》，其中，“风险因素”部分披露了“股东及内部人控制风险”：

汤世贤先生、高鹤鸣先生、李壮先生、刘传金先生作为“一致行动人”，合计持有公司发行前53.80%的股份，是发行人的控股股东、实际控制人。同时汤世贤先生为发行人董事长兼总经理、高鹤鸣先生为发行人董事兼副总经理、李壮先生为发行人副总经理、刘传金先生为发行人监事会主席。按照《公司法》、《证券法》、《上市公司章程指引》等法律法规和规范性文件的要求，公司已经建立了比较完善规范的法人治理结构，并在董事会9名成员中设5名独立董事，超过董事会人数的二分之一。这一董事会制度安排将进一步确保董事会相对独立于控股股东、实际控制人和高级管理层，从而进一步确保董事会对公司相关事务做出客观决策，维护公司全体股东的共同利益。发行人的独立董事制度有利于提高公司决策的科学性、效益性，并将在维护中小股东利益等方面发挥积极作用。但如果上述人员利用其股东、董事、高级管理人员身份，对发行人发展战略、生产经营决策、人事安排和利润分配等重大事宜实施不当影响，则存在可能损害发行人及中小股东利益的风险。

在《招股意向书》的“公司治理”部分披露“独立董事情况”如下：

发行人于2006年4月11日召开2005年度股东大会，选举于成廷先生、王玉中先生、任辉先生为发行人独立董事。独立董事人数占董事会9名成员的三分之一，符合《关于在上市公司建立独立董事制度的指导意见》(证监发[2001]102号）的规定。

为进一步完善公司治理结构，发行人于2007年8月30日召开2007年第2次临时股东大会，审议通过了调整董事会结构的议案，将原董事会9名董事中设3名独立董事调整为9名董事中设5名独立董事，并选举杨晨辉先生、刘庆林先生为新增独立董事。本次增选后，独立董事人数占董事会成员的二分之一以上。发行人本次建立的独立董事制度将进一步确保董事会相对独立于控股股东、实际控制人和公司高级管理层，从而进一步确保董事会对

⊖ 战略审计的实施与运用相对复杂，本文限于篇幅所限，只提出有关想法，具体内容请参照相关书目。

公司各项事物做出客观决策，维护公司全体股东的共同利益。发行人独立董事制度有利于提高公司决策科学性、效益性，并将在维护中小股东利益等方面发挥积极作用。

资料来源：威海华东数控股份有限公司首次公开发行股票招股意向书摘要[N]. 证券日报，2008-05-26.

讨论题：

1. 除了增加独立董事在董事会的比例，还有什么方式增加董事会的独立性？
2. 独立董事的设立对董事会、公司和股东分别有什么作用？如何保障独立董事作用的发挥？

第三节 董事会的专业委员会

在公司的公司治理结构中，董事会处于公司委托代理链条的中心环节，因此，董事会治理往往成为了公司治理的核心。在董事会的结构中，专业委员会的出现将帮助董事会进行有效的日常决策与监督。

一、专业委员会的设立原因

专业委员会对于克服董事会的缺陷，增强董事会的独立性具有巨大的作用，专业委员会的设立实际上是在一定程度上弥补董事会自身的不足，具体表现在：

（一）董事会内部需要合理分工

董事会的战略决策、审计、监督评价等工作事项往往具有高度专业性与复杂性。董事往往在其中一个方面或几个方面具有相关的知识和经验。将拥有某一方面才能并且对公司有益的董事聚集在一起，形成专业的委员会，使董事之间形成有效的分工，能充分利用董事的专业素质与经验，明确其在董事会中具体的义务与责任，也能提高董事会内部的运作效率。

（二）董事中存在角色重叠

董事会具有两大职责，一是战略决策，二是监督制衡。由于企业出于战略决策的需要，掌握企业最详尽信息的经理层在董事会中担任董事的现象非常普遍。所以，经理层也成为了公司中监督主体的一部分。这样来看，企业内部的经理层就充当了运动员与裁判员的双重角色。很多董事会的决议事项，尤其是在涉及高层管理者薪酬这样的敏感问题时，如果经理层在场，那么董事会对于此类事项的相关决议，便失去了独立性与公正性。将这些事项交给全部由独立董事组成的委员会决定更能保证董事会的独立判断。

（三）董事会存在的内部缺陷

董事会作为会议体的局限十分明显。例如，在美国，大公司的董事会都是兼职的董事会，董事会每年平均召开十到十二次会议，每次的会议时间平均大约只有四个小时。这样，公司的许多事项无法在董事会中得到一一解决。另外，诸如监督高层管理者等事项，需要在日常运营中加以考察，而仅仅依靠数小时的董事会讨论是远远不够的。这样下来，董事会的讨论便流于形式，无法对企业的运营决策等起到实质性的帮助。董事会专业委员会的设立和运营可以有效地帮助董事会，在闭会期间发挥董事会的作用，克服董事会作为会议体

的缺陷。[⊖]

二、专业委员会的职责

专业委员会的规模依公司的规模、所处环境及性质不同而有所差异。一般来说，下列的委员会是经常设立的：审计委员会、薪酬委员会、提名委员会、公共政策委员会等。

（一）审计委员会

从美国等成熟市场经济国家上市公司治理实践来看，审计委员会的设置保证了注册会计师的独立性，进而成为提高会计信息质量的一项重要制度安排。尤其是在进入 21 世纪之后，美国证券市场爆发了安然（Enron）、世界通讯（Worldcom）等一系列大公司的会计丑闻。为了严惩经济犯罪，美国政府和国会加强了对会计行业的监督，并于 2002 年颁行了《萨班斯－奥克斯利法案》，对包括审计委员会制度在内的公司治理制度进行了重新规范，强调和提高了审计委员会在公司治理中的地位。而美国证券交易委员会也于 2003 年通过一项新规定，要求美国的全国性交易所和证券商协会制定相关的管理制度。该规定要求交易所和证券商协会修订《企业上市审查准则》，明确规定上市（包括拟上市）公司必须成立审计委员会，以保持和《萨班斯－奥克斯利法案》相适应。该项法案的主要内容包括对公司财务欺诈人员实行刑事惩罚和设立一个独立委员会来监督会计公司。

20 世纪 90 年代后期以来，我国证券市场频繁发生上市公司会计信息严重失真的事件，诸如银广夏、东方电子等，严重损害广大投资者的利益及他们对上市公司会计信息和注册会计师的信任，进而严重损害了我国证券市场的基础。随着我国经济的发展，以及对国外先进经验的借鉴，审计委员会制度逐步受到重视并被逐渐引入。中国证监会发布的《上市公司治理准则》第 52 条规定："上市公司董事会可以按照股东大会的有关决议，设立战略、审计、提名、薪酬与考核等专门委员会。专门委员会成员全部由董事组成，其中审计委员会、提名委员会、薪酬与考核委员会中独立董事应占多数并担任召集人，审计委员会中至少应有一名独立董事是会计专业人士。"第 54 条规定："审计委员会的主要职责是：①提议聘请或更换外部审计机构；②监督公司的内部审计制度及其实施；③负责内部审计与外部审计之间的沟通；④审核公司的财务信息及其披露；⑤审查公司的内控制度。"这表明审计委员会制度在我国已经得到了相关机构的高度关注。

审计委员会设立的目的是监督公司的会计、财务报告以及公司会计报表的审计。审计委员会的作用可以从内外两个方面得以体现。从公司内部的角度上来讲，审计委员会的设立保证了会计、财务报告以及公司会计报表等的真实性；而且使得董事会从烦琐的审计问题中脱离出来，使其集中力量完成关键审计和解决关键问题。从公司外部的角度上来看，审计委员会的审理成为了外部审计与企业之间关系的纽带。而且对外部，尤其是投资者传达了一个积极的信号，即公司重视所披露信息的真实性。同时外部审计人员与公司管理人员发生争执时，为外部审计人员提供一个保持独立性的体制。

综合国内外关于审计委员会职责的界定，可以看出其主要责任是在公司内部控制系统及

⊖ 谢增毅. 董事会委员会与公司治理 [J]. 法学研究，2005(5).

确保财务报告过程的有效性方面协助公司董事会规范运作。具体而言，审计委员会的具体职责主要包括以下内容：

（1）领导内部审计部门的工作，监督内部审计机构。审查会计政策和会计估算选择的合理性、财务报表的一致性、可能被认作异常的重要事项等；建立程序解决有关会计或者审计事项的投诉和建议。

（2）监督外部审计机构的聘用。选择评估外部审计人员；在职权范围内，直接负责公共会计公司的选拔、决定其报酬、决定公司和会计公司聘任关系的维持并且监督会计公司的工作。

（3）检查财务报告。对财务报告进行审核，检验其是否符合会计原则和披露规则；检查内部财务控制的有效性；保证公司按照会计原则和披露规则编制真实、合法的财务报告。

（4）检查内部调研的主要发现和经理层的反应。

（二）薪酬委员会

薪酬方案尤其是针对高管、董事的薪酬方案包含的内容越来越多，包括公司的业绩、公司的股价、成长力等。使得薪酬方案的建立不仅需要花费大量的时间和精力，而且还不一定能得到各方的认同。而且，近年来，高管高薪的情况也日益得到关注，并且成为公司治理领域一个重要的议题。在很多国家和地区，不合理的董事和经理人薪酬已经成为投资者和各种组织批评的焦点问题。究其原因，在于长期以来董事和经理人员的报酬由自己决定，而非由独立的第三方决定。因此，解决问题的关键就是不让高管人员自己决定他们自己的薪酬水平。

薪酬委员会的出现正是为了解决这个问题。薪酬委员会的历史可能比审计委员会还要久远，不过国际上较近期和较有影响的有关薪酬委员会的呼吁是英国有关公司治理的系列委员会报告中的第二份报告——专注于董事薪酬问题的格林伯瑞报告，建议普遍设立一个独立董事委员会——薪酬委员会。薪酬委员会主要负责设计高管人员的薪酬计划，对公司高管人员的经营业绩制定考核标准并进行考核。

虽然制定薪酬是整个董事会的责任，但是如果每一个董事都参与进来无疑是对公司资源的浪费，而且董事会中往往就有被制定薪酬的目标，这就使得薪酬的制定缺乏一定的公正性。因此，薪酬委员会（一般都是由独立董事构成）的建立，主要就是从第三方的角度，评价审核公司与高管的业绩，为高管支付相对公平的薪酬。

从功能上看，国外尤其是资本市场发达的国家，薪酬委员会的职权除了评估经理绩效外，还有制订员工退休金，利润分享计划等。针对国内而言，薪酬委员的职权主要体现在：

（1）薪酬委员会根据董事以及高管的职业、重要性以及相关企业相关岗位的薪酬水平等要素制订适合本公司的薪酬方案。

（2）审查公司董事与高管人员履行职责的情况。

（3）除董事会赋予的其他职责外，薪酬委员会还可就薪酬计划的执行情况进行监督。

需要注意的是：现阶段我国的独立董事专业化程度不高，而且也仅仅只是满足了形式上的独立。更多的情况是，薪酬委员会的董事受到来自高管方面的压力，并不能做出公正的薪酬计划。

|视|野|拓|展|8-4 独董15万天价年薪，薪酬委员会严重缺位

位于贵州的中天城投高管2008年年薪总额高达928万，却七年未分红，这引起了广大投资者以及媒体的高度关注。经过进一步的调查发现，中天城投不仅高管的薪酬极高，同时作为独立董事的薪酬和津贴也很高，仅位居万科之后，达到每人每年15万元之高，表明了中天城投独立董事占大多数的薪酬委员会并没有发挥到应有的职能。

公司业绩排名靠后，独董薪酬业内领先。

中天城投不仅高管薪酬高得不合理，就连独立董事的薪酬和津贴在同行业当中也高的离谱。据业内人士介绍，上市公司给独立董事的总收入一般不超过3万元，有的公司只有5 000元，但中天城投的独立董事年收入却达到惊人的15万元。这不仅在经济收入较低的贵州是天价，即使在整个A股市场也是天价。

根据公开资料，在一共八十多家上市地产企业中，总资产位居上市类地产公司第二位的保利地产给独立董事开出的薪酬每人每年也只有6万元，津贴6万元，总收入不过12万元。而据Wind 2008年三季度统计的数据显示，中天城投总资产为21.93亿元，在地产业排名第58位，主营收入3.54亿元，位居上市类房地产公司第48位。

何以给出天价薪酬？

这不禁让人要问，中天城投究竟为何这么大方要给独立董事开出这么高的薪酬？高薪酬是否不利于独立董事对于公司的监督？

独立董事制度的设计目的在于防止控制股东及管理层的内部控制，损害公司整体利益。由于独立董事不兼任公司的经营管理人员，所以独立董事属于外部董事的范畴。独立董事不与公司存在实质性利害关系，独立董事又不同于其他外部董事，尤其是股东代表董事。所谓"独立性"，是指独立董事必须在人格、经济利益、产生程序、行权等方面独立，不受控股股东和公司管理层的限制。从独立董事的来源、定义以及实践来看，独立董事作为上市公司的监督者一般都是不在上市公司拿报酬的，这样有利于保障独立董事的独立性，以及对上市公司的监督。在中国，独立董事普遍在上市公司拿薪酬。而中天城投给独立董事开出这么高的薪酬和津贴，对于独立董事的独立性而言确实让人生疑。

薪酬委员会缺位。

俗话说得好，"吃人的嘴软，拿人的手短"。由于独立董事在上市公司拿到这么高的薪酬，其独立性就很难保障，这在中天城投上表现得很突出。

中天城投高管薪酬定的这么高，与公司的主营收入下降是不成比例的。为什么高管薪酬能到这么高，这主要与中天城投的公司治理不完善有关。公司2007年制定了一份薪酬与考核工作细则，其中规定薪酬委员会一年至少开两次会议，但是中天城投薪酬委员会2008年只开了一次会议，导致了公司2008年高管的工资没有随着宏观经济形势以及公司的经营状况变化。

对于这一点，专家认为，如果公司没有按照自己定的规则召开会议，至少从程序上来说是不规范的，而且也说明公司治理不太规范。

还有专家呼吁，当今中国的独立董事制度应该进行改革，因为现在的独立董事已经和国家当初设立独立董事的初衷相背离了。而且作为上市公司独立董事的年薪3～5万元完全足够了，15万元的年薪确实太高了。现在的独立董事制度就像皇帝的新衣一般自欺欺人。因为谁都知道独立董事形同虚设，只拿钱不干事或者干很少的事情。作为独立董事应该不从公司拿钱，与公司没有任何的利益关系，才能保持独立性。国家有必要改革独立董事法律制度，让一批真正有良知有社会责任感的人去担当，真正为了公司的发展而出具独立意见，不拿公司一分钱。因此，要改革独立董事制度，一是在薪酬上，二是在独立董事任职公司的数量上。

由于独立董事在公司拿着高薪，他们作为

由董事长等提名的薪酬委员会的成员，自然对于通过董事长们的高薪就不会有多少阻拦了。

资料来源：吴敏．中天城投独董年薪15万再创天价薪酬：专家认为其薪酬委员会严重缺位[N]．证券日报，2009-02-24.

（三）提名委员会

从理论上来说，公司董事应由股东（大）会选举产生。但现实中，尤其是大企业的股东人数众多且遍布全国甚至是世界各地，进行选举的成本太高。股东中存在的不同利益集团也可能对董事人选存在冲突，协调起来费时费力，并且提名的董事也并不一定完全称职。因此，一种方法就是由现任董事会提名下任董事会人选，然后交由股东大会表决通过。但这又为董事会连选连任或培养“自己人”留下了机会，董事会成了一个自我永续的组织。提名委员会的设立就是为了解决这一问题。

目前在发达国家，上市公司普遍设立了提名委员会，其主要职责可以概括为两方面：一是提名合适的董事和高级管理人员；二是对现有董事会的组成、结构、成员资格进行考察，并评价董事会的表现。

美国商业圆桌会议对提名委员会职责的界定包括：①在整体上向董事会就公司治理事务提出建议；②提出完善董事会规模及构成的政策；③审核董事会的可能人选；④进行董事会评估；⑤推荐提名名单。

中国证监会《上市公司治理准则》第55条规定提名委员会的主要职责是：①研究董事、经理人员的选择标准和程序并提出建议；②广泛搜寻合格的董事和经理人员的人选；③对董事候选人和经理人选进行审查并提出建议。

总的来说，提名董事会的职责是向董事会提出有能力担任董事的人选，评价现任董事会的工作绩效，其具体的职责包括：

（1）对担任董事的资格条件进行说明；

（2）对董事会下属各次级委员会的组成人员提出选择方案；

（3）对空缺的董事职位提出候选人名单；

（4）评价董事会业绩，包括评价CEO、董事个人及董事会；

（5）对执行董事与外部董事的人选提出方案；

（6）处理出资人提出的董事人选提案；

（7）提出高管人选[⊖]。

（四）公共政策委员会

公共政策委员会的职责一般是监督公司在公共事务方面的责任，提出相应的指导和建议。例如，为公司管理人员提供社会政治环境变动的趋势分析报告，谋划教育捐赠、社会公益捐款等事务。

董事会公共政策委员会的产生要晚于其他的专业委员会，但发展却非常迅速。1976年，财富500家大公司中仅有48家公司在董事会中设立公共政策委员会，而1985年则上升到了

⊖ 上海国家会计学院．公司治理[M]．北京：经济科学出版社，2011: 106.

150 家。一些著名的公司，如通用电气、克莱斯勒、海湾石油都设立了公共政策委员会。公共政策委员会之所以发展这么快，是因为：①大公司跨国经营需要公共政策方面的帮助，一是本国公共政策的支持，二是对投资国公共政策的了解；②政府公共政策的变化可能为大公司提供不可多得的商机，而对这一商机的把握是建立在周密的调研和详尽的准备基础之上的；③政府公共政策的变化可能对宏观经济环境的运行产生影响，进而影响到企业。因此董事会需要对此变化趋势做出预测分析，以调整公司长期发展战略。

对中国企业而言，政府公共政策更具有特殊的意义。一是中国以前是计划经济，现在虽然是市场经济，但计划的作用仍被许多高层政府官员所笃信，公共政策对经济的直接调节对经济环境的影响仍十分巨大；二是政府运用公共政策间接调控经济的手段、方式运用的不是很灵活娴熟，不确定性十分明显；三是政府是国有企业的股东，而国有企业又构成了整个国民经济的支柱，所以政府公共政策对国民经济的影响是十分巨大的；四是在市场经济下，企业仍需要政府在公共政策上予以扶持帮助，同进入中国市场的外国公司竞争。

三、专业委员会的设计

（一）结构设计

在公司设计董事会内部结构时，首先应该遵守监管法规的规定，然后根据公司的实际情况决定是否设立某一专业委员会。总体而言，设立一个专业委员会的优势可能包括：可以弥补董事会专业性的不足，分工可以利用董事的不同专业知识和能力；减轻董事会的负担，使其能有时间和精力集中于公司的核心问题上；更为专业的讨论某个领域的问题，从而提出对策建议。但是设立专业委员会也会有一些弊端：专业委员会需要一定的运营成本；某些董事必须投入更多的时间，因为他们不仅要出席董事会会议，还要出席专业委员会的会议；增加了相互合作和沟通的任务等。

公司选择设立何种职能的专业委员会应该结合自身情况深入考察其利弊。如果建立某个专业委员会无法提高董事会整体的有效性，或者公司业务较少，董事会完全可以独立完成，那么就没有必要设立专业委员会。例如，相对于大型公司而言，小型公司面临较少的决策和较简单的内部结构，一般不需要设立专业委员会，但在某些情况下，可以让董事会的单个成员专门负责某一领域的具体问题。总之公司不能单纯追求职能完全，而是要保证设计一个能够对公司经营产生促进作用的董事会结构。

（二）人员选择

公司治理的核心是董事会的治理，董事会的有效性在于它的独立性，而专业委员会的设立和构成则是董事会独立性的重要标志。在目前的实践中，为了保证较高的独立性，专业委员会的成员多数都是独立董事。中国证监会《上市公司治理准则》第 52 条规定："专门委员会成员全部由董事组成，其中审计委员会、提名委员会、薪酬与考核委员会中独立董事应占多数并担任召集人，审计委员会中至少应有一名独立董事是会计专业人士。"

对担任专业委员会成员的董事还要有学历、专业知识和工作背景等个人条件的要求，例如，要具备较高的知识水平，特别是在经济、管理、财会、法律等领域有较多的涉猎，以应对公司复杂的决策；为保证独立性，独立董事应该与公司不存在任何利益关系；由于独立董事的工作多为兼职，应该保证其拥有健康的身体条件及足够的时间。1999 年的纳斯达克要求审计委员会至少有 3 名成员并且只能由独立董事组成，所有独立董事必须能够看懂财务报表，并有相应任职经历。

本章小结

董事会是现代企业制度发展到一定阶段的产物，是公司治理的核心。从公司演化的角度，可以将董事会分为立宪董事会、咨询董事会、社团董事会、公共董事会四种类型。董事会职能总体来看，可以分为监督和战略决策两个方面。

董事会履职的独立性不仅体现为相对于经理层的独立，还体现在对股东个体的独立。董事会独立性的提高可以依靠独立董事的引入，除此之外，独立董事还能为公司带来资源、帮助企业度过特殊时期。

由于董事会内部的分工需要等问题，董事会设立专业委员会，主要的专业委员会包括：审计委员会、薪酬委员会、提名委员会、公共政策委员会等。为提高董事会的有效性，专业委员会的设立还需注重结构设计和人员选择问题。

复习思考题

1. 阐述董事会在公司治理中的地位及作用。
2. 董事会有哪些类型？董事会的职能是什么？
3. 董事会独立性的含义是什么？如何能够发挥独立董事的作用？
4. 董事会中可以设立哪些专业委员会？设立这些专业委员会的原因是什么？专业委员会设计过程中需要注意哪些问题？

|综|合|案|例|8-1　民生银行董事会治理的创新

作为中国首家以民营资本为主体发起设立的全国性股份制商业银行，中国民生银行以其良好的公司治理称著于世。从最早建立产权清晰的基础，避免出现内部人控制到董事会的不断革新，真正成为银行发展和公司治理的核心，民生银行的公司治理革新探索，为业界提供了丰富的经验。

避免“橡皮图章”和“一言堂”

每当媒体和业内人士看到民生银行董事会公告中有董事对某项议案投反对票，都会当作一件大事来关注，并进而得出“民生银行董事会斗争”之类的结论。其实，每年民生银行董事会都要召开多次会议，审议几十个议案，每年总会有股权董事或者独立董事对有关议案提出异议，从而投反对票或者弃权。

“难道每个议案都全票通过就是正常？难道董事会一团和气没有争议就是正常？”面对外界的质疑，民生银行董事长董文标反问。

在董文标看来，存在争议和反对票恰恰表明了民生银行公司治理的优点：董事会真正能够发挥核心作用，董事会既不是“橡皮图章”也不是“一言堂”——如果是橡皮图章的话，所有的议案都是走走形式，是否同意无关紧要；如果是一言堂，只要董事长一说话，没有董事提出异议，所有议案都全票通过。

这一状况很大程度上是由民生银行的股权结构所决定的。

民生银行已经实现了股票全流通，前十大股东之中，民营企业占了 7 家，机构投资者占了两家，9 名股权董事有 7 名来自这 7 家民营企业。在董事会上，他们会从自身的利益出发对于议案投票表决，如果他们对民生银行管理层提出的议案不满意，投反对票就很正常。这些股权董事把自己的真金白银投入到民生银行，涉及自身利益，自然会慎重考量。

同时，民生银行从成立之初股权就很分散，单一股东的持股数量从不超过10%，没有一个相对控股的股东，不存在一股独大的问题，在股东之间实现了有效的制衡。最大的单一股东在董事会也只有一个席位，不可能形成“一言堂”的局面。正如哈尔滨岁宝热电公司董事长、民生银行监事会副主席邢继军所指出的，民生银行股权分散程度高，比较接近西方国家，这是一种很好的股权结构，能有效克服一股独大带来的重大决策失误缺乏强有力制衡的缺陷，也有利于保护中小股东的利益。

董事会负责战略

“银监会要求董事会承担商业银行经营和管理的最终责任，因此我们必须真正发挥董事会在银行发展和公司治理中的核心作用，必须做强做大董事会。”董文标向笔者表示。

强大的董事会的首要体现就是：董事会管战略。

最近一段时间，民生银行的一项重要工作就是修订《中国民生银行五年发展纲要》(简称《纲要》)。“现在看来原来的纲要还是稍显单薄，内涵不足。五年发展纲要的修订要把内涵显现出来。我们必须认真考虑中小银行的发展问题，如何做强做大。我们的最终目的不是再做一家国有控股银行，而是要走有自己的特色发展之路。”董文标在《中国民生银行中长期发展战略核心问题和重点问题研讨会》上讲话指出。

银监会《股份制商业银行董事会尽职指引(试行)》规定，董事会承担商业银行经营和管理的最终责任，其依法履行的首要职责就是确定银行的经营发展战略。民生银行相关人士告诉笔者，《纲要》就是民生银行第四届董事会确定的五年经营发展战略。

2006年7月，民生银行第四届董事会成立之后，对于前十年的发展历程进行了认真回顾，研究分析了国际国内金融发展趋势，并设立专门工作小组研究拟定了《纲要》，作为新一届董事会的决策和行动指南。

民生银行董事会办公室总经理万青元向笔者介绍，为了让《纲要》真正成为经营发展战略的指导文件，落在实处，《纲要》编制完成后，民生银行董事会组织开展了一系列宣传与推广活动。这些活动促进了基层员工对五年发展纲要的深入理解，得到了全行各级员工的广泛认同，使之成为全行上下一致的行动指南，统一了思想认识。

同时，民生银行通过媒体见面会、投资者交流会等多种形式对外宣传五年发展纲要的精神及民生银行未来的发展蓝图。在宣传推广的基础上，民生银行制定了《五年发展纲要实施方案》，对五年发展纲要的后续推广和实施工作做了具体安排，并根据《五年发展纲要重点工作任务分解表》，推动总行和相关责任部门制订初步实施方案。对于五年发展纲要的实施进展情况和行内重大改革情况，全面启动监测评估工作，以保障五年发展纲要的顺利实施及董事会决议的全面贯彻落实。

2008年，民生银行董事会围绕《纲要》，提出了九个研究课题，董事们都积极参与做牵头人，到2009年年初，这九个课题全部完成，质量非常高。这些课题被送到银监会和证监会，银监会和证监会的领导们都给予了高度评价。

2009年3月，民生银行董事会换届完成后，以洪崎为行长的新一届经营管理层迅速制定了《经营管理三年规划》，以全面实现《纲要》提出的发展目标。这时，根据新的形势变化对《纲要》进行修订就显得尤为迫切。因此，民生银行董事会加快了《纲要》的修订完善工作，从而使《三年规划》能够完成修订后的《纲要》提出的目标。

董事会负责风险

2009年7月中旬，民生银行董事会下发了《关于对〈中国民生银行董事会风险报告制度〉征求意见的函》的要求，民生银行风险管理委员会迅速要求各相关部门对此进行反馈。在充分考虑了反馈的意见和建议之后，8

月初民生银行董事会正式发布了《中国民生银行董事会风险报告制度》（简称《风险报告制度》），随后民生银行风险管理委员会据此制定了《〈中国民生银行董事会风险报告制度〉实施细则（试行）》。

"这是民生银行董事会对风险负责的表现"，民生银行董事会风险管理委员会办公室的负责人表示。

巴塞尔委员会发布的《加强银行公司治理》强调，董事会应设立风险管理委员会，对高级管理层在管理银行的信用风险、市场风险、流动性风险、操作风险、合规风险、声誉风险和其他风险方面的活动实施监督。《风险报告制度》制定的目的就是进一步完善全面风险管理体系，确保董事会及其风险管理委员会有效获取风险信息，切实履行风险管理的指导与评估职责。

《风险报告制度》规定，风险管理报告分为定期和不定期两种，定期报告由相关主责部门负责人审核签字，经行长（或其授权人）审批并加盖行章后报送董事会，按照月度、季度和年度进行报告。非定期报告分为重大风险事件报告和临时约请报告，后者是指董事会风险管理委员会视工作需要，可临时约请总行及其有关部门就某一专项风险问题提交书面报告并/或做现场汇报。

除了建立风险报告制度之外，董事会风险管理委员会每年两次听取经营管理层关于风险状况的汇报。"董事会能够及时、准确、全面掌握全行的风险状况，从而制定风险政策，体现出对风险的最终负责。"万青元向笔者表示。

做实做强专业委员会

日前，民生银行发布董事会公告，重新选举产生了新的专门委员会成员，与此前相同，"除战略发展委员会主席由董事长兼任外，其他5个委员会均由独立董事担任主席，而各专门委员会中亦包括独立董事的参与，保证该等委员会的运作独立性。同时，委员会工作细则借鉴国内外的相关经验，明确及细化委员会的职责权限，提高工作程序的可操作性。"民生银行独立董事、曾经担任香港恒生银行总行大中华业务总裁的王联章向笔者表示。

《纲要》特别提出，要进一步明晰"三会一层"的职责边界，强化董事会在银行发展和公司治理中的核心作用，努力打造高效董事会，并通过做实做强董事会各专门委员会，提高专门委员会的专业水平，真正实现董事会在银行经营发展中的决策权和监督权，提高董事会的决策水平和决策效率。

"我们认为，作为董事会内设机构，专门委员会的设立及其规范有效运作，有利于充分发挥独立董事的作用，有利于提高董事会的整体工作效率和董事会决策的科学性，是现代商业银行公司治理机制的重要环节。"董文标向笔者指出。因此，民生董事会十分重视专门委员会的制度建设，采取一系列措施保障董事会专门委员会和独立董事职能作用的充分发挥。

"听取邵平副行长关于全行风险管理情况的报告；听取王松奇董事关于风险管理调研情况的报告；……关联交易管理委员会主席张克董事做关联交易管理的培训；银监会法规部王科进副主任讲解'关联交易与银行的安全运行'；上海证券交易所上市部总监讲解'上市公司关联交易的影响与信息披露'……"这是2007年12月17日民生银行在深圳召开的董事会会议内容。通常来说，董事会会议就是为了决策和投票而召开的，怎么会听取这些不涉及投票和决策的报告呢？这就是民生银行"非决策性会议"的内容。从2007年8月28日到2008年年底，民生银行董事会已经召开了6次这样的"非决策性会议"。

"董事会通过非决策性会议开展了一系列培训活动和经营管理信息的讲座，这是董事会面对新的宏观经济形势，致力于完善公司治理结构，增强公司治理机制有效性，提高董事会决策科学性的一条重要措施，现在总结起来，这项工作对于董事会成员及时、系统把握宏观经济形势，了解行业发展动态和民生银行发展过程中的经营管理信息，推进董事会决策的科学化起到重要作用。"民生银行副董事长卢志强如是评价"非决策性会议"。

民生银行董事会共有18名成员，其中股

权董事9名、执行董事3名和独立董事6名，他们又在董事会的6个专门委员会任职。

董事如何开会？议事规则是什么？决策程序是什么？这些问题的明确对于做强做大董事会至关重要。2007年2月，民生银行董事会四届一次临时会议重新修订了《董事会议事规则》，并经2006年度股东大会审议批准。

修订后的《董事会议事规则》进一步明确了董事会议事方式，规范了议事程序，提高了董事会决策效率，还将董事会会议分为决策性会议和非决策性会议，即增加了“非决策性会议”制度。明确规定要正确处理董事会专门委员会、董事会非决策性会议与董事会决策会议之间的关系。决策性会议严格按照监管的法规要求召开；而把非决策性会议办成全体董事学习研讨、信息交流、沟通协调、达成共识的平台。为强化专门委员会作用，修订后的议事规则规定：决策性会议提案原则上由董事会专门委员会提出；其他有权提案人提出提案的，应先由相应的董事会专门委员会研究讨论。

民生银行的董事会非决策性会议制度和以制度形式强化专门委员会在董事会决策中的重要作用，为中国上市公司首创。

为使董事会专门委员会的职责范围更加明晰，工作程序更具可操作性，民生董事会四届一次临时会议审议通过了新修订的六个专门委员会工作细则。新的专门委员会工作细则借鉴国内外董事会专门委员会运作的经验，根据民生银行公司章程赋予的委员会职能范围，细化了各个董事会专门委员会的职责权限，进一步明确了董事会专门委员会的工作程序。比如工作程序分为提案工作程序、决策事项工作程序、报告工作程序、临时特殊提案处置程序及反馈。同时，根据不同委员会的职责范围，确定其授权决策事项。

独立董事梁金泉表示，对于公司很多的问题，独立董事事实上无法逐一调查了解，因此，这就需要各专门委员会提供参考性意见。他说，自己目前对于需要表决的议题，涉及哪个业务部门，都要提前听听这个业务部门的说明。专门委员会如果每次都能就涉及各自领域内重大的、需要表决的问题提前开会，提出倾向性意见或者做出分析论证，把这些意见在表决前提供给各位董事，那么不管是对独立董事还是股东董事，都是很有帮助的。

2008年，董事会6个专门委员会共召开36次会议，共审议提案100多项，其中经董事会审议通过了60项决议。这些议案都是先经过专门委员会讨论决定后，再报董事会审议决定。各项程序遵循公开透明的原则，达到了高标准的公司治理要求。

民生董事会6个专门委员会中，5个委员会的主席由独立董事担任。依据国际经验，设立董事会专门委员会的一个重要目的在于发挥独立董事的作用，以强化董事会工作的有效性。但是，独立董事为兼职董事，多为社会名流或专家，工作繁忙，很难有时间和精力去履行董事义务，因此，独立董事以及以独立董事为主席的专门委员会就很难有效地开展工作。

为解决这一矛盾，民生银行自2007年3月份开始实施了独立董事到行内上班制度，规定独立董事每月上班1～2天。民生为独立董事安排的专门办公室和办公设备，6名独立董事均能够按规定执行上班制度。截至2007年年末，6名独立董事累计上班50余个工作日，约见管理层及相关部室人员20余次，共提出建议50余项。独立董事上班制度将有利于推动专门委员会工作的开展。2008年，民生董事会6名独立董事累计到行内工作超过40个工作日，工作内容涵盖战略课题研究、主持委员会日常工作、听取业务部门汇报、提出专业性指导意见等，有力地促进了委员会和董事会的工作。

“在中国已完成股改的银行及非银行类公司中，民生银行实行的董事上班制度是一个创举，这有利于独立董事履行职责制度化，增强独立董事的责任心和参与意识，只要将上班形式与具体的工作内容紧密联系起来，这个制度的优点将会越发明显。”民生银行独立董事、中国社科院金融所副所长王松奇称。

让董事履职尽责

要想让董事会真正成为经营和管理的决策

机构，必须让董事做到履职尽责。

中国船东互保协会总经理王玉贵自民生银行成立以来，一直担任股东董事，对民生银行的情况十分熟悉。他认为，改进董事会工作还应该加强董事问责制。对于董事出席会议、参与决策、发表意见情况要进行通报，设定标准，没达到就是不合格。他的建议体现在《董事履职尽责自律条例》中。

建立独立董事上班制度仅仅是民生银行让独立董事有时间履职尽责的安排之一。民生董事会四届一次临时会议审议通过了中国银行业首个《董事履职尽责自律条例》。该条例明确了全体董事的义务，规定了基本职责、尽职要求、不当行为及失职问责，并对董事履职情况进行评价与通报。

民生银行董秘毛晓峰向笔者表示：”董事会强大的前提在于董事长、副董事长、专业委员会主席以及全体董事具有高度的责任感，能够自觉地、忠实地履职尽责。”

为了避免独立董事成为“花瓶”，该条例要求，在年度股东大会上，每名独立董事应做出述职报告，并且要求“独立董事应对董事会讨论事项发表客观、公正的独立意见，独立董事在发表意见时，应当尤其关注以下事项：本行整体经营管理状况，重大关联交易，利润分配方案，高级管理层成员的聘任和解聘，可能造成商业银行重大损失的事项，可能损害存款人或中小股东利益的事项”。

2007年6月4日，民生银行在昆明主办了“中国中小上市银行董事会及其专门委员会运作主题研讨会”。此次研讨会邀请银监会、北京证监局等有关领导，7家中小上市银行代表，国内外著名专家学者5名，围绕“董事会专门委员会运作与公司治理机制优化，当前中小上市银行董事会专门委员会运作的现状分析，改进商业银行董事会专门委员会运作的途径和方式”等主题，进行专家讲座和代表研讨。董文标等8名董事参加了会议。这既是一次理论研讨会和经验交流会，对民生银行的董事来说，也是一场关于公司治理的培训活动。

这是民生银行为董事提供的诸多培训之一。当前中国银行业竞争环境正在发生剧烈的变化，金融创新层出不穷。商业银行作为特殊的金融企业，其经营管理复杂性客观要求其董事会成员具有较高的专业素质和良好的从业背景。如何在变化巨大的环境中发挥核心作用，对董事会成员，特别是股权董事的素质提出了很高的要求。“作为民生银行的董事，在全球经济一体化的背景下，最需要具备对于宏观经济大势的分析研判能力，具有敏锐的市场竞争意识和开拓创新意识，同时需要熟悉国内外金融市场和资本市场的游戏规则。当然，金融、证券方面的知识也是必不可少的。”卢志强认为。在这个背景下，通过培训提高董事的专业素质就成为民生银行董事会加强自身建设的一项重要工作。

2007年，民生银行董事会制定了《2007年董事培训计划》，开展了专家讲座、同业研讨会、参加监管部门统一组织的培训等形式的活动。2007年度董事培训坚持法规培训和业务培训并重的原则，重点解决民生银行发展中的实际问题。2008年，民生银行董事会积极组织董事分三批参加证监会规定的本年度“上市公司董监事培训”，圆满达到了监管要求。此外，根据年度工作计划，董事会于2008年11月组织部分董事、监事对欧洲银行业的公司治理和风险管理实务进行了考察，取得了很好的交流和学习效果。

王松奇认为培训对于董事非常有帮助：“一名合格的民生银行董事需要具备现代公司治理、监管当局的监管法规和政策、如何从公司整体利益和长远发展出发，参与公司决策以及经济金融、商业银行管理等方面的知识。”这些正是民生银行董事会培训的目的。

关联交易规范透明

一提起关联交易，很多人大有洪水猛兽之感。其实，任何银行都会存在关联交易，关联交易并不可怕，重要的是要让关联交易规范透明。民生银行的关联交易一直规范透明。

民生银行不存在控制关系的关联方，关联交易的关联方主要是对该行有重大影响的公司董事、监事或其关联人控制及能施加重大影响的公司及其控股子公司以及对民生银行的经营管理有影响的主要股东，存在的关联交易主要是关联方借款。

民生银行所披露的2006年报中，民生银行及审计师普华永道按照实质大于形式的原则，对过去发生的没有被严格界定为关联交易的授信贷款进行了披露。2007年以来，民生银行董事会不断加强对关联交易的管理力度，主要工作包括：一是加强关联交易培训，加深相关各方对关联关系的理解，使利益相关各方对关联交易达成共识，共同做好关联交易的管理工作；二是组织关联交易合规检查，保证关联交易的合规审核；三是完善流程，严格审批；四是加大披露范围，增强透明度。

民生银行董事会2007年2月通过的《关联交易控制委员会工作细则（修订稿）》强化了关联交易控制委员会的职责。该细则要求，关联交易控制委员会由不少于3名董事组成，其中独立董事占多数，至少应有一名独立董事为会计专业人士。设委员会主席一名，由独立董事担任。委员会的主要职责包括管理关联交易，并制定相应的关联交易管理制度。

“关联交易控制委员会有最终裁决权，被否就等于做了终审判决。”前民生银行独立董事、董事会关联交易控制委员会主席张克表示。张克是国内最大的会计师事务所——信永中和会计师事务所的董事长和首席合伙人。张克介绍，2007年就有3笔较大的关联交易被关联交易控制委员会否决。

2008年，民生银行董事会关联交易控制委员会共召开7次会议，审议了多项议案。除了推进一系列制度建设以外，一些股东企业和股东企业的关联企业等俨然在审核之列。

2008年3月民生银行第五届董事会成立后，继续在完善公司治理方面进行探索。2008年5月15日，民生银行2008年度股东大会审议通过的《中国民生银行股份有限公司章程（修订案）》又对董事长、副董事长、监事会主席、监事会副主席和经营管理层的任期作了规定，自章程生效之日起，这些行领导每届任期三年，可以连选连任，连任一般不超过两届。但董事会（或监事会）认为确有必要时，允许连任三届。同时行长和其他高级管理人员的任职年龄要求为不超过60岁，原则上，董事会不聘任年龄58岁以上的人员担任行长和其他高级管理人员。这些规定，表明了民生银行在通过打破高管终身任期来保持高管层的适度流动性和活力等方面做了新的探索。

资料来源：周鹏峰．民生银行公司治理革新试验[N]．上海证券报，2009-10-23.

讨论题：

1. 民生银行是利用怎样的方式来避免董事会成为“橡皮图章”的？
2. 在董事会专业委员会的设置上，民生银行采用的什么样的方式从而更好地发挥其作用？
3. 除了本案例中所使用的方法，还有什么方法可以促进独立董事履职尽责？

|综|合|案|例|8-2 中美董事会，差异在哪里

盎格鲁－美国式的公司治理结构是否应全盘搬到中国？还是说中国应走自己的路，自己寻找一条公司善治的路。2008年7月底，这些问题成了“中美公司治理论坛”与会者关注的焦点。

中美董事会差异

在参会成员中，Hay（合益）集团董事会效率业务总经理Beverly Behan认为，中美董事会目前存在众多差异。Behan在会上详细展示了两国董事会的差异。从结构上看，美国的公司一般采纳了单一董事会结构。董事会一般由9～10人组成，其中1～2人是管理层成员，其他都是独立的外部董事。与此相对照，中国的公司一般采用了双轨制结构，一层是监

事会，一层是董事会，前者监管后者。监事会至少含3名成员，其中至少有一人代表员工，一人代表党委。董事会通常也由9名董事组成。

在美国，公司的所有权相当分散；机构型投资者，比如养老基金、对冲基金、保险公司等，控制了相当多的股票；股东在治理议题方面变得日趋活跃。对中国的国有企业来说，政府平均控制了公司55%的股权，而其他少数投资者只控制了45%。

在美国，董事会主要的职责包括招聘、解雇并评估公司的CEO，确定公司高层的薪酬、规划高层的接班事项、并确保公司遵守相关的法规。此外，各方面已达成一种共识，即董事会职责在于监控高层管理人员，但不干涉公司的日常运转和决策。而在中国，董事会对管理层有更为直接的影响。它不仅负责招聘、解雇和评估公司的管理层，而且还是公司运营及投资规划、公司预算和利润分配等的决策者。

除了董事会结构，中美董事会下辖的委员会也存在不少差异，Behan继续分析说。在美国，几乎所有的公司都建立了三个关键的委员会，即审计委员会、薪酬委员会和提名委员会。这些委员会的董事大都是外部董事。审计委员会可接触公司所有财务信息，其主要职责在于就审计问题提供建议、改善财务披露程序、并确保有效的财务监督。如果成员都是公司内部人士，审计委员会就会丧失执行上述功能所必需的独立性。同样，为了避免利益冲突，管理层的薪酬应由外部董事会成员来决定，因此有必要建立一个独立的薪酬委员会。提名委员会基本上是负责新董事提名之事务。这主要是保证外部董事判断的独立性不受这样一种感觉的负面影响，即好像他们的董事职位是公司的CEO或董事长所赏赐的。而2007年Heidrick & Struggles所进行的关于中国公司的一份调查表明，大约57%的公司设置了审计委员会，55%的公司成立了薪酬委员会，另有55%的公司建立了提名委员会。

在Behan看来，董事会和董事会委员会的结构固然重要，但董事会怎样运转可能是衡量董事会效率更为关键的指标。全美公司董事协会（NACD）进行的一项调查显示：美国董事会每年开会的平均次数是5.7次，每次会议的平均长度是5.9小时。“董事会开会的次数取决于各个公司的情况，”Behan说，“但在纽约证券交易所及纳斯达克交易所上市的公司，其董事会必须要召开秘密会议，即没有任何管理层成员参加的董事会会议。这样可使外部董事有机会自由表达他们对公司CEO的看法。”

一半以上的美国公司将CEO和董事长两个职位合二为一，由同一人担任。余下的则是将这两职位分开，由不同的人担任。在合二为一的标准普尔500强公司中，大部分采纳了首席董事制度。在中国，74%的国有企业将CEO和董事长的职位分开（董事长有时由该公司的党委书记担任），其他的则是将两者合并。Behan强调说：重要的不是看CEO和董事长两个职位是否分开，而是要看董事会是否有一个独立的领袖，不管这人的头衔是董事长还是首席董事。

此外，美国公司的CEO通常由董事会聘请或解雇，这可以说是董事会最重要的职责。在中国，公司的CEO则是由党委而非董事会任命。这是中美公司治理一个关键的差异，Behan在为美国《商业周刊》撰写的一篇文章提到。尽管存在上述差异，中国的董事会依然可以在风险管理、领导力发展以及其他能帮助公司高效运转的领域内发挥作用，Hay（合益）集团大中华区总裁陈玮在该文中认为。

董事会效率的影响因素

Behan总结说董事会的效率取决于五个因素。它们包括：

（1）董事会信息：在开会前向董事提供有信息量的资料，并在开会期间展开详细的讨论；

（2）董事会和管理层关系：在董事会和CEO及高层管理人员之间发展建设性的关系；董事会活力，董事会要在支持和批评管理层的方案及行动之间制造适度的“紧张”；

（3）董事会领导力：鼓励不同的观点表达，并使会议集中在关键的议题上；

（4）董事会议程：集中在对公司影响最大的关键议题上，并提供足够的时间对这些议题进行讨论和决策；

（5）董事会构成：选择合适的人（这些人拥有合适的技巧和经验）担任公司董事，并向他们持续提供有关公司知识的培训。

资料来源：邵国松．中美董事会，差异在哪里[J]．董事会，2008(9).

讨论题

1. 除了以上所述关于中美董事会的差异，你还知道两者之间有什么不同？
2. 造成了中美董事会之间存在许多差异的原因是什么？

|综|合|案|例|8-3 宝钢股份的董事会治理与创新

宝山钢铁股份有限公司（简称“宝钢股份”）是中国最大、最现代化的钢铁联合企业，是中国典型国有控股的上市公司。自2000年成立并成功上市以来，宝钢股份在公司治理的建设和创新方面走到了我国公司治理改革的前列，建立了较完善的公司法人治理结构，其公司治理尤其是董事会治理的成功经验值得中国大多数公司借鉴。

1. 宝钢股份董事会

为了确保宝钢股份重要决策完全符合公司的长远发展战略，并长期服务于广大股东的利益，公司引入了高比例的外部董事，其10位董事会成员中5位为非执行董事。这一格局使宝钢成为国内外拥有外部董事比例较高的公司之一。董事会的结构和专业委员会的设置，也在一定程度上确保了宝钢股份决策体系的专业性、透明度及公平性。

（1）实行董事会“集体决策个人负责”的决策机制，强调董事会的独立性、强化董事的个人责任；先后成立了董事会下属的审计委员会、薪酬与考核委员会、战略与风险管理委员会，独立董事在前两个委员会中占绝对多数，并担任主任。

（2）建立独立董事、监事制度。2006年5月17日召开了年度股东大会，选举产生了第三届董事会。第三届董事会成员共有10名，1位国资委委派的外部董事，同时也是公司的外部董事。其中独立董事4名，有效地保证了公司董事会判断和决策的独立性。

（3）公司制定了《董事会议事规则》、《董事会战略委员会议事规则》、《董事会审计委员会议事规则》、《董事会薪酬与考核委员会议事规则》，对董事会及其各专业委员会的职责权限和审议程序都作了明确的规定。

2. 宝钢股份的董事会治理创新

董事会治理是公司治理的核心。宝钢股份在董事会的构成和运作机制方面进行了大量投入，为董事会的高效高质运作提供了重要保障，建立了一个独立、高效运作的董事会。

（1）董事会具有较大的独立性：公司共拥有10名董事，其中独立董事4名，占董事会成员比例为40%，此外还有一位国资委委派的外部董事，具有较大的独立性。2009年4月公司第四届董事会第一次会议产生的第四届董事会下属的专业委员会中，战略与风险管理委员会中非执行董事比例占2/7，审计委员会中独立董事占3/4，薪酬与考核委员会全部由外部董事担任，其中独立董事占3/4。审计与薪酬考核两个委员会均由独立董事担任主任，有效地保证了审计及考核的独立、公正。

（2）成熟的独立董事制度：宝钢股份是国内最早建立独立董事制度的公司之一，其独立董事制度在制度和实践上都较为成熟。4位独立董事均为来自境内外的证券、金融财会、管理等方面的资深专家，在公司战略、企业管理、金融、财务、人力资源等方面具有较高的专业素养，在业界享有较好的声誉，能够为公司的战略发展和重要决策提供宝贵的知识和经验。宝钢通过制度规范，确保独立董事能在公司重要决策中发挥实际作用。如在公司2008年年初制定的《独立董事年度报告工作制度》中，明确规定“财务负责人应在公司年审注册会计师进场审计前向每位独立董事书面提交本年度审计工作安排及其他相关资料。公司应在年审注册会计师出具初步审计意见后和召开董事会会议审议年报前，至少安排一次每位独立董事与年审注册会计师的见面会，沟通审计过程中发现的问题，见面会有书面记录及当事人签字”。

（3）不断完善的董事信息沟通机制：外部董事沟通会、董事高管交流会是宝钢股份在董事会建设方面的创新举措。在独立董事的建议下，第三届董事会形成了在董事会前召开公司外部董事沟通会的机制，沟通会无内部人参加，由各位外部董事轮流担任召集人。这种会议机制有助于外部董事们更充分地交流和沟通，促进了外部董事间信息的交流互动。宝钢股份不断完善独立董事信息获得机制，增加并完善了主要针对外部董事的信息产品《董事信息月报》，按月报告公司的原料市场、钢材市场、生产经营情况、主要财务指标、经营关注重点、重大工程进展和相关重点新闻等，不断加强和完善外部董事与公司信息的交流渠道。宝钢股份除了定期给董事寄送公司的经营情况分析、财务月报、董事信息月报等信息产品外，还在董事会召开期间组织召开董事高管交流会，交流会不设主题，由董事与高管自由交流，对外部董事关注的问题进行充分交流。董事高管交流会促进了公司董事尤其是外部董事与公司高管之间的沟通互动，增进了外部董事对公司经营管理以及管理层成员的了解，为董事会考核管理层提供了参考。

（4）此外，宝钢股份董事会通过了《内部控制管理办法》，明确了董事会对公司内控制度的建立健全、有效实施及其检查监督负责。董事会根据公司内部控制检查监督工作报告及相关信息，评价公司内部控制制度的建立和实施情况，形成内部控制自我评估报告；并在年度报告披露的同时，披露董事会内部控制自我评估报告及会计师事务所的核实评价意见。

（5）董事会充分兼顾各类利益相关者需求，实现共同发展，以稳健的成长、良好的业绩和稳定的收益持续回报股东；高度关注用户感知的满意度，并最大限度地以超值的产品和服务来满足用户的需求；着力发展同战略供应商的长期合作并引导供应商共同推进绿色生产链的建设；致力于和谐劳动关系的建设，为员工的成长和提升自身价值提供良好的舞台；自觉承担社会责任，为改善社区生态环境和建设和谐社会做贡献。

资料来源：李胜楠，牛建波．宝钢股份的公司治理改革与创新[OL]．中国管理案例共享中心案例库．袁卓君改编。

讨论题：

1. 试分析宝钢董事会的类型？宝钢董事会的大致结构是怎样的？
2. 董事会的关键职能包括哪些？宝钢是如何确保这些关键职能得以实现的？
3. 为何要确保董事会独立性？宝钢从哪些方面提高董事会的独立性？独立董事在宝钢董事会中的作用有哪些？

第九章

激励机制设计

学习目标

- 了解物质激励与精神激励的基本方式
- 熟悉薪酬制度设计的基本原则
- 理解企业高管的短期与长期薪酬激励制度
- 了解股权激励制度的具体手段与特点

核心概念

精神激励、高管薪酬、股票期权、管理层收购。

引例

褚时健判决引发59岁现象大讨论

一个曾经受人尊敬的优秀企业家，以他的惨痛经历推动一项制度的建立与完善，是个人与社会的悲哀，抑或是无法避免的代价。

曾经，他带领红塔集团走过一段辉煌，把红塔山变成了中国最值钱的"山"，也成为儿童歌谣中的名山，为国家贡献的利税至少有1 400亿元。曾经，他的"下课"在企业界印下了难以抹去的震撼记忆，引发了社会各界对"59岁现象"的思考，是中国最具有争议性的财经人物之一。他就是昔日的中国烟王——褚时健。

1979年10月，时年39岁的褚时健走马上任云南玉溪卷烟厂厂长。当时的玉溪卷烟厂只是一个破落的地方小厂，生产设备全部是20世纪三四十年代的水平。上任后，褚时健大力实行改革措施，引入大包干，在烟厂中实施"单箱卷烟工资奖金含量包干"。这就像联产承包使农民一夜吃饱穿暖一样，褚时健的大包干很快就让玉溪烟厂翻了个身。此后，他以战略性的眼光，不断强化资源优势，并两次痛下决心，花巨资引进国外设备，虽然玉溪卷烟厂当时的负债率高达500%，但由于牢牢地抓住烟草行业发展的机遇，玉溪卷烟厂很快在行业中脱颖而出，产值平均每年递增44%。

十几年后，红塔集团已经成为年上交利税上百亿的大型企业集团，最高年创造利税200亿元，并跃升为世界第五大烟草企业。1997年，"红塔山"无形资产高达353亿元，赢得了"中华第一品牌"。这期间的1990年，褚时健被授予全国优秀企业家终身荣誉奖"金球奖"。1994年，褚时健被评为全国“十大改革风云人物”，走向他人生的巅峰。

涉嫌贪污受贿被判无期。

1995年2月，一封发自河南省三门峡市的匿名检举信寄到了中央纪检委信访室，该信反映河南洛阳的个体烟贩林政志勾结三门峡烟草分公司，通过向褚时健家人行贿而取得卷烟指标，并因此获利800余万元。

这封检举信引起了高度重视。

1996年12月28日，褚时健出了事，他被有关部门从边陲小城云南河口带走。

由于褚时健和红塔集团的名气，案件在社会上引起巨大的轰动。之后，纪检人员对此案进行了长达两年的调查。

1998年1月，新华社通电全国：云南省红塔集团原董事长褚时健严重经济违法违纪案，经过联合调查取证，已取得重大突破。经查，褚时健利用职权和职务之便，主谋贪污私分公款355万美元，其中他个人贪污170多万美元；利用职权为他人批烟谋利，其亲属从中大肆索要、收取钱物，其女儿共索要和接受3 630万元人民币、100万港元、30万美元，妻子及其他亲属共收受145.5万元人民币、8万美元、3万港元及大量贵重物品，其行为严重违反了党纪国法。褚时健其他更为严重的经济违法违纪问题正在侦查之中。

1999年1月9日，经云南省高级人民法院审理，时年59岁的褚时健被处无期徒刑、剥夺政治权利终身。

随着一份无情的判决，烟草大王褚时健昔日的辉煌经历，永远地变成了过眼云烟。

判决引发59岁现象大讨论。

时过境迁，如今保外就医的褚时健在云南哀牢山上的甜橙园里过着半隐居的晚年生活，他也早已平静地接受了法律对他的审判：“无论规则合不合理，接受了就要遵守，触犯它就要付出代价。”但在当时，“褚时健事件”却引发了国内对国有企业领导者以权谋私、贪污腐败问题的大讨论，“59岁”成为了一个时代背景下的特殊名词。

不少人认为，褚时健走向犯罪道路主要是心态失衡。在年纪渐高即将退休、面临失去职位的处境时，他开始伸手触犯刑律，最终导致锒铛入狱。社会各界在痛惜失去了一位优秀企业家的同时，更多的关注与反思则集中在对事件发生的社会背景的拷问上。到底是企业家的个人问题，还是制度性因素？

相对于17年间为国家贡献的1 000多亿元的利税，作为国企老总的褚时健，其个人薪金实在是少得可怜，他17年的收入加奖金不过80万，这与他对国家做出的巨大贡献严重不成比例。这也是当时有些人替褚时健鸣不平，为其感到无比惋惜的原因所在。甚至有人认为，在褚时健的问题上，是国家不合理在先，褚时健不合法在后。这一观点虽然有些偏激，却道出了国企经营管理者薪金制度的缺陷。

是国家薄待企业家引发了“富庙穷方丈”犯罪吗？褚时健当年的辩护律师马军曾在1.6万字的辩护词中算过一笔账：褚当了17年厂长，红塔集团共创造利税800亿元，褚时健17年收入约80万元，企业每创造1亿元，褚时健收入1 000元。这位为民族工业做出如此巨大贡献的国企领导，一年的收入竟不及歌星走一次穴，不及影星做一个广告！褚时健是那种特别能抓老鼠只是在特殊情况下偷吃了鱼的猫，与那种不抓老鼠专偷吃鱼的相比是不一样的。我们为什么不能在能干的猫还没偷吃鱼时就给他一些鱼吃呢？

根据有关部门调查的数据显示，当时，国有企业领导平均年收入低于两万元的占总数的62%。一份对中央直属40家大型企业所做的调查表明，这些大型国企内部高级管理人员的工资水平也非常低。4家在港企业的老总平均收入40多万元，最多的63万元。内地36家企业的老总平均年收入只有6万多元，其中最高的年薪21万元；最低的只有1.2万元。中国一汽集团的一名领导成员，1999年工资总额只有32万元。与职工收入相对比，最大的差距是6倍，最小的差距只有1.3倍。

更有人把国外企业老总们的收入拿来做对比。如在欧美的企业，特别是大型跨国企业，其高级管理人员的薪酬待遇高得惊人。且不说股份及期权等收入，仅年薪就是几百万、几千万甚至上亿美元。发达国家的企业经营者年收入是中产阶级的12倍，是普通员工的60倍，有的甚至高达100倍。通用电气退休的CEO韦尔奇在任时年薪8 000万美元，而花旗银行的总裁2000年拿到了2.93亿美元。

然而，法不容情，无论怎样，褚时健作为一个国有企业领导者，既定的前提决定了游戏的规则，褚时健的贡献虽然很大，受到的待遇略显低下，但这是中国社会的规则，任何人都只能遵守，褚时健不可以利用手中的权力为自己、为家人谋求个人的利益，否则，整个社会只能成为管理者等特权阶层的社会，这对于更多比褚时健身份低下的百姓而言是不公平的。

褚时健固然对国家贡献巨大，但是功不抵过，过不掩功。正如TCL老总李东升对他的看法，“作为企业家，我对褚时健是尊敬的。但是他拿国家一分钱也是不对的”。褚时健对这一观点也表示认可。

国企薪金分配制度逐步完善。

“如果没有褚时健案发，就不会有今天这些国有企业老总们扬眉吐气的生活。”事后，云南大学一位教授这样评论。他分析说，褚时健案发使一些领导人意识到国有企业中长期以来的分配问题，开始注意管理者的待遇。企业领导人待遇的提高和激励机制的慢慢建立，是缓和国有企业和企业家矛盾的重要一步，使他们的利益逐渐趋于一致性。

在市场经济日趋完善，国企改革不断深入的今天，国企领导者们的利益诉求也得到了合理的满足。

以褚时健的继任者字国瑞为例。字国瑞在任的年薪加上奖金超过100万，这个数目，褚时健一生的收入也比不上。有人估算，字国瑞在红塔集团6年多的时间，他的合法收入接近1 000万。联想集团董事局主席柳传志也曾在电视上公开承认，他的收入可以供他和妻子在国外过富裕的生活。而许多国有企业高层今天甚至持有不菲的股份，相比褚时健所处的那个年代，这已是天壤之别。

年逾八旬的褚时健早已淡出了中国的企业界，昔日的传奇也如一阵阵烟雾散去。但是，人们对他的记忆却并未完全淡去。对于许多活跃在商界的中国企业家来说，褚时健也是一个值得探讨的话题。

“假如当年给褚时健一个合理的薪金，他也许不会走向犯罪。”至今还有人做这样的臆想。

可是，过去不能够假设，历史也绝不会重演。

一个人，一个曾经受人尊敬的优秀企业家，以他的惨痛经历推动一项制度的建立与完善，是个人与社会悲哀？抑或是无法避免的代价？

资料来源：褚时健判决引发59岁现象大讨论[OL]. http://news.hexun.com/2008-10-06/109511325.html，2008-10-06.

所谓激励，简单地说，就是通过一系列奖励与惩罚措施，来激发、引导、保持和规划员工的行为，使其行为模式符合公司的目标以及个人自身的目标。而激励机制就是通过制度来反映激励主体与激励客体相互作用的方式。现代企业激励问题研究的重心正在从对一般员工的激励机制设计转向高层管理人员的激励机制设计。后者是公司治理的核心内容之一，通过对高管的激励，能够使其将个人效用最大化的追求转化为对公司利益最大化的追求。本章就是从激励形式，薪酬制度和股权激励三个方面来阐述激励机制的具体设计。

第一节 激励形式

一、物质激励形式

虽然现代激励方式正在不断创新，但是物质激励作为一种基本的激励方式，依然能够发挥强烈的激励作用。物质激励是指通过物质性资源的分配，满足被激励者的物质需求，进而调动其主动性和创新性的激励方式。物质激励有多种多样的方式，如工资、奖金、福利等。如表 9-1 所示，在现实应用中，可以分为直接薪酬和间接薪酬两种方式。直接薪酬即货币形式的回报，可以分为固定薪酬和可变薪酬。间接薪酬，即为提供的福利。

表 9-1 物质激励的方式

薪酬	
直接薪酬	间接薪酬
固定薪酬	福利
计时工资	医疗、人寿保险
薪水	养老、意外保险
可变薪酬	带薪休假
奖金	退休金
短期激励	教育补贴
期权	

资料来源：赵曙明，罗伯特·马希斯，约翰·杰克逊.人力资源管理 [M]. 北京：电子工业出版社，2010:252.

对于高层管理人员而言，报酬激励一般由固定薪酬与可变薪酬构成。固定薪酬不随公司业绩波动，较为稳定、无风险，因此能够作为基本的报酬保障，但是缺乏灵活性，激励作用不足。可变薪酬的设计是当今薪酬设计中最为重要的一部分。与固定薪酬相比，可变薪酬更容易体现出企业的目标，而且可变薪酬的调整也可以反映出企业目标或运行方面的改变。在动态的环境下，可变薪酬能够以更为积极的方式将高层管理人员和企业联系在一起。在组织面对变革或是面临巨大挑战时，实行有效的可变薪酬能够促使高层管理人员更有动力迎接挑战。此外，在企业经营不利时，可变薪酬的设计也能为企业节省开支。

一般来说，可变薪酬在高管薪酬中所占的比例较高。从风险对称的角度上来看，为了更为有效地激励经营者，设计者在制定激励机制的时候要关注收益与风险对称的原则。企业运营发展得越好，经营层（经营者）的收入越高；企业运营发展的越差，经营层（经营者）的收入就越低。这样就能够使经营者承担相应的风险，并且获得与风险相对称的回报，从而鼓励经营者努力提升业绩水平，实现股东价值最大化。可变薪酬主要由奖金、股票与股票期权等构成。奖金及股票与业绩紧密联系，能够较好地刺激高管提升公司绩效，但是也较容易引发短期行为。

许多组织还以间接的方式提供大量的外在回报，从这些薪酬中，员工获得的更多的是有形的价值利益，而不是直接的金钱，福利就是其中的一种主要形式，如医疗保险、带薪休假、退休金等。

除却薪酬和福利之外，经营控制权和剩余索取权也与物质激励作用密切相关。经营控制权是指能在事前通过契约加以明确的控制权力，包括日常的生产、销售、雇佣等权力。经营控制权能够使高层管理人员拥有职位特权、享受在职消费，如豪华办公室、公务旅行等，带来除正规激励以外的物质激励满足，从而对高层管理人员起到激励作用。与经营控制权不同，剩余索取权的分配，表现为如何在股东和高层管理者之间分配事后剩余或利润，这也会影响到对高层管理人员的激励。

高管的薪酬激励机制在西方发达国家，尤其是美国已经较为成熟，美国公司按照长期业绩付给的激励性报酬所占比重较大，主要有延期支付奖金、分成、购股证等形式。然而，在我国，高管激励性薪酬机制，尤其是长期激励薪酬机制还在探索阶段。我国企业的薪酬激励机制经过了从平均的群体激励到侧重高管激励、从单一的奖励到包含股权在内的多元化激励的历程。在央企中，高管的薪酬主要由基本年薪、绩效年薪和中长期激励收益三部分构成。基本年薪按月支付，绩效年薪采取先考核后兑现的原则，考核将年度业绩和任期业绩结合起来。而中长期激励手段由于还在探索阶段，并未有严格的规定，但从现实来看，主要采取了股票期权的方式。不同形式的高管薪酬激励手段对高层管理者的激励作用和方向不同，关于高管薪酬制度将于第二节详细介绍。

在尚处发展阶段的中国来说，物质激励无疑能够发挥重要的激励作用，是一种主要的激励形式。然而，物质激励也存在一些问题。一方面，物质激励容易使被激励者产生依赖性，一旦用于激励的物质被撤除或减少，很容易挫伤工作的积极性，甚至使得积极性低于实施激励手段之前。另一方面，这一激励手段的边际效应是递减的，用于激励的物质并非多多益善，当物质已经满足需要后，物质的增加产生的激励作用就会微乎其微。因此，除却物质激励形式之外，组织还需要结合其他的激励形式。

二、精神激励形式

精神激励与物质激励相对应，指的是用非物质的手段，即精神鼓励来诱导员工，以达到激励的目的。精神激励有多种形式，从最基本的认可、口头表扬、尊重，到给员工颁发证书、奖状，授予“最佳员工”称号，在公司内部刊物上发表赞扬性文章，在宣传栏张贴照片等都能够对员工起到精神激励的作用。除了上述的具体的形式之外，信任和公平也是重要的精神激励形式。

“疑人不用，用人不疑”，信任激励的核心就是充分相信下属的能力与工作态度。在下属的职权范围内让其独立的行使职权，主管人员并不干涉。信任激励本身是一种基本的激励方式，然而由于现在社会中不诚信，不信任之风开始蔓延，使得这一基本的人与人之间的关系受到威胁，但福祸相依，在工作中，如果能善用这种力量，将会成为一种强大的精神力量，有助于实现企业的团队精神。

在实行信任激励中，有几点重要事项：在选人方面要选择德才兼备的人；在实行信任激励时，虽然在实际工作中，上级不能干预下属的行为，但是可以就某些重要事件进行监督，必要的时候可以要下属做反馈报告，所以在这方面，上级要处理好不干预与监督之间的矛盾；正确处理未达到工作预期的事宜。在工作中，未达到预期是经常发生的情况。在这种情况下，一味的苛责下属不仅会增加企业中的紧张成分，下属也很有可能失去信心，面对这种情况，一个可以借鉴的方式是，上下属共同分析与工作预期相违背的原因。

如果说信任能够提升员工的工作积极性，那么不公平就可以说是员工工作积极性的“杀手”。现实工作生活中，在激励方面，常常会遇到一些不公的现象，如收入不公，处罚不公，用人不公，评价不公等。亚当斯的公平理论认为：员工不仅仅受到自身报酬的影响，还受到相对报酬的影响，他们常常会把自己的付出和自己的所得与其他相等条件的人进行比较。如果比值小于其他人，就会产生不满，甚至出现消极怠工的现象。运用公平激励，就是减少不公平的现象，公平处事，公平待人，尤其是针对奖励、晋升等方面，更要做到公正合理。应用在实际工作中，主要体现在管理制度要严格遵守、评价标准客观化以及对事不对人的原则等。

对于高层管理人员而言，有时精神激励起到的作用甚至大过于物质激励。在竞争性的经理人市场上，经理人的市场价值完全取决于他的声誉，因此，声誉就成为了一个重要的精神激励因素。经理人的声誉在很大程度上取决于过去的经营业绩，经理人必须对自己的长期职业生涯负责，所以，即使没有物质的激励因素，他们也会努力工作，以提升自己在经理人市场上的声誉。除此之外，各级政府和行业主管部门颁发的各种荣誉以及财经类杂志的正面报道也能够提升高层管理人员的声誉，例如，常常授予给高层管理人员的“优秀企业家”、“荣誉市民”等荣誉称号。从这一角度来看，声誉激励机制发挥作用是一个长期的过程，只有高层管理人员预期到自己将长期从事企业经营，并且现任企业的业绩将决定他未来的职业生涯时，这一激励机制才能发挥作用。然而，中国的经理人市场尚处于发展阶段，企业家人力资本的配置尚未市场化，并且，对于国有企业来说，任期过短也使得经理人的经营业绩与其职业生涯发展相关性不强。因此，就目前我国的情况来看，声誉激励的作用发挥还比较有限。

与声誉激励机制紧密联系的是聘用与解雇激励机制。已被聘用的经理人一方面要承受外部经理人市场的竞争压力，另一方面又得应对公司内部下级的竞争威胁，这两方面的竞争使得高层管理者面临被解雇的潜在危机。一旦高层管理者被解雇，则会大大损伤其声誉，从而不利于高层管理者的再次应聘。因此，一般来说，高层管理者对自身声誉看得越重，聘用和解雇的激励作用就越大。

另外，知识激励机制也是重要的精神激励形式。现代社会知识信息迅速发展，要想跟上时代发展，只能及时充电，防止知识老化。对高层管理人员进行培训不仅能够让他们感觉到企业对他们的关注和重视，也可使他们提升自身的知识技能，提升自己的人力资本。通过定期输送高层管理人员到高校深造，提供各类学习、交流机会，订阅有关书报杂志等，企业能够为高层管理者提供知识更新和获取新信息的重要渠道，以提升其业务能力，激励其将学习到的知识运用到企业经营实践中。

视野拓展 9-1　企业应该奖励的 10 种行为方式

- 奖励彻底解决问题的，而不是仅仅采取应急措施。
- 奖励冒险，而不是躲避风险。
- 奖励使用可行的创新，而不是盲目跟从。
- 奖励果断的行动，而不是无用的分析。
- 奖励出色的工作而不是忙忙碌碌的行为。
- 奖励简单化，反对不必要的复杂化。
- 奖励默默无声的有效行动，反对哗众取宠。

- 奖励高质量的工作，而不是草率的行动。
- 奖励忠诚，反对背叛。
- 奖励合作，反对内讧。

资料来源：http://meng.guangqiao.blog.163.com/blog/static/12972364920131131 0320889/.

第二节 高管薪酬制度

一、薪酬制度的设计原则

薪酬制度设计指在一个组织中，决定成员提供的服务与价值所应得到的报酬总额及报酬结构的制度体系。为了起到足够有效的激励作用，在进行薪酬体系的构建中，需要遵守一些基本的原则：

1. 内部公平性原则

一般来说，薪酬的有效构成取决于承担责任的大小，需要的知识储备的多少，能力的大小，工作性质要求的不同等。公平性不是意味着绝对公平，而是基于上述的条件而产生的差异性的公平，在薪资上体现出不同层级、不同岗位在企业中的价值差异。

2. 外部竞争性原则

企业相对于外部环境来说，具有优厚的福利待遇将会保证企业在行业中的人才竞争力，能够吸引更多优秀的人才加盟。而且对内来说，员工的流失率就会相对较低。不过，过高的薪酬也会加重企业的运营成本。

3. 激励性原则

一个企业如果只发固定工资，那么员工大锅饭的心理必然就会滋生。企业与团队和个人的绩效须紧密挂钩联系起来。针对不同岗位不同职位的绩效考评体系应当在薪酬制度中准确地体现出来。这有利于实现员工的自我公平，增强其个人努力程度，从而最终保证企业整体绩效目标的实现。但是，根据博弈论的相关理论，个人利益最大化的集合，并不一定是集体利益最大化。在现实的企业中，与绩效保持相关性，往往会使人们注重短期的利益，而忽视甚至损害了企业的长远利益。这是因为，短期利益考察方便，结果往往可衡量，回报速度较快。所以对企业来讲，针对员工的薪酬制度，尤其是企业的经理层面来讲，不只是要考虑短期的激励，更要与企业的长期发展有效紧密地结合起来。

除了与公司的绩效挂钩外，有效的奖金激励，或是更为优厚的退休金等薪酬构成也可以有效地增强员工的积极性，起到很好的激励作用，同时，公平顺畅的晋升通道也使在职的员工有同等公平的晋级机会。这也是一种强效有用的激励模式。

4. 可承受性原则

企业在设计薪酬制度时，也要考虑自身的承受能力，一般情况下，人力成本的增长幅度应低于总利润的增长幅度（在企业的创始期或是企业准备扩大经营领域的时候等可能例外）。在实现有效激励的同时，考虑企业自身的能力，是考验薪酬设计者的一道难题，也是必须要做的。所以往往在薪酬体系的设计中，往往也要加入非经济因素，以达到补充的作用。

5. 合法性原则

薪酬体系的设计应当符合所在国家和地区相关劳动法律法规的规定。同时，在公司的内部，薪酬体系的设计要具备简洁明了的特征，这样的制度规章可操作性才会更强，有利于迅速推广，同时也便于管理。

6. 战略导向性原则

战略导向原则要求企业的薪酬设计要考虑企业的战略发展需求，这样才能有利于企业的长期成长。同时，薪酬管理体系应当能够体现企业自身的特点以及所处区域、行业的特点。企业也有自己的生命周期和发展阶段，薪酬的设计不是一成不变的，而是针对上述的变化，要适当地做调整甚至是大幅度地改动。

二、短期高管薪酬激励制度

高层管理人员是企业的核心和灵魂，他们的努力相较于普通员工而言，对企业绩效的影响更大，加之高管的活动比普通员工更加难以监控，因此，高层管理人员的激励薪酬制度相较于普通员工而言更加重要和复杂。不同形式的激励方式对高层管理人员的激励作用也不相同，从作用的时间来看，可以分为短期激励薪酬制度和长期激励薪酬制度。目前被我国企业广泛采用的短期激励薪酬制度主要为年薪制。

年薪制是世界各国较为普遍采用的一种激励报酬制度，薪酬的数量与企业的经营业绩密切相关。由于企业经营业绩的考核通常是阶段性（如季度、年度）进行，而不是连续进行，因此，企业高管人员的收入也应以周期为单位来确定，这也是年薪制实施的初衷。顾名思义，年薪制就是以年度为单位决定工资薪酬的制度，企业根据经营者的经营绩效和所承担的责任、风险确定其工资收入。虽然年薪制的采用较为广泛，但是不同国家实施高管年薪制的具体实践各不相同。

就英美国家来看，高管的薪酬结构由基本年薪、年度奖金、长期激励、退休金计划和津贴组成（如表 9-2），其中，长期激励项目（股票、股权等收入）占的比重较大。短期激励项目主要由基本年薪和年度奖金构成，年度奖金与企业绩效挂钩，具有风险性和不确定性。另外，美国公司高管的报酬与普通职工收入差距悬殊，据统计，美国大型企业的首席执行官所得到的薪酬几乎是组织内的生产类员工的 40 倍。

与英美国家不同，德日模式的高管薪酬中，长期激励项目的比重很小，主要依靠短期薪酬项目来激励高管行为。德国企业的高管薪酬结构中几乎不设长期激励项目，日本企业的高管虽然持有少部分股票，但其收入和损失都非常小。另外，德日公司高管人员的薪酬与普通员工收入差距相对较小，一般为普通生产类员工的 1.5 ~ 4 倍。

表 9-2 美国高管薪酬构成分析

薪酬构成	时间特点	风险特点
基本薪水	永久薪酬，定期支付，通常每月支付一次或两次（也可能是一周支付两次）	最安全的薪酬形式，仅涉及就业风险，风险程度非常低
年度奖金	每年支付一次，也有一些企业按季度或半年考核绩效并支付绩效薪酬	涉及未来就业风险与公司的未来绩效低于目标水平的风险

（续）

薪酬构成	时间特点	风险特点
中长期激励薪酬（股票期权、股票增值权、限制性股票、虚拟股票）	时间跨度从 3 年到 10 年不等。一个公司很少会同时使用多个时间跨度不等的激励计划。一些公司按年支付，其他公司定期支付（不是按年）；一些公司对某种形式的长期激励计划按年支付，对另一种则每年支付两次	涉及未来就业风险与未来公司绩效 / 股票风险
法定福利与公司内部福利（退休金计划、医疗计划、储蓄计划、寿险计划等）	覆盖在职、退休、残障、死亡的高管，以及因公司合并、重组、或其他原因导致就业终止的高管	风险较小
补充福利计划（延期支付薪酬计划、高管的补充退休金计划、超额退休金计划、补充医疗与残障计划、补充寿险计划）	通常是长期计划，计时各不相同	风险比法定福利大，涉及未来就业风险与未来绩效风险。通常这类福利与公司绩效关联度较大，多数（不是全部）补充计划与延期支付计划是没有保障的
津贴（俱乐部会员、理财规划、享用公司汽车与飞机、司机服务）	在职期间一直享用	

资料来源：上海国家会计学院．公司治理 [M]. 北京：经济科学出版社，2011.

我国年薪制最初从 1992 年 6 月，上海市政府选择企业进行年薪制试点开始，之后各个省市相继开始试点，1997 年，原劳动部在印发的《关于"九五"时期企业工资工作的主要目标和政策措施》中，明确提出要在具备条件的国有企业中积极稳妥地推行年薪制。自此之后，年薪制被我国企业广泛采用。

虽然各企业关于年薪制的具体实践不同，但是我国国有企业高管的年薪收入大致由基本薪酬和风险薪酬组成。基本薪酬体现了高层管理人员的人力资本价值，高管人员在完成国有资产的保值和增值任务后，即可获得基本薪酬。基本薪酬通常按月发放。风险薪酬与企业的经营绩效相关，是对高层管理人员超额完成任务的奖励，通常在年终结算后再行兑现。

我国企业年薪制的实行起步较晚，目前仍存在一些争议和问题。其中一个较为突出的问题就是高管的年薪收入与职工收入的差距问题。从 2010 年广州市的数据统计，企业高管平均年薪达到了 603 659 元，而一线的操作级员工平均年薪仅有 19 659 元，两者相差超过了 30 倍。差距过大可能会造成经营者与职工之间的矛盾，而差距过小又可能对经营者激励不足，因此，确定合适的年薪差距是年薪制实施过程中的一个重要问题。

年薪制通过与企业的经营业绩相关联，成为了有效的短期高管激励薪酬制度。然而，这一制度也存在一个缺陷，即倾向于激励高管的短期行为。年薪制的考核周期通常为一年，因此，高管人员有可能为了短期的经营业绩的提升，放弃有利于公司长期发展的计划。因此，在实施年薪制的同时，越来越多的企业选择采用长期高管激励薪酬制度。

三、长期高管激励薪酬制度

随着时代的发展，以短期激励为主的传统激励方式已不能满足员工的需求，为了克服高层管理人员的短期行为，促使其考虑组织的长远发展，通常要使用长期激励手段。前文所提到的高管声誉、聘用与解雇都是长期激励的形式。除此之外，企业还采用长期高管激励薪酬制度，这一制度主要包括福利和股票期权两种形式。

一些福利计划能够对高层管理人员起到长期激励作用，如退休金计划等。延期支付薪酬计划也称延期支付，是指公司将管理层的部分薪酬，特别是年度奖金、股权激励收入等按当日公司股票市场价格折算成股票数量，存入公司为管理层人员单独设立的延期支付账户。在既定的期限后或在该高级管理人员退休以后，再以公司的股票形式或根据期满时的股票市场价格以现金方式支付给激励对象。这样，激励对象通过延期支付计划获得的收入就来自于既定期限内公司股票的市场价格的上升，即计划执行时与激励对象行权时的股票价差收入。如果该市价不升反跌，激励对象的利益就会遭受损失。由于延期支付使得高层管理人员的薪酬面临着更大的、长期的风险，因此能够激励高层管理人员关注企业的长期利益，有利于长期激励。并且，从节税的角度上来讲，管理人员部分奖金是以股票的形式获得，具有一定的减税作用。然而，延期支付的缺点也非常明显。延期支付的长期性使得高层管理人员不太会愿意去接受用很长的时间去持有本可以提前使用的资金，而且，高层管理人员所参与的延期支付激励计划所涉及的股票数量往往不多，这也很难产生较强的长期激励作用。

退休金计划是指一个企业与其职工之间签订合同，按合同规定，公司向符合条件的职工支付退休金。该退休金或雇主为此提供的金额，应在雇员退休之前，根据有关文件的条款或企业的惯例，予以确定或估计。常见的退休金计划主要有三种。

第一种是固定收益的退休金计划，这一计划能够保证高管在退休后获得一个特定水平的退休收入，这种收入常常是基于他们的服务年限、年龄及薪酬水平确定的。固定收益的退休金计划相对来说较为稳定，员工承担的风险相对较小。

第二种是固定缴费退休金计划。在这种计划下，组织并不承诺在高管退休时会向他们提供某种水平的福利，而是为他们建立一个账户，并且保证每年向账户中投入一定的资金额度。退休人员所能获得的退休金福利水平取决于他们的个人账户中的资金投资的盈亏状况。

第三种为现金余额计划，它结合了前两者的优点，组织同样会为每位高管建立一个个人账户，并且按照员工股东薪酬的一定百分比来向账户中投入资金，这个账户中的资金会根据一个事先确定好的利率产生利息收入，因此，该账户中的缴纳情况和收益情况都能够实现预测。

退休金计划由于能够给高管人员在退休之后提供较好的保障，因此，有助于留住优秀的管理人才。尤其是大多数的退休金计划都与高管的服务年限和公司的长期绩效相关，这样也有利于促使高管更关注公司的长远发展，从而起到长期激励的作用。

另外一种较为普遍的薪酬激励机制是股票期权，即企业授予高层管理人员在特定期间，以一定价格购买一定数量企业股票的权力。股票期权通过将企业的利益与高层管理人员的利益紧密联系在一起，使得高层管理人员关注公司的长期发展，从而起到长期激励的作用。股票期权始于20世纪70年代，据统计，《财富》排名前1 000家的美国公司中，已有90%以上推行了股票期权，然而，在我国，这一制度仍处于探索阶段。有关股票期权的内容将在第三节中详细介绍。

第三节　股权激励

股权激励是通过适当的制度安排和机制设计，让经营者获得公司的股权，使经营者取得一定的经济利益，并且让经营者以公司股东的身份参与企业决策，分享风险与利润，从而使经营者能更好地为公司服务的一种激励方法。基于委托代理理论，股东委托经理人经营资产。但是由于信息不对称，以及契约的不完备，经理人相对股东来讲，拥有更多关于企业的信息资源，所以公司的发展和运营，在某些时候，需要依赖经理人的道德因素。从目标的追求来说，股东希望通过所持有股票的股权价格最大化，从而使自身利益最大化。而经理人也是希望追求自身利益最大化，但是途径则可能多种多样，甚至会危害股东的利益，例如数额巨大的在职消费等。因此，需要通过激励和约束机制来引导和约束经理人的行为。

在激励的方式中，工资往往在一定时间内相对稳定，财务指标虽然可以衡量公司的业绩，但往往局限在短期内。经理人很可能为了追求短期的目标而牺牲公司长远的利益。通过股权激励的模式，可以让经理人能从股东的角度去考虑问题，享受股票增值的收益，并承担相应的经营风险，使经理人的目标函数与股东的目标函数尽量一致。

一、股票期权

股票期权一般是企业在与经理人签订合同时，授予经理人在未来以合同约定的价格购买一定数量公司普通股的选择权，经理人有权在一定时期后出售这些股票，获得股票市价和行权价之间的差价。但在合同期内，期权不可转让，也不能得到股息。一般而言，股票期权具有如下特点：股票期权是一种权利，而不是义务，经营者可以根据情况决定是否购买公司的股票；股票权利往往是公司无偿赠送给它的经营者的；权力虽然是赠送的，但是在购买股票时的费用往往需要经营者自己承担。

股票期权与期股不同，期股激励是指高管人员在一定期限内，有条件地以约定价格取得适当比例的企业股份的一种激励方式。在独资企业中，期股激励是指借用这一形式，对高管人员获得年薪以外的特别奖励实行延期兑现的激励方式。而股票期权，兼有“报酬激励”（高管人员通过取得股权时的代价与资本市场上该股权的价格差获取报酬）和“所有权激励”（作为公司股东，享有获得公司分红的权利和相应的股东影响力）的作用。

股票期权在上市公司中尤为常见。从激励对象来看，主要是针对能对公司业绩产生重大影响，并能直接影响公司股价的员工——往往是高管人员和技术骨干。股票期权通过让激励对象认识到自身的努力会在股票上得到回应，并且只有在股票上涨的时候才会有收益，使激励对象将自身目标与股东目标紧密结合起来。也就是说，通过股票期权，高层管理人员的个人利益同公司资产的保值增值以及所有者利益的联系更加紧密。

然而，股票期权在实施过程中，也存在一些问题。首先，只有股票价格上升时期权才有价值，而股价的波动受市场宏观环境的影响较大，因此，股票期权受股市的影响，有时并不能反映真实的高管人员努力程度。其次，股票期权持有人在股票价格上升时可以获得收益，而在价格下降时并不会受到实际损失，这可能促使高管人员采取更加冒险的经营行为：提高公司资产负债率，涉及风险性较大的活动，以增强短期内的回报。再次，股票期权激励机制的广泛运用，加深了高管人员与普通员工之间的报酬鸿沟，股票期权可以说是美国高管人员与普通员工薪酬差距如此之大的“罪魁祸首”。最后，股票期权激励机制可能使董事会将过多时间、精力耗费在薪酬事务上，忽略了对公司财务报告系统真实性和可靠性的监督，客观上使高管人员产生财务造假的动机。

因此，股票期权激励作用的发挥还需满足相应的前提条件：一是企业价值的增加主要是来源于经营者的努力，而不是宏观经济条件的影响；二是只有在与业绩挂钩的变动薪酬占经营者总薪酬相当比重时，才可实施股票期权激励机制；三是确定合适的授权期限数量、行权价格和行权期，以确保激励作用的发挥。

视野拓展 9-2 万科股权激励计划

据公告，万科发布的《A股股票期权激励计划（草案修订稿）》授权的总份数，以及行权价格，行权业绩考核目标等关键要素没有变化，公司按照8.89元/股的价格行权，这一价格高于昨天万科8.5元/股的收盘价。万科拟向激励对象授予总量1.1亿份股票期权，占授予时公司股本总额的1.000 4%。

业绩考核目标仍为，T年较T-1年净利润增长率不低于20%，T+1年较T-1年的净利润增长率不低于45%，T+2年较T-1年不低于75%的净利润增长，同时，净资产收益率依次不低于14%，14.5%，15%。只是原本草案以2010年为T年的股权激励草案，修改后变成了以2011年为T年，业绩增长参照基期也将由2009年变为2010年。

据了解，目前万科制定的三年净利润增长率的考核指标14%、14.5%和15%，均高于过去10年净资产收益率的平均值13.35%，如果按最后一年15%的考核指标，过去10年中，万科只有2005年和2007年这两年的业绩能够达标。调控之下，万科获得行权条件并非没有难度。

资料来源：万科再抛1.1亿份股权激励计划[N].新京报，2011-03-24.

股票期权中股权的安排形式主要包括绩效股赠送、虚拟股票等。绩效股是指企业运用每股收益、资产收益率等指标来评价经营者绩效，并视其绩效大小给予经营者数量不等的股票作为报酬。如果经营者绩效未能达到规定目标，经营者将丧失原持有的部分绩效股。这种方式使经营者不仅为了夺得绩效股而不断采取措施提高经营绩效，而且为了使每股市价最大化，也会采取各种措施使股票市价稳定上升，从而增加所有者财富。即使由于客观原因股价并未提高，经营者也会因为获取绩效股而获利。

虚拟股票模式是指公司授予激励对象一种“虚拟”的股票，激励对象所拥有的虚拟股票，没有所有权和表决权，不能出售和转让，离开公司时就取消。但虚拟股票拥有人可以据此享受一定数量的分红权和股价升值收益。本质上来说，虚拟股票是通过与所有者共同分享企业剩余索取权，将两者的利益紧密结合。从支付手段上来看，公司支付给持有人收益时，既可以支付现金或等值的股票，也可以是两者的结合。

虚拟股票具有如下优点：虚拟股票除了分红权外，虚拟股票的发放不影响公司的总资本和股本结构；虚拟股票可以避免股票收益人因市场价格的异常波动而影响收益；虚拟股票能很好地促使激励对象经营管理好企业，从而获得更多的股利收益；在收益模式上具有约束效应，必须达到一定的目标才可以实现。然而，虚拟股票也存在两点弊端：一方面，因为激励对象对分红的追求，很可能产生短期行为，过分的注重短期的利益；而另一方面，同样是对于分红的追求，企业在进行现金支付时，可能有很大的现金压力，也正是因为这一缺点，虚拟股票的适用对象往往为现金流量比较充裕的公司，或是高科技企业。

从虚拟股票的分类来看，主要有以下三种类型：㊀

（1）股利收入型虚拟股票，即公司期初在名义上授予激励对象一定数量的股票，在规定期限内，经营者仅享有股利收入权。有些地方所称的“干股”就是股利收入型虚拟股票，我国不少非上市公司，采用过此模式。

干股模式对激励对象而言，无付款压力，又享有企业剩余利润分配权，对于股票不能上市流通的企业而言是很受欢迎的一种股权激励模式。但由于激励对象只能享受分红收益，不能获得公司股票的溢价收益，激励效果也较为有限。

（2）溢价收入型虚拟股票，公司期初在名义上授予激励对象一定数量的公司股票，价值按期初市场公平价计算；期末时若股票价值高于期初价值，则经营者享有这部分股票的期末期初价值差额，否则经营者将一无所得。

（3）市场价值型虚拟股票，即公司在期初名义上授予经营者一定数量的公司股票，期末则按这部分股票的市场价值奖励给经营者现金。

股票期权的一个变化是股票增值权，作用与股票期权的激励相似，在股票期权制度中，公司先从股市回购股票，在将这些股票按行权价格出售给经理人（经理人愿意行权的话），经理人再用高于行权价的价格出售。这样的交易不仅繁琐，而且涉及的税务繁多。所以，直接计算股票的差价收益，并将此差价收益作为激励工具往往更简单有效。

激励对象可通过行权获得相应数量的股价升值收益，激励对象不用为行权付出现金，行权后往往获得现金，也有时候会获得股票或是现金和股票的结合。

股票增值权是一种权利，并不会影响公司股份总额。但是，相对而言，这对激励对象的约束程度相对股票期权而言较低。

股票增值权是一种长期的激励模式。股票期权本身的特点尤其适用于我国国有企业。从我国国有企业性质来看，基础性的行业居多，这样，其投资收益期时间往往较长，需要经营者能够在其岗位上工作较长时间，这样公司才能获得连续的发展。同时国有企业的经营者往往不能拥有企业的股份，并且有的部门企业的经营层，可能拿不出足够的资金来行使股票期权。这样来看，股票增值权可以有效地解决上述问题。

视野拓展 9-3　东风汽车集团股份有限公司

东风汽车集团股份有限公司，经国务院国有资产监督管理委员会批准，在2006年4月19日董事会会议上获得通过决议，公司首次为公司的高层管理人员实行股票增值权计划，

㊀ 周斌．现代薪酬管理[M]．成都：西南财经大学出版社，2006-09.

首次授予的股票增值权为55 665 783个单位，相当于公司注册股本约0.65%或公司H股股本约1.95%。股票增值权的授予日期为H股上市后第31个营业日，即2006年1月23日，授予价格为授予日期前30个营业日期间的股票平均收市价，即港币2.01元，从授出日期起计最少两年内，不得行使股票增值权，且受以下其他限制规定：

（1）授予日期后第三年，可行使的已授股票增值权最多为30%；

（2）授予日期后第四年，可进一步行使已授股票增值权的35%；

（3）授予日期后第五年，可行使其余的35%已授股票增值权。

2007年，经国务院国有资产管理委员会批准，并在2007年4月18日董事会会议上获得批准，东风汽车集团股份有限公司实施第二次股票增值权授予计划，授予日期为2007年1月15日。此次授予股票增值权为31 417 349个单位，相当于公司注册股本约0.36%或公司H股股本约1.10%，本次授出股票增值权的授予价格为3.10港元，即授予日期前5个交易日的股票平均收市价与授予日当天收市价的较高者，由授出日期起计最少两年内，不得行使股票增值权，且受以下其他限制规定：

（1）授予日期后第三年，可行使的已授股票增值权最多为40%；

（2）授予日期后第四年，可进一步行使已授股票增值权的30%；

（3）授予日期后第五年，可行使其余的30%已授股票增值权。

资料来源：http://investor.jfinfo.com/news/20121224/00068448.shtml.

二、限制性股票

限制性股票是指上市公司按照股权激励计划约定的条件，授予公司员工一定数量本公司的股票，激励对象只有在工作年限或业绩目标符合股权激励计划规定条件的，才可出售限制性股票并从中获益。限制性股票通常是为了某一特定计划而设计的激励机制。激励对象只要满足限制条件，就能得到公司无偿给予的股票，限制条件通常为：服务年限、一定的销售或生产目标、转让条件。

已经有越来越多的公司开始采用限制性股票。据调查，《财富》1 500强的公司中，2000年授予公司CEO限制性股票的公司比例为20.2%，2002年为24.9%，2003年就达到了36%。从获得条件上来看，往往是免费赠与或是采取象征性收费的方式。关键在于出售条件上，一般来说，方案都是各个公司按自身的情况，所追求的业绩目标等情况来设计。需要注意的是，国内明确规定了限制性股票应当设立禁售期限。

限制性股票的授予价格既可以是免费也可以是由上市公司自行设定。然而对于一些企业，尤其是管理不健全，管理者缺位的企业，可能会制定极为容易的业绩目标，并从中牟利，对于这种道德性风险，在实施限制性股票的公司中要注意规避。在实施限制性股票时，应该认识到，它是一种激励方式，而不是公司给予高管的“福利”。

|视|野|拓|展|9-4

广联达软件股份有限公司限制性股票激励计划（草案）

该激励计划授予所涉及的标的股票为8 500 000股，占激励计划公告时公司股本总额40 500万股的2.1%。其中，首次授予8 100 000股，占公司总股本的2.0%；预留400 000股，占公司总股本的0.1%，占本激励计划授予的股票总数的4.7%。

1. 授予日

授予限制性股票的授予日应在本计划经中国证监会备案无异议、公司股东大会审议通过后，由董事会按相关规定确定，原则上以股东大会后董事会召开之日为准，且授予日不得晚于股东大会后的30日。授予日应为交易日；若根据以上原则确定的日期为非交易日，则授予日顺延至其后的第一个交易日为准。

授予日不得为下列期间：

（1）公司定期报告公布前30日；

（2）公司业绩预告、业绩快报公告前10日至公告后2个交易日内；

（3）重大交易或重大事项决定过程中至该事项公告后2个交易日；

（4）其他可能影响股价的重大事件发生之日起至公告后2个交易日。

上述“重大交易”、“重大事项”及“可能影响股价的重大事件”，均为公司依据现行适用的《上市规则》的有关规定和要求应当披露的交易或其他重大事项。

本计划经股东大会审议通过后30日内，不得进行增发新股、资产注入、发行可转债等重大事项。

2. 锁定期

自限制性股票授予日起的12个月内为锁定期，在锁定期内，激励对象根据本计划获授的限制性股票被锁定，不得转让。

激励对象获授的限制性股票在锁定期不享有进行转让或用于担保或偿还债务等处置权。锁定期内激励对象因获授的限制性股票而取得的红股、资本公积转增股份、配股股份、增发中向原股东配售的股份同时锁定，不得在二级市场出售或以其他方式转让，该等股份锁定期的截止日期与限制性股票相同。

3. 解锁期

锁定期后为解锁期。首次授予的限制性股票解锁安排如表9-3所示。

预留的限制性股票解锁安排如表9-4所示。

表9-3 首次授予的限制性股票解锁安排

解锁安排	解锁时间	解锁比例
第一次解锁	自授予日起满12个月后由董事会决议确认满足第一次解锁条件	30%
第二次解锁	自授予日起满24个月后由董事会决议确认满足第二次解锁条件	30%
第三次解锁	自授予日起满36个月后由董事会决议确认满足第三次解锁条件	40%

表9-4 预留的限制性股票解锁安排

解锁安排	解锁时间	解锁比例
第一次解锁	自预留部分的限制性股票授予日起满12个月后由董事会决议确认满足第一次解锁条件	30%
第二次解锁	自预留部分的限制性股票授予日起满24个月后由董事会决议确认满足第二次解锁条件	30%
第三次解锁	自预留部分的限制性股票授予日起满36个月后由董事会决议确认满足第三次解锁条件	40%

在解锁期内，激励对象可在董事会确认当期达到解锁条件后，在董事会确定的解锁窗口期内对相应比例的限制性股票申请解锁，当期未申请解锁的部分不再解锁并由公司回购注销。

若任何一年未达到解锁条件，该部分标的股票作废，激励对象也不得在以后的年度内再次申请该等标的股票解锁。作废的限制性股票，由公司按照授予价格进行回购。

四、解锁条件

解锁期内，激励对象申请对获授的限制性股票解锁，必须同时满足以下条件。

（一）广联达未发生以下任一情形

（1）最近一个会计年度财务会计报告被注册会计师出具否定意见或者无法表示意见的审计报告；

（2）最近一年内因重大违法违规行为被中国证监会予以行政处罚；

（3）中国证监会认定的其他情形。

（二）激励对象未发生以下任一情形

（1）最近三年内被证券交易所公开谴责或宣布为不适当人选的；

（2）最近三年内因重大违法违规行为被中国证监会予以行政处罚的；

（3）具有《公司法》规定的不得担任公司董事、监事、高级管理人员情形的。

（三）公司业绩考核条件

激励计划首次授予（包括预留部分）激励对象的限制性股票分三期解锁，各期解锁需满足的公司业绩考核条件如表 9-5 所示。

（四）激励对象在各解锁期的上一年度绩效考核结果必须合格。

资料来源：中国证券报·中证网。

表 9-5 各期解锁条件

解锁安排	公司业绩考核目标
第一次解锁	2013 年净利润相比 2012 年度增长不低于 15%，2013 年净资产收益率不低于 14%
第二次解锁	2014 年净利润相比 2012 年度增长不低于 40%，2014 年净资产收益率不低于 14%
第三次解锁	2015 年净利润相比 2012 年度增长不低于 75%，2015 年净资产收益率不低于 14%

三、管理层收购

管理层收购（MBO）是指公司的管理层利用借贷等方式收购本公司的一种行为。与员工持股计划不同，管理层收购也不同于上述的收购方式。这种收购能使公司的经营层变成了公司的所有者，甚至能成为公司真正的实际控制人。通过 MBO 带来的私有产权能产生更为有效的利用资源的激励，这对于提高管理层的积极性，降低代理成本，改善经营状况等起到的积极的作用一般来说，都比上述的方式更强。因为管理层不但有利益的追求，更因为其身上还背负着债务，从两个方面不断促使管理层实现改善公司绩效的愿望。

国际上对管理层收购目标公司设立的条件是：企业具有比较强且稳定的现金流生产能力，企业经营管理层在企业管理岗位上工作年限较长、经验丰富，企业债务比较少，企业具有较大的降低成本、提高经营利润的潜力空间和能力。

（一）从表面上看，管理层收购是掠夺了公司的所有权，实际上，企业的股东也有让管理层进行 MBO 的冲动

（1）在监督体系并不健全的情况下，管理者有置股东利益而不顾，追求自身利益的冲动。尤其是股权分散的上市公司，这种情况更为明显，使经理层成为股东，可以减少这种情况的发生。

（2）大型公司中，各种子机构错综复杂，利益方面就常常有冲突，臃肿庞杂的组织机构，对于不了解公司实际运营状况的股东说，要想真正了解，不仅极其耗费个人精力，也提高了公司的行政成本。

（二）管理层收购的主要特点

（1）管理层的主要投资者是对公司业务非常了解，并有很强经营能力的管理人员，通过管理层收购的方式，使他们从经营者的单一身份，变成了所有者与经营者的双重身份。

（2）管理层收购主要是通过借贷进行融资来完成的，而且往往借贷数额巨大，使得管理层无力自行支付全部债务。但是，管理层相对于股东来说对公司信息更为了解，更能清楚地知道公司现存的经营潜力和提升空间。所以，管理层会用被收购企业的现金流来偿还债务。

视野拓展9-5　新浪MBO

2009年9月28日，新浪发布收购公告，宣布包括总经理曹国伟在内的管理层，将购入560万股新浪普通股，总价约为1.8亿美元，之后管理层成为新浪的第一大股东。这一交易成为了中国互联网行业首例管理者收购。

根据收购方案，新浪管理团队将通过新浪投资控股有限公司（以下简称“新浪投资控股”）完成此次MBO，该公司由包括CEO曹国伟在内的新浪管理层成员控制，是一家注册于英属维尔金群岛的公司。新浪向“新浪投资控股”定向增发约560万股普通股，总股本将从5 394万股增加到约5 954万股，收购总额约为1.8亿美元。增发结束之后，“新浪投资控股”拥有新浪总股本的大约9.4%，成为新浪第一大股东，并相对控股。根据美国证监会（SEC）的规定，单一机构或个人投资者在上市公司中的持股比例不得超过10%。“新浪投资控股”的9.4%股权加上原来新浪董事会与管理层（共计11人）持有的2.19%的股权，总计超过了10%，相对而言管理层的控股地位比较稳固。此次收购中收购资金1.8亿美元的来源包括管理层的个人财富、银行贷款和私募股权基金：包括曹国伟在内的新浪六人管理团队出资5 000万美元；美林证券提供5 800万美元贷款；三家私募基金出资7 500万美元。

对于管理层增持，曹国伟表示，“叫MBO也好，管理层增持也好，我想此次增发，确立了新浪管理层作为新浪第一大股东的地位，毫无疑问地这将很大程度上改变新浪长期以来股权分散的情况。更重要的是，这将使管理层和股东的利益更加趋于一致，从而更有利于新浪长期稳定的发展”。曹国伟也坦言，管理层增持股票，成为新浪的大股东，其一直以来都有思考，但也一直没有下定决心跨出这一步。“这对于公司来说无疑是件好事，更有利于新浪长期稳定的发展，但对我个人和团队来说则是一个很大的挑战，需要极大的勇气。”

从新浪MBO之后的股价来看，市场反应是积极的；管理层收购后企业减少了对于股权激励报酬机制的依赖。MBO的实施有助于新浪的长期战略规划和管理层的经营决策行为，较好地解决了新浪过于分散的股权问题。

资料来源：新浪MBO，管理层成第一股东[J]. 东方早报，2009-09-29.

（三）管理层收购常用的方式

1. 收购股票

收购股票是指管理层从目标公司的股东那里直接购买股票。如果目标公司股本结构简单，股东数目不多，购买目标公司股票的谈判过程就比较简单，直接与目标公司的大股东进行收购谈判。如果目标公司是个公开发行股票的公司，收购程序就相当复杂。一般的操作方式为目标公司的管理层通过向金融机构进行大量的债务融资，然后收购该目标公司的发行股票。一般来说，在二级市场购买目标公司股票是一种相对简单的方法。但收购到一定程度，股份达到一定比例时，按相关法律的规定，需满足披露和公告义务。更要向目标公司股东发出收购要约，这样，所有的股东会知道了管理层的收购意向，并可能提高要约价格，提高了整体的收购价格。

2. 收购资产

收购资产指管理层收购目标公司大部分或全部的资产，实现对目标公司的所有权和业务经营控制。

如果收购的是上市公司或集团子公司，目标公司的管理团队可以直接向目标公司发出收购要约，在双方共同接受的价格和支付条件下一次性或分阶段地实现资产收购。

如果收购的是公营部门或公司，一般有两种方式：①一口吞的方式，即目标公司的管理层直接收购公营部门或公司的整体或全部资产，一次性完成私有化改选；②化整为零的方式——先将公营部门或公司分解为多个部分，然后进行分别收购，至最后收购完成，原公司就会变成多个独立经营的私营企业。

|视|野|拓|展|9-6　　中国式 MBO

产权改革在20世纪90年代成为了中国市场化改革的焦点问题，按照当时主流经济学家的看法，产权不明晰是国有企业效率低下的关键所在。

而作为一种发端于成熟市场经济体的企业治理模式，MBO（Management Buy-Outs，管理层收购，主要是指公司的职业经理层利用借贷所融资本或股权交易收购本公司的一种行为）。在欧美企业界一直不乏成功的案例。但将MBO引入中国的"嫁接"行为却产生了"橘生淮北则为枳"的效果。

当名噪一时的四通投资有限公司（即新四通）成立时，很多人寄望于通过"中国式MBO"帮助它实现飞跃。但事与愿违，今天当我们再次谈起四通公司时，除了还能记得它曾是打字机之王之外，已经没有别的印象。类似的案例层出不穷，这让一些经济学家对"中国式MBO"实行的环境和条件提出了质疑。国外实践证明，MBO在激励管理层的积极性、降低代理成本和改善企业经营状况等方面的确能够起到积极作用。那么，中国式MBO的症结何在?

在国外，MBO主要被作为一种多元化集团剥离边缘资产和企业反收购的手段，而且是一种典型的市场行为，其收购价格往往是以市价为基础，经收购者和目标公司的讨价还价来确定；而在我国，MBO的基本目的就是产权改革，从目前已完成的MBO案例来看，大部分都是以协议转让的方式进行，根本不存在公开竞价环节。因此管理层有着强烈的动机来促成MBO的发生，但随之而来的债务压力将使得管理层倾向于短期行为，这导致了MBO后企业高派现和经营状况恶化等现象。

2004年，在轰动一时的“郎顾之争”中，香港中文大学教授郎咸平指出，中国的职业经理人阶层尚未发展成熟，为数众多的国有企业高层管理人员缺乏信托责任意识，民营企业和国有企业的管理层可能利用有关法律制度的缺失，通过暗箱操作，自己制定价格，在国企改制中“合法”地侵吞国家财富。郎咸平用“保姆理论”解释这一现象：保姆把主人的家收拾干净本来是天经地义，但保姆在收拾干净之后却摇身一变成为了主人，而这种行为的根据就是，保姆在拥有这个家后会更加注重清洁。确保公正性的关键在于，在此过程中保姆是否付出了应当付出的对价，以及保姆在购买主人家产之前是否有在主人不知情的情况下对家产动了导致贬损的手脚？

郎咸平的观点引起了从学者到民众的巨大反响，尽管弹赞不一，但总体而言，产权改革不再被视作提升企业效率的灵丹妙药。主流观点更加认同的是，在众多国有企业管理层缺乏信托责任意识的局面下，应尽快树立职业经理人的信托责任观念。

资料来源：中国式MBO[J]. 21世纪商业评论，2009-10-11.

MBO可以说是与管理者职能化这一主要趋势背道而驰的一种方式，其本身可能并不代表一种高效率的产权结构，而很大程度上是一种实现产权结构高效率的中间手段。为了提高产权效率，获得所有者地位的高管人员可能会逐渐摆脱管理者的位置，而聘用专职的管理者，从而在真正意义上完成从管理者到所有者身份的置换。

本章小结

物质激励可以包括工资、奖金与福利等多种方式，现实中又可以分为直接薪酬与间接薪酬。直接薪酬即货币形式的回报，可以分为固定薪酬和可变薪酬。间接薪酬，即为提供的福利。精神激励使用的是非物质手段，形式多样，包括认可、赞扬、荣誉称号以及信任与公平等多方面。物质激励与精神激励在企业中要根据实际情况结合使用。

高管薪酬体系的设计需要遵守内部公平性、外部竞争性、激励性、可承受性、合法性与战略导向性原则。不同形式的激励方式对高层管理人员的激励作用也不相同，从作用的时间来看，可以分为短期激励薪酬制度和长期激励薪酬制度。

股权激励是通过适当的制度安排和机制设计，让经营者获得公司的股权，使经营者取得一定的经济利益，并且让经营者以公司股东的身份参与企业决策，分享风险与利润，从而使经营者能更好为公司服务的一种激励方法。

复习思考题

1. 举例说明企业中员工的薪酬由哪些部分组成。
2. 精神激励有什么特点？如何应用才能发挥效果？
3. 高管薪酬体系的长期与短期激励有哪些形式？
4. 中国企业的股权激励有哪些特点？

|综|合|案|例|9-1 泸州老窖激励的困境

泸州老窖于2006年6月6日公布了股权激励计划草案，2006年8月1日公布了股东大会的批准决案。其股权激励计划草案中规定，授予激励对象2 400万份股票期权。股票来源为泸州老窖向激励对象定向发行2 400万股泸州老窖股票，占本激励计划签署时泸州老窖股本总额841 399 673股的2.85%。激励有效期为自股票期权授权日起10年时间。授予12位高管及核心技术人员。授予价格为股权激励草案的公告日前1个交易日公司股票收盘价11.11元的115%，即12.78元。各年的激励条件为：2006年扣除非经常性损益后、以总股本841 399 673股计算的每股收益不低于0.2元/股（若自非流通股股份获得流通权之日起至2006年12月31日期间发生股本变更时，则对每股收益作相应调整），且净资产收益率不低于10%。2007年度扣除非经常性损益后的净利润比上年增长不低于30%，且净资产收益率不低于10%。2008年度扣除非经常性损益后的净利润比上年增长不低于30%，且净资产收益率不低于10%。

从行权指标和价格来看，这一方案还算合理：采用多维指标、行权指标设置严格、授予价格高于证监会标准、有效期较长。公司实际经营结果在股权激励方案通过后，也确实得到了提升。但是，由于激励的预期收益过高，不能满足新的监管法规和要求。《国有控股上市公司（境内）实施股权激励试行办法》第十六条规定，“在股权激励计划有效期内，高级管理人员个人股权激励预期收益水平，应控制在其薪酬总水平（含预期的期权或股权收益）的30%以内”。而随着泸州老窖股票价格在2006年6月以后的快速上涨，其高管人员股权激励的预期收益最高的甚至超过了1亿元，而高管人员的实际年薪却不到100万元，显然这一条件无法得到有效满足，这一方案最终未能成功实施。在2010年1月，对原方案进行大幅度修订之后，方案才得以实施。

新方案与原方案相比，激励数量及激励份额占总股本比例、激励份额在激励对象之间的结构分布、激励方案的等待期和有效期以及行权条件和行权安排都进行了相应的修改。两个方案的比较如表9-6所示。

从对泸州老窖股权激励方案的总结，我们可以非常明显地观察到薪酬管制背景下国有企

表9-6 两种方案的比较

	2006年6月方案	2010年1月方案
有无明确的薪酬管制安排	无	1. 有 2. 授予的期权数量和份额下降 3. 高管所获期权占比下降 4. 限制股票期权的预期收益水平
激励方面的表现（面向未来）	1. 行权价格高出当时市价15% 2. 有效期10年 3. 授予的期权数量和份额较高 4. 高管所获期权占比较高	1. 行权条件和安排更加规范 2. 等待期由1年延长为2年 3. 就低不就高的行权价格，提高了激励强度
福利方面的表现（利益分配）	1. 择时（股市低迷时）提出股权激励方案 2. 行权条件和安排比较简单 3. 等待期仅为1年，较短	1. 就低不就高的行权价格，即使股价大跌，通过行权仍可获得满意收益 2. 有效期减为5年
奖励/补偿表现（面向过去）	无	就低不就高的行权价格，与过去五年的良好经营业绩表现以及2006年6月的另一项面向经销商等的成功定向增发因素交织在一起

业股权激励的定位困境：尽管它名义上的确是出于激励的目的，也具有一定的激励特征，但是，在泸州老窖的股权激励计划中我们又可以很明显地观察到自定薪酬、自谋福利等利益输送特征，例如，在股价大跌的情况下，高管仍可通过行权获得满意收益，这就会降低高管的努力程度。同时该计划也具有一定的对历史贡献予以奖励，以及对过去激励不足损失予以补偿的色彩。这些都导致泸州老窖的股权激励计划陷入定位困境，并被异化，它似乎什么都是，但又似乎什么都不是。

泸州老窖的股权激励兼具激励、福利和奖励三种性质，而这种性质的混杂性最终会导致国有企业的股权激励陷入定位困境，无法发挥其应有的激励效果。在股权激励方案中，我们可以明显地观察到由于内部人控制问题比较严重而导致的自定薪酬、自谋福利现象。再加上由于薪酬管制导致的对历史业绩所提供的有效激励不足进而需要予以奖励或补偿，这三个因素混杂在一起必然会导致在国有企业中存在着股权激励的定位困境，无法发挥其应有的激励效果。

资料来源：辛宇，吕长江．激励、福利还是奖励：薪酬管制背景下国有企业股权激励的定位困境——基于泸州老窖的案例分析 [J]. 会计研究，2012(6).

讨论题：

1. 为什么泸州老窖的股权激励存在定位困境？

2. 泸州老窖 2006 年 6 月通过的股权激励方案存在什么问题？如果没有相关法规的约束，这一方案的实施可能对公司造成何种影响？

3. 国有企业应该如何定位股权激励？

|综|合|案|例|9-2　华神股权激励：充满曲折的成功之旅

1. 第一次股权激励：人算不如天算

（1）董事会预备会议：聚焦激励对象。

2008 年 3 月 5 日中午，成都华神集团的会议室，这里正准备召开集团董事会预备会议，讨论股权激励事宜，并确定激励对象名单。

接下来便是一番唇枪舌剑。集团两大业务副总，华神药业有限责任公司以及华神生物技术有限责任公司总经理万方，华神钢构有限责任公司总经理李建华相继强调自身负责业务对于整个集团业绩的巨大贡献。而另外一边，财务总监易剑鸣和一位人事行政部门经理也强调各自职能部门对集团的重要贡献。

考虑到此次股权激励可能造成的重大影响，赵卫青果断决定会后由他和薪酬与考核委员会负责制订股权激励计划名单，并通过董事会进行表决。

（2）华神集团八届四次董事会：第一次股权激励出炉。

2008 年 4 月 10 日，华神集团召开八届四次董事会。会上，薪酬与考核委员会委员、总裁周蕴瑾介绍了激励名单情况，激励对象共 97 人。名单包括三部分，其一，所有董事（独立董事除外）及集团高级管理人员 9 人；其二，集团公司职能部门负责人 10 人；其三，各子公司管理层及职能部门经理、副经理，核心技术骨干等 78 人。经过与会人员的审议，该方案全票通过。

（3）华神第一次股权激励搁浅：股市暴风雨。

2008 年，受全球宏观经济影响，中国股市低迷。华神集团的股价就从授予日的 14.70 元跌到了 4.62 元。最后，赵卫青决定，在下个月召开董事会，讨论终止这次股权激励的事宜。

2008 年 9 月 18 日，成都华神集团召开董事会议，决定停止实施股权激励，并承诺此次确定的激励名单在下次的股权激励计划中仍然有效。

2. 第二次股权激励：再度折戈

（1）八届第十七次董事会：确定股权激励方式和行权价格。

2009 年 3 月 30 日，华神集团召开董事会，讨论重启股权激励计划。根据中国证监会的新规定，股权激励的股票来源不能由大股东直接提供，故需要重新制定股权激励计划。

会上，公司常务副总王天祥建议新的股权激励采用股票期权激励的方式，这样既可以借鉴其他公司经验，降低风险，也可以缓解限制性股票对激励对象造成的现金压力。另一方面，公司董事和副总裁易剑鸣则援引证监会相关规定，建议实行限制性股票激励。接下来，会议陷入激烈争论。赵卫青决定投票表决。有6位选择了限制性股票激励方式，3位选择了股票期权激励方式，最后决定选择限制性股票的激励方式。

会议还讨论了行权价格问题。根据证监会相关规定和公司近一个月股价的实际情况，行权价格下限为4.13元。公司在2008年的熊市最低价是4.5元。

有人提议行权价格定为4.13元，但也有人认为这样的定价难以向投资者传递管理层对于公司未来发展的信心。独立董事，律师杨向荣建议，把公司的行权价格定在2008年熊市最低价，也就是4.5元。

经过讨论，大家意见逐渐一致。最后，赵卫青拍板决定行权价格定为4.5元，并维持上次的激励名单。由董秘魏依国制定初稿，上报中国证监会。

（2）来自中国证监会的一通电话：第二次股权激励再次搁浅

2009年4月15日，证监会在回复中提出两点意见，其一，股权激励授予条件和业绩考核条件太保守；其二，激励人数太多，缺少针对性。赵卫青决定召集薪酬与考核委员会及相关成员，在第二天上午开会商讨方案调整事宜。

3. 第三次股权激励：修成正果

（1）董事长办公室里的纠结。

在第二天的会议中，新上任的财务总监伯建平认为，方案调整的难点在于解锁期内的解锁条件考核。按照之前的方案，依据证监会的规定，行权总成本大概在58 160 000元左右，按年分摊后，对于年净利润仅几百万的公司来说压力太大。

董事长赵卫青则认为，相较于费用分摊，激励人员的确定更加重要。只有妥善处理名单问题，公司上下才能团结一致，将净利润提起来。赵卫青最后决定方案修改问题，由周蕴瑾筛选，财务总监会同董事会秘书根据其他公司的做法重新制定业绩要求。

（2）八届第二十六次董事会：第三次股权激励成功登岸。

2009年9月22日，时隔近半年，八届第二十六次董事会终于召开。会上，由董事会秘书魏依国介绍股权激励方案的调整情况。方案调整主要包括三个方面。其一，授予条件改为：公司2009年净利润值不低于2008年度的120%，且2009年度加权平均净资产收益率不低于2008年度的120%，在解锁期内，当年的解锁条件是当年的净利润增长率不低于上年的120%。其二，激励名单调整，激励人数从89人调整为48人，其中公司认定的满足条件的核心技术人员由80人降至36人，同时增加了管理层中的激励对象3人，包括一名董事、一名审计总监和一名人事总监。其三，相应的股权激励授予数量降为800万股，占公司总股本的比重为4.01%。按照股权激励的财务安排，公司股权激励每年分摊费用2 000万左右。与会人员基本赞同。

会上还决定，对于被筛选出激励名单的员工，按照股权激励可能带给他们的收益，到时用奖金的方式补偿一部分，以安抚军心。

4. 华神股权激励后记

2009年10月15日，华神集团股权激励第三次方案通过中国证监会审核。

2009年12月11日，华神集团临时股东大会审议通过了股权激励修订案。2010年2月12日，历经两年磨难的华神集团，终于对外发布了向股权激励对方授予限制性股票的公告。

2010年3月，华神集团再次发布一条重要性公告——成都华神集团股票有限公司限售股份解除限售提示性公告，“公司将于股权分置改革完成后委托董事会制订并实施股权激励计划”。从这一日开始，占华神集团总股本

24.09% 的股份将解除限售，上市流通。

资料来源：蓝发钦，沈祖贤．华神股权激励：充满曲折的成功之旅 [OL]. 中国管理案例共享中心案例库．王天甲改编。

讨论题：

1. 相较于传统的激励方式，股权激励具有什么优势？
2. 股权激励方式适用于什么情况？
3. 为什么华神集团股权激励方案的推行经历如此波折？
4. 在推行股权激励方案时，应注意哪些问题？

第十章
组织变革

学习目标

- 理解组织进行变革的原因
- 清楚组织变革的类型
- 了解组织的变革模型
- 清楚组织变革可能会面临的阻力
- 掌握进行组织变革的方法与技巧

核心概念

组织变革、变革模型、变革阻力、变革的实施。

在一个组织的存续过程中，其内外部环境会不断发生改变，因此没有一种完美的组织设计可以保证组织能够持续适应环境的变化。当前政治和经济环境、新技术发展、竞争全球化、公众偏好以及员工期望变化得越来越快速和不可预测，对现代组织的生存与发展形成了越来越多的挑战。在这种情形下，就更需要组织有能力应对内外部环境所带来的压力，及时地进行组织变革，以适应客观发展规律，更好地实现组织目标。

引例

海尔的网络化变革

在过去的近三十年间，海尔经历了四个发展阶段：名牌战略（1984 ~ 1991 年）、多元化战略（1991 ~ 1998 年）、国际化战略（1998 ~ 2005 年）、全球化品牌战略（2005 ~ 2012 年），如今海尔迎来了第五个发展阶段，海尔人称之为网络化战略阶段。

在这一新战略阶段，海尔提出了两个目标，一个是创造全球家电领域交互用户的引领竞争力；另一个是创造虚实融合交互用户的引领竞争力。

与此同时，海尔也发布了网络化战略阶段的新品牌形象：海尔主色彩从红色变为蓝色，以体现科技创新与智慧洞察的视觉感受；“i”上的点由方点变为圆点，体现海尔创互联网时代的全球化品牌理想，也表现了海尔对网络平台中每一个个体的关注；辅助图形为网格状，象征海尔节点闭环的动态网状组织，网格没有边框，无限延伸，喻意网络化的海尔无边界。

早在 2013 年 5 月底，海尔还在互联网上发起了“海尔全球 slogan 征集”的大型网络互动，以“一句话的力量”为题，通过 SNS、facebook 等社交媒体，在全球 27 个国家与网友展开互动，邀请全球网友参与海尔新战略时期的品牌口号。

1个月的时间，700多万网友参与了互动，收集到有效作品39万多条，平均每天收到10 000多条创意。

在当天举行的“2013海尔商业模式创新全球论坛”上，海尔集团董事局主席、首席执行官张瑞敏就互联网时代的企业管理阐述了他的管理理念。

张瑞敏说，一个商业模式可持续发展，关键就在于建立一个互联网时代的企业文化。当今企业的商业模式都要变革，因为所有企业的商业模式都建立在分工理论上，但是互联网消除了用户距离，颠覆了企业和用户之间的信息不对称，在零距离的时代，原有商业模式都不好用了。

互联网时代的企业文化是什么？张瑞敏的个人体会，第一是网络化，第二是平台化。互联网带来的最大影响就是消除了距离。传统经济驱动的原动力是规模经济和范围经济，就是做大做广，但是互联网经济时代驱动前进的原动力是平台，平台即可以快速配置资源的框架（见图10-1）。

目前，海尔探索的“人单合一双赢”商业模式，其核心是创造用户价值最大化或者公司价值最大化，然后得到个人利益最大化。这个模式推进之后带来的是：第一是对组织的颠覆，第二是对员工的颠覆。对组织的颠覆是把原来金字塔的形式颠覆成一个扁平化的平台。海尔有8万人，现在变成2 000个经营体，原来很多中层的领导没有了，变成平台型的企业。这个平台由3种人组成，一部分人是原来被割裂的研发、销售、生产等各个部门，现在在平台上是相互协同的关系；第二部分是供应商，由原来相互博弈的关系变成合作的关系；第三部分是用户，原来用户只是购买者，现在可以成为设计者，与生产者融合在一起，变成利益共同体。企业原有的很多层级不存在了，都被扁平化了。

张瑞敏认为战略和组织架构是企业的两个变量，战略是大脑，而组织架构是身体，战略的变化决定着组织架构的变化。互联网时代，随着大数据的应用，平台作用日益凸显。用户可以主导企业的发展方向，平台理论颠覆了传统的分工理论，海尔要迎合这个变化，在调整战略的同时也在组织架构上进行了调整。

对于互联网时代的挑战，张瑞敏有清醒的认识。“这是最好的时代，也是最坏的时代。”他引用狄更斯的经典名句来阐述企业在互联网时代面临的机遇和挑战。“互联网对每个企业来说，如果你能适应它、驾驭它、走到它的前面，互联网对于你就是最好的时代，如果你背离它，那么互联网对我们每个企业就是灾难，就是最坏。”

面对互联网时代的到来，传统管理理论已经不适应时代发展，商业模式创新是全球企业面临的共同难题。而海尔在商业模式上的颠覆性创新——“人单合一双赢”模式因破解了互联网时

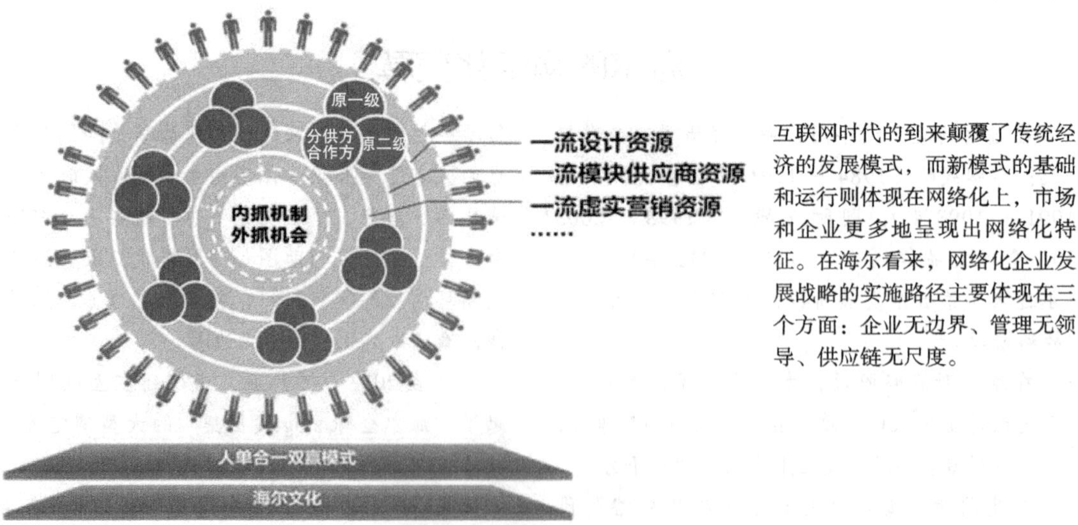

图10-1 海尔的商业模式

代的管理难题，以其时代性和国际性吸引了国内外商学院、管理专家的关注，他们持续研究海尔"人单合一双赢"模式。

平台战略的提出者、麻省理工大学斯隆管理学院教授迈克尔 A. 库斯玛诺在此次论坛上说，在传统产业里面，他从来没有看到过一个公司像海尔这么专注地推行平台战略，海尔已经不仅仅是把平台战略放在思考层面，而是付诸了实践。在他看来，互联网时代，海尔走在传统企业转型的最前面。

资料来源：海尔发布新网络化品牌战略 [OL]. http://dz.jjckb.cn/www/pages/webpage2009/html/2013-07/30/content_77784.htm?div=-1，2013-07-30.

第一节　为什么要进行组织变革

组织之所以会发生变革，是由于内外部环境发生了变化，使得当前的组织设计无法很好地应对这些变化。伊恩·帕尔默（Ian Palmer）等通过分析管理者为什么会变革自己的组织，总结了组织在变革中面临的几种主要的环境压力以及组织内部压力，他们还分析了组织面对外部环境压力时没有明显反应的一些原因[⊖]。

一、变革的环境压力

1. 管理理论与实践的变化

当最新的管理理论和管理实践出现时，许多组织为了能够成为专业的、先进的组织，有可能会发生变革。表 10-1 列出了每个时期流行的管理理论与管理实践，它们的出现对一些组织产生了影响，并使其采取了相应的变革。

表 10-1　管理理论与实践的变革

20 世纪 50 年代	20 世纪 60 年代	20 世纪 70 年代	20 世纪 80 年代	20 世纪 90 年代
目标管理（MBO） 计划评审技术（PERT） 员工帮助计划（EAPs）	敏感性训练和 T- 小组训练	工作生活质量计划、质量圈	企业文化 全面质量管理 质量管理体系标准（ISO9000） 标杆管理	授予员工更多的权利 组织扁平化 设立愿景 重组敏捷战略 核心能力

2. 相关管制的压力

组织外部存在一些相关的监管机构和其他的会对组织产生影响的组织团体，这些机构或团体对组织的影响可以分为两类。一类是正式的强制性压力，包括政府出台了一些法律和政策，组织为了满足这些要求就需要进行变革，例如 2006 年新的《公司法》颁布实施以后，设立独立董事成为上市公司的法定义务，使上市公司董事会的格局发生了改变；正式的强制性压力还可能表现为子公司接受母公司制定的一系列的权责标准、绩效标准和其他的一些实践。另一类是非正式的强制性压力，比如与组织有业务关系的其他组织采取某种变革时，组织为了得到这些组织的支持也有可能会产生变革的需要。

⊖ 伊恩·帕尔默. 组织变革管理 [M]. 金永红，奚玉芹，译. 2 版. 北京：中国人民大学出版社，2009: 45-67.

3. 地缘政治的压力

按照地缘政治学的观点，组织所处国家的地理因素（如地理位置、人口、资源、经济）会对该国家的政治产生影响㊀，而一个国家的政治环境变化会影响组织进行变革。2011 年 2 月，宁波华丰建设公司在利比亚的建设项目受到了利比亚战争的冲击，其在当地的建筑工地被抢，导致上千名中国工人被迫离开营地，公司不得不撤回了其在利比亚的大部分员工。中石化的子公司阿达克斯石油（Addax Petroleum）在加蓬的 Obangue 油田开采权被加蓬政府以公司存在违约行为为由剥夺，另外一座主要油田 Tsiengui 也面临着被政府收回开采权的危机。这事实上是加蓬国家石油公司成立以后，政府试图加强对其丰富石油资源控制力度的结果。

4. 市场的压力

组织提供产品和服务的市场也会随着时间的推移而变化，消费者对某些产品和服务的兴趣降低，或者出现了新的产品和服务导致原来的市场空间压缩。国美电器、苏宁电器推出网上商城业务，中粮集团推出“我买网”食品购物网站，就是因为感受到了来自各种网络商家剧增所带来的压力，试图抢占网络购物的市场。

5. 高度竞争的压力

来自同行业的竞争压力迫使组织采取变革以维持自己的竞争优势。在竞争激烈的家电行业，格力电器通过建立和完善质量管理体系，不断变革和创新营销模式，其在空调市场的占有率一直稳居国内行业领先地位，在中国加入 WTO 之后，面对全球同行业的竞争压力，格力电器也打出“争创世界第一”的口号，不断进行组织变革，引入六西格玛管理方法，推行卓越绩效管理模式。

6. 声誉和信誉的压力

组织的声誉和信誉是组织非常重要的无形资产，有研究证据表明，拥有相对较好声誉的公司更有可能在长时期内保持较好的收益㊁，在声誉和信誉受到威胁的情况下，组织就有可能需要变革。2011 年的一起网络炫富事件给中国红十字会的社会公信力带来了直接挑战，面对公众强烈质疑的压力，中国红十字会决心在 2013 年起全面启动综合改革。

二、关于组织面对环境压力时不发生变革情形的几种观点

在面对环境压力时，有些组织会很快做出反应，有些组织反应就比较慢，而有些组织却没有完全意识到外部压力的威胁。为了解释在面对环境压力时没有导致组织变革的情形，伊恩·帕尔默总结了四对关于这个问题的观点㊂。

1. 组织学习与威胁刚性

关于环境压力对适应性和创新性组织变革的作用是促进还是阻碍，并没有一个统一的观点。组织学习理论认为环境压力（如市场衰退）可以使管理者从问题中学习，为了弥补组织

㊀ 拉祖瓦耶夫. 论“地缘政治学”概念 [J]. 赵思辛，黄德兴，译. 现代外国哲学社会科学文摘，1994(10).

㊁ Roberts P W, Dowling G R. Corporate reputation and sustained superior financial performance[J]. Strategic Management Journal, 2002.

㊂ 伊恩·帕尔默. 组织变革管理 [M]. 金永红，奚玉芹，译. 2 版. 北京：中国人民大学出版社，2009: 57-61.

实际成绩同期望值之间的差距采取措施，促进创新的组织适应性和组织变革。威胁刚性理论则认为当面对有威胁的环境压力时，管理者的认知和决策过程会受到限制，有可能会阻碍创新性的组织变革。

2. 环境的客观结构与认知结构

按照博伊德（Boyd）等的观点，管理者的认知经常会发生以下两种错误⊖：

（1）环境是（客观）稳定的，然而管理者认为环境是紊乱的，并采取（不必要的）行动。

（2）环境是（客观）紊乱的，然而管理者认为环境是稳定的，没有采取措施从而使公司的生存受到威胁。

斯米瑞奇（Smircich）和斯达巴特（Stubbart）提出了第三种观点，即环境并不是完全独立于人的观念和感知之外的客观存在的实体。不同的管理者以不同的方式来理解变革行动以及自己组织之外发生的事情。博格尼尔（Bogner）和巴尔（Barr）则进行了进一步的深化。他们认为，管理者的认知结构会影响其感知周围事物的方式、关注的事物的种类、对关注事物的理解及采取相应措施的方式。

3. 变革力与稳定力

莫纳（Mone）认为环境压力与创新性变革之间的关系受三个因素的影响：

（1）组织使命在外部环境和股东方面制度化的程度：当制度化程度越低时，对创新性变革的反应将会越灵活。

（2）组织资源和权力的集中程度：组织的权力越集中，为实现变革而制定决策分配资源的能力就越大。

（3）管理者解释衰退的基本依据：衰退的原因越可控或者越稳定，管理者就越能够引入创新的变革，因为他们会觉得这些原因比较持久。

基于这些因素的影响，就要意识到稳定力和变革力是同时存在的，并且要考虑到它们之间的关系。比如，认为激烈的竞争压力是组织变革前进的动力就意味着忽略了当前的稳定力。

4. 联结与缓冲（调整与屏蔽）

如何应对环境不确定性带来的压力是组织始终需要解决的问题，对环境不确定性的管理主要有两种策略：联结与缓冲。

联结策略是指调整组织的各部分，使其适应外部环境的变化，从而保持组织的活力。例如在学校里，可能会通过鼓励学生家长的家庭监督和教育，协助老师共同提升“差生”的成绩。

缓冲策略是指为组织的各部分屏蔽环境影响从而避免某种压力带来的变革，以保持组织效率。例如在学校中，通过制定规章制度，坚持让外界商业团体、家长团体和社团与学校的校长联系而不是直接与教师联系，校长可以保护学校教师不受外部压力的直接影响。

⊖ Boyd B K, Dess G G. Divergence between Archival and Perceptual Measures of the Environment: Causes and Consequences[J]. The Academy of Management Review, 1993.

三、组织内部压力

1. 增长的压力

随着公司的不断发展，原有的组织设计变得不再有效，就会逐渐产生增长的压力。例如随着组织规模的不断扩张，组织成员和组织层级越来越多，原有的组织结构无法适应现有的业务，这时就要增加或减少组织的一些部门，改变原有的组织结构。

2. 整合和协作的压力

为了能促进不同部门更好地整合和协作，也需要做出一些变革。例如组织在并购其他组织之后，对不同的业务部门进行整合，为它们的某些相同业务制定统一的标准和规则，可以促进相互之间信息交流与合作的一致性；当组织的规模较大，部门较多，信息交流与部门合作就可能会受到时间和空间的限制，引进先进的信息管理系统可以很好地降低这种影响。

3. 认同的压力

切斯特·巴纳德（Chester I. Barnard）认为：信息交流、做贡献的意愿、共同的目的是一个组织存在和发展的三个基本要素[⊖]，组织成员对组织的较强的认同感可以帮助增进他们对组织做出贡献的意愿，使他们认可组织的共同目标，提高组织的凝聚力和向心力，从而促进组织的生存与发展。在组织成员对组织缺乏认同感或认同感减弱时，组织就需要通过一定的手段来增强认同感。富士康公司在 2012 年 2 月宣布大幅提高其在中国的工厂员工的薪酬，并减少加班时间，就是因为屈服于认同的压力。

4. 新官上任三把火的压力

当新的领导者开始领导组织时，他们往往会按照自己的方式对组织进行改革，这就是“新官上任三把火”的现象。有时候是因为组织之前的业绩较差，新的领导者需要采用新的经营方式，试图改善组织绩效；有时是为了获得组织成员的支持，采取更有效的激励机制。但是，要注意到并非所有的新官上任所做的变革都是必需而且正确的，一旦新的领导者进行的变革并不能解决组织之间的问题，或者影响到组织成员的利益时，这种变革极有可能会失败。

5. 权力和政治的压力

组织的权力关系和内部政治在一定的情况下会直接导致组织的变革。1995 年 5 月刘永好和刘永行在一份董事会文件上正式签字，标志着希望集团原本创业期间模糊的产权关系被划分的清清楚楚，在这之后，兄弟四人各自创立了新的公司，原有的希望集团也不再存在。

第二节　变革的类型与模型

一、变革类型

达夫特（Richard L. Daft）认为有四种类型的组织变革可以使组织获得战略优势，即

⊖ 切斯特·巴纳德. 经理人员的职能 [M]. 王永贵，译. 北京：机械工业出版社，2007.

技术变革、产品及服务变革、战略和结构变革、文化变革[1]。金伯利和奎因（John Robert Kimberly & Robert E. Quinn）将组织变革分为组织重组、重新定位与改造重生三类[2]。罗宾斯（Stephen P. Robbins）认为组织变革主要包括结构变革、技术变革和人员改革[3]。

总的来说，按照变革内容来划分，组织变革可以分为技术变革、结构变革、战略变革、文化变革和人员变革。

1. 技术变革

技术是组织将投入转变为产出的能力，技术变革主要是包括工艺程序的变革、操作流程的变革、设备更新、信息系统更新等。一个组织必须不断地开发、获取和适应新的技术，否则就可能在竞争中落后甚至是失败。

2. 结构变革

结构变革是对组织的整个结构或部分结构进行调整，比如增加或取消某个职能部门、改变部门与部门之间的关系、减少管理层次、下放决策权，以及改变机械式结构，采取更容易促进生产工艺和新产品创新的有机式结构。不论组织结构发生怎样的变革，贯穿其中的始终是权力的重新分配。

|视|野|拓|展|10-1　中兴的大规模变革：打破事业部制

2006年年末开始到2007年5月，为了应对国内国际电信市场环境的变化，同时考虑到公司已经发展到新阶段，旧的组织结构已经不能适应公司的经营和发展，中兴针对自己的“心脏”——系统产品领域，进行了一场大规模的彻底的组织结构调整。在此之前，中兴系统产品领域分为五大事业部：本部、数据、CDMA、网络和移动事业部。每条大的产品线都是一个独立的事业部，自负盈亏，是独立的利润中心。事业部制能够保证公司的利润率，但是由于资源相对分散，除了CDMA和小灵通之外，中兴的其他产品线在行业内都排不到前几名，竞争优势并不明显。另外，中兴CDMA事业部相关人士表示，起初公司某一事业部面向客户只卖单一的设备，若客户还需要其他产品，就需要花很长时间去协调别的事业部，这样反应速度就慢半拍，很容易失去机会。并且在争夺潜在客户的时候，中兴往往只有一个事业部做支持，而采用功能矩阵式组织结构的竞争对手华为却能迅速调动所有产品线的资源来支持。

中兴此次重组，彻底打破了已经实行八年的产品事业部体制，改成按照平台和功能，分为市场、研发、生产、服务等近矩阵式结构。一些打散后的组织单位将分别融入其他业务部门，如原来各个产品事业部的研发归为中心研究院，原来的生产部门、售后售前服务各归入不同的体系。通过这次组织上的优化和变革，中兴对市场的反应速度得到了大大提高。

资料来源：马作宽．组织变革[M]．北京：中国经济出版社，2009: 27-28.

[1] Daft R L. Organization Theory and Design[M]. 9th edition, South-Western, 2007: 402-405.

[2] Kimberly J R,Quinn R E. Managing organizational transitions[M]. Homewood, IL:Richard D.Invin, 1984.

[3] Robbins S P. Organization Theory: Structure, Design andApplications[M] . Fifth Edition New Jersey Prentice Hall Engle-wood Cliffs , 1995: 381 - 409.

3. 战略变革

组织战略要跟随组织的不断发展和竞争地位的变化而改变，当组织规模扩大或缩小、竞争地位上升或下降时，就要相应地改变组织战略。此外组织战略还要适应其他的一些因素，比如新技术的采用可能要求组织采用更积极的市场战略，组织结构的扁平化要求组织更倾向于自下而上的战略变革。

4. 文化变革

组织文化可以增强组织的凝聚力，促进组织认同，提高组织成员的积极性。文化变革的过程可能是潜移默化的，比如组织成员的技术水平提高、价值观念改变而影响组织文化不断变化；也有可能是激进的，比如新的领导者上任，可能因为与原来的领导者管理理念不同，而实施不同的组织文化。

5. 人员变革

组织成员的工作状态和人员的配置关系到组织发展的活力，直接影响组织的效率。人员的变革是非常复杂、也是最困难的变革，因为它涉及组织成员的态度、动机、行为以及成员之间人际关系和协作方式的改变。人员变革包括人事变动和员工培训，人事变动指的是人员的增减、岗位的调动，员工培训则是为了提高成员的工作能力，增强组织认同感，使成员的工作行为更好地满足组织目标。组织成员对组织做出贡献的意愿是组织不断发展的动力，良好的人员变革可以保证组织的发展活力。

|视|野|拓|展|10-2 “全员下岗、竞争上岗”

改革开放以来，为了适应市场经济的要求，许多国内企业进行了大量的管理创新和组织创新。“全员下岗、竞争上岗”的实践即是其中之一。为了克服组织保守，一些企业在组织实践中采取全员下岗，继而再竞争上岗的变革方式。这种方式有些极端，但其中体现了深刻的变革思维。稳定性对于企业组织至关重要，但是当企业由于领导超前意识差、员工安于现状而陷入超稳定结构时，企业组织将趋于僵化、保守，会影响企业组织的发展。此时，小扰动不足以打破初态的稳定性，也就很难达到目标状态。“不过正不足以矫枉”，只有通过全员下岗，粉碎长期形成的关系网和利益格局，摆脱原有的保守僵化，才能彻底打破初态的稳定性。再进一步通过竞争上岗，激发企业员工的工作热情和对企业的关心，只要竞争是公平、公正、公开的，就有助于形成新的动力，把企业组织引向新的稳定态。

资料来源：马作宽．组织变革 [M]. 北京：中国经济出版社，2009: 29-30.

二、变革模型

组织变革应当是一个有计划的持续的过程，为了更好地对变革进行管理，就必须对它的基本过程有着全面的认识，下面介绍几个重要的组织变革模型：勒温的三阶段变革过程模型，沙因的组织变革模型，卡斯特的有计划变革的过程模型，科特的八阶段变革模型。

（一）勒温的三阶段变革过程模型

库尔特·勒温的三阶段变革过程模型是最有影响力的变革模型。勒温把组织的变革过程分为三个阶段：解冻、变革、再冻结，用这三个阶段解释组织发动、管理和稳定变革的过程[⊖]（见图 10-2）。

图 10-2 勒温的三阶段变革过程模型

1. 解冻阶段

解冻阶段是一个准备的阶段，重点在于创设变革的动机，使维持当前状态的力量减弱，并且让个体、群体或组织能够意识到并接受即将进行的变革。领导者的任务就是改变成员的当前观念和态度，明确组织变革的目标和方向，激励组织成员参与变革。要做好这一阶段，一方面，需要弱化或否定旧的行为和态度；另一方面，要使领导者认识到变革的紧迫性。

2. 变革阶段

此阶段是一个学习的过程，是按照计划方案开展具体的变革运动或行动，使个体、群体和组织转变到一个新的状态。在这一阶段，应当向成员不断传达新的理念、观点和行为方式，并为成员树立新的工作态度和行为榜样。

3. 再冻结

由于变革的组织状态是在长期的环境影响中形成的，存在一定的惯性，组织变革行动发生之后，还有可能会出现反复的情形。因此在这一阶段，要对变革后的行为进行强化，使新的组织状态成为标准和规范。为了巩固组织变革，需要使组织成员有机会尝试和体验新的行为和态度，并及时给予正面的强化；同时，还要加强群体变革行为的稳定性，促使稳定持久的群体行为规范形成。

（二）沙因的组织变革模型

沙因在坚持勒温的三阶段变革过程模型的基础上，对其每一步进行了扩展和详述，并提出了一些具体的方法[⊜]：

1. 解冻

这个阶段是产生对变革的刺激和准备，沙因认为至少有三种方法可以解冻组织：

（1）不确定或缺少证明：通过展现客户基础被腐蚀以及必须采取行动来阻止这种趋势来引出组织成员的不满，或是证明外部环境存在威胁组织生存的因素，以强调变革的必要性。

（2）罪恶感或焦虑感的引入：当组织成员意识到他们现在做得不够好的时候，他们有可能会产生罪恶感或焦虑感，以及缩小与期望之间差距的动力，从而推动变革。

（3）心理安全的创造：仅有不确定的产生和罪恶感以及焦虑感的引入是不够的，还必须让成员相信变革不会引起窘迫或者羞辱，要让组织成员感觉到变革是有意义的，并且感觉到

⊖ 王重鸣．管理心理学 [M]. 北京：人民教育出版社，2001: 384-385.

⊜ W 沃纳·伯克．组织变革——理论和实践 [M]. 燕清联合，译．北京：中国劳动社会保障出版社，2004: 133-134.

心理上的安全，他们才会拥护变革。

2. 变革

这个阶段包括“认知重组”，意味着组织成员需要看到与以往不同的事情，要采取与以往不同的行动，这个过程包括两部分：

（1）选择一个新的模型、指导者、领导，或者一个顾问，“从其他人的观点去看问题。如果我们看到一个观点在我们所注意和尊重的人那里产生，我们能想象那个观点是为我们自己考虑的”。

（2）扫描环境以发现新的、相关的信息。这种变革是否在其他的组织中出现过？我们的组织是否处在危机之中？我们是否能得到别人的经验？这里的行动是要邀请外来的有经验的人分享他们的知识，还是选择组织成员去外部进行学习以获得变革的新的信息？

3. 再冻结

这个阶段是包括两个部分：

（1）个人的和个体的：帮助成员适应新的行为和观念，把新的行为和规则与个人的观念紧密结合起来。这个过程需要大量的实践比如试验新的行为、获得反馈、在恰当的时候给予奖励。

（2）个人间的：确保新的行为同组织中其他重要的人以及其他重要个体（一个紧密合作的组织成员）匹配良好，相互适应变化了的行为，即“我变了，如果我们要在未来有效地合作，那么你也要改变”。

（三）卡斯特的有计划变革的过程模型

卡斯特和罗森茨韦克（Fremont E. Kast & James E. Rosenzweig）从系统和权变的视角提出，一个良好的有计划的变革过程有助于不断地评价和确定应给以解决的适宜问题[⊖]（见图 10-3）。

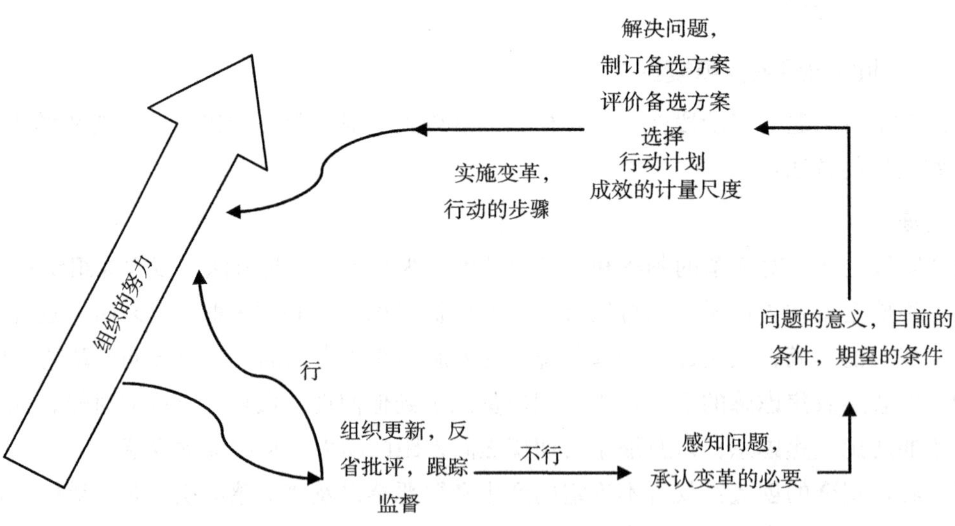

图 10-3 有计划变革的过程模型

⊖ 弗莱蒙特 E 卡斯特，等 . 组织与管理——系统方法与权变方法 [M]. 傅严，李柱流，译 . 北京：中国社会科学出版社，2000: 773-776.

在图 10-3 中说明了在一项有计划的变革过程中应当具有的步骤：

（1）一个组织要想保持生存、具有活力和适应环境，就要进行更加努力的探索过程。问题的感知包括承认了解变革的必要性。对问题的了解和察觉可来源于不同的方面，其中最重要的来源是组织的反省、批评和跟踪监督的过程。

（2）要清楚目前存在问题的意义所在，并能确认目前的条件同组织所期望的条件之间在各方面的差距，将一个问题很好地讲述清楚就等于解决了一半。

（3）解决问题的阶段包含制定备选方案、评价备选方案和选择未来行动方案。要确定出试探性行动步骤，并对其可行性进行检测。同时要建立绩效的测量指标，可以对变革的成果进行评价。

（4）实施变革行动的步骤是按照选择的行动方案实施变革行动。

（5）在变革实施以后，要对实际取得的成果进行评价。如果评价的结果是与原计划相符合，这一步骤就不会引起新的行动。如果发现问题，就会导致有计划变革的一个新的循环。"问题"（目前条件和期望条件间的差距）的内在含义很重要，因为即使变革的大多数部分都进行得比较满意，也都有可能存在改进的余地。如果有计划的变革的总过程成为管理系统的一个组成部分，那么根据所确定出的问题，许多组织对改进的努力都可以包含于解决问题的过程之中。

（四）科特的八阶段变革模型

科特认为组织变革的失败往往是由于领导者犯了以下八个错误：未建立足够的紧迫感，没能建立起一个有力的领导团队，缺乏愿景，对愿景的沟通不足，没有为新的愿景移除障碍，没有系统地计划和获取短期成功，过早地宣布胜利，没有使变革嵌入到组织文化之中。

科特认为成功的变革努力依赖于精心安排和设计的有序步骤，这些步骤可清晰地表明变革需求，使人们从情感上承诺变革，然后消除变革阻力，强化与变革一致的行为[⊖]。他针对以上的八个错误，逐个给出了解决方案：

（1）提高紧迫性。在重大变革中取得成功的组织，一开始人们受到了冲击，成员之间互相影响，内在的满足感减弱，而紧迫感逐渐增强，这种紧迫感有时可以通过创造性的方式形成，促使人们采取行动。

（2）创设领导团队。仅仅依靠单独的一个人或者弱小的工作团队难以领导成功的变革。随着紧迫性的增强，具有领导能力的变革代理人走到一起，组成一个具有必要的能力、威望的团队来领导变革，并且鼓励更多的组织成员参与变革。紧迫感有助于促进领导团队的形成，当紧迫感存在时，更多的人希望帮助提供领导力，但变革是有风险的，因此领导变革的人员需要付出更多的努力。

（3）构建正确的愿景。领导团队应当能构建合理、清晰、简明和令人振奋的愿景以及一系列战略。一个优秀的领导团队应当能回答一些问题以产生明确的方向感，如组织需要什么样的变革？组织新的愿景是怎样的？改变什么和不改变什么？实现愿景的最佳途径是什么？

⊖ 乔伊斯 S 奥斯兰，等．组织行为学经典文献 [M]. 顾琴轩，译．北京：中国人民大学出版社，2010: 446-458.

对这些问题的合理解答可以帮助组织做好变革的定位。

（4）沟通变革愿景。利用各种手段，与组织成员就愿景和战略进行沟通，目的是获得成员的理解和内在层面的承诺，使尽可能多的人行动起来。这个过程中行动往往比语言更重要，而且要不断地重复。

（5）授权行动。来自个体的最大的障碍往往是组织的领导者，在下属看到了愿景并希望提供帮助时，领导者要给予他们一定的权力。

（6）取得短期成功。当被授权成员取得了短期的成功，这种胜利会坚定他们继续变革的决心，得到情感上的鼓励，也可以减少那些来自变革反对者的批评，增加变革的动力。如果没能获得显著的收益，那么成员的积极性会受到挫败，变革努力不可避免的遇到危机。

（7）持续的努力。在获得短期的成功之后，变革的努力会具有目标和动力，在这种情形下，要持续保持紧迫感，不能过早地宣布成功，也不轻易地放弃，努力制造一波又一波的变革，直到实现愿景。

（8）巩固变革。组织的传统力量很强，变革很容易会退回到起点。组织的领导者应当促进塑造一种新的、支持性的并且足够强大的组织文化，并以此来巩固变革。

第三节　组织变革的阻力

良好的变革会给组织带来更强的活力，更好地实现组织目标，然而不论什么样的组织变革都无法让所有组织成员都心甘情愿地接受，他们可能在心理和行为上无视甚至抵触将要发生的变革。在组织变革中，存在一定的阻力是很正常的。科特和施莱辛格认为阻力出现的原因有：只顾个人私利，无视整体利益；不了解变革意义，对变革者缺乏信心；对变革结果的估计与变革者不同；担心自身的技能和知识不足[一]。罗宾斯认为变革阻力可以按照来源分为个体来源和组织来源，个体来源主要是个体的特征，如认知、人格和需求，组织来源主要包括组织结构本身、结构惯性、群体惯性等[二]。贝蒂认为人们反对变革是很正常的现象，无论在个体层面和组织层面都会存在阻力，而这些阻力主要表现在：过于关注成本，意识不到变革的好处，缺乏协调与合作，不确定性规避倾向，担心利益受损[三]。帕尔默（Ian Palmer）在提到人们为何会抵制变革时认为其原因有：不确定性带来的不良感觉，变革对利益的明显的负面影响，与当前组织文化有冲突，不相信变革是必需的；对“希望达到什么结果”缺乏正确认识，认为“计划中的某种变革”是不正确的，认为时机不对；对管理变革的方式的反对等。帕尔默还认为不仅一般的组织成员有可能会抵制变革，组织的管理人员也有可能抵制变革[四]。

按照这些学者对变革阻力的分类，组织变革的阻力一般可以按照来源分为三类：个体阻力、群体阻力、组织阻力。

[一] Kotter J P, Schlesinger L A. Choosing Strategiesfor Change[J]. Harvard Business Review, 2008.

[二] 斯蒂芬 P 罗宾斯，等 . 组织行为学精要 [M]. 郑晓明，译 . 北京：机械工业出版社，2011: 251.

[三] Daft R L. Organization Theory and Design[M]. 9th edition. South-Western, 2007: 426.

[四] 伊恩 • 帕尔默，等 . 组织变革管理 [M]. 金永红，奚玉芹，译 . 北京：中国人民大学出版社，2009: 146-158.

一、个体阻力

由于担心失去已有的东西，以及对不确定性的规避，个体在面对变革时可能会极度不安，从而阻止组织变革。个体对组织变革的阻力主要来自以下几个方面：

（1）行为上的惯性。人们都习惯于以熟悉的方式来工作，这是人类的天性，然而组织的变革将意味着组织中的个体要改变其原有的工作方式，因此个体行为上的惯性或者说是惰性就会使其对新的工作方式产生抵触行为。个体在组织中以一种工作方式工作的时间越久，这种行为上的惯性也就越难改变，在组织需要变革时产生的阻力也就越大。

（2）对不确定性的排斥。变革意味着要放弃原有的熟悉的传统，在未来的很长一段时间里局势很不明朗，要一直面对着模糊不确定的状态。对于不愿承担风险的人来说，会对这种不确定性产生排斥，也不愿面对不确定性可能带来的损失，所以会拒绝变革。

（3）对既得利益的威胁。个体对组织变革最期望的目标是能够增加自己的利益，然而，任何的组织变革都不能保证增加所有成员的利益，当预期自己的利益并不会增加甚至有可能会减少时，这些个体就会成为阻力。此外，组织变革有时还会带来新的利益分配和权力分配，一些既得利益者为了保证自己的利益和权力不受损失也会阻止变革，这种情况常见的就是组织的老员工比新员工更有可能会反对变革。

（4）对变革的了解不足。个体通常不会对变革的全部进行了解，对变革的目的、意义以及计划都没有系统详细的了解，而且通常都只用自己的认知方式去了解变革，并有意识地对信息进行选择性获取，一旦听到变革的不利就立刻产生抵触情绪。

二、群体阻力

组织内的各种群体也会对组织的变革产生阻力，作为组织的子系统，每个工作团队的工作效率和工作态度对组织绩效的影响要远远大于个体，在组织变革中产生的阻力也要比个体更严重，因此组织必须要重视变革中的群体反应。群体阻力的来源主要是担心群体规范的改变和群体内聚力的降低⊖：

（1）对群体规范改变的担心。每个群体都认为自己在组织中的地位很重要，并且对自己群体中的规范极为看重，当组织需要变革时，群体可能要改变自己的工作方式和工作规范，这样他们就会觉得变革改变了他们的群体规范，这种改变可能会影响他们的工作绩效。

（2）对内聚力降低的担心。组织变革经常伴随着人员的变动，群体成员认为这种变革会使他们的团队成员分开，削减他们的内聚力和团结性，进而影响群体的权力和地位，因此会极力反对变革。

三、组织阻力

一些组织在面临内外部环境压力需要变革时表现得比较迟钝、缺乏灵活性，无法适应环境变化的需求，这是因为组织本身存在着一定的阻力。组织阻力的来源主要有：

（1）组织结构惯性。每个组织都有自己的运行结构和机制，比如组织的专业化分工、业

⊖ 王重鸣．管理心理学 [M]. 北京：人民教育出版社，2001: 389.

务流程、决策机制、信息传递，它们的存在是为了保证组织的稳定，因此就其本质来说，是与变革相排斥的。当组织需要变革时，这种组织惯性就有可能成为阻碍变革的力量，只要在现有的组织结构和机制下组织的运行还可以被接受，那么组织就很可能会拒绝变革。

（2）过于保守的组织文化。组织文化是组织内所有成员所共享的价值观，一旦形成便会对组织产生重要的影响。如果一个组织的文化过于保守，并且这种文化被组织成员所坚守，组织成员的价值观、行为方式就会排斥变革。这时，越是强势的组织文化，组织变革就越难以进行。

（3）经验和能力不足。组织变革意味着组织可能要采取新的技术、开展新的业务或者新的市场、面对新的客户，这就要求组织要具有相关的经验或者很强的学习能力，当组织的经验和能力不足时，面临组织变革就会显得无所适从，甚至会导致组织的消亡。

|视|野|拓|展|10-3　组织变革的十大挑战

著名管理大师彼得·圣吉在《变革之舞》一书中总结了组织变革遇到的十大挑战。

（1）无暇顾及：变革者没有充分的时间对变革产生的重大问题进行思考并进行反复实践。

（2）缺乏帮助：变革没有得到上级与有关方面必要的支持与帮助，也缺乏必要的培训、辅导与协助。

（3）毫不相干：组织成员看不到变革计划能对企业、部门及个人带来好处。

（4）言行不一：变革者所倡导的新价值观、新工作行为、新领导风格与他们的行动格格不入。

（5）焦虑恐惧：变革者担心提出的变革措施由于可能会触及方方面面的利益，而影响其前途及与他人的关系。

（6）此路不通：由于企业没能采取恰当的方法与程序测量变革所取得的进步，甚至对变革的结果做出负面评价，导致组织成员得出“变革之路不通”的结论。

（7）傲慢孤立：组织的其他成员对变革者心存抵触情绪，甚至拒绝配合，使变革者陷入孤立无援的境地。

（8）无人负责：变革者要求更多的自主权，但是上级担心权力失控而不愿分权，结果造成变革者不愿承担责任。

（9）原地踏步：组织没能及时沟通变革的信息，导致变革的经验无法推广，组织还是依然故我。

（10）走向何方：组织向何处发展，有哪些新目标不明确？由于企业的未来有许多不确定性，组织成员充满焦虑和不安。

资料来源：李剑锋．组织行为学 [M]. 北京：首都经济贸易大学出版社，2012: 337-338.

第四节　组织变革的实施

一、角色定位

作为变革代理人的管理者，对组织变革的发起、支持和结果起着最直接的作用，而在组织中扮演的角色会影响其对变革的理解，并使其通过不同的方式影响变革。与一般的被动接受变革的代理人角色不同，有四种变革管理者的角色在面对组织变革时有着更积极的表现[一]。

（一）教练角色

变革的教练角色是指变革管理者能够以特定的方式，按照一定目的训练组织的能力。变革的重点是实施过程中的态度和行为，核心要素则是团队和小组。管理者知道他所希望的组织变革的最终结果会是怎样，他所做的就像是体育教练，主要工作就是培养组织或团队的能力，使其能够在竞争中获胜。在这种情况下，教练不是对成员的各项活动下达指令，而是对成员的价值观念、技能和“练习”进行适当地组合，使成员能够自主地完成预期目标，这里的“练习”就像是体育运动员所熟练掌握的各种运动技巧一样是被组织成员掌握的。

（二）解释者角色

在这种角色中，变革管理者的工作是为组织成员创建意义，为他们解释组织中各种事件和活动的意思。组织内部存在不同的团体，当组织面临变革时，它们对同一事件或同一活动存在不同的理解和解释，但最终只有一种理解和解释可以实现。变革管理者要使自己推行的变革能够顺利进行，就必须能够“提供合法的论点和原因说明为什么他们的活动符合这一情况以及为什么被认为是合法的”。例如，在组织进行人员调动时，不同的成员对其的理解往往不同，管理者就要尽力解释这种人员调动对组织以及成员的益处，使成员理解这种变动的意义。所以，较好的变革管理者应当是一个优秀的解释者，能够控制舆论，明确变革的含义。

（三）指挥者角色

指挥者的角色是在变革成果可预见的情况下，对组织变革的活动进行指挥和控制。在变革中，变革管理者以特殊的方式指挥组织，变革的成功与否依赖于变革管理者的能力。前文所述的阶段变革模型尤其是科特的八阶段变革模型是指挥者角色的重要工具，科特（Kotter）主张，如果变革管理者能够按照模型的步骤进行，那么组织的变革将会得到“一个满意的结果”。

（四）导航者角色

导航者的角色面临着大量的外部因素，因此对于组织来说或许只能实现一部分预期的成果，而其余的部分则超过了管理者的控制范围。一般地，随着时间的推移和组织环境的变化，组织的变革会表现出不同的形式，导航者的角色是要确保组织成员接受变革过程，使其掌握必要的技能和拥有必要的动力，然而，变革管理者的工作核心依然是对组织活动的控制，只是相对于指挥者的角色而言，控制时有一些选择和机动的余地。

二、战略变革——将愿景与变革联系起来

一个针对中国500强企业的研究表明，企业愿景表达与企业成长性之间具有一定的关系，有愿景企业的成长性要比无愿景企业的成长性高，且拥有更广大愿景的企业比一般愿景企业拥有更高的成长性[二]。愿景对变革的作用也十分重要，在第二节所描述的不同变革模型

[一] 伊恩·帕尔默，等．组织变革管理[M]. 金永红，奚玉芹译．北京：中国人民大学出版社，2009: 172-224.

[二] 田志龙，等．中国500强企业的愿景：内涵、有效性与影响因素[J]. 管理世界，2009(7).

向我们表明了这样一个信息，即如果一个组织想要成功地进行组织变革，那么它就必须要有正确的愿景以及目标。愿景是一个组织变革计划的基础，拥有战略性的愿景可以促进组织的竞争优势、提高组织绩效。一个清晰的愿景可以使组织识别出当前状态和组织目标的差距，帮助组织成员形成对当前组织地位的认识，激励组织成员实现个人目标和组织目标。相反的，如果一个组织缺乏愿景，那么当组织面临变革时，就有可能会无所察觉，或者无法找到一个合适的方式将愿景转化为行动，从而导致组织变革的失败。

愿景更多的是一种方向而非具体目标，因此不可能对其进行详细的描述，但这并不代表组织无法利用愿景获得正确的指导。对愿景的描述应当尽量避免过于抽象或者冠冕堂皇，那种描述根本无法阐明组织的未来应当是怎样的；但也不能只注意细节，过于关注短期目标，这也是不现实的。对于愿景的描述应当介于这两种情况之间，使得愿景既能提供关于组织未来的奋斗方向，又能明确成长过程中的一些必要任务，从而让组织成员将自身和组织的愿景与组织的变革以一种有意义的方式联系起来。

当将愿景与变革联系起来时，它们之间的关联方式则取决于变革管理者的角色，不同角色所关注的问题和方法是不同的，也就决定了不同的联系。

（1）当变革管理者的角色为教练时，愿景是非常重要的，它经常是在变革管理者使用自己的技能与组织成员进行互动，确定组织成员在变革中的工作计划和想要达到的目标的过程形成。愿景是通过商谈和共同的合作而形成的，如果成员的参与度不足，那么形成的愿景对变革将产生不了积极的影响。

（2）当变革管理者的角色为解释者时，愿景是组织中能够明确阐明其内部人员对于哪些活动和行为是有意义的解释，以及核心的意识形态和价值观，这些都是组织认同的基础。与教练角色不同，变革管理者作为解释者时，组织的愿景可能会从变革的过程中出现或表露出来，而不是推动变革。

（3）当变革管理者的角色为指挥者时，愿景对于组织变革的成功起着至关重要的作用，变革管理者在变革一开始的时候就明确地阐明愿景。在这种角色的领导过程中，愿景是变革的重要推动力，因此组织应当形成与变革相一致的清晰愿景，并且自上而下的向组织成员描述组织的愿景是什么。

（4）当变革管理者的角色为导航者时，组织的不同团体和利益相关者一般会持有不同的观点，因此愿景虽然非常重要，但也不一定能获得成功。愿景一般是在变革的过程中，由不同团体和利益相关者的争论形成。如果不能形成统一的组织愿景，那么变革管理者应当就各种不同的愿景来领导变革。

三、沟通策略与沟通技巧

在变革中非常重要的一点是要进行有效的沟通和讨论，变革管理者应该就组织变革的愿景和变革的实施与组织成员进行充分沟通，这将有助于增强反馈、提供社会支持以及调整组织变革。缺乏适当的变革沟通策略则有可能会带来不良的后果，因此在组织变革中应当注意沟通的策略和沟通技巧。

变革中的沟通策略和沟通技巧都十分重要，如果缺乏理解和制定沟通策略的技巧，那么也就无法明确成功实施组织变革的沟通策略；反过来，如果没有一种经过深思熟虑而得到的、清晰的变革沟通策略，沟通技巧也就没有用武之地。

（一）沟通策略

变革管理者经常需要解决不同的沟通策略难题，在解决这些难题的过程中，他或她也就形成了自己对变革进行沟通的策略。

（1）避免过度沟通。虽然在变革中，变革管理者要与组织成员进行大量的、充分的沟通，然而他们必须要持有一种认识：不要过度沟通。过度的沟通会使组织成员感受到信息过载，从而没有足够的时间和精力去思考变革。成功的变革管理者应当帮助组织成员过滤和提取那些对他们有用的信息，在这个意义上，变革管理者更像是变革信息的报告者。

（2）使成员真正接受。变革中的沟通应当是让组织成员能真正地接受变革信息，使他们积极地参与到变革当中来。变革管理者应当向组织成员表明变革中什么事情是重要的，解释变革中的成本和收益，使成员认识到变革是正确的，特别的是要指出他们将会如何从变革中获得好处。

（3）摆脱“喷洒与祈祷”。喷洒与祈祷指的是大量的信息包围住组织成员，假定更多的信息会带来更好的沟通，但是并没有对信息的重要性进行区分，变革管理者祈祷成员可以自己发现什么事情是需要做的，什么事情是不需要做的。这种策略当然可以让组织成员获得充足的信息，但是却使得他们只能理解当前在发生什么，而不能理解其中的原因和意义。

（二）沟通技巧

在明确了沟通策略之后，变革管理者还要具备熟练的沟通技巧。良好的沟通技巧可以保证沟通的顺畅，避免信息的意义产生分歧，准确传递信息的本质，并且使组织成员充分接受变革信息并采取行动。

（1）善于倾听。沟通不是简单的信息传递，只有信息被成员接收并且理解了，沟通才算是完整的。认真的倾听可以确定成员是否理解了变革的意义，还可以从成员那里获得对变革的看法或者建议，更重要的是倾听可以使成员感觉到受重视以及互动所带来的归属感，从而可以提高成员参与变革的积极性。

（2）讲故事。这是一种比较少被关注的沟通技巧，在组织变革遇到问题时，一些变革管理者过往的经历有时可以作为一个故事，或者激发组织成员的斗志，或者避免组织过去出现的错误，或者总结过去的成功经验为新的变革所用。

（3）向上级推销变革信息。变革管理者需要获得来自上级的支持，然而上级对于他们所提出的变革方案并非是“你卖什么，我就买什么”，因此变革管理者应当努力地向上级“推销”自己的观点，引起更高级管理层的注意并接受变革方案，从而支持变革的实施。

（4）毒性处理者。组织变革经常会出现挫折，再加上组织内部的竞争，都有可能会对成员造成困扰，使得成员变得迷惑、恐惧和苦恼，这些问题一旦产生便会不断蔓延，因此要及时予以解决。毒性处理者会主动地发现和处理这些“毒性”，降低变革的不良后果。通常，他们可以通过一些方法或技巧来处理这些问题，比如可以利用充满感情的倾听，使组织成员的愤怒或不满逐渐地减少；还可以利用鼓励的方式，帮助成员重新建立信心，驱散内心的恐惧和苦恼。

|视|野|拓|展|10-4 变革中的沟通

你和几个人一起野餐，快要下雨了。有人说："快走，我们到那座房子里去。"你可能稍许犹豫一下。他接着说："快下雨了，我们到那座房子里去，这样就不会被淋湿。"这时，你大概就会毫不犹豫地跟着他走了。

作为管理者，你从中得到什么启示？是的，愿景很重要，在愿景确立后，和员工有效地沟通愿景也很重要。在企业变革中，领导者必须把变革的愿景和策略广泛传达给员工，让他们理解和接受，并且行动起来，才能实现变革的愿景。

变革中怎么样沟通愿景和策略才更为有效呢？变革管理大师约翰·科特在《变革之心》一书中，提出了几个沟通的原则：

（1）回答员工关心的问题。领导者在和员工交流变革时，要抓住他们关心的问题，接受他们的不安情绪，取得他们的信任，让他们对愿景建立起信心。员工会提出各式各样的问题，伟大的领导者可以毫不费力地回答这些问题，但是对普通的经理人来说，在回答之前，还是要下一些功夫的。比如，经理人要记住一些信息，要学会正确应对员工的情绪等。

（2）准确、有效地传达重要信息。员工不一定需要所有的信息，但是一定要让他们接受到需要的信息。管理者可以把信息分类，过滤掉干扰信息，让员工只接收和自己工作有关系的信息，或者是员工想要知道的信息。

（3）诚实的沟通与交流。员工喜欢坦诚的交流，这让他们感到更安全。很多时候，即使真实的信息让他们感到不安，他们也希望管理层能真诚地对待他们。

（4）使用新技术。如企业内部网、通信卫星等，来帮助人们看到未来的愿景。

资料来源：以沟通促变革 [OL]. 世界经理人网站. http://www.ceconline.com/leadership/ma/8800043655/01/.

四、实现持续变革

成功的组织变革可以帮助组织改善原有的不良状态，然而仅仅一次变革的作用是有限的，也不能保证组织在未来的道路上一帆风顺。变革管理人员面临的一个重大的挑战是如何使变革的作用持续下去，并使变革与组织的日常活动紧密相连，成为组织新的常态。持续变革就是要使变革渗入到组织的日常活动中，不断地对日常活动进行改变。

接下来将介绍一些可以促进持续变革的活动。虽然没有任何方法能够保证变革成功并一直作用下去，但如果管理人员能够对这些活动给予更多的努力，那么将会有助于变革的持续。管理人员需要在变革的过程中而不是仅在变革之后就积极地实施这些活动，因为变革能否持续，是与其过程中的累积效应相关的。

（1）角色的重新设计。组织变革的一个常见结果就是组织角色的改变，但角色变革不仅仅是组织变革的结果，它还可以是组织变革的一个重要组成部分。组织成员的行为和态度会受到自己认为的自己的角色影响，将角色变革作为组织变革的一部分，可以直接促进成员态度和行为的改变。

（2）奖惩机制的重新设计。当组织成员的行为与变革的预期目标一致时，变革管理人员要对这种行为予以强化；当组织成员行为阻碍变革的进行时，应当采取措施予以规避。对组织的奖惩机制进行重新设计，可以巩固组织成员符合变革目标的新行为，控制不适当的行为。

（3）采取支持变革的实际行动。实际的行动胜过千言万语，变革管理人员应该采取与变革活动保持一致的行动，以表明对变革的重视。还可以对涉及变革的成员或团体分配更多的资源，传递出对变革行动高度支持的信号。

（4）鼓励自发的改变。对组织变革的设计不可能深入到每个成员的所有细节，组织基层的成员有可能对变革产生更为直接的促进作用。如果能鼓励组织成员自发地采取行动来帮助变革，让他们感受到来自上级的支持，那么变革便会真正地融入到组织之中。

（5）"中途"的庆祝。组织变革并非是一朝一夕的事情，变革的结果也常常会需要一些时间才会显露出来。在变革过程中取得的胜利会坚定组织持续变革的决心，增加变革的动力。中途的成功还可以帮助组织识别变革的优先领域，那些上升比较快的业务或许应当给予更多的资源分配，从而给组织带来更多的变革收益。

（6）微调。组织经常需要进行细微的改变，如果寄希望于通过推迟变革，在最后利用一次变革解决所有问题显然不是正确的做法。一个明智的管理者会在问题出现时就采取相应的对策，在问题很小时就及时予以解决，避免问题累积导致难以处理。此外，由于组织环境的变动非常快，已经制订的变革计划可能无法按照理想的状态进行，所以也需要进行细微的调整。

（7）检视变革。在变革过程中，对变革的进度进行检视，可以保证变革按照事先的计划进行，以及发现需要调整的任务。在变革结束后，对变革的结果进行检视，可以帮助组织认识到变革的任务是怎样被完成的，之前的变革努力会产生什么样的收获，总结出经验教训供组织在未来参考借鉴。

本章小结

现代组织面临着越来越复杂和高度不确定性的环境，其生存与发展面临着越来越多的挑战，在这种情况下没有一种完美的组织设计可以保证组织不受影响。因此，就需要组织有能力、及时地进行组织变革。导致组织变革的压力有很多，可以分为环境压力和组织内部压力两种。但是在面对压力时并非所有的组织都会发生变革，这些组织或者拥有一定的应变机制从而不需要变革，或者没有意识到变革的需要而没有采取措施。

对变革进行分类可以使变革管理者在面对变革时，清楚地知道自己需要在哪些方面做出更多努力。变革模型则可以作为分析和指导变革的重要工具，使变革管理者清楚变革每个阶段应该做些什么才能更好地实现变革目标。

识别并减少变革阻力是对变革管理人员的一项考验，来自个体、群体和组织的阻力始终存在于变革的过程之中，他们需要丰富的经验和技巧来解决这些问题。

组织变革的实施涉及多方面的问题，变革管理者所扮演的角色会影响到他将如何看待和领导变革。四种角色即教练、解释者、指挥者、导航者，可以在变革中发挥积极的推进作用，而不是被动地接受变革。愿景是一个组织变革计划的基础，拥有战略性的愿景可以促进组织的竞争优势、提高组织绩效。将愿景与变革联系起来，可以很好地促进变革的实施。组织想要实现长久的竞争优势，就要进行持续变革，使变革渗入到组织的日常活动中，不断地对日常活动进行改变。

复习思考题

1. 组织变革的压力有哪些？
2. 为什么有些组织在面临环境变化的压力下没有发生变革？
3. 举例说明组织变革的类型？你经历过哪些类型的变革？
4. 试着用科特的八阶段变革模型分析你经历过的一次变革？
5. 如何实现组织的持续变革？

延伸阅读

1. 尹恩·帕尔默，理查德·邓福德，吉布·埃金．组织变革管理[M]. 金永红、奚玉芹，译．北京：中国人民大学出版社，2009-12.
2. 沃纳·伯克．组织变革：理论和实践[M]. 北京：中国劳动社会保障出版社，2005-01.
3. [英] 奈杰尔金，尼尔安德森．组织创新与变革[M]. 冒光灿、关海峡，译．北京：清华大学出版社－汤姆森学习出版集团，2002-06.

|综|合|案|例|10-1　国泰君安证券的组织变革

2006年，有关企业组织变革的报道频频见诸报端：盛大的“瘦身运动”，玫琳凯向“员工制”转型，中国电信的流程重组，索尼的业务重整，正泰集团稀释家族股权的治理变革，等等。越来越多的企业认识到，在目前这样一个快速变动的市场中，只有持续地变革创新，有组织地放弃，有组织地革新，企业才能基业常青。

组织变革的表现形式丰富多样，可以是经营战略的变化、组织架构的调整、人力资源管理的革新，也可以是业务流程与管理流程的重组、技术领域与客服领域的创新；可以是群体与组织层面上的变革，也可以是个体层面上的改观；可以是适应性变革、渐进式变革，也可以是革命性变革、质变性变革。不管是哪种形式，都对组织的业务产生影响，对组织里的人产生影响，最终都是为了支持公司战略目标与经营目标的实现，为了适应市场以及满足客户的要求，为了增强公司的竞争力。

尽管变革的最终目标一致，但促使各家公司下决心实施组织变革的驱动力量却各不相同：盛大的“创业基因”日益受到“大锅饭问题”、“资历问题”的侵袭，使得高层决定在各个部门推行末位淘汰制，并进行组织架构调整，裁减冗员；索尼过去那种依靠单一产品获得高利润的竞争方式在如今客户需求与技术都快速变化的市场环境里已经失效，它必须从根本上转变经营思路，改变“拿着最好的鱼竿、拥有最好的钓鱼技术却钓不到鱼”的尴尬局面；而很多民营企业的组织变革是因为随着企业规模的日渐壮大，老板一人或者一个小团队的智慧已经无法支撑企业的运行。

关于组织变革，基本上包括三个问题：为什么要变革？变革什么？如何变革？人们往往对前两个问题有了明确答案，对第三个问题却一筹莫展。变革的过程一定程度上是利益的重新分配过程，必然会触及一部分人的既得利益，因此，几乎没有一场组织变革是顺利进行的。索尼公司前任CEO出井伸之就曾经感叹过：“说来好笑，公司100%的人认为需要变革，可是有90%的人不愿意改到自己头上。”在纷繁复杂的企业现实面前，众多企业面对组织变革大多是一筹莫展、举步维艰。

不过国泰君安证券股份有限公司是个例外，它刚刚在华信惠悦咨询公司的协助下进行了一次从薪酬制度、绩效管理到组织架构的全面变革。目前，各项改革措施已落地。国泰君安的这次组织变革，在理念、沟通、实施与巩固方面均有许多宝贵经验值得借鉴。

统一理念，明确变革目标

成功变革的第一步就是设立清晰的目标，

对期望中的未来进行详细的描述，使企业员工明白方向在哪里。扮演这一“拨云见日”角色的必须是公司的最高层领导，而且不是单个的领导，必须建立一支领导团队来领导变革。科特曾描述过这样的领导团队需要符合的四个特点：位高权重、术有专攻、诚信为本、领导才能。变革领导团队必须对变革方向有着统一而坚定的认识，并将它有效地传达到员工。

国泰君安的改革缘于内外部的压力。

从内部看，经营管理粗放，业务部门与运作部门职责分工不明，执行力与沟通方面存在着问题，薪酬体系也无法起到激励作用。加上国内证券市场连续5年的低迷，员工士气低落，业务能力下降。从外部原因来看，5年熊市之后，证券行业终于迎来了开放，市场容量大了，大量新的业务与金融产品出现，市场化程度高了，国际化趋势也很明显：所有股票都可以流通，国际和国内资本市场开始联动。面对市场的快速发展和同业竞争的日趋激烈，仅仅以营业部单枪匹马的作战方式越来越无法适应现在的战局了。

国泰君安总裁陈耿和其他公司高层领导一致认为，证券行业必定要朝着专业化、市场化和国际化的方向发展，证券公司内部必须要建立起以绩效为导向的执行文化，不断提升员工的专业能力，同时部门之间要更加团结协作。

国泰君安于是找到了华信惠悦咨询公司，希望对方能协助自己从内部岗位梳理着手，进行薪酬制度的改革，以期用薪酬的激励来提高执行力。然而，随着职位日渐清晰，公司管理层发现，这样的动作还不够。最后，陈耿等高层管理者们将项目定位在全面的组织变革，以人力资源管理为突破口，以营销业务转型为切入点。

充分沟通，消除变革障碍

根据华信惠悦公司的经验，一次变革，总会有三分之一以上的员工坚决反对；三分之一左右的员工倚墙，哪边势力大靠向哪边；另有不到三分之一的员工会支持。要化解员工的抵触情绪，按照科特的说法，“除了多多进行令人信服的交流，根本没有办法抓住军心”。变革领导者要让员工认识到，维持现状比闯入未知领域更危险。

其实早在2001年，国泰君安就曾试图进行组织变革，最后流产了。失败的原因在于，在变革方案设计阶段就在公司内大事宣传，引起了员工很大的抵触情绪。这一次，领导层吸取了教训，他们采取了边调研、边设计、边宣传的方式，不断与员工沟通，听取员工意见，在大的方向上先把员工的认识统一起来。

据负责这次组织变革的国泰君安人力资源总部总经理何斌介绍，变革实施之前，公司高层在全国各地分公司巡讲了两次，给员工分析当前证券行业的新形势，指明了专业化、国际化、市场化的大趋势，把高层的变革理念、设计思想和组织架构调整的粗略方案在不同场合讲给大家听，看看员工的反映，但不涉及变革的具体措施。

比如，为了树立起员工的专业化概念，领导就跟员工讲：过去，客户是没有差别的，现在，散户和大客户对信息和服务的需求不一样了；过去，很少有客户给研究员打电话，几千万资金投资一个股票，要么跟桩，要么跟消息走，现在，客户一定要听听研究员分析这个公司的未来才敢把钱投下去；过去，研究员写文章给所有客户看，现在，他要知道自己的受众是谁；过去，运作与业务不分，同一个员工，既要告诉客户怎么理财，又要为他开户，现在，开户、资金划拨、清算等后台操作要与业务部门分开，这就是内部运作的专业化。这么一说，大家对专业化就有了认知。

比如，国际化概念。过去，投资银行业务人员提供从抢项目、做项目到发行的一站式服务。现在，组织架构要向国外证券公司靠拢，沟通和运作方式要与国际标准接轨。

经过领导层不断向各地员工灌输这些观念，绝大部分员工对专业化、市场化和国际化的大方向表示赞同。何斌说，在中国，改革的观念深入人心，大家对改革并不陌生，但中国人习惯渐进式改革，所以在改革过程中把握好力度与进度很重要。如果一开始就涉及薪酬等敏感话题，接下来的沟通就会非常困难。

然而，虽然大家在理念上已经达到了基本

统一，在具体实施过程中，一旦触及到切身利益，理念就会被远远抛到脑后，最支持改革的人也有可能成为顽固的抵触者。所以，沟通一直伴随着变革的整个过程。

咨询公司对国泰君安的员工进行了几十次培训，与他们一对一交流，参加公司的会议，在会议上进一步阐述变革的想法。孟楠女士是这次组织变革顾问公司方的项目负责人，据她回忆，在实施变革的过程中，每抛出一个方案，就得“打着伞，让各个部门来攻，一步步往前走”，承受的压力可想而知。有的员工跑到上级机构汇报，与领导关系好的员工，干脆直接找领导，用各种不同方式游说。

面对反对声浪，领导层的变革决心就显得尤为重要。曾经有员工问领导：“这回是玩真的，还是真玩？”领导的回答很坚决：“玩真的！”何斌认为：“有适度的冲突，是组织变革成功的关键。”如果一套方案出台，完全没有人反对，要么这个方案有问题，要么大家很麻木。另外，沟通技巧也非常重要。孟楠说，总有些人，反对任何的变革，即使你手中握有充足的理由、极具说服力的证据，也很难对他产生影响。对于这样的人，不要把目标设定为说服他，而应把理念传递给那些相互间联系紧密的意见领袖，将理念变成支持变革的“流行风”。换言之，工作重点应放在将信息传递到最有利于正面信息传播的网络中去。不要试图去改变那些抗拒者，而要为他们创造机会来改变自己。这就要求领导者有发现企业内部非正式沟通渠道的能力，而且他本人在其中应该具有最大的影响力。

循序渐进，边设计边实施

在组织变革实施过程中，国泰君安并不是先将方案整个地制订好再全面铺开，而是边设计边实施，在实践中引导员工，根据员工反馈完善设计方案，层层推进。

实施组织变革，从哪里下手，非常有讲究。国泰君安的组织变革涉及薪酬制度、绩效管理和组织架构的调整，而薪酬无疑是最为敏感的部分，按照何斌的话来说，“是会见血的”。所以，公司决定先从组织架构的变革入手。在总部与分支机构之间，选择先在分支机构展开，因为分支机构的组织架构相对比较容易理清。

具体的做法就是，首先，将分支机构的前、后台分开运作，这项改革进展顺利。之后，总部的前、后台也逐步分开运行，业务部门与运作部门各司其职。再后来，总部与分支机构联动起来，让分支机构聚焦营销，最大限度地挖掘与开发区域客户，而在总部建立整合的后台营运平台，实施标准化管理以控制营运风险，总部的营运中心要管理所有分支机构的后台运作。

改革后，国泰君安的管理模式由过去的块状管理模式过渡到现在的以条为主、以块为辅、集中资源的管理模式。

前、后台分开运行，势必要重新设置很多岗位。当员工还站在原来的立场看问题时，就无法适应这种岗位调整和职能变动，冲突就在所难免。比如，当某个岗位被取消时，员工就接受不了，觉得自己的岗位是很重要的；再比如，业务与运作的分离使很多部门的职责被分化了，有些人想不明白为什么原来归他们部门管的事情现在让其他部门负责了；又比如，在后台营运中心，当两个人的职责被归并到一个人身上时，员工就有意见。这时，领导就得不断和他们沟通，不断地宣讲。

何斌认为，任何改革都是博弈的过程，要判断冲突的量和程度，如果冲突很激烈，表明问题或许有特殊性，可以把问题放到台面上，将它分解成几个部分，一一解决就行。变革，是原则性和灵活性的结合。

“储备发展岗”的设置正是这种灵活性的体现。这个主意是何斌想出来的，指公司出钱，让那些现在还不适应某个岗位的员工去学习、考会计师、考律师，到营销基地接受培训，或者到中国香港的公司去学习新的业务。几个月、半年甚至一年后，这些员工运用公司内部公开招聘寻找新的业务岗位。在这次变革中，国泰君安有个很响亮的口号——“给每个员工机会，让每个员工选择”。据说有两位博士主动要求进储备发展岗学习，希望借此机会调整和提高自己。孟楠也表示，组织变革不是要员工下岗，不是裁员、降薪，不是要提高某些人的待遇，而是为了公司更有效地运行。储备发展岗的现实意义就在于它缓解了很多矛盾。

当然，对于严重不符合理念，或者可能影响全局的地方，变革领导者是坚决不能妥协的。比如，这次改革在岗位设置时对编制的控制就非常严格，过去那种靠着关系进公司混日子的情况再也没有可能发生了。

组织架构调整之后，绩效管理与薪酬体系的改革措施也慢慢落实下去。薪酬方面，分支机构前台工作人员的岗位工资与绩效奖金都已体现出来，后台人员的薪酬目前主要还是岗位工资，绩效奖金如何发放还在研究之中。总部领导与各分公司领导的岗位工资已体现出来，绩效奖金尚有待落实。

巩固战果，变革没有终点

到目前为止，所有改革都已落地，就像房子已经造好，但仍需要不断地去粉刷、装饰，也许偶尔还需要堵住某扇门，在另一面墙上开个窗子。

何斌说，绩效管理是最难的，也是最有效的，如果绩效管理落不到实处，整个改革就会大打折扣。明年是国泰君安的绩效管理年，公司将与华信惠悦第二次牵手，进一步落实改革的各项政策，尤其将着重研究绩效管理措施，改善流程设置，并在此基础上将薪酬体系改革不断推向纵深。

正如杰克·韦尔奇所说，变革不是一个事件，而是一个不断寻求成功的过程。对中国企业来说，这个过程才刚刚开始。

资料来源：国泰君安证券的薪酬制度、绩效管理和组织架构的变革 [OL]. 世界经理人网站，http://www.ceconline.com/leadership/ma/8800046743/01/?2012shida.

讨论题：

请尝试用本章的关于组织变革的知识分析国泰君安在其变革中遇到的阻力、使用的方法以及成功的经验。

|综|合|案|例|10-2 中兴通讯的组织变革

中兴通讯股份有限公司（以下简称“中兴通讯”）是中国最大的 2 家国际化通信设备制造企业之一。在迈向世界级企业以及实现从世界级企业到世界级卓越企业的宏伟跨越过程中，围绕更好地适应市场需求的变化，中兴通讯分别于1998年、2002年、2004年、2006年进行了主要的组织结构调整。董事长侯为贵强调说：“所有的变革都是为了适应产业环境以及客户需求的变化。以客户为中心，为运营商提供端到端的综合解决方案，从而提高他们的业务提供能力、业务聚合能力、运营能力和盈利能力。这是中兴通讯所有工作和变革的出发点。”

1. 中兴通讯的历史

1978年改革开放以后，我国通信业的发展进入了一个崭新的时代，到了20世纪80年代中后期，落后的通信设备与高速增长的通信需求之间的矛盾日益突出。中兴通讯就是在这样的行业背景下于1985年在深圳成立的。中兴通讯从开展来料加工电子小产品（如电话机）业务开始，1988年转为生产我国市场急需的数字程控交换机。1993年年初，中兴进行了股份制改造，并于1995年由农村向城市的市场转型。1996年中兴通讯开始了第三次战略转型。此次战略包括“三个转变”：产品结构突破单一化，目标市场由农话网向本地网、市话网扩展，由国内市场向国际市场扩展。1997年，深圳市中兴通讯股份有限公司成立，并在深圳证券交易所挂牌上市。上市带来的透明度，使公司的战略从过去行业内部公认的领先企业向社会公众眼中的优秀通信企业转变。2000年前后，中兴进行了第五次战略转型，把战略重点从固话通信向移动通信转变。2003年6月深圳市中兴通讯股份有限公司正式更名为“中兴通讯股份有限公司”。2004 年中兴通讯股票成功在香港联交所挂牌上市，成为中国“A to H”第一股。2007 年全年营业收入 347.77 亿元，同比增长 49.81%，其中海外收入占 57.77%。此时的中兴通讯已成为中国电信市场最主要的设备提供商之一，并为 100 多个国家的 500 多家运营商，及全球近 3 亿人口提供优质的、高性价比的产品与服务。

2. 中兴通讯的经营战略

战略目标和经营战略上中兴提出在 2008 ~ 2010 年的战略目标是，完成从“优秀”到“卓越”的飞跃。竞争策略上，针对国内竞争对手中兴采取打价格战的战略，在海外市场中兴主要采取差异化竞争战略。中兴通讯产品战略演变阶段如表 10-2 所示。

3. 中兴通讯的组织结构演变

随着中兴的发展，其组织结构模式在不断调整。中兴通讯组织变革是基于问题导向的，即当原有的结构不能满足企业发展的需要时就进行变革。

（1）1998 年以前的直线职能制。中兴通讯在 1998 年之前采取的是典型的直线职能制，下设五大体系：市场体系、研发制造生产体系、财务体系、人事行政体系和综合管理体系。市场体系和研发制造生产体系为核心业务体系。此时中兴组织结构简图如图 10-4 所示。

（2）1998 年以后的准事业部制。1996 ~ 1998 年期间，产品线结构发生质的变化，市场响应速度下降，研发脱离客户需求倾向抬头、管理干部缺乏、角色能力转换面临困难、管理幅度过大，这三个方面的原因促使中兴进行了此次改革。1998 年 12 月公司由集权管理的直线职能制改为准事业部制，划分为四个产品事业部和三个营销事业部，实行集权和分权管理相结合的模式，向集团化发展过渡。调整为准事业部制后中兴通讯组织结构如图 10-5 所示。在准事业部体制下，总部控制财务管理权、人事规划权、研发战略规划权，重大决策由集团公司执行委员会做出，日常运作由事业部自己负责，集团公司对事业部按照虚拟公司进行单独考核。

从 1998 年到 2006 年期间，中兴实施准事业部的 8 年时间里，公司的销售收入由 10 多亿元增长到 300 多亿。

（3）准事业部制下的弹性团队管理。尽管准事业部制在一定程度上降低了管理的难度，但是也带来了新的管理难题——协调无力。相对独立的事业部越来越自成一体，相互之间的

表 10-2　中兴通讯产品的战略演变

阶段	模仿创新	改进创新	集成创新
时期	1986 ~ 1996 年	1996 ~ 2002 年	2002 ~ 2007 年
市场环境	中国通信市场开始起步，初期仍由国外厂商主导，但市场进入机会较多，一批本土厂商开始进入国内低端市场	中国通信市场快速发展，本土厂商开始在国内主流市场及海外低端市场上实现群体突破，与国外厂商展开侧面竞争	全球通信市场重大调整，中国通信市场竞争加剧，本土厂商开始在国际主流市场上寻求局部突破，与国外厂商展开正面竞争
技术环境	交换机技术从模拟到程控的跨越式发展	通信技术从固网到移动的跨越式发展	移动通信技术从 2G 到 3G 的跨越式发展
战略路径	交换机国产化	业务多元化	企业国际化
重要决策	1986 年开始自主开发交换机产品	1996 年 2 月提出“三大转变”	2002 年提出新三大核心战略领域：手机、国际化、3G
代表产品	ZX-500 第一台国产化数字程控交换机，ZXJ10 大容量局用交换机	全套 GSM900/1800 双频移动通信系统；ZXC10CDMA 全套移动通信系统	基于 CDMA2000 技术的 GoTa 数字集群系统，全套 TD-SCDMA 商用设备
能力瓶颈	技术的吸收能力	市场的开拓能力	技术与市场的整合能力
学习模式	干中学	用中学	合作中学
组织模式	直线职能制组织	“准事业部制”组织	产品经营团队

协调成了大问题。为了降低协调的难度，中兴又开始学世界上所有先进企业的做法，大规模推行团队管理。团队结构打破部门界限，并把决策权下放到工作团队，它有传统结构标准化的好处而提高运作效率，又能因团队的存在而增强灵活性。

（4）2006年经营控制型的职能与事业部并存组织结构。2006年，国际市场占中兴通讯市场的比例超过40%，中兴通讯进入迈向全球化企业的关键阶段。为适应国际市场需要和加强总部职能，中兴通讯聘请国外咨询公司对公司进行了总部定位的诊断和未来发展方向的咨询。咨询公司分析后认为，中兴通讯当时面临的矛盾和主要问题的根本原因在于"在现有业务单元高度关联的情况下，中兴总部的职能定位过于弱化"，并建议在总部设置"市场与运营体系"，以加强总部"以市场导向的运营指挥能力"。经过公司总部定位调整和强化国际市场资源配置后，中兴通讯2006年年初的组织结构图如图10-6所示。

4. 下一步的组织变革

针对下一步的组织变革，中兴的高管们都认为中兴的组织变革要继续以客户和市场为中心这一战略导向展开，促进企业进一步的国际化，正如改革方案中开场白所说的那样，"中兴通讯将更加坚定地向世界级卓越企业迈进，什么也阻挡不了我们前进的步伐！"

资料来源：田志龙．中兴通讯的组织变革[OL]．中国管理案例共享中心案例库．徐林林改编。

讨论题：

1. 中兴都经历了哪些类型的变革？
2. 中兴为什么要进行这些改革？
3. 每次改革解决了什么问题，但同时又带来了什么组织上的新问题？
4. 中兴在改革过程中还可能遭遇哪些阻力？

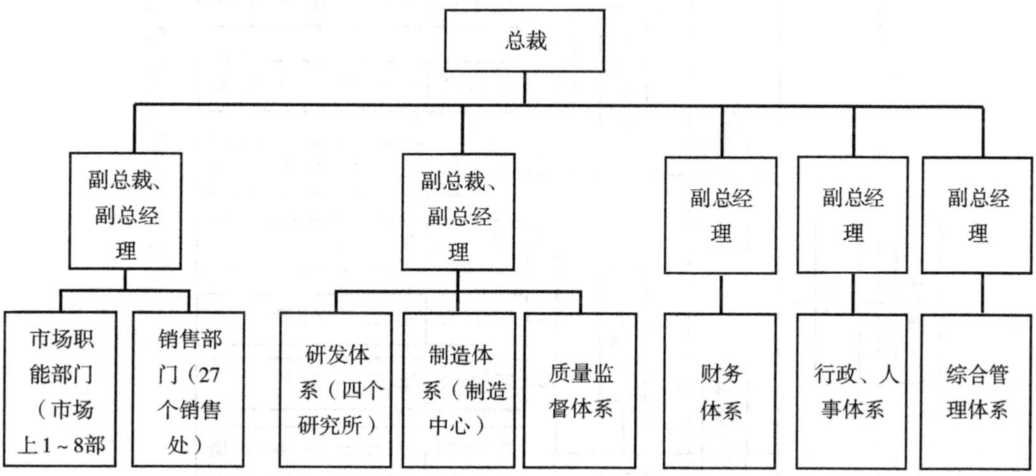

图10-4 1998年以前的组织结构

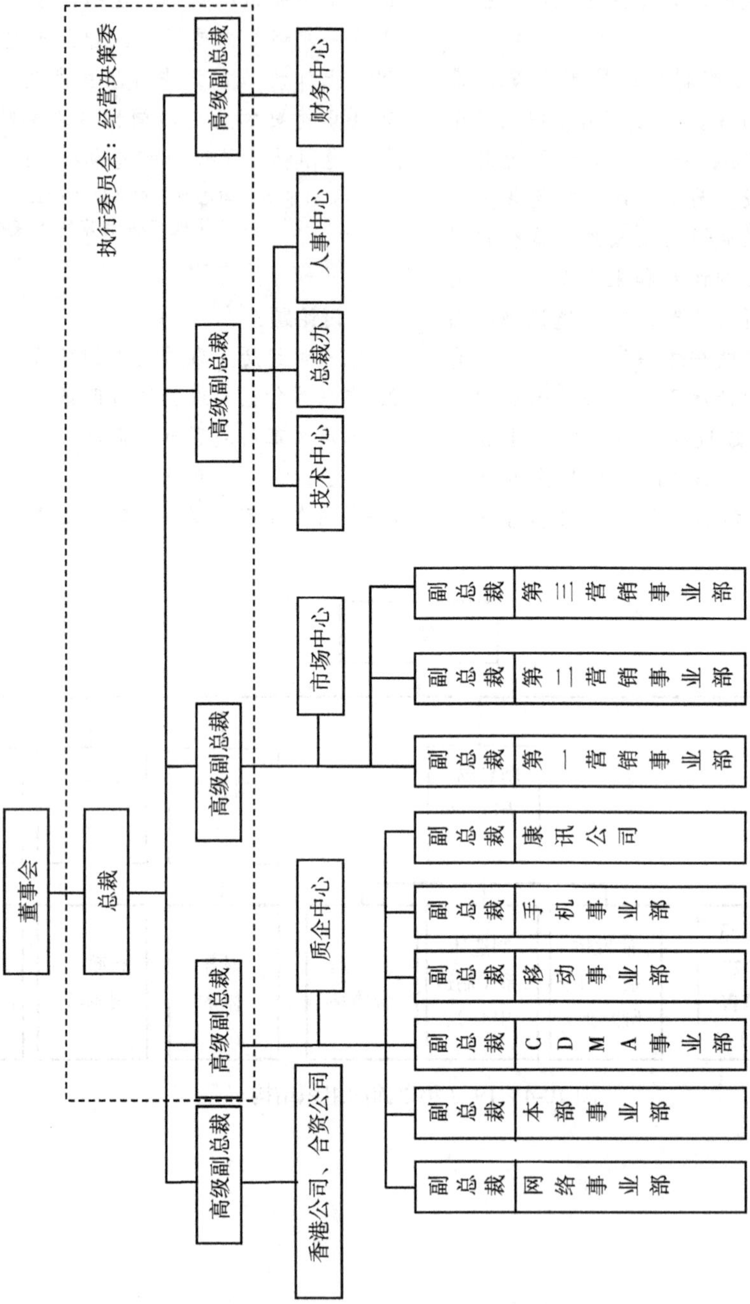

图 10-5 1998 年以后的准事业部制组织结构

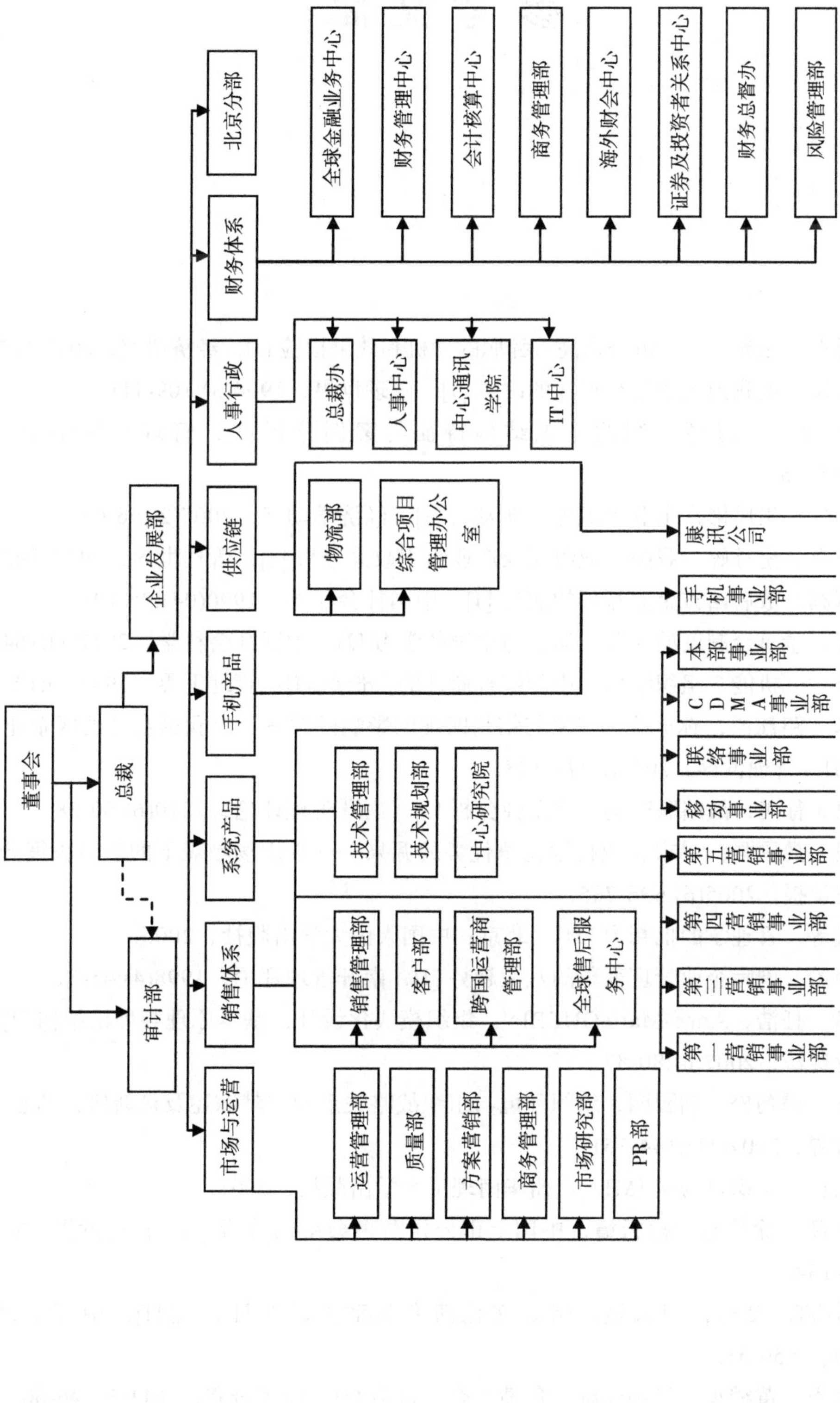

图 10-6 2006年经营控制型的职能与事业部并存组织结构

参 考 文 献

[1] 曹廷求，张光利. 上市公司高管辞职的动机和效果检验 [J]. 经济研究，2012(6):73-87.

[2] 陈根长. 论我国企业组织形式的改革 [J]. 管理世界，1994(3):109-111.

[3] 陈国权. 学习型组织的组织结构特征与案例分析 [J]. 管理科学学报，2004，7(4):56-67.

[4] 陈莉平，王凤彬. 企业组织理论新发展 [J]. 经济学动态，2005(2):66-69.

[5] 陈小洪，仝月婷. 我国产业组织及产业组织政策分析 [J]. 管理世界，1989(5):28-37.

[6] 陈耀庭. 战后西方企业管理的演进 [J]. 中国社会科学，1990(04):95-108.

[7] 邓峰. 董事会制度的起源、演进与中国的学习 [J]. 中国社会科学，2011(1):164-223.

[8] 丁秀斌. 机能、组织结构：中国综合商社的生长点 [J]. 管理世界，1995(4):127-220.

[9] 冯米，路江涌，林道谧. 战略与结构匹配的影响因素——以我国台湾地区企业集团为例 [J]. 管理世界，2012(2):73-188.

[10] 高杲，徐飞. 战略联盟的不完全性分析 [J]. 南开管理评论，2010(6):50-58.

[11] 郭毅，於国强. 寻求企业持续竞争优势的源泉——组织场域观下的战略决策分析 [J]. 管理学报，2005(6):696-705.

[12] 郭毅等. 管理学的批判力 [M]. 北京：中国人民大学出版社，2006.

[13] 韩经纶. 国际企业管理变革的八大趋势 [J]. 南开管理评论，1998(4):45-51.

[14] 郝斌，任浩，Anne-MarieGUERIN. 组织模块化设计：基本原理与理论架构 [J]. 中国工业经济，2007(6):80-87.

[15] 何铮，谭劲松，陆园园. 组织环境与组织战略关系的文献综述及最新研究动态 [J]. 管理世界，2007(11):144-151.

[16] 黄培伦. 组织行为学 [M]. 广州华南理工大学出版社，2001.

[17] 黄张凯，徐信忠，岳云霞. 中国上市公司董事会结构分析 [J]. 管理世界，2006(11):128-134.

[18] 纪晓鹏，樊耘，刘人境. 组织文化演变驱动力的实证研究 [J]. 南开管理评论，2011(4): 50-58.

[19] 姜付秀，黄继承. 经理激励、负债与企业价值 [J]. 经济研究，2011(5): 46-60.

[20] 焦叔斌．企业组织变革管理——实现卓越绩效的途径 [M]．北京：中国人民大学出版社，2003．
[21] 金东日．现代组织理论与管理 [M]．天津：天津大学出版社，2003．
[22] 金思宇．关于中国企业文化建设现状的基本判断及对策 [J]．管理世界，2002(7):147-148．
[23] 金永红，毛纯蔚，王晖军．中小企业独立董事制度与公司绩效——基于上市公司的实证研究 [J]．公司治理评论，2010(4):130-148．
[24] 蓝海林．企业战略管理："静态模式"与"动态模式" [J]．南开管理评论，2007(5):31-60．
[25] 黎永泰．企业文化管理初探 [J]．管理世界，2001(4):163-172．
[26] 黎文靖，胡玉明．国企内部薪酬差距激励了谁 [J]．经济研究，2012(12):125-136．
[27] 李百汉，姜绍华．我国中小企业组织结构面临的问题及其调整思路 [J]．管理世界，1994(6):204-205．
[28] 李红斐，杨忠直．我国国有上市公司股权激励方案的设计研究 [J]．南开管理评论，2002(2):41-44．
[29] 李维安，武立东．企业集团的公司治理——规模起点、治理边界及子公司治理 [J]．南开管理评论，1999(4):11-19．
[30] 李维安，武立东．公司治理教程 [M]．上海：上海人民出版社，2002．
[31] 李维安．公司治理学 [M]．2 版．北京：高等教育出版社，2009．
[32] 李维安，等．网络组织：组织发展新趋势 [M]．北京：经济科学出版社，2003．
[33] 李相银．企业战略管理模型：战略 – 文化 – 结构 [J]．中国工业经济，2002(7):79-83．
[34] 李晓春．70 年代以来组织结构理论的发展趋势 [J]．中国工业经济，1998(10):67-71．
[35] 李玉刚，胡君莲．企业战略形成过程的类型及受组织因素影响的实证研究 [J]．南开管理评论，2007(1):32-37．
[36] 梁能．公司治理结构：中国的实践与美国的经验 [M]．北京：中国人民大学出版社，2000．
[37] 林大庞，苏冬蔚．股权激励与公司业绩——基于盈余管理视角的新研究 [J]．金融研究，2011(9):162-177．
[38] 刘洪．组织结构变革的复杂适应系统观 [J]．南开管理评论，2004(3):51-56．
[39] 刘理晖，张德．组织文化度量：本土模型的构建与实证研究 [J]．南开管理评论，2007(2):19-24．
[40] 刘小玄．现代企业的激励机制：剩余支配权 [J]．经济研究，1996(4):3-11．
[41] 刘银国，张琛．董事会治理和公司绩效相关性研究——基于安徽省上市公司的证据 [J]．公司治理评论，2009(3):122-130．
[42] 刘增学，张欣．证券公司建立股权激励模式的设计 [J]．金融研究，2002(10):46-54．
[43] 刘中文，张克，张峰．国有控股上市公司股权激励风险评估 [J]．公司治理评论，2010(4):107-119．

[44] 吕源，姚俊，蓝海林. 企业集团的理论综述与探讨 [J]. 南开管理评论，2005(4):17-24.
[45] 罗家德. 网络理论、产业网络与技术扩散 [J]. 管理评论，2003(1):27-63.
[46] 罗珉，赵亚蕊. 组织间关系形成的内在动因：基于帕累托改进的视角 [J]. 中国工业经济，2012(4):76-88.
[47] 罗珉. 组织管理学 [M]. 成都：西南财经大学出版社，2003.
[48] 欧阳桃花. 中国企业产品创新管理模式研究 (二)——以海尔模块经理为例 [J]. 管理世界，2007(10):130-138.
[49] 裴文华，杭锋，施以正，罗伯特・安东尼. 管理控制的性质 [J]. 管理世界，1986(5):115-125.
[50] 钱平凡. 组织转型 [M]. 杭州：浙江人民出版社，1999.
[51] 任浩. 现代企业组织设计 [M]. 北京：清华大学出版社，2005.
[52] 芮明杰. 管理学 [M]. 上海：上海人民出版社，2000.
[53] 石向欣. 论轻工业产业组织结构及其调整 [J]. 管理世界，1989(3):166-173.
[54] 苏冬蔚，林大庞. 股权激励、盈余管理与公司治理 [J]. 经济研究，2010(11):88-100.
[55] 孙班军，马连福. 中国公司治理原则研究课题组研究论文摘登——中国公司董事会存在的问题及其改革建议 [J]. 南开管理评论，2001(1):25-26.
[56] 孙国强. 关系、互动与协同：网络组织的治理逻辑 [J]. 中国工业经济，2003(11):14-20.
[57] 孙宇. 信息通信技术革命和产业组织的结构演化——走向后钱德勒时代的思考 [J]. 管理世界，2008(6):178-179.
[58] 覃家琦，孙凌霞，王崇赫 . 战略委员会、过度投资与公司业绩 [J]. 公司治理评论，2009(4):76-98.
[59] 谭劲松. 独立董事"独立性"研究 [J]. 中国工业经济，2003(10):64-73.
[60] 谭力文，丁靖坤. 21 世纪以来战略管理理论的前沿与演进——基于 SMJ(2001~2012) 文献的科学计量分析 [J]. 南开管理评论，2014(2):84-106.
[61] 万燕鸣，张英杰. 董事会、企业声誉与绩效 [J]. 公司治理评论，2011(1):95-109.
[62] 王凤彬. 企业间组织的跨层次分析——兼析企业专业化与集团多元化的关系 [J]. 中国工业经济，2008(3):49-57.
[63] 王凤彬. 企业组织的结构变革 [J]. 中国工业经济，1991(12):47-49.
[64] 王辉，张文慧，忻榕，徐淑英. 战略型领导行为与组织经营效果：组织文化的中介作用 [J]. 管理世界，2011(9):93-187.
[65] 王少杰，刘善仕. 中国企业文化的演化模式探讨 [J]. 管理世界，2013(2):184-185.
[66] 王跃堂，赵子夜，魏晓雁. 董事会的独立性是否影响公司绩效 [J]. 经济研究，2006(5): 62-73.
[67] 王重鸣. 组织行为学 [M]. 北京：石油工业出版社，2003.
[68] 魏江. 产业集群——创新系统与技术学习 [M]. 北京：科学出版社，2003.
[69] 温金丰. 组织理论与管理 [M]. 2 版. 台北：华泰文化，2009.
[70] 吴培良. 工业企业组织设计 [M]. 北京：中国人民大学出版社，1993.

[71] 武常岐，钱婷．集团控制与国有企业治理 [J]．经济研究，2011(6):93-104.

[72] 武立东，黄海昕．企业集团子公司主导行为及其网络嵌入研究：以海信集团为例 [J]．南开管理评论，2010(6):125-137.

[73] 武立东．信息技术战略性应用与新型组织设计 [J]．科技管理研究，2007(11):165-170.

[74] 武立东，黄海昕，王凯．企业集团治理研究 [M]．北京：高等教育出版社，2014.

[75] 席酉民，赵增耀．公司治理 [M]．北京：高等教育出版社，2004.

[76] 项保华，周亚庆．战略与文化的匹配：以万向集团为例 [J]．南开管理评论，2002(2):56-58.

[77] 谢洪明．王成．葛志良．核心能力：组织文化和组织学习作用 [J]．南开管理评论，2006(4):104-110.

[78] 徐宁，王帅．股权激励契约结构及其影响因素研究——基于股权分置改革后实施股权激励的上市公司数据 [J]．公司治理评论，2009(4):179-191.

[79] 许德音，周长辉．中国战略管理学研究现状评估 [J]．管理世界，2004(5):76-87.

[80] 许玉林．组织设计与管理 [M]．上海：复旦大学出版社，2003.

[81] 杨文祥．论“需要－激励”理论及其在人员管理中的运用 [J]．管理世界，1989(5):176-180.

[82] 姚伟，黄卓，郭磊．公司治理理论前沿综述 [J]．经济研究，2003(5):83-94.

[83] 叶康涛，祝继高，陆正飞，张然．独立董事的独立性：基于董事会投票的证据 [J]．经济研究，2011(1):126-139.

[84] 于东智．董事会、公司治理与绩效——对中国上市公司的经验分析 [J]．中国社会科学，2003(3):29-206.

[85] 张福墀．企业功能与企业管理组织现代化 [J]．管理世界，1986(4):70-76.

[86] 张巧智，周清杰．天价薪酬与美国投行的没落——以高盛集团为例 [J]．公司治理评论，2009(4):192-208.

[87] 张维迎．企业理论与中国企业改革 [M]．北京：北京大学出版社，1999.

[88] 张文魁．大型企业集团管理体制研究：组织结构、管理控制与公司治理 [J]．改革，2003(1)：23-32.

[89] 张旭，武春友．组织文化与公司绩效关系的实证研究 [J]．南开管理评论，2006(3):50-54.

[90] 张延锋，刘益，李垣．国内外战略联盟理论研究评述 [J]．南开管理评论，2002(2):53-55.

[91] 赵善庆，张旭，李铁山．论企业管理文化 [J]．管理世界，1993(3):216-217.

[92] 赵曙明．跨国公司在华面临的挑战：文化差异与跨文化管理 [J]．管理世界，1996(4):76-81.

[93] 赵增耀．董事会的构成与其职能发挥 [J]．管理世界，1997(3):125-129.

[94] 郑海航．企业组织学导论 [M]．北京：中国劳动出版社，1990.

[95] 钟宁桦．公司治理与员工福利：来自中国非上市企业的证据 [J]．经济研究，

2012(12):137-151.
[96] 周建波，孙菊生．经营者股权激励的治理效应研究——来自中国上市公司的经验证据[J]．经济研究，2003(5):74-93.
[97] 周三多，陈传明，鲁明泓．管理学：原理与方法[M]．5版．上海：复旦大学出版社，2013.
[98] 周雪光．组织社会学十讲[M]．北京：社会科学文献出版社，2003.
[99] Ackerman L S. Transition management: An in-depth look at managing complex change[J]. Organizational Dynamics, 1982, 11(1): 46-66.
[100] Adizes I. Organizational passages—diagnosing and treating lifecycle problems of organizations[J]. Organizational Dynamics, 1979, 8(1): 3-25.
[101] Adler N J, Gundersen A. International dimensions of organizational behavior[M]. Cengage Learning, 2007.
[102] Adler P S. Managing flexible automation[M]. Stanford University, Department of Industrial Engineering and Engineering Management, 1987.
[103] Agor W H. The logic of intuition: How top executives make important decisions[J]. Organizational Dynamics, 1987, 14(3): 5-18.
[104] Aldrich H, McKelvey B, Ulrich D. Design strategy from the population perspective[J]. Journal of Management, 1984, 10(1): 67-86.
[105] Allen R S, Montgomery K A. Applying an organizational development approach to creating diversity[J]. Organizational Dynamics, 2001, 30(2): 149-161.
[106] Argote L. Input uncertainty and organizational coordination in hospital emergency units[J]. Administrative Science Quarterly, 1982: 420-434.
[107] Astley W G, Sachdeva P S. Structural Sources of Intraorganizational: Power: A Theoretical Synthesis[J]. Academy of Management Review, 1984, 9(1): 104-113.
[108] Barkema H G, Baum J A C, Mannix E A. Management challenges in a new time[J]. Academy of Management Journal, 2002, 45(5): 916-930.
[109] Barker J R. Tightening the iron cage: Concertive control in self-managing teams[J]. Administrative Science Quarterly, 1993: 408-437.
[110] Barnard C I. The functions of the executive[M]. Harvard University Press, 1968.
[111] Barrick M R, Bradley B H, Kristof-Brown A L, et al. The moderating role of top management team interdependence: Implications for real teams and working groups[J]. Academy of Management Journal, 2007, 50(3): 544-557.
[112] Bartlett C A, Ghoshal S. Managing across borders: The transnational solution[M]. Harvard Business School Press, 1999.
[113] Bell G D. The influence of technological components of work upon management control[J]. Academy of Management Journal, 1965, 8(2): 127-132.
[114] Beyer J M, Trice H M. How an organization's rites reveal its culture[J]. Organizational

Dynamics, 1987, 15(4): 5-24.

[115] Bigley G A, Roberts K H. The incident command system: High-reliability organizing for complex and volatile task environments[J]. Academy of Management Journal, 2001, 44(6): 1281-1299.

[116] Bluedorn A C. Pilgrim's progress: Trends and convergence in research on organizational size and environments[J]. Journal of Management, 1993, 19(2): 163-191.

[117] Bolino M C, Turnley W H, Bloodgood J M. Citizenship behavior and the creation of social capital in organizations[J]. Academy of Management Review, 2002, 27(4): 505-522.

[118] Bonazzi G, Antonelli C. To make or to sell? The case of in-house outsourcing at Fiat Auto[J]. Organization Studies, 2003, 24(4): 575-594.

[119] Borys B, Jemison D B. Hybrid arrangements as strategic alliances: Theoretical issues in organizational combinations[J]. Academy of Management Review, 1989, 14(2): 234-249.

[120] Bowen D E, Siehl C, Schneider B. A framework for analyzing customer service orientations in manufacturing[J]. Academy of Management Review, 1989, 14(1): 75-95.

[121] Brass D J, Burkhardt M E. Potential power and power use: An investigation of structure and behavior[J]. Academy of Management Journal, 1993, 36(3): 441-470.

[122] Brockner J. The escalation of commitment to a failing course of action: Toward theoretical progress[J]. Academy of Management Review, 1992, 17(1): 39-61.

[123] Brown S L, Eisenhardt K M. Product development: past research, present findings, and future directions[J]. Academy of Management Review, 1995, 20(2): 343-378.

[124] Burns L R. Matrix management in hospitals: Testing theories of matrix structure and development[J]. Administrative Science Quarterly, 1989: 349-368.

[125] Callahan C V, Pasternack B A. Corporate strategy in the digital age[J]. Strategy and Business, 1999: 10-14.

[126] Cameron K S, Kim M U, Whetten D A. Organizational effects of decline and turbulence[J]. Administrative Science Quarterly, 1987: 222-240.

[127] Cameron K S, Quinn R E. Diagnosing and Changing Organizational Culture: Based on the Competing Values Framework[M]. Jossey-Bass, 2006.

[128] Chandler A D. Strategy and structure: Chapters in the history of the industrial enterprise[M]. MIT press, 1990.

[129] Chase R B, Tansik D A. The customer contact model for organization design[J]. Management Science, 1983, 29(9): 1037-1050.

[130] Cheng J L C. Interdependence and coordination in organizations: A role-system analysis[J]. Academy of Management Journal, 1983, 26(1): 156-162.

[131] Child J. Organization: A guide to problems and practice[M]. SAGE, 1984.

[132] Child J. Organizational structure, environment and performance: the role of strategic

choice[J]. Sociology, 1972, 6(1): 1-22.

[133] Child J. Parkinson's progress: Accounting for the number of specialists in organizations[J]. Administrative Science Quarterly, 1973: 328-348.

[134] Conger J A, Kanungo R N. The empowerment process: Integrating theory and practice[J]. Academy of Management Review, 1988, 13(3): 471-482.

[135] Connolly T, Conlon E J, Deutsch S J. Organizational effectiveness: A multiple-constituency approach[J]. Academy of Management Review, 1980, 5(2): 211-218.

[136] Courtright J A, Fairhurst G T, Rogers L E. Interaction patterns in organic and mechanistic system[J]. Academy of Management Journal, 1989, 32(4): 773-802.

[137] Cunningham J B. Approaches to the evaluation of organizational effectiveness[J]. Academy of Management Review, 1977, 2(3): 463-474.

[138] Daboub A J, Rasheed A M A, Priem R L, et al. Top management team characteristics and corporate illegal activity[J]. Academy of Management Review, 1995, 20(1): 138-170.

[139] Dacin M T, Goodstein J, Scott W R. Institutional theory and institutional change: Introduction to the special research forum[J]. Academy of Management Journal, 2002, 45(1): 45-56.

[140] Daft R L. Management, Ninth Edition[M]. South-Western, 2010.

[141] Daft R L. Organization Theory and Design, 9th edition[M]. South-Western,2007.

[142] Damanpour F, Evan W M. Organizational innovation and performance: the problem of "organizational lag"[J]. Administrative Science Quarterly, 1984: 392-409.

[143] Dane E, Pratt M G. Exploring intuition and its role in managerial decision making[J]. Academy of Management Review, 2007, 32(1): 33-54.

[144] Daniels J D, Pitts R A, Tretter M J. Strategy and structure of US multinationals: An exploratory study[J]. Academy of Management Journal, 1984, 27(2): 292-307.

[145] Davis S M, Lawrence P R, Kolodny H, et al. Matrix[M]. Reading, MA: Addison-Wesley, 1977.

[146] Davis S M, Lawrence P R. Problems of matrix organizations[J]. Harvard Business Review, 1978, 56(3): 131-142.

[147] Dean J W, Sharfman M P. Does decision process matter? A study of strategic decision-making effectiveness[J]. Academy of Management Journal, 1996, 39(2): 368-392.

[148] Denison D R, Mishra A K. Toward a theory of organizational culture and effectiveness[J]. Organization science, 1995, 6(2): 204-223.

[149] Dess G G, Beard D W. Dimensions of organizational task environments[J]. Administrative Science Quarterly, 1984: 52-73.

[150] Dess G G, Rasheed A M A, McLaughlin K J, et al. The new corporate architecture[J]. The Academy of Management Executive, 1995, 9(3): 7-18.

[151] Detert J R, Schroeder R G, Mauriel J J. A framework for linking culture and

improvement initiatives in organizations[J]. Academy of Management Review, 2000, 25(4): 850-863.

[152] DiMaggio P J, Powell W W. The iron cage revisited: Institutional isomorphism and collective rationality in organizational fields[J]. American sociological review, 1983: 147-160.

[153] Donaldson T, Preston L E. The stakeholder theory of the corporation: Concepts, evidence, and implications[J]. Academy of Management Review, 1995, 20(1): 65-91.

[154] Dougherty D, Hardy C. Sustained product innovation in large, mature organizations: Overcoming innovation-to-organization problems[J]. Academy of Management Journal, 1996, 39(5): 1120-1153.

[155] Drucker P. Management[M]. Routledge, 2012.

[156] Dunbar R L M, Starbuck W H. Learning to design organizations and learning from designing them[J]. Organization Science, 2006, 17(2): 171-178.

[157] Duncan R. What is the right organization structure? Decision tree analysis provides the answer[J]. Organizational Dynamics, 1980, 7(3): 59-80.

[158] Duncan W J. Organizational culture: " Getting a fix " on an elusive concept[J]. The Academy of Management Executive, 1989, 3(3): 229-236.

[159] Edmondson A. Psychological safety and learning behavior in work teams[J]. Administrative Science Quarterly, 1999, 44(2): 350-383.

[160] Eisenhardt K M, Tabrizi B N. Accelerating adaptive processes: Product innovation in the global computer industry[J]. Administrative Science Quarterly, 1995, 40(1).

[161] Elsbach K D, Sutton R I. Acquiring organizational legitimacy through illegitimate actions: A marriage of institutional and impression management theories[J]. Academy of Management Journal, 1992, 35(4): 699-738.

[162] Fennell M L. Synergy, influence, and information in the adoption of administrative innovations[J]. Academy of Management Journal, 1984, 27(1): 113-129.

[163] Fombrun C, Shanley M. What's in a name? Reputation building and corporate strategy[J]. Academy of Management Journal, 1990, 33(2): 233-258.

[164] Ford J D, Slocum J W. Size, technology, environment and the structure of organizations[J]. Academy of Management Review, 1977, 2(4): 561-575.

[165] Freeman J. The Population Ecology of Organizationsl[J]. American journal of sociology, 1977, 82(5): 929-964.

[166] Freeman R E. Strategic management: A stakeholder approach[M]. Cambridge University Press, 2010.

[167] Gaertner G H, Gaertner K N, Akinnusi D M. Environment, strategy, and the implementation of administrative change: The case of civil service reform[J]. Academy of Management Journal, 1984, 27(3): 525-543.

[168] Galbraith J R. Designing complex organizations[M]. Addison-Wesley Longman Publishing Co., Inc., 1973.

[169] Galbraith J R. Designing organizations: An executive briefing on strategy, structure, and process[M]. Jossey-Bass, 1995.

[170] Gandz J, Murray V V. The experience of workplace politics[J]. Academy of Management Journal, 1980, 23(2): 237-251.

[171] Geeraerts G. The effect of ownership on the organization structure in small firms[J]. Administrative Science Quarterly, 1984: 232-237.

[172] Ghoshal S, Bartlett C A. The multinational corporation as an interorganizational network[J]. Academy of Management Review, 1990, 15(4): 603-626.

[173] Ghoshal S, Nohria N. Horses for courses: Organizational forms for multinational corporations[J]. Sloan Management Review, 1993, 34: 23-23.

[174] Gnyawali D R, Madhavan R. Cooperative networks and competitive dynamics: a structural embeddedness perspective[J]. Academy of Management Review, 2001, 26(3): 431-445.

[175] Grant R M. Toward a knowledge-based theory of the firm[J]. Strategic management journal, 1996, 17: 109-122.

[176] Greenhalgh L, Lawrence A T, Sutton R I. Determinants of work force reduction strategies in declining organizations[J]. Academy of Management Review, 1988, 13(2): 241-254.

[177] Greenwood R, Hinings C R, Brown J. " P2-form " strategic management: Corporate practices in professional partnerships[J]. Academy of Management Journal, 1990, 33(4): 725-755.

[178] Greenwood R, Hinings C R. Understanding strategic change: The contribution of archetypes[J]. Academy of Management Journal, 1993, 36(5): 1052-1081.

[179] Grimes A J, Klein S M. The technological imperative: The relative impact of task unit, modal technology, and hierarchy on structure[J]. Academy of Management Journal, 1973, 16(4): 583-597.

[180] Guillén M F. Scientific management's lost aesthetic: Architecture, organization, and the taylorized beauty of the mechanical[J]. Administrative Science Quarterly, 1997: 682-715.

[181] Gupta A K, Smith K G, Shalley C E. The interplay between exploration and exploitation[J]. Academy of Management Journal, 2006, 49(4): 693-706.

[182] Hall R H, Clark J P. An Ineffective Effectiveness Study and Some Suggestions for Future Research[J]. The Sociological Quarterly, 1980, 21(1): 119-134.

[183] Hall R H. Organizations[M]. Englewood Cliffs, New Jersey: Prentice-Hall, 1977.

[184] Harris R D. Organizational Task Environments: An Evaluation of Convergent and

Discriminant Validity[J]. Journal of Management Studies, 2004, 41(5): 857-882.
[185] Harvey E. Technology and the structure of organizations[J]. American Sociological Review, 1968: 247-259.
[186] Hatch M J. The dynamics of organizational culture[J]. Academy of Management Review, 1993, 18(4): 657-693.
[187] Herbert T T. Strategy and multinational organization structure: An interorganizational relationships perspective[J]. Academy of Management Review, 1984, 9(2): 259-270.
[188] Hersey P, Blanchard K H. Management of organizational behavior: Utilizing human resources [M]. Prentice-Hall, Inc, 1993.
[189] Higgins J M, McALLASTER C. Want innovation? Then use cultural artifacts that support it[J]. Organizational Dynamics, 2002, 31(1): 74-84.
[190] Hinings C R, Hickson D J, Pennings J M, et al. Structural conditions of intraorganizational power[J]. Administrative Science Quarterly, 1974: 22-44.
[191] Hofstede G, Hofstede G J, Minkov M. Cultures and organizations[M]. New York: McGraw-Hill, 1997.
[192] Hofstede G. The interaction between national and organizational value systems [J]. Journal of Management Studies, 1985, 22(4): 347-357.
[193] House R, Rousseau D M, Thomashunt M. The Meso Paradigm-A Framework For The Integration Of Micro And Macro Organizational-Behavior[J]. Research In Organizational Behavior: An Annual Series Of Analytical Essays And Critical Reviews, Vol 17, 1995, 1995, 17: 71-114.
[194] Howell J M, Higgins C A. Champions of change: Identifying, understanding, and supporting champions of technological innovations[J]. Organizational Dynamics, 1990, 19(1): 40-55.
[195] Howell J M, Higgins C A. Champions of technological innovation[J]. Administrative Science Quarterly, 1990: 317-341.
[196] Hrebiniak L G. Job technology, supervision, and work-group structure[J]. Administrative Science Quarterly, 1974: 395-410.
[197] Hrebiniak L G. Obstacles to effective strategy implementation[J]. Organizational Dynamics, 2006, 35(1): 12-31.
[198] Hull F M, Collins P D. High-technology batch production systems: Woodwards missing type[J]. Academy of Management Journal, 1987, 30(4): 786-797.
[199] Issack T S. Intuition: An ignored dimension of management[J]. Academy of Management Review, 1978, 3(4): 917-922.
[200] Ito J K, Peterson R B. Effects of task difficulty and interunit interdependence on information processing systems[J]. Academy of Management Journal, 1986, 29(1): 139-149.

[201] Javidan M, House R J. Cultural acumen for the global manager: Lessons from project globe[J]. Organizational Dynamics, 2001, 29(4): 289-305.

[202] Javidan M. Research note and communication. The impact of environmental uncertainty on long - range planning practices of the US savings and loan industry[J]. Strategic Management Journal, 1984, 5(4): 381-392.

[203] Jones G R. Organizational theory, design, and change[M]. Upper Saddle River, NJ: Prentice Hall,2004.

[204] Jurkovich R. A core typology of organizational environments[J]. Administrative Science Quarterly, 1974: 380-394.

[205] Kast F E, Rosenzweig J E. Contingency views of organization and management[M]. Sra, 1973.

[206] Keidel R W. Baseball, football, and basketball: Models for business[J]. Organizational Dynamics, 1985, 12(3): 5-18.

[207] Keller R T. Technology-information processing fit and the performance of R&D project groups: A test of contingency theory[J]. Academy of Management Journal, 1994, 37(1): 167-179.

[208] Kerr J, Slocum J W. Managing corporate culture through reward systems[J]. The Academy of Management Executive, 1987, 1(2): 99-107.

[209] Kimberly J R, Evanisko M J. Organizational innovation: The influence of individual, organizational, and contextual factors on hospital adoption of technological and administrative innovations[J]. Academy of Management Journal, 1981, 24(4): 689-713.

[210] Kimberly J R. Organizational size and the structuralist perspective: A review, critique, and proposal[J]. Administrative Science Quarterly, 1976: 571-597.

[211] Kirsch L J. The management of complex tasks in organizations: Controlling the systems development process[J]. Organization Science, 1996, 7(1): 1-21.

[212] Koberg C S, Ungson G R. The effects of environmental uncertainty and dependence on organizational structure and performance: a comparative study[J]. Journal of Management, 1987, 13(4): 725-737.

[213] Kochan T A, Huber G P, Cummings L L. Determinants of intraorganizational conflict in collective bargaining in the public sector[J]. Administrative Science Quarterly, 1975: 10-23.

[214] Kotter J P. Leading change[M]. Harvard Business Press, 1996.

[215] Lang J R, Lockhart D E. Increased environmental uncertainty and changes in board linkage patterns[J]. Academy of Management Journal, 1990, 33(1): 106-128.

[216] Latham G P, Locke E A. Enhancing the benefits and overcoming the pitfalls of goal setting[J]. Organizational Dynamics, 2006, 35(4): 332-340.

[217] Lawrence P R, Lorsch J W, Garrison J S. Organization and environment: Managing differentiation and integration[M]. Boston: Division of Research, Graduate School of

Business Administration, Harvard University, 1967.

[218] Lawrence P R, Lorsch J W. New management job: the integrator[J]. Organizational Effectiveness Center and School, 1967: 27.

[219] Leatt P, Schneck R. Criteria for grouping nursing subunits in hospitals[J]. Academy of Management Journal, 1984, 27(1): 150-165.

[220] Lei D, Slocum Jr J W. Global strategic alliances: Payoffs and pitfalls[J]. Organizational Dynamics, 1992, 19(3): 44-62.

[221] Liker J K, Morgan J M. The Toyota way in services: the case of lean product development[J]. The Academy of Management Perspectives, 2006, 20(2): 5-20.

[222] Lorsch J W, Lawrence P R. Environmental factors and organizational integration[J]. Organizational planning: Cases and concepts, 1972: 38-48.

[223] Lorsch J W. Introduction to the structural design of organizations[J]. Organizational structure and design, 1970: 1-16.

[224] March J G. Exploration and exploitation in organizational learning[J]. Organization science, 1991, 2(1): 71-87.

[225] Marchington M, Vincent S. Analysing the Influence of Institutional, Organizational and Interpersonal Forces in Shaping Inter - Organizational Relations[J]. Journal of Management Studies, 2004, 41(6): 1029-1056.

[226] Marks M L, De Meuse K P. Resizing the Organization:: Maximizing the Gain While Minimizing the Pain of Layoffs, Divestitures, and Closings[J]. Organizational Dynamics, 2005, 34(1): 19-35.

[227] Marple D. Technological Innovation and Organizational Survival: A Population Ecology Study of Nineteenth - Century American Railroads*[J]. The Sociological Quarterly, 1982, 23(1): 107-116.

[228] Masuch M, LaPotin P. Beyond garbage cans: An Al model of organizational choice[J]. Administrative Science Quarterly, 1989: 38-67.

[229] McDonough E F, Leifer R. Using simultaneous structures to cope with uncertainty[J]. Academy of Management Journal, 1983, 26(4): 727-735.

[230] McWilliams A, Siegel D. Corporate social responsibility: A theory of the firm perspective[J]. Academy of Management Review, 2001, 26(1): 117-127.

[231] Meredith J. The strategic advantages of new manufacturing technologies for small firms[J]. Strategic Management Journal, 1987, 8(3): 249-258.

[232] Meyer A D, Goes J B. Organizational assimilation of innovations: a multilevel contextual analysis[J]. Academy of Management Journal, 1988, 31(4): 897-923.

[233] Meyer J W, Rowan B. Institutionalized organizations: Formal structure as myth and ceremony[J]. American journal of sociology, 1977, 83(2): 340.

[234] Miles R E, Snow C C, Meyer A D, et al. Organizational strategy, structure, and

process[J]. Academy of Management Review, 1978, 3(3): 546-562.

[235] Miles R E, Snow C C. Organizations: New concepts for new forms[J]. California Management Review, 1986, 28(3).

[236] Miles R E, Snow C C. The new network firm: A spherical structure built on a human investment philosophy[J]. Organizational Dynamics, 1995, 23(4): 5-18.

[237] Milgrom P R, Roberts J. Economics, organization and management[M]. Englewood Cliffs, NJ: Prentice-hall, 1992.

[238] Milliken F J. Three types of perceived uncertainty about the environment: State, effect, and response uncertainty[J]. Academy of Management Review, 1987, 12(1): 133-143.

[239] Mills P K, Moberg D J. Perspectives on the technology of service operations[J]. Academy of Management Review, 1982, 7(3): 467-478.

[240] Mintzberg H, Westley F. It's not what you think[J]. MIT Sloan Management Review, 2001, 42(3): 89-93.

[241] Mintzberg H. Structure in fives: Designing effective organizations[M]. Prentice-Hall, Inc, 1993.

[242] Mizruchi M S, Stearns L B. A longitudinal study of the formation of interlocking directorates[J]. Administrative Science Quarterly, 1988: 194-210.

[243] Mobley W H, Wang L, Fang K. Organizational culture: measuring and developing it in your organization[J]. Harvard Business Review China, 2005, 3: 128-139.

[244] Morris J R, Cascio W E, Young C E. Downsizing after all these years: Questions and answers about who did it, how many did it, and who benefited from it[J]. Organizational Dynamics, 2000, 27(3): 78-87.

[245] Nadler D, Tushman M.L Strategic organization design: Concepts, tools & processes[M]. Glenview, Ill: Scott, Foresman, 1988.

[246] Nadler D, Tushman M L. A congruence model for diagnosing organizational behavior[M]. Columbia University, Graduate School of Business, 1977.

[247] Near J P, Miceli M P. Effective-Whistle Blowing[J]. Academy of Management Review, 1995, 20(3): 679-708.

[248] Nemetz P L, Fry L W. Flexible manufacturing organizations: implications for strategy formulation and organization design[J]. Academy of Management Review, 1988, 13(4): 627-639.

[249] Northcraft G B, Chase R B. Managing service demand at the point of delivery[J]. Academy of Management Review, 1985, 10(1): 66-75.

[250] Nutt P C. Models for decision making in organizations and some contextual variables which stipulate optimal use[J]. Academy of Management Review, 1976, 1(2): 84-98.

[251] Nutt P C. Types of organizational decision processes[J]. Administrative Science Quarterly, 1984: 414-450.

[252] Oliver C. Determinants of interorganizational relationships: Integration and future directions[J]. Academy of Management Review, 1990, 15(2): 241-265.

[253] Orlikowski W J. The duality of technology: Rethinking the concept of technology in organizations[J]. Organization science, 1992, 3(3): 398-427.

[254] Ostroff C, Schmitt N. Configurations of organizational effectiveness and efficiency[J]. Academy of Management Journal, 1993, 36(6): 1345-1361.

[255] Ostroff F, Smith D. The horizontal organization[J]. McKinsey Quarterly, 1992, 1(92): 148-168.

[256] Ouchi W G. Markets, bureaucracies, and clans[J]. Administrative Science Quarterly, 1980, 25(1).

[257] Ouchi W G. Power to the Principals: Decentralization in three large school districts[J]. Organization Science, 2006, 17(2): 298-307.

[258] Palmer D. Broken ties: interlocking directorates and intercorporate coordination[J]. Administrative Science Quarterly, 1983, 28(1).

[259] Pennings J M. Organizational birth frequencies: An empirical investigation[J]. Administrative Science Quarterly, 1982: 120-144.

[260] Pennings J M. Structural contingency theory-a reappraisal[J]. Research in organizational behavior, 1992, 14: 267-309.

[261] Pentland B T. Sequential variety in work processes[J]. Organization Science, 2003, 14(5): 528-540.

[262] Perrow C. A framework for the comparative analysis of organizations[J]. American sociological review, 1967: 194-208.

[263] Perrow C. The analysis of goals in complex organizations[J]. American sociological review, 1961: 854-866.

[264] Pfeffer J, Salancik G R. The external control of organizations: A resource dependence perspective[M]. Stanford University Press, 2003.

[265] Pfeffer J. Power in organizations[M]. Marshfield, MA: Pitman, 1981.

[266] Pierce J L, Delbecq A L. Organization structure, individual attitudes and innovation[J]. Academy of Management Review, 1977, 2(1): 27-37.

[267] Pinchot G, Pinchot E. The end of bureaucracy & the rise of the intelligent organization[M]. San Francisco: Berrett-Koehler Publishers, 1993.

[268] Pine B J. Mass customization: the new frontier in business competition[M]. Harvard Business Press, 1999.

[269] Podsakoff P M, Williams L J, Todor W D. Effects of organizational formalization on alienation among professionals and nonprofessionals[J]. Academy of Management Journal, 1986, 29(4): 820-831.

[270] Porter M E. Competitive strategy: Techniques for analyzing industries and

competitors[M]. The Free Press, 1998.

[271] Porter M E. How competitive forces shape strategy[M]. Harvard Business Review, 1979.

[272] Porter M E. The five competitive forces that shape strategy[J]. Harvard business review, 2008, 86(1): 25-40.

[273] Powell W W. The new institutionalism in organizational analysis[M]. University of Chicago Press, 1991.

[274] Price J L. The Study of Organizational Effectiveness[J]. The Sociological Quarterly, 1972, 13(1): 3-15.

[275] Quinn R E, Rohrbaugh J. A spatial model of effectiveness criteria: towards a competing values approach to organizational analysis[J]. Management Science, 1983, 29(3): 363-377.

[276] Randolph W A, Dess G G. The congruence perspective of organization design: A conceptual model and multivariate research approach[J]. Academy of Management Review, 1984, 9(1): 114-127.

[277] Reimann B C. On the dimensions of bureaucratic structure: an empirical reappraisal[J]. Administrative Science Quarterly, 1973: 462-476.

[278] Ring P S, Van de Ven A H. Developmental processes of cooperative interorganizational relationships[J]. Academy of Management Review, 1994, 19(1): 90-118.

[279] Robbins S P. Organization Theory, 3rd Ed[M]. NJ: Prentice Hall, Inc,1990.

[280] Ruekert R W, Walker O C. Interactions between marketing and R&D departments in implementing different business strategies[J]. Strategic Management Journal, 1987, 8(3): 233-248.

[281] Rundall T G, McClain J O. Environmental selection and physician supply[J]. American Journal of Sociology, 1982: 1090-1112.

[282] Rushing W A. Hardness of material as related to division of labor in manufacturing industries[J]. Administrative Science Quarterly, 1968: 229-245.

[283] Russo M V, Fouts P A. A resource-based perspective on corporate environmental performance and profitability[J]. Academy of Management Journal, 1997, 40(3): 534-559.

[284] Salancik G A, Pfeffer J. The bases and use of power in organizational decision making: The case of a university[J]. Administrative Science Quarterly, 1974, 19(4).

[285] Salancik G R, Pfeffer J. Who gets power and how they hold on to it: A strategic-contingency model of power[J]. Organizational Dynamics, 1978, 5(3): 3-21.

[286] Sawka K A. Demystifying business intelligence[J]. Management Review, 1996, 85(10): 47-52.

[287] Schein E H. Organizational culture and leadership[M]. John Wiley & Sons, 2004.

[288] Schein E H. Organizational psychology[M]. Englewood Cliffs, NJ: Prentice-Hall, 1970.

[289] Schilling M A, Steensma H K. The use of modular organizational forms: an industry-level analysis[J]. Academy of Management Journal, 2001, 44(6): 1149-1168.

[290] Schoorman F D, Bazerman M H, Atkin R S. Interlocking directorates: A strategy for reducing environmental uncertainty[J]. Academy of Management Review, 1981, 6(2): 243-251.

[291] Schulz M. The uncertain relevance of newness: Organizational learning and knowledge flows[J]. Academy of Management Journal, 2001, 44(4): 661-681.

[292] Scott W R. Institutions and organizations[M]. Sage, 2001.

[293] Scott W R, Davis G F. Organizations and Organizing: Rational, Natural, and Open Systems Perspectives[M]. Pearson Prentice Hall, 2007.

[294] Senge P M, Suzuki J. The fifth discipline: The art and practice of the learning organization[M]. New York: Currency Doubleday, 1994.

[295] Smircich L. Concepts of culture and organizational analysis[J]. Administrative Science Quarterly, 1983: 339-358.

[296] Smith K G, Carroll S J, Ashford S J. Intra-and interorganizational cooperation: Toward a research agenda[J]. Academy of Management Journal, 1995, 38(1): 7-23.

[297] Snow C C, Hrebiniak L G. Strategy, distinctive competence, and organizational performance[J]. Administrative Science Quarterly, 1980: 317-336.

[298] Snow C C, Snell S A, Davison S C, et al. Use transnational teams to globalize your company[J]. Organizational Dynamics, 1996, 24(4): 50-67.

[299] Staw B M, Epstein L D. What bandwagons bring: Effects of popular management techniques on corporate performance, reputation, and CEO pay[J]. Administrative Science Quarterly, 2000, 45(3): 523-556.

[300] Staw B M. The escalation of commitment to a course of action[J]. Academy of Management Review, 1981, 6(4): 577-587.

[301] Stearns T M, Hoffman A N, Heide J B. Performance of commercial television stations as an outcome of interorganizational linkages and environmental conditions[J]. Academy of Management Journal, 1987, 30(1): 71-90.

[302] Stern R N, Barley S R. Organizations and social systems: Organization theory's neglected mandate[J]. Administrative Science Quarterly, 1996: 146-162.

[303] Stevenson W B, Pearce J L, Porter L W. The concept of " coalition " in organization theory and research[J]. Academy of Management Review, 1985, 10(2): 256-268.

[304] Strasser S, Eveland J D, Cummins G, et al. Conceptualizing the goal and system models of organizational effectiveness—Implications for comparative evaluation research[J]. Journal of Management Studies, 1981, 18(3): 321-340.

[305] Suchman M C. Managing legitimacy: Strategic and institutional approaches[J]. Academy of Management Review, 1995, 20(3): 571-610.

[306] Taylor F W. The principles of scientific management[M]. Harper, 1914.

[307] Thompson J D, Tuden A. Strategies, structures, and processes of organizational decision[M]. Bobbs-Merrill, 1967.

[308] Thompson J D. Organizations in action: Social science bases of administrative theory[M]. Transaction Publishers, 2011.

[309] Townsend A M, DeMarie S M, Hendrickson A R. Virtual teams: Technology and the workplace of the future[J]. The Academy of Management Executive, 1998, 12(3): 17-29.

[310] Trice H M, Beyer J M. Studying organizational cultures through rites and ceremonials[J]. Academy of Management Review, 1984, 9(4): 653-669.

[311] Tung R L. Dimensions of organizational environments: An exploratory study of their impact on organization structure[J]. Academy of Management Journal, 1979, 22(4): 672-693.

[312] Tushman M L. Work characteristics and subunit communication structure: A contingency analysis[J]. Administrative Science Quarterly, 1979: 82-98.

[313] Ulrich D, Barney J B. Perspectives in organizations: resource dependence, efficiency, and population[J]. Academy of Management Review, 1984, 9(3): 471-481.

[314] Van de Ven A H, Walker G. The dynamics of interorganizational coordination[J]. Administrative Science Quarterly, 1984: 598-621.

[315] Wally S, Baum J R. Personal and structural determinants of the pace of strategic decision making[J]. Academy of Management Journal, 1994, 37(4): 932-956.

[316] Walton E J. The persistence of bureaucracy: A meta-analysis of Weber ' s model of bureaucratic control[J]. Organization Studies, 2005, 26(4): 569-600.

[317] Walton R E, Dutton J M. The management of interdepartmental conflict: A model and review[J]. Administrative Science Quarterly, 1969: 73-84.

[318] Weaver G R, Treviño L K, Agle B. " Somebody I Look Up To: " : Ethical Role Models in Organizations[J]. Organizational Dynamics, 2005, 34(4): 313-330.

[319] Weber M. The theory of social and economic organization[M]. Simon and Schuster, 2009.

[320] Weitzel W, Jonsson E. Decline in organizations: A literature integration and extension[J]. Administrative Science Quarterly, 1989: 91-109.

[321] Westerman G, McFarlan F W, Iansiti M. Organization design and effectiveness over the innovation life cycle[J]. Organization Science, 2006, 17(2): 230-238.

[322] Whetten D A, Leung T K. The instrumental value of interorganizational relations: Antecedents and consequences of linkage formation[J]. Academy of Management Journal, 1979, 22(2): 325-344.

[323] Wholey D R, Brittain J W. Organizational ecology: Findings and implications[J]. Academy of Management Review, 1986, 11(3): 513-533.

[324] Willmott H. The structuring of organizational structure: A note[J]. Administrative Science Quarterly, 1981: 470-474.

[325] Withey M, Daft R L, Cooper W H. Measures of Perrow's work unit technology: An empirical assessment and a new scale[J]. Academy of Management Journal, 1983,26(1): 45-63.

[326] Wolfe R A. Organizational innovation: Review, critique and suggested research directions[J]. Journal of Management studies, 1994, 31(3): 405-431.

[327] Woodman R W, Sawyer J E, Griffin R W. Toward a theory of organizational creativity[J]. Academy of Management Review, 1993, 18(2): 293-321.

[328] Woodward J, Dawson S, Wedderburn D. Industrial organization: Theory and practice[M]. London: Oxford University Press, 1965.

[329] Woodward J. Management and technology[M]. HM Stationery Off.,1958.

[330] Yang M, Hyland M A. Who do firms imitate? A multilevel approach to examining sources of imitation in the choice of mergers and acquisitions[J]. Journal of Management, 2006, 32(3): 381-399.

[331] Yiu D W, Lu Y, Bruton G D, et al. Business groups: An integrated model to focus future research[J]. Journal of Management Studies, 2007, 44(8): 1551-1579.

[332] Zammuto R F, O'Connor E J. Gaining advanced manufacturing technologies' benefits: the roles of organization design and culture[J]. Academy of Management Review, 1992, 17(4): 701-728.

推荐阅读

中文书名	作者	书号	定价
公司理财（原书第11版）	斯蒂芬·A. 罗斯（Stephen A. Ross）等	978-7-111-57415-6	119.00
财务管理（原书第14版）	尤金·F. 布里格姆（Eugene F. Brigham）等	978-7-111-58891-7	139.00
财务报表分析与证券估值（原书第5版）	斯蒂芬·佩因曼（Stephen Penman）等	978-7-111-55288-8	129.00
会计学：企业决策的基础（财务会计分册）（原书第19版）	简·R. 威廉姆斯（Jan R. Williams）等	978-7-111-71564-1	89.00
会计学：企业决策的基础（管理会计分册）（原书第19版）	简·R. 威廉姆斯（Jan R. Williams）等	978-7-111-71902-1	79.00
营销管理（原书第2版）	格雷格·W. 马歇尔（Greg W. Marshall）等	978-7-111-56906-0	89.00
市场营销学（原书第13版）	加里·阿姆斯特朗（Gary Armstrong） 菲利普·科特勒（Philip Kotler）等	978-7-111-62427-1	89.00
运营管理（原书第13版）	威廉·史蒂文森（William J. Stevens）等	978-7-111-62316-8	79.00
运营管理（原书第15版）	理查德·B. 蔡斯（Richard B. Chase）等	978-7-111-63049-4	99.00
管理经济学（原书第12版）	S. 查尔斯·莫瑞斯（S. Charles Maurice）等	978-7-111-58696-8	89.00
战略管理：竞争与全球化（原书第12版）	迈克尔·A. 希特（Michael A. Hitt）等	978-7-111-61134-9	79.00
战略管理：概念与案例（原书第12版）	查尔斯·W. L. 希尔（Charles W. L. Hill）等	978-7-111-68626-2	89.00
组织行为学（原书第7版）	史蒂文·L. 麦克沙恩（Steven L. McShane）等	978-7-111-58271-7	65.00
组织行为学精要（原书第13版）	斯蒂芬·P. 罗宾斯（Stephen P. Robbins）等	978-7-111-55359-5	50.00
人力资源管理（原书第12版）（中国版）	约翰·M. 伊万切维奇（John M. Ivancevich）等	978-7-111-52023-8	55.00
人力资源管理（亚洲版·原书第2版）	加里·德斯勒（Gary Dessler）等	978-7-111-40189-6	65.00
数据、模型与决策（原书第14版）	戴维·R. 安德森（David R. Anderson）等	978-7-111-59356-0	109.00
数据、模型与决策：基于电子表格的建模和案例研究方法（原书第6版）	弗雷德里克·S. 希利尔（Frederick S. Hillier）等	978-7-111-69627-8	129.00
管理信息系统（原书第15版）	肯尼斯·C. 劳顿（Kenneth C. Laudon）等	978-7-111-60835-6	79.00
信息时代的管理信息系统（原书第9版）	斯蒂芬·哈格（Stephen Haag）等	978-7-111-55438-7	69.00
创业管理：成功创建新企业（原书第5版）	布鲁斯·R. 巴林格（Bruce R. Barringer）等	978-7-111-57109-4	79.00
创业学（原书第9版）	罗伯特·D. 赫里斯（Robert D. Hisrich）等	978-7-111-55405-9	59.00
领导学：在实践中提升领导力（原书第8版）	理查德·L. 哈格斯（Richard L. Hughes）等	978-7-111-73617-2	119.00
企业伦理学（中国版）（原书第3版）	劳拉·P. 哈特曼（Laura P. Hartman）等	978-7-111-51101-4	45.00
公司治理	马克·格尔根（Marc Goergen）	978-7-111-45431-1	49.00
国际企业管理：文化、战略与行为（原书第10版）	弗雷德·卢森斯（Fred Luthans）等	978-7-111-71263-3	119.00
商务与管理沟通（原书第12版）	基蒂·O. 洛克（Kitty O. Locker）等	978-7-111-69607-0	79.00
管理学（原书第2版）	兰杰·古拉蒂（Ranjay Gulati）等	978-7-111-59524-3	79.00
管理学：原理与实践（原书第9版）	斯蒂芬·P. 罗宾斯（Stephen P. Robbins）等	978-7-111-50388-0	59.00
管理学原理（原书第10版）	理查德·L. 达夫特（Richard L. Daft）等	978-7-111-59992-0	79.00

推荐阅读

中文书名	作者	书号	定价
创业管理（第5版） （“十二五”普通高等教育本科国家级规划教材）	张玉利 等	978-7-111-65769-9	49.00
创业八讲	朱恒源	978-7-111-53665-9	35.00
创业画布	刘志阳	978-7-111-58892-4	59.00
创新管理：获得竞争优势的三维空间	李宇	978-7-111-59742-1	50.00
商业计划书：原理、演示与案例（第2版）	邓立治	978-7-111-60456-3	39.00
生产运作管理（第6版）	陈荣秋，马士华	978-7-111-70357-0	59.00
生产与运作管理（第4版）	陈志祥	978-7-111-66931-9	55.00
运营管理（第6版） （“十二五”普通高等教育本科国家级规划教材）	马风才	978-7-111-68568-5	55.00
战略管理（第2版）	魏江 等	978-7-111-67011-7	59.00
战略管理：思维与要径（第4版） （“十二五”普通高等教育本科国家级规划教材）	黄旭	978-7-111-66628-8	49.00
管理学原理（第2版）	陈传明 等	978-7-111-37505-0	36.00
管理学（第2版）	郝云宏	978-7-111-60890-5	45.00
管理学高级教程	高良谋	978-7-111-49041-8	65.00
组织行为学（第4版）	陈春花 等	978-7-111-64169-8	49.00
组织理论与设计	武立东	978-7-111-48263-5	39.00
人力资源管理（第2版）	刘善仕 等	978-7-111-68654-5	55.00
战略人力资源管理	唐贵瑶 等	978-7-111-60595-9	45.00
市场营销管理：需求的创造与传递（第5版） （“十二五”普通高等教育本科国家级规划教材）	钱旭潮	978-7-111-67018-6	49.00
管理经济学（“十二五”普通高等教育本科国家级规划教材）	毛蕴诗	978-7-111-39608-6	45.00
基础会计学（第2版）	潘爱玲	978-7-111-57991-5	39.00
公司财务管理：理论与案例（第2版）	马忠	978-7-111-48670-1	65.00
财务管理	刘淑莲	978-7-111-50691-1	39.00
企业财务分析（第4版）	袁天荣	978-7-111-71604-4	59.00
数据、模型与决策：管理科学的数学基础（第2版）	梁樑 等	978-7-111-69462-5	55.00
管理伦理学	苏勇	978-7-111-56437-9	35.00
商业伦理学	刘爱军	978-7-111-53556-0	39.00
领导学	仵凤清	978-7-111-66480-2	49.00
管理沟通：成功管理的基石（第4版）	魏江 等	978-7-111-61922-2	45.00
管理沟通：理念、方法与技能	张振刚 等	978-7-111-48351-9	39.00
国际企业管理	乐国林	978-7-111-56562-8	45.00
国际商务（第4版）	王炜瀚 等	978-7-111-68794-8	69.00
项目管理（第2版） （“十二五”普通高等教育本科国家级规划教材）	孙新波	978-7-111-52554-7	45.00
供应链管理（第6版）	马士华 等	978-7-111-65749-1	45.00
企业文化（第4版） （“十二五”普通高等教育本科国家级规划教材）	陈春花 等	978-7-111-70548-2	55.00
管理哲学	孙新波	978-7-111-61009-0	49.00
论语的管理精义	张钢	978-7-111-48449-3	59.00
大学·中庸的管理释义	张钢	978-7-111-56248-1	40.00

推荐阅读

中文书名	作者	书号	定价
公司财务管理（第2版）	马忠 （北京交通大学）	978-7-111- 48670-1	69.00
公司财务管理案例分析	马忠 （北京交通大学）	978-7-111-49470-6	55.00
企业财务分析（第4版）	袁天荣 （中南财经政法大学）	978-7-111-71604-4	59.00
企业并购	张金鑫 （北京交通大学）	978-7-111-54399-2	39.00
财务管理原理（第3版）	王明虎 （安徽工业大学）	978-7-111-59375-1	45.00
财务管理专业英语（第4版）	刘媛媛 （东北财经大学）	978-7-111-66478-9	40.00
管理会计：理论·模型·案例（第3版）	温素彬 （南京理工大学）	978-7-111-61273-5	49.00
财务管理	刘淑莲 （东北财经大学）	978-7-111-50691-1	40.00
财务管理习题与解析	刘淑莲 （东北财经大学）	978-7-111-56362-4	35.00
审计学（第3版）	叶陈刚 （对外经济贸易大学）	978-7-111-62919-1	49.00
国际财务管理（原书第8版）	切奥尔·尤恩	978-7-111-60813-4	79.00
管理会计（原书第16版）	雷·H. 加里森 （杨百翰大学）	978-7-111-61325-1	89.00
财务管理：以EXCEL为分析工具（原书第4版）	格莱葛·W. 霍顿	978-7-111-47319-0	49.00